天津师范大学学术著作出版基金资助出版

国家社会科学基金一般项目“优化用户体验与感知和建立信息质量综合评价指标研究”（项目编号：10BTQ007）最终研究成果

http://www.

刘　冰◎著

网络环境中
基于用户视角的信息质量评价研究

Wangluo Huanjing Zhong
Jiyu Yonghu Shijiao De Xinxi Zhiliang Pingjia Yanjiu

中国社会科学出版社

图书在版编目(CIP)数据

网络环境中基于用户视角的信息质量评价研究/刘冰著 .—北京：中国社会科学出版社，2015.4

ISBN 978-7-5161-5659-9

Ⅰ.①网… Ⅱ.①刘… Ⅲ.①网络环境—信息资源—信息管理—质量评价 Ⅳ.①G203

中国版本图书馆 CIP 数据核字（2015）第 041741 号

出 版 人 赵剑英
责任编辑 王 茵
特邀编辑 王 衡
责任校对 任晓晓
责任印制 王 超

出 版 中国社会科学出版社
社 址 北京鼓楼西大街甲 158 号（邮编 100720）
网 址 http://www.csspw.cn
发 行 部 010-84083685
门 市 部 010-84029450
经 销 新华书店及其他书店

印 刷 北京君升印刷有限公司
装 订 廊坊市广阳区广增装订厂
版 次 2015 年 4 月第 1 版
印 次 2015 年 4 月第 1 次印刷

开 本 710×1000 1/16
印 张 22.75
插 页 2
字 数 349 千字
定 价 75.00 元

序

“信息无处不在，信息无时不有”这句话已经不足以全面、准确地描绘和形容我们所处时代的特征。在电脑和网络的强力推动下，信息的产量获得了几近无限的提高，人们获得信息的机会也几近无限地增加。

当今世界是信息的天下，人类每天都越来越离不开电脑、手机、iPad和网络，一旦离开了它们，人类将无法正常地学习、工作和生活。早晨起来，迎着冉冉升起的旭日，潮水般的信息就气势磅礴地向我们涌来；白天我们被铺天盖地的信息所淹没，不得不花几近全部时间在信息的汪洋大海中遨游；到了晚上，我们又不得不带着未能浏览完当天应该浏览的信息的遗憾而进入梦乡。生活在这个时代，除了阳光、水分和食物以外，信息已经成为人们生存不可或缺的第四要素，并深深地渗入人们的血液和灵魂。

信息时代之所以让我们倍感兴奋，是因为我们分不清谁是信息的生产者，谁是信息的使用者。使用者即生产者，生产者即使用者，人人都在使用信息，人人也都在生产信息。

现如今，云计算来了，大数据也来了，更为我们这个本已信息泛滥成灾、污染重重的时代推波助澜、“助纣为虐”，更使我们再次陷入难以招架、难辨真伪、难以使用的困境和苦境。我们不得不面对的问题是：哪些信息是有价值的、有用的？哪些信息的劣质的、多余的？如何体验和感知信息的质量？如何参与和评价信息的质量？如此等等，都需要我们给出明确而满意的回答。

值得庆幸的是，由天津师范大学刘冰教授撰写的《网络环境中基于用户视角的信息质量评价研究》一书终于问世了，它给我们拨开了信息鱼龙混杂、真假难辨的层层迷雾，撩开了如何看待信息质量的神秘面纱。这本呈现在我面前的专著是刘冰教授在其历时 3 年主持完成的国家社会科学基金项目“优化用户体验与感知和建立信息质量综合评价指标研究”（项目编号：10BTQ007）的基础上写就的，凝结着他本人及其优秀团队的辛劳和心血，是我们在网络环境下准确把握信息质量的有效工具和利器，也是我们工作、学习和研究的良师益友。

捧在我手上的这本书沿着“文献分析—基础研究—实证研究—拓展研究”的思路，主要运用问卷调查、统计分析、深度访谈、实验研究等方法，重点研究了 5 大内容：网络环境中基于用户视角的信息质量；网络环境中用户信息需求、信息期望与信息质量关系；信息交互中基于用户体验与感知的信息质量影响因素；基于用户视角的信息质量综合评价体系构建；网络环境中用户体验与感知优化和信息质量提升策略。它给我们呈现了创新性成果：网络环境中信息质量概念的基本内涵、交互过程中基于用户体验与感知的信息质量影响因素体系模型、基于用户视角的信息质量综合评价指标体系、符合现实并着眼于未来的用户信息体验与感知优化策略以及信息质量综合提升路径。

读进去，再走出来，我发现本书有 3 个鲜明特点：第一，理论紧密结合实际。从对网络环境下基于用户视角的信息质量基本内涵的理论分析入手，揭示网络环境中用户信息需求、信息期望与信息质量的关系，找出信息交互中基于用户体验与感知的信息质量影响因素，进而构建基于用户视角的信息质量综合评价体系，最后提出网络环境下用户体验与感知优化和信息质量提升策略，从理论高度一步一步走向实际。第二，综合规范运用研究方法。在用户信息期望构成方面，运用问卷调查和探索性因子分析；在用户信息期望与信息质量关系方面，运用研究假设和结构方程模型；在信息质量影响因素方面，运用实验方法和深度访谈构建模型；在信息质量综合评价体系方面，运用问卷调查和主成分分析。对于不同性质的问题采用不同的研究方法，相互结合和紧密协调，取得整体效果。第三，图、表、文并茂。本书共使用了 40 幅图、71 张表以及 12 个附录，一方面，把原始资料和数据呈现给读者，以证明其真实性和可靠性；另一方面，又可以紧密配合正文的阐述和论证，增加直观性，取得锦上添花的效果。

纵观全书，在理论上，一方面，从新的视角研究用户信息心理、信息行为，可以丰富用户信息行为理论体系；另一方面，从新的角度诠释信息质量，拓宽和完善了信息质量理论体系。在实践上，所提出的网络环境下用户体验与感知的优化策略和信息质量综合提升策略都具有一定的可行性、适用性和可操作性，为信息生产者和服务商以用户为中心改进和提升产品与服务质量，改善和优化系统设计与功能，制订保障信息质量的策略措施，实现信息质量的全面提升，满足用户信息需求，都提供了可资借鉴的路径与方法。因此，堪称该领域里的佳作。

刘冰教授先后获得文学学士学位、工商管理（MBA）硕士学位、管理学博士学位，做过信息资源管理博士后，具有良好的跨学科、跨领域背景，显示出很强的科研能力和很高的学术水平。他主持完成过国家社科基金、中国博士后科学基金、教育部社科基金、天津市社科基金等近十个科研项目，目前正在主持国家社科重点项目。已发表学术论文近四十篇，出版专著一部，荣获各级科研奖三项，尤其在竞争情报与战略、信息质量与信息服务等领域卓有建树，成果颇丰。

期待信息质量与信息服务研究领域结出更多、更好的硕果。

期待刘冰教授百尺竿头，更进一步，有更多的佳作问世！

王知津

2014 年 5 月

目　　录

图目录

表目录

第一章

绪　论

第一节　研究背景

一　问题提出

现代社会，信息成为一种不可或缺的社会生产要素。尤其在大数据时代背景下，随着信息技术的快速发展和信息资源数量剧增，社会各个领域和社会公众的决策过程发生了彻底改变，“数据驱动的决策方法”（Data-Driven Decision Making）与“基于实证的事实”成为决策的基础。[①] 高质量信息价值凸显。

然而，生活在大数据时代的社会公众，并没有在海量信息和高技术条件下享受高质量的信息生活，而是饱受泛滥成灾的劣质信息和垃圾信息的冲击与困扰，对信息质量的满意度呈下降趋势。[②] 信息冗余、信息污染、信息失真以及坏数据所引发的决策失误极大地提升了社会、组织和公众的各方成本，并造成巨大损失。Fisher C. W. & Kingma B. R.（2001）、Wang R. Y. 等（2004）、Eppler M. & Helfert M. A.（2004）等学者指出，信息质量是互联网时代的根本所在。而信息质量问题的普遍存在性也成为社会广泛关注的议题。因此，需要对网络环境中信息质量问题进行反思，对有效提升信息质量的动力、策略与措施进行反思，

---

① Daniel C. Esty, *Governing by Number*: *The Promise of Datd-Driven Policymaking in the Information Age*, Reece Rushing, 2007.

② 查先进、陈明红：《信息资源质量评估研究》，《中国图书馆学报》2010 年第 136 卷第 3 期，第 46—55 页。

以达成提高信息质量、满足人们信息需求之目的。

信息时代，信息用户个性化意识逐步增强，信息活动参与度不断提高。伴随着以 Web 2.0 模式为代表的新一代网络环境的发展，用户不再是被动地接受信息服务，而是积极地参与到信息活动中，主动地感知信息场景的变化并与之进行有效交互，并越来越重视在此过程中自身信息需求的满足、体验与感知。用户的信息需求、信息期望、信息体验与感知发生了深刻变化。Dhaval Vysa 等（2005）、Mare Hassenzahl（2005）、胡昌平等（2008）、李桂华（2009）、王镠璞（2010）等通过用户体验与信息资源建设、用户体验与信息服务内在联系深入的研究与系统分析指出，虽然“体验与感知”是用户的主观认知，却是影响用户信息消费过程的重要客观因素，影响信息用户对各个方面的评价与满意度。

网络条件下，用户在与网站系统交互过程中的体验和感知与信息质量内在关系如何？在此背景下信息质量的内涵有何变化与拓展？如何更加全面、系统地对信息质量进行综合评价，并进一步有效提升信息质量综合水平？这些均成为网络环境中基于用户体验与感知视角的信息质量研究尚需解决的核心问题。

二　现实背景

（一）信息质量成为大数据时代信息用户的核心诉求

如前所述，以客观、完整、及时、准确、系统的高质量信息提供服务，是大数据时代提高信息效用价值、减少决策失误和提升管理工作有效性的先决条件。信息质量成为信息时代社会发展的基础与根本保证，受到社会公众的广泛关注，是信息用户对信息生产与服务机构的核心诉求。

赫伯特·西蒙指出，管理就是决策，决策贯穿管理过程的始终。[①] 各类组织的决策过程，就是为实现组织目标，基于外部环境的发展变化现状和规律，对组织内部资源与组织能力进行调整和优化配置的过程。信息支持贯穿此过程始终，并在其中发挥着至关重要的作用（如图 1—1 所示）。信息对决策的有效支持，在很大程度上取决于信息的质量和效用。研究表

① Simon H. A.：《管理行为》，詹正茂译，机械工业出版社 2004 年第 4 版，第 1—7 页。

明，信息质量已成为现代组织决策失败的最主要原因之一。[①] 大数据时代，数据的海量增长，信息的极大丰富，在给各类组织决策提供有利条件的同时，也提出了更艰巨的挑战。如何获得高质量的信息是管理者所面对的巨大难题。

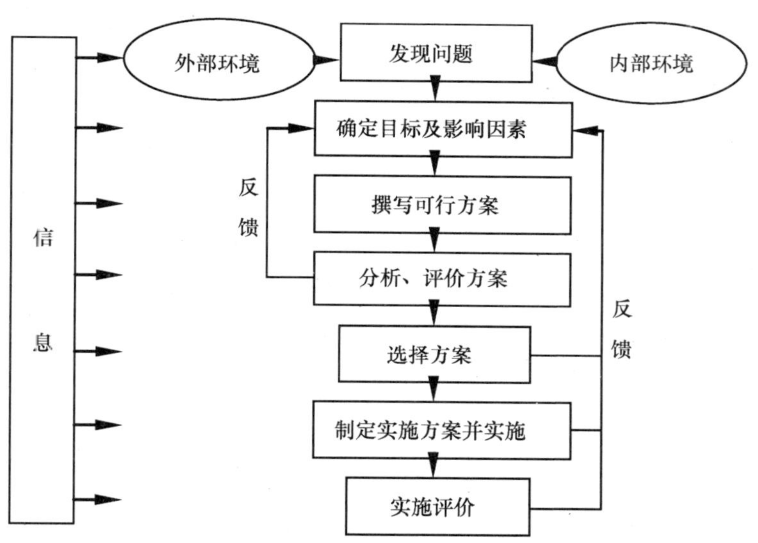

图 1—1　信息与决策过程关系

信息在社会公众个体的生活、学习、工作中同样扮演着重要角色。网络环境中，随着信息交互程度的提升和信息用户地位与角色的变化，用户自主信息获取行为、用户在信息资源建设中的主动参与行为日渐成为主导性信息行为模式。在此过程中，信息价值是用户关注重点。然而，由于网络信息资源增长的无限性和用户信息获取与吸纳能力的有限性之间的矛盾、信息分布和流向的不确定性与用户需求多样化之间的矛盾、信息共享的广度和深度与用户认知能力之间的矛盾日益突出；[②] 同

① 邓云发：《基于用户需求的信息可信度研究》，博士学位论文，西南交通大学，2006 年，第 1—16 页。

② 宋立荣、李经思：《从数据质量到信息质量的发展》，《情报科学》2010 年第 28 卷第 2 期，第 182—186 页。

时，由于信息平台建设中重界面轻质量、技术垄断和利益驱动，形成网络信息空间中“信息诸侯”割据的混乱局面，大大降低了网络信息质量和信息服务的可靠性与可信度。[①] 在此条件下，信息质量问题成为困扰社会公众学习、生活、工作的首要问题。

在此背景下，信息质量成为大数据时代各类信息用户关注的焦点和核心诉求。美国政府于 2000 年通过《数据质量法》，以确保联邦政府所发布信息及统计数据的“质量、客观性、实用性以及完整性”[②]。但高质量、高水准的信息不仅源自于数据统计、信息分析及信息资源管理方面，还源自于对信息质量内涵构成的正确认识、对信息价值的正确判断和对信息传递过程的有效控制与保证。如何为信息用户提供个性化的高质量信息产品，缩小存在于信息实际效用价值和用户实际获得的信息价值间的差距与鸿沟；如何为不同类型用户提供与之相适应的高质量信息服务，已经成为社会广泛关注的重要内容。

（二）网络用户信息需求和期望的个性化与多元化趋势

在 Web2.0 环境中，随着信息用户成熟度的提高和参与度的提升，个性化成为网络环境中用户信息需求的本质特点。尼古拉斯·尼葛洛庞帝（Nicholas Negroponte）在（Nicholas Negroponte）《数字化生存》一书中指出，随着人类步入后信息社会，虽然信息倍速增长，但用户个体所需信息却需在海量信息中量身订制，信息变得极端个人化。[③] 而网络的即时性与交互性能够针对用户个人特定问题解决、针对基于用户独特内在知识结构而产生的个性化信息需求提供服务。而未来的语义网更是一个高度个性化的智能网络平台，[④] 将进一步加速用户信息需求个性化和信息服务个性化时代的到来。

与此同时，作为具有一定外部联系和内在结构的有机体，用户的信

---

① 沃尔曼：《信息饥渴：信息的选取、表达与透析》，李银胜等译，电子工业出版社 2001 年版，第 36—48 页。

② 涂子沛：《大数据：正在到来的数据革命，以及它如何改变政府、商业与我们的生活》，广西师范大学出版社 2012 年版，第 145 页。

③ 尼古拉斯·尼葛洛庞帝（Nicholas Negroponte）：《数字化生存》，胡泳等译，海南出版社 1997 年第 3 版。

④ 涂子沛：《大数据：正在到来的数据革命，以及它如何改变政府、商业与我们的生活》，广西师范大学出版社 2012 年版，第 310 页。

息需求和期望随着网络环境的发展而改变，日渐趋向多元化，具体体现为信息需求主体多元化、需求内容多元化、需求方式多元化和需求结构多元化。[①] 其核心为信息用户不再单纯满足于信息产品的功能效用和使用价值。以信息内容针对性、相关性、独特性等诉求为基础，用户更加关注信息获取与交互过程中信息交流和信息服务的满足程度。

作为关键性内在驱动力，用户信息需求个性化的回归和信息期望多元化的发展，促使用户信息行为与信息认知的改变。在此背景下，研究人员发现，许多技术层面上的数据或信息的质量管理并不是真正“质量”意义上的信息质量管理。[②] 总质量控制方法的创始者 Armand Feigenbaum 指出，质量是以客户在产品和服务方面的经验为基础的，衡量标准也应是针对客户的需求——明确的或不明确的、有意识的或仅仅凭感觉的、技术性操作的或纯粹主观的。因此，在定义信息质量时应对用户的需求予以重视。[③]

紧紧围绕用户信息需求提供合适的服务是信息机构追求的目标。提升网络信息内在质量和外部质量，建设高质量和高可靠性的信息服务平台，建立网络系统信息质量评价体系和管理机制，就成为网络信息资源建设的当务之急。

（三）交互模式下用户信息体验与感知是用户满意度的重要影响因素

信息作为一种特殊商品，用户获取与利用信息过程其实质就是信息消费过程。而信息消费最显著的特点是信息接受者的注意力。信息越丰富，就会导致注意力越匮乏……信息并不匮乏，匮乏的是我们处理信息的能力。[④]

体验经济正在以一种全新的经济形态出现在消费者面前。体验经济改变了消费者的消费方式，[⑤] 消费者消费的不再仅是实实在在的商品，

---

① 颜端武、王曰芬：《信息获取与用户服务》，科学出版社 2010 年版，第 45—47 页。

② 宋立荣、李经思：《从数据质量到信息质量的发展》，《情报科学》2010 年第 28 卷第 2 期，第 182—186 页。

③ 胡鹏：《信息质量管理精要》，2010 年 8 月 18 日（http：//www.amteam.org/Show Article.aspx?id =452349）。

④ Simon H. A. Herbert A. Simon，“Designing Organizations for an Information-Rich World”，Martin Greenberger，ed.，*Computers*，*Communications*，*and the Public Interest*，Baltimore：The Johns Hopkins University Press，1971.

⑤ Pine Ⅱ B. J. & Gilmore J. H.，“Welcom to the Experience Economy”，Havard Business Review，Vol. 7 – 8，1998，p. 97.

还包括一种体力上、情绪上、智力上乃至精神上的消费体验。

网络环境中，信息用户通过持续、有效的交互以获得满意的个性化产品与服务。如前所述，此过程是用户追求一种“自我价值实现”的过程。在此过程中，用户关注焦点从单纯信息效用价值转移到情感上的满足，关注“能否身心愉悦地完成任务”、“能否愉悦地感受到巅峰的工作状态”。① 用户越来越重视交互活动中的体验与感知。

与此同时，优化与提升用户体验和感知成为信息机构、信息工作者和网站设计人员关注的焦点问题。Google 组建有专门的用户体验团队，致力于创建有益的（useful）、快速的（fast）、简单的（simple）、有吸引力的（engaging）、创新的（innovative）、适合大众的（universal）、有益的（profitable）、漂亮的（beautiful）、值得信赖的（trustworthy）、个性化的（personable）用户体验与感知为宗旨。② 而 Facebook 的用户体验设计人员将“情感”、“易用”、“形美”、“气势”、“创新”作为其产品设计的核心目标。在国内，百度最大的设计团队（简称大 UE），就是负责百度产品设计的用户体验设计团队，致力于提升百度产品的用户体验。③ 新浪 UED 也是新浪产品开发与设计的核心部门之一，以提升产品的用户体验为使命。

在此背景下，网络环境中，随着用户对交互过程中体验与感知关注度的提升，所产生的放大效应将直接影响到用户对信息质量的理解与认识，影响到用户满意度。交互过程中信息质量的影响因素，除了取决于客观的信息内容与特征外，还取决于用户主动交互行为过程中的体验与感知。

因此，能否从信息交互过程和用户体验感知角度对信息质量进行全面、深入性的分析，将是网络环境中基于用户视角信息质量认知的关键所在。只有从用户信息体验和感知角度对信息质量评价进行研究，才有助于对网络环境中信息质量进行全面、系统的评价，进而为有效评价信息产品与信息服务、全面提升信息质量、满足公众信息需求、缩小信息鸿沟提供可资

---

① 李桂华：《信息服务设计与管理》，清华大学出版社、北京交通大学出版社 2009 年版，第 123 页。

② Yeh Matthew：《谷歌用户体验设计准则》，2012 年 6 月 23 日（http：//ucdchina. com/snap/9529）。

③ http：//baike. baidu. com/view/9561895. htm.

借鉴的思路与方法。

三 理论背景

（一）网络环境中基于用户视角的信息质量研究成为研究焦点

自20世纪40年代开始，以计算机发明和应用为代表的信息技术被迅速地应用于数据管理之中，极大地提升了人们生产和处理数据的能力。进而数据的质量问题也开始受到关注。早期数据质量研究主要从技术角度，以数据的准确性等为重点，并且依附于产品质量管理。但随着社会的发展与进步，纯技术的数据质量已经无法满足信息社会多方面、多层次之需要，人们开始逐步拓展、深化对信息质量的认识。信息质量管理逐渐成为一个独立研究领域。①

20世纪90年代以来，随着对用户关注度的提升，学者们对信息质量内涵有了全新理解，认为信息质量是对用户信息需求的满足程度（Huang K. T. et al.，1996；Larry P.，1999等）。基于朱兰“Fit to use”质量概念，Wang R. Y. & Strong D. M.（1996）、Gerkes M.、English L.（2003）、Shirlee-ann Knight & Janice Burn（2005）等指出，用户满意是信息质量最重要的目标，用户不再仅以获得符合标准的高质量数据为关注重点，而是更加关注数据的语义内容、关注信息满足需求的程度及所带来的价值。历经20余年发展，基于用户视角的信息质量研究已经成为研究主流。

网络环境中，随着计算机与信息技术的不断创新，网络信息资源在数量、结构、分布、传播的范围、载体形态、传递手段等方面都显示出新的特点。② 而网络信息质量是互联网信息服务的基础，是决定网络信息服务成败的关键。基于用户视角的网络信息质量的研究，有助于更全面、更深入地了解与把握网络用户满意度的内在机理，对于提升网络信息质量、提高网络信息生产者和服务者的服务水平、提升网络用户信息满意度具有重要意义，并直接关系到网络的未来发展。因此，网络环境中基于用户视角的

---

① 宋立荣、李经思：《从数据质量到信息质量的发展》，《情报科学》2010年第28卷第2期，第182—186页。

② 朱庆华：《网络信息资源评价研究综述》，载中国国防科学技术信息学会《情报学进展》第8卷《2008—2009年度评论》，国防工业出版社2010年版，第280—323页。

信息质量内涵的拓展及相关问题研究成为当前信息质量的研究焦点。

毕强等（2002）、黄如花（2003）、熊化宇（2005）等在相关研究中指出，网络信息质量在网络信息资源建议、网络信息组织中均扮演着重要角色。而 Harris R.（1997）、English，L. P.（2004）、鞠英杰（2005）、刘渊等（2009）、宋立荣等（2009）、李君君等（2011）等分别从不同角度对网络信息质量展开研究，关注其基本内涵阐释，并强调网络信息质量的社会属性。史丽萍等（2012）系统剖析了网络环境中信息质量的传递机理等。

与此同时，针对具体领域的信息质量研究也逐渐展开。其中以医疗卫生领域信息质量研究最为典型，Kim P. et al.（1999）、Jiang Y. L.（2000）、Kihlstrom L. C.（2001）等分别针对网络医药信息质量、疾病诊断信息质量等做了系统、全面的研究，并获得了有价值的研究成果。而 American Medical Association（2000）则从组织角度在此问题上做出了富有建设性的研究成果。有关商务型网站信息质量问题也引起学者的关注，并将其作为电子商务服务质量衡量与评价的重要构成部分。[①]

（二）信息质量评价研究成为学者研究的焦点

随着信息质量管理研究的不断深入，信息质量评价研究逐渐成为国内外研究焦点。基于对信息质量的不同理解、不同的行业和应用领域、不同的研究切入点，国内外学者们从不同的视角针对信息质量评价展开研究。

一方面，将信息质量（Information Quality，IQ）与数据质量（Data Quality，DQ）作为同一概念，运用模糊数学、神经网络、运筹学等理论，以信息本体论为基础，以管理信息系统、数据库、数据模型为主要研究对象，侧重从信息广度、深度、数量等角度对信息产品质量（尤其是数据质量）评价进行研究（Ballou D. P. & Pazer H. L.，1985；Redmond，T. C.，1995 等）。另一方面，从信息流程角度，基于运作管理理论和质量管理理论，主要运用过程管理、全面质量管理（TQM）、六西格玛（Six Sigma）、统计过程控制等方法，从信息流程全过程及各

---

① 苏秦、刘野逸、曹鹏：《基于服务交互的 B2C 电子商务服务质量研究》，《情报学报》2009 年第 28 卷第 5 期，第 784—790 页。

个环节角度对信息质量评价进行研究（Strong D. M. et al.，1996；Wang R. Y. & Strong D. M.，1996；Lee Y. & Wang R.，1999 等）。

随着对信息质量内涵理解的深入，基于用户视角的信息质量评价研究成为研究主流。以 Wang R. Y.（1996）、Huang K. T.（1999）、周毅（1999）、Eppler M. J.（2001）、张辑哲（2006）、宋立荣（2009）等为代表，吸收借鉴服务营销学、顾客心理学等相关理论成果，运用多种研究方法，分别从用户需求、用户满意度等多个角度，构建形成以信息服务质量指标为主体的评价体系。

近些年来，随着网络信息质量研究的展开，网络信息质量评价成为深入了解与把握网络用户满意度重要途径。[①] Pickard A. J. & Dixon P. 指出，网络信息质量是互联网信息服务的基础，是网络用户价值评价的重要构成维度。[②] Greene S. et al.（2000）、Egger F. N.（2001）、Cullen R. & Hougnton C.（2000）、Jiang Y. L.（2010）等针对专门性网站（如数据图书馆、政府网站、医疗卫生网站等）的信息质量评价问题进行了研究，并获得了有价值的成果。但遗憾的是，由于该方面研究时间相对较短，研究还处于一种零散的、不成体系的状态，没能全面把握信息质量评价的主要因素，无法真正把握好用户信息需求、用户在交互过程中的体验与感知对信息质量评价的影响。尤其是基于网络环境中用户通过主动信息行为和信息交互而获得的体验及满足方面的评价指标尚缺乏。

（三）用户体验与感知研究成为用户研究的热点

用户体验最早来源于 IT 领域用户和人机界面的交互过程的研究。随着信息服务的不断发展，随着服务营销与用户行为研究的发展，用户体验与感知的相关研究逐渐引起国内外学者的关注，成为近期用户研究的热点问题。

用户体验与感知是理解用户信息行为的基础，也是分析与把握用户

① Shirlee-ann Knight & Janice Burn, "Developing a Framework for Assessing. Information Quality on the World Wide Web", *Informing Science Journal*, Vol. 8, 2005, pp. 159 – 172.

② Pickard A. J. & Dixon P., "Measuring Electronic Information Resource Use: Towards a Transferable Quality Framework for Measuring Value", *The Journal of Information and Knowledge Management Systems*, Vol. 34, No. 3, 2004, pp. 126 – 131.

进一步行为的依据。[①] 网络化信息空间中用户与系统交互失败的诸多因素中，用户体验的缺失是其中重要的影响因素。[②] Nik van Dam et al. 指出，现实世界的体验影响用户对由信息系统展现的虚拟环境，不同文化和民族背景的用户对界面的期望以及由界面提供的信息的理解方式也是存在差异的。[③] 而要更好地理解用户体验，需要关注用户体验中的非技术特征，尤其是情感因素的作用。[④]

Norman D. A. （1999）、Garrett J. J. （2003）、胡昌平等（2006）、邓胜利等（2009）从不同角度对用户体验与感知的内容、特征等做了基础性研究。在此基础上，Sascha Mahlke 提出的用户基本体验过程及研究框架[⑤]、Dhaval Vyas 等提出的用户体验的 APEC 框架[⑥]等为进一步研究用户体验与感知奠定了基础。在研究中，学者们指出，交互是用户体验的核心，[⑦] 用户体验与感知是在特定互动中个体独特的经历。积极的用户体验与感知能够实现组织和用户的共同目标，达成一种双赢。[⑧]

王镠璞（2010）对互联网搜索引擎医学信息检索可用性的研究，美国国家科学基金（NSF）连续资助美国国家科学数字图书馆（NSDL）在数字服务交互性研究方面所取得的系统研究成果，以及国内较多以数字图书馆为研究对象用户满意度的研究均是以用户体验与感知的相关研

---

① 刘冰、卢爽：《基于用户体验的信息质量综合评价体系研究》，《图书情报工作》2011 年第 55 卷第 22 期，第 54—60 页。

② 李仪凡：《互联网用户体验结构模型：以 Flow 理论挖掘网站功能、社会属性作用机制》，硕士学位论文，复旦大学，2009 年。

③ Nik van Dam, Vanessa Evers, Floors Arts, "Cultural User Experience Issues in E-governmetnt: Designing for a Multi-cultural Society", Accepted for Publication in Peter van den Besselaar & Toru Ishida, Digital Cities 3: Local Information and Communication Infrastructures, *Leture Notes in Computer Science*, 2003.

④ Hassenzahl M., "The Quality of Interactive Products: Hedonic Needs, Emotions and Experience", *Ghaoui C. Encyclopedia of Human Computer Interaction*, *Calgary*, AB: Idea Group Reference Press, 2005, pp. 652 – 660.

⑤ Mahlke S., "Cognitive Components of Emotion", In Davidson R. J., Goldsmith H. & Scherer K. R., *Handbook of the Affective Sciences*, New York: Oxford University Press, 2004.

⑥ Dhaval Vyas, Gerrit C. & Van der Veer. APEC: A Framework for Designing Experience, [2010—12—15]. http://www.inflsce.cornell.edu/place/15_ DVyas2005.pdf.

⑦ Ibid..

⑧ Garrett J. J., *The Elements of User Experience: User-Centered Design for the Web*, New York: AIGA New Riders Publishing, 2003, pp. 10 – 20.

究为基础的进一步研究。同时，用户体验与感知理论成果被广泛地应用于电子商务开展、网站建议和软件设计等方面。同时，网络用户体验领域逐渐与工业设计领域（创造物质产品的用户体验）和环境设计（创造物理空间的用户体验）实践相结合，取得了不俗的成果。①

与此同时，胡昌平等强调用户体验应重点帮助用户在获取所需信息的过程中形成满意的体验，重视用户在使用信息资源中的真实体验。基于用户体验的信息资源开发构建可以更紧密地把用户与信息空间联系在一起，满足在交互式信息服务中用户的需要。②

第二节　研究主题与研究意义

基于以上现实与理论背景，我们明确了本书的研究主题，并将其细化为若干具体研究目标。围绕研究主题与研究目标，项目研究的现实意义与理论价值将在本节中予以阐述。

一　研究主题与研究目标

本书的研究主题为：优化用户体验与感知和建立信息质量综合评价指标研究。这个研究主题是依据本书的现实与理论背景，在对相关研究文献回顾的基础上，根据网络环境中用户体验和感知与信息质量内在关系当前实际研究现状与空白点而确定的。

基于用户体验与感知的信息质量综合评价是本书研究主题的核心，围绕着这个核心，通过对研究主题的分析与细化，本书的基本目标为：以网络环境中用户信息需求和期望、交互过程中用户的体验和感知两方面与信息质量间的内在联系为研究切入点，分析交互过程中影响信息质量的主要因素，在此基础上，构建形成全面系统、具有一定适用性的信息质量综合评价体系。并据此提出用户体验与感知的优化策略与信息质量综合提升策略，建立信息质量改善机制，为有效评价信息产品与信息服务、全面提升

---

① 邓胜利：《基于用户体验的交互式信息服务》，武汉大学出版社2008年版，第16页。

② 胡昌平等：《信息资源管理原理》，武汉大学出版社2008年版，第371—373页。

网络信息质量和用户满意度提供可资借鉴的思路、方法和工具。

围绕以上基本目标，本书的具体目标包括：

（1）网络环境中基于用户视角的信息质量综合评价体系构建研究。从用户信息需求与期望、交互过程中用户的体验与感知视角，结合信息产品与信息服务的本质属性，构建形成具有一定适用性与实用性的网络环境中基于用户视角的信息质量综合评价体系是本书研究的核心目标。此综合评价体系将全面覆盖网络环境中信息产品的内容属性与外部特征、网站系统功能属性以及交互过程中用户体验与感知要素，兼具客观性与主观性指标要素。

（2）识别用户体验和感知的优化与信息质量全面提升的有效路径。以所构建的基于用户视角的信息质量综合评价体系为基础，构筑用户视角的信息质量综合提升动力路径。根据用户体验和感知与信息质量的内在关系，一方面，提出网络环境中用户体验与感知的有针对性的优化路径；另一方面，明确信息质量综合提升策略，为各类网络信息生产者与服务者围绕以用户为出发点的信息产品开发、传递与表达方式、信息服务模式等提供一种有力的导向性工具和有价值的参考与指导。

（3）系统剖析网络环境中用户信息需求和期望、交互过程中用户体验和感知与信息质量间的内在联系。三者之间内在联系研究是本书研究的关键目标，发挥着“承上启下”的关键作用。通过对网络环境中用户信息需求和信息期望与信息质量、信息交互中用户体验和感知与信息质量间内在联系与作用机理的实证研究与分析，“承上”是对网络环境中信息质量内涵进一步诠释；“启下”则是挖掘和获取基于用户信息需求和信息期望角度的、用户体验和感知角度的信息质量主要影响因素，系统揭示三者间的系统动力关系与内在作用机理，为后续信息质量综合评价研究，为用户体验与感知优化和信息质量提升策略研究奠定坚实基础。

二　研究意义与价值

（一）理论意义与价值

目前，在用户信息行为与信息质量理论研究中，网络环境中用户信息需求和期望、信息交互过程中用户体验和感知与信息质量间内在关系和作用机理的研究，基于用户视角的信息质量综合评价研究还处于起步阶段，理论研究成果尚少。因此，本书研究成果将会在一定程度上拓展这一领域内的理论研究空间，具有一定的创新性。

在理论体系方面，本书研究是在信息管理理论、信息质量理论、用户心理和用户行为理论三者有机结合的基础上所展开的。本书基于微观视角对网络环境中用户信息需求和期望、交互过程中用户体验和感知的研究，全面、系统地剖析以上诸方面对信息质量的内在影响、与信息质量间的内在作用关系，在此基础上构建形成基于用户视角的信息质量综合评价体系。整体研究以用户为基准点，对信息交互全过程中信息质量影响因素进行层层剖析。一方面，从新的视角对用户信息心理、信息行为进行的研究，将丰富用户信息行为理论体系；另一方面，研究从新的角度对信息质量进行了诠释，拓宽了信息质量理论研究内涵，完善了信息质量理论体系，拓展了信息质量理论研究的广度和深度。

在理论研究框架方面，本书围绕网络环境中信息质量、在基于用户视角的理论框架下展开研究。在研究中，吸收和借鉴用户心理、用户行为理论的相关理论观点、研究方法和研究思路，突出了研究中的动态性和交互性，弥补了以往相对静态的、线性的基于信息产品或信息服务视角研究框架的局限性。不仅为信息质量评价的深入研究搭建了一个新的框架，同时也为信息质量理论拓展性研究提供了一个新的研究思路，拓宽了信息质量研究的理论视野。

在理论研究方法方面，本书在研究中根据具体研究内容，综合运用基于虚拟工作情境的行为实验研究法、行为事件访谈法（BEI）、专家访谈法、调查研究法等研究方法展开研究。各项研究结论均是建立于大量数据的定量分析与科学测度基础上的，提高了本项研究的科学性与结论的可信度。将社会科学多种研究方法与信息质量具体研究内容有机融合，为信息质量、信息管理等相关研究中吸收与借鉴其他学科较成熟的研究方法做有价值的尝试，有利于国内信息质量研究的规范化和科学化，将有助于促进信息管理理论研究方法的不断丰富与发展。

（二）实际意义与应用价值

信息质量是信息社会的基础，是推动社会进步的重要因素。面对网络环境，提供高质量信息以满足用户需求成为各类信息生产与信息服务机构关注的焦点问题。网络环境中，用户体验与感知的优化和基于用户视角的信息质量综合评价的研究，将为网络信息机构以用户为中心，改进与完善系统设计、优化信息资源组织与建设、提升信息服务水平等提出具有现实性的意见与建议。

第一，信息质量的客观评价是信息质量提升的基础。本书所构建的网络环境中基于用户视角的信息质量综合评价体系，是将主观与客观要素有机结合的、并具有较强的可操作性和适用性的评价体系。该评价体系的构成维度和指标均来自实证研究结果，其评价结果将更接近于用户的实际体验和真实感知。因此，该评价体系将为网络信息服务机构客观评价其信息质量提供一种有效的方法与工具，也为网络信息用户选择高品质的网站资源或网络信息服务机构提供一种有效评价手段与方法。

第二，本书综合运用多种研究方法，对网络环境中用户的信息需求和期望、信息体验和感知与信息质量三者间的系统动力关系与内在作用机理展开研究，系统揭示了交互过程中基于用户体验与感知视角的信息质量影响因素。此研究结果为网络信息生产者与服务机构全面、透彻地理解用户视角的各主要因素与信息质量的有机联系与影响机理提供一种有力的分析性工具，并为各类网络信息生产者与服务者围绕以用户为出发点的信息产品开发、传递与表达方式、信息服务模式等提供了有价值的参考与指导。

第三，本书基于实证研究结果所提出的网络环境中用户体验与感知的优化策略、信息质量综合提升策略，具有一定的可行性、适用性和可操作性，将为各类网站或网络信息生产者与服务者以用户为中心改进与提升产品与服务质量、改善与优化系统设计和功能、制定提升信息质量的策略措施，以达成全面提升信息质量、满足用户信息需求提供可资借鉴的路径与方法。

第三节　研究框架

一　研究思路

围绕以上研究目标，本书综合运用行为实验研究、行为事件访谈研究、专家访谈研究、调查研究等多种研究方法，从用户视角，分别分析网络环境中用户的信息需求与期望、信息交互过程中用户体验与感知和信息质量间的内在联系，系统剖析影响信息质量的主要因素，以获取关键性指标。在此基础上，构建形成网络环境中基于用户视角的信息质量综合评价模型与体系，进而对优化网络用户信息体验与感知策略和信息质量综合改善与提升策略进行探索性研究（项目整体研究技术路线和研究思路如图1—2所示）。

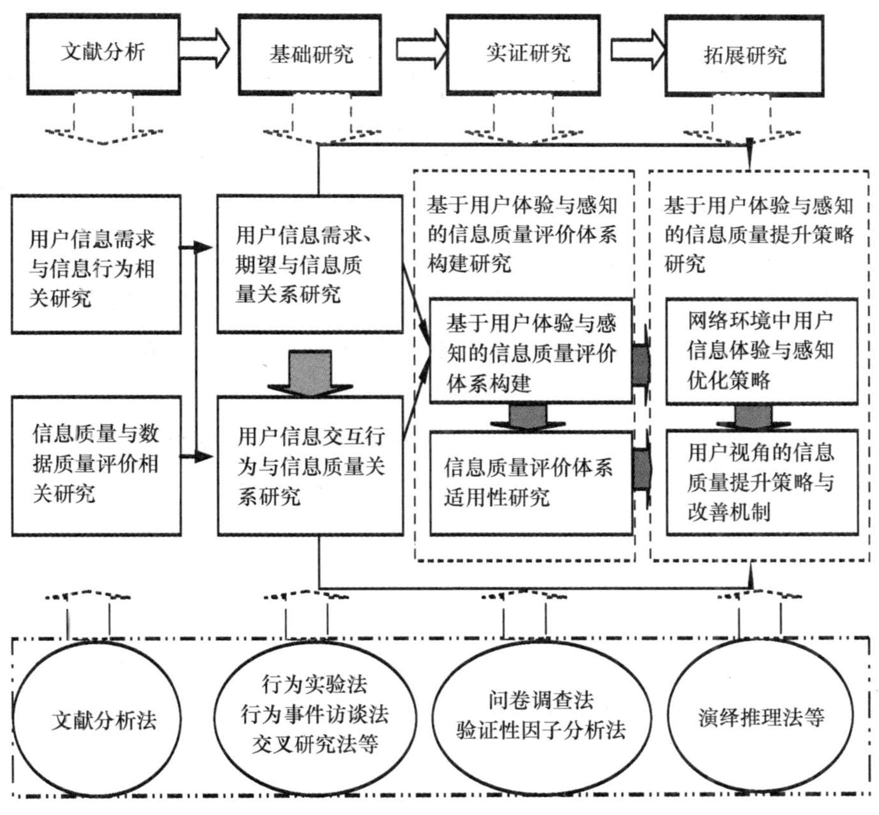

图1—2 研究技术路线与研究思路

二 研究内容

在以上基本研究思路指导下，围绕本书的核心研究内容，项目的主要研究内容为：

内容之一：网络环境中用户信息需求、信息期望与信息质量关系研究

用户信息需求与期望决定用户信息行为特征，是用户体验和感知的基础，也是影响信息质量的关键性潜在变量。网络环境中，伴随着用户角色与主体地位的变化，用户信息需求、信息期望及其满足条件均发生较大变化。拟采用文献分析与问卷调查等研究方法，主要研究以下几个方面具体内容：

（1）网络环境下用户信息需求的内容、构成变化和主要特征，分析这些变化和特征对用户信息行为的影响。

（2）构建形成网络环境中用户信息期望构成模型，获得网络环境中用户信息期望内容构成和主要特征的变化规律，为进一步研究奠定基础。

（3）运用结构方程模型系统剖析用户信息期望与用户信息满足、信息质量间的内在联系，挖掘用户信息期望与信息质量的影响机理，为随后所进行的基于用户视角的信息质量评价研究奠定理论基础。

内容之二：信息交互中用户体验和感知与信息质量关系研究

网络环境中，用户信息获取、消费与信息生产、传播、服务同步进行，是用户与网站系统的持续交互过程。而用户在此间的体验与感知直接影响交互过程的进程与结果，是影响信息质量的直接变量。在本部分中，具体研究内容如下：

（1）拟采用行为实验法、关键行为事件访谈法，并采用内容萃取技术挖掘用户与网站系统交互过程中体验与感知的主要特征。基于此分析结果，进一步研究与分析用户在与不同类型网站交互中体验与感知的信息质量影响因素间的异同，获取具有共性的因素。

（2）利用专家访谈法与内容分析法，分析获取相关领域专家对基于用户体验与感知视角的影响信息质量的主要因素与指标要素。

（3）以以上研究结果为基础，提出信息交互过程中基于用户体验与感知的信息质量影响因素假设模型，采用问卷调查法与数据分析，对所提出的假设模型进行检验与修改。

内容之三：网络环境中基于用户体验与感知的信息质量评价体系构建研究

本部分内容是本书研究的重点与核心所在。主要在如下方面展开研究：

（1）在以上研究基础上，本部分采用系统分析方法对用户信息需求与期望、信息体验与感知、信息质量间的内在联系与相互作用机理展开研究，提出全面、系统的用户视角的信息质量综合评价基本框架。

（2）基于综合评价框架，并以前期研究成果为基础，提取获得基于用户视角的信息质量关键性评价要素，提出基于用户视角的信息质量综合评价假设体系。在此基础上，采用问卷调查方法，运用验证性因子分析技术，对假设体系进行验证与修正，构建形成基于用户视角的信息质量综合评价体系。

内容之四：网络环境中用户体验与感知优化策略和信息质量提升策略研究

本部分主要从以下几方面展开具体研究：

（1）以信息质量综合评价体系为基础，结合用户信息需求与期望、信息体验与感知的实际情况与发展变化规律，本部分将采用系统分析方法，构筑基于用户视角的信息质量综合提升动力模型，并对信息质量提升动力系统、提升路径进行分析。

（2）以提升动力模型为基础，研究建立基于用户视角的、提升信息用户满意度的信息质量改善机制，通过对网络环境中用户体验与感知的优化、信息价值属性提升、网络系统功能提升的研究，详细阐述了用户体验与感知优化、信息质量综合提升的有效途径与策略。

三　研究方法

围绕研究目标，在对以上内容研究过程中，主要应用了以下信息管理学与社会科学研究中较为常用的科学研究方法展开研究。

（一）文献分析法

文献分析法是本书的基本研究方法。在研究中，通过对国内外与信息质量基本理论、用户信息行为、用户信息心理、信息交互等方面相关研究的著作、学位论文、期刊、网站等文献的搜集、整理与分析，通过对基于用户视角的信息质量、用户期望与体验等相关研究文献的分析，为本书的理论提出、论述展开和深入探讨提供文献、理论的支持，为本书的部分实证研究提供了相关论据。

（二）问卷调查法与统计分析法

问卷调查法与统计分析法是社会科学研究中最常用的研究方法，也是本课题的核心研究方法。两种研究方法的结合使用，保证了研究结果的科学性、有效性，提高了研究的信度与效度，

本书在研究中多次采用封闭式问卷调查方法用于以下方面研究：①调查获取网络环境中用户的信息需求与信息期望内容、特点，基于调查数据运用结构方程模型，对用户信息期望与信息质量内在关系进行实证研究；②调查获取信息交互中用户信息体验与感知的主要要素，基于调查数据、运用数理统计方法研究用户体验和感知与信息质量内在关系；③基于用户视角的信息质量综合评价指标体系构建研究。在此方面研究中，以问卷调查为基础，利用探索性因子分析与验证性因子分析技术对问卷调查所获数据进行分析，检验并修正所提出的假设模型。

（三）实验研究法

实验研究法（也称非标准实验、现场实验）是社会学中用户行为研究的主要方法，能够有效获得用户的社会行为特点与心理活动规律。本课题主要采用准实验方法，对用户信息交互过程中的体验与感知等主观认知进行了研究。以期获得实验参与者信息搜寻与获取行为和主要特征以及其在信息交互中的真实体验与感知，获取在交互过程中基于用户体验与感知的信息质量主要影响因素，为后续研究奠定基础。

（四）专家访谈法

专家访谈法是信息管理研究中经常采用的研究方法。在研究中，主要在用户体验和感知、信息质量内在关系等方面采用专家访谈法，通过专家访谈文本的内容分析，获得信息交互过程中用户体验与感知的内容特征，同时提取关键性影响要素，与通过实验研究法所获取的要素共同构建基于用户视角的信息质量综合评价指标体系假设模型。

（五）演绎推理法

演绎推理法是社会科学定性研究的主要方法。本书将在国内外相关研究成果的基础上，运用演绎推理方法，首先构建本书的基本概念体系与基本理论框架，然后按逻辑顺序，逐层深入、层层推理，展开主体部分的研究，分析网络环境中基于用户视角的信息质量内在结构，构建信息质量评价综合指标模型。

四　研究的重点与难点

本书的基本观点为：网络环境中，随着信息用户个性化意识的增强和参与度的提高，用户对信息质量要求也在不断提升，越来越重视信息交互中的体验与感知，并直接影响到对信息质量客观、全面、系统评价，最终影响信息用户与服务机构间的互信关系。同时，用户信息需求和期望、信息交互行为与信息质量之间的关系是可衡量的，而信息交互中基于用户体验与感知角度的信息质量影响因素是可获取、可描述、可测度的。基于以上基本观点，本课题从用户信息需求与期望、用户体验和用户感知角度分析影响信息质量评价的主要因素，构建形成用户视角的信息质量综合评价体系，据此提出用户体验与感知优化策略、建立信息质量改善机制。

项目研究的重点与难点主要体现在以下方面：

（1）网络环境中用户信息需求与期望、信息交互过程中用户体验与感知、信息质量间的内在关系研究。网络环境中，随着社会网络化程度的不断提升，用户的网络参与程度越来越高。在此过程中，用户信息获取、信息消费与信息生产、传播、服务同步进行，融合在用户与网站系统的交互过程中。用户在此过程中的主观体验与感知直接影响交互过程的进程与结果。其间涉及用户信息心理、行为以及其他尚需挖掘的主观内容，为从用户视角研究影响信息质量评价的因素和机理增加了较大难度，这将是本书拟突破的重点难点之一。

（2）基于用户视角的信息质量综合评价体系构建研究。此部分研究既是本书的核心所在，也是重点与难点所在。新一代网络环境中，呈现出用户信息需求个性化、参与主动性、用户感知的多维性与权变性等特点，如何有效把握与剖析网络环境中的用户体验和感知，对用户信息需求、信息交互行为中信息质量评价指标要素做全面、系统的概括与归纳，发现各因素间系统动力关系，并用可表述、可操作、可衡量的指标构建形成信息质量评价体系，其中涉及复杂的系统关系，这将是本书的另一重点与难点。

五　研究的创新之处

本书研究将力图在以下几个方面取得新的突破：

第一，系统剖析与拓展网络环境中基于用户视角的信息质量概念内涵。在项目研究过程中，将吸收与借鉴网络环境中用户信息需求与期望、信息交互、用户信息体验与感知等方面的研究成果，基于信息质量管理基本理论，系统分析与深入挖掘网络环境中基于用户视角的信息质量内涵的演变与发展，以期以交互过程中用户体验与感知为视角对其内涵进行拓展性分析，并将构建形成信息质量概念模型。对信息质量进行新的诠释，关键是为信息质量研究，尤其是为面向网络环境的、基于用户视角的信息质量评价研究提供了一个新的研究切入点，并将拓展与深化其研究范围与研究内容。这将是本书拟突破的重点之一，其研究成果也将是本书的创新点所在。

第二，系统分析交互过程中基于用户体验与感知的信息质量影响因素，构建其指标体系模型。在项目研究中，将综合运用实验研究、专家访谈、问卷调查等研究方法，对网络环境中基于用户体验与感知的信息质量影响因素指标进行实证分析，在此基础上构建形成体系模型。本书将试图改变以往分段式、截面式的研究思路与结果，将全面、系统涵盖信息交互过程用户所体验与感知到的信息质量影响因素。以期弥补国内外在此研究中的不足。

第三，运用实证研究方法，建立网络环境中基于用户视角的信息质量综合评价指标体系。本书在研究过程中，将基于前期研究成果，运用规范性的实证研究方法，提出并构建信息质量综合评价模型和指标体系。该体系模型将覆盖多维度、多方面评价指标，梳理其间复杂的系统关系。同时，也将在研究中考虑并提升评价体系的实用性与可操作性。该体系模型将有助于网络信息提供者与服务者从用户视角对本网站信息质量进行全面的衡量与客观的评价。

第二章

相关研究综述

本章分别对用户信息需求与期望、信息体验与感知、信息质量领域的相关研究进行回顾。在用户信息需求与期望研究综述中，分别回顾了国内外信息需求基本发展、网络环境中用户信息需求和用户信息期望等方面的研究成果。在用户信息体验与感知研究领域，分别从国内、国外两个角度，对用户信息交互过程与行为、用户体验模型与评价、用户信息感知构成与影响因素等主要方面研究成果进行详细回顾与综述。而在信息质量研究领域，则分别从信息质量内涵发展、信息质量评价维度与指标构成、信息质量评价研究方法等方面进行回顾与综述。以期通过研究领域的综述，明确本项目的研究空间，同时为正式展开基于用户视角的信息质量研究奠定理论基础。

第一节　用户信息需求与期望研究

用户研究是信息管理理论研究中的一个重要构成部分。英国学者布鲁克斯（Brookes B. C.）、加拿大学者贝尔金（Belkin N. J.）和美国学者德尔文（Brenda Dervin）是从认知角度研究用户信息行为的三个代表性人物。用户信息认知研究范式的核心是，要基于用户视角而不是观察者视角来分析与研究信息搜寻与信息使用，因为信息服务不再是单纯对用户信息需求的简单满足，而是应该满足用户在物理（计算机信息检索系统）或现实世界（各类信息服务机构）的延拓性信息需求。①

① 钱俊：《信息行为分析中的认知研究》，硕士学位论文，北京航空航天大学，2010 年。

随着信息服务的不断发展，以实践为基础的用户研究理论不断丰富和完善。20 世纪 80 年代，对用户信息需求、获取与利用的系统研究成为信息用户研究的焦点。20 世纪 90 年代，用户研究对象已扩展到一切具有获取社会信息需求或向公众传递社会信息的社会成员，用户研究内容已深入到用户信息需求动力、信息期望等层面的研究。

一 用户信息需求研究综述

（一）信息需求研究基本发展

信息需求作为人类一种特殊类型需求，近些年来，随着信息环境与技术的发展与变化，国内外相关研究重点已经从以信息系统为导向的信息需求研究转向以用户认知为导向的信息需求研究。

在以用户认知为导向的信息需求方面，国内外学者从多个角度对其进行了研究、探讨与阐释。

Belkin N. J. ①、Wilson T. D. ②、胡昌平③、邓小昭④、颜端武⑤、岳剑波⑥等分别在研究中指出，信息需求是人们在从事各项实践活动过程中，为解决所遇到的各种问题而产生的对信息的不足感和求足感。即信息需求起源于不确定性状态的出现，是当人们感知到现有知识结构可能存在着不足或难以胜任当前任务状况时而产生的对信息的一种需要。

由此可见，信息需求归根到底是一种客观需求，是需求的主体（即用户）基于社会和自然等因素，对所存在客观信息需求的主观认识、体验和表达。⑦ 一方面来自于为解决实际问题而产生需要，具有明确的信息目的；另一方面来自于不确定性与知识结构的不满足感。因

---

① Belkin N. J.，“Anomalous States of Knowledge as a Basic for Information Retrieval”，*Canadian Journal of Information Science-Revue Canadienne Des Sciences Del Information*，Vol. 5，1980，pp. 133 – 143.

② Wilson T. D.，“Human Information Behavior”，*Information Science*，Vol. 3，No. 2，2000，pp. 49 – 55.

③ 胡昌平等：《信息资源管理原理》，武汉大学出版社 2008 年版，第 107 页。

④ 邓小昭：《因特网用户信息需求与满足研究》，博士学位论文，武汉大学，2002 年，第 15 页。

⑤ 颜端武、王曰芬：《信息获取与用户服务》，科学出版社 2010 年版，第 36 页。

⑥ 岳剑波：《信息管理基础》，清华大学出版社 1999 年版，第 65 页。

⑦ 胡昌平等：《信息资源管理原理》，武汉大学出版社 2008 年版，第 107 页。

此，在用户信息需求研究中，需要更加关注用户自身的相关因素，注重分析用户的心理状态，以及信息需求产生的原因和情境。[①] Taylor 的信息需求四层次理论、Brenda Dervin 的用户中心理论和意义建构模式、Niehdas J. Belkin 的知识非常态理论等均是以用户为中心、针对用户信息心理发展与变化而建立起来的。

与此同时，Carlos A. Velasco et al. 在研究中进一步指出，信息需求与用户个人的认知、感觉、情境等密切相关，用户认知是信息需求的基础和判断标准，时间、地点等因素的改变均可能改变信息的本质，而当用户个人影响因素改变时，信息需求也将随之改变。[②] 而 Spink A. Wilson & T. Ellis D. 指出，信息和信息需求基本上都须经过人的认知过程，这个过程会随着时空的改变而有所变化，用户因素成为信息系统预测用户需求行为不可忽视的重要变量。[③]

Bernda Dervin 在研究中提出情境导向的替代性研究典范，其核心思想是：不同用户在不同情境、不同时空条件下会产生不同的信息需求，因此，要用动态观点、从动态视角对用户信息需求进行系统研究与剖析。[④]

岳剑波则指出，用户研究是信息管理的出发点，用户信息需求是信息系统建设和信息服务工作的根本依据。[⑤] 李桂华也提出，信息服务体系必须在用户需求分析基础上选择和组织信息资源。[⑥]

对国内外学者信息需求相关研究进行梳理，其主要研究内容可以概括为信息需求层次、信息需求特点、信息需求影响因素等。

1. 信息需求层次研究

信息需求是具有一定内在结构和外部联系的有机体。在不同信息环

---

① 乔欢：《信息行为学》，北京师范大学出版社 2010 年版，第 160 页。

② Carlos A. Velasco et al. , "Universal Access to Information Services—the Need for User Information and Its Relationship to Device Profiles", *Universal Access in the Information Society*, Vol. 3, No. 1, 2004, pp. 88 – 95.

③ Spink A. Wilson & T. Ellis D. , "Modeling Users' Successive Searches in Digital Environments", *D-Lib Magazine*, Vol. 24, No. 2, 1998, pp. 231 – 242.

④ Dervin B. , "On Studying Information Seeking Methodologicaly: The Implications of Connecting Metatheory to Method", *Information Procesing and Management*, Vol. 35, No. 6, 1999, pp. 727 – 750.

⑤ 岳剑波：《信息管理基础》，清华大学出版社 1999 年版，第 67 页。

⑥ 李桂华：《信息服务设计与管理》，清华大学出版社、北京交通大学出版社 2009 年版，第 73 页。

境中，在社会因素与个体因素的共同制约与影响下，用户信息需求呈现出一种复杂的、多维的、动态发展的结构。[①] 同时，虽然作为一种人的基本需求，但是用户信息需求具有一定的复杂性和随机性，呈现出有序的层次性。[②]

Taylor 以实际调查为研究基础，提出由内在需求、意识到的需求、形式化需求和折中的需求四个发展演进阶段所构建的用户信息需求四阶段理论，该理论从需求演进过程对用户信息需求层次进行了划分。[③]

Kochen 通过对用户信息需求状态的深入探析后发现，用户信息需求状态由三个层次所构成，即用户信息需求的客观状态、认识状态和表达状态。[④] 颜端武等基于 Kochen 理论，进一步研究指出，用户信息需求的表达状态是用户信息行为的关键层面，用户信息需求只有被认识并表达出来，才能引发其信息行为。而信息服务则是建立在用户表达出的信息需求基础上的。[⑤]

基于马斯洛需求层次理论，韦尔通过对用户信息需求分析，根据用户信息活动的不同发展阶段，将用户信息需求划分为 3 个层次，即表达信息需求、认识信息需求、潜在信息需求。

邓卫华认为，用户信息需求包括静态和动态两个维度层面。其中，静态维度的信息需求就是对信息本身（或信息客体）的需求，它关注的是围绕所解决现实问题需要哪些相关信息；动态维度的信息需求实质上就是解决问题的需求，它关注的是利用信息解决现实问题的动态过程。[⑥]

郑德俊通过研究指出，由于用户总是处于一定的社会环境中，并且用户对信息需求的表达存在差异，因此信息需求带有结构化特点，包括

---

① 颜端武、王曰芬：《信息获取与用户服务》，科学出版社 2010 年版，第 36 页。

② 胡昌平等：《信息资源管理原理》，武汉大学出版社 2008 年版，第 107 页。

③ Taylor R. S., "Question-negotiation and Information Seeking in Libraries", *College & Research Libraries*, Vol. 29, No. 3, 1968, pp. 178 - 194.

④ 谭英：《网络环境下的潜在情报需求分析》，《图书情报工作》2003 年第 12 期，第 29—34、71 页。

⑤ 颜端武、王曰芬：《信息获取与用户服务》，科学出版社 2010 年版，第 36 页。

⑥ 邓卫华：《农村微型企业创业：信息需求与信息支持研究》，博士学位论文，华中农业大学，2010 年，第 34—37 页。

用户自身的因素又有外部因素，具体和生活、生存、职业需求和适应社会发展等层次需求。①

李桂华通过从用户需求到行为、从行为到深入认知的发展过程的研究，将用户信息需求分为需求问题、行为问题、认知问题三个层面，且这三个层面呈现阶梯状递进关系。②

2. 信息需求特点研究

用户信息需求特点与特性是用户信息行为、用户交互行为、用户体验与感知的内在影响因素。因此，用户信息需求特点与特征的研究是信息用户与用户信息行为研究的基础。③

多样性与多元化是用户信息需求的基本特点，是由信息用户个体多样化的特性所决定的。④⑤ Dervin, B. & Nilan, M. 指出，信息需求的多样性表现为不同用户之间信息需求的不同、不同群体间信息需求的差异性；表现为同一用户在不同发展阶段、不同时期内的信息需求的变化。⑥ 而邓云发在研究中明确，用户信息需求具有多元化特点，具体包括信息需求主体多元化，信息需求内容多元化，信息需求方式多元化和信息需求结构多元化。⑦

Dervin, B. 在其意义构建理论中指出，用户信息需求具有动态性，因此无法对某一用户个体的信息需求规律作出具体描述，只能在某个时空点层面来了解其信息需求状况。同时，需要从信息用户所处的两个面向来研究与把握用户的信息需求，只有了解与分析这两个面向的变化规律，才能真正实现对用户当前信息需求的解释，并对用户未来信息需求

---

① 郑德俊：《网络环境下信息用户需求满足分析》，《情报杂志》2004 年第 8 期，第 124—127 页。

② 李桂华：《信息服务设计与管理》，清华大学出版社、北京交通大学出版社 2009 年版，第 73 页。

③ Hewins Elizabeth T., "Information Need and Use Studies", *ARIST*, Vol. 25, 1990, pp. 145 - 172.

④ 谢坤生：《进入 21 世纪的农业信息用户研究》，《情报学报》1999 年第 1 卷第 1 期，第 196—199 页。

⑤ 胡昌平等：《信息资源管理原理》，武汉大学出版社 2008 年版，第 107 页。

⑥ Dervin B. & Nilan M., "Information Needs and Users", In M. E. Williams, *Annual Review of Information Science and Technology*, White Plains, NY: Knowledge Industry Pub., Vol. 21, 1986.

⑦ 邓云发：《基于用户需求的信息可信度研究》，博士学位论文，西南交通大学，2006 年。

进行有效预测。①

曾晓娟指出，伴随着服务对象社会化、多元化和开放化的发展趋势，用户信息需求方式呈现互动化、动态化和随机化；信息需求内容呈现多层次化、多样化和专深化；信息需求质量呈现快捷化、新颖化和系统化等特点。②

李桂华基于用户信息需求动态、静态的分析发现，信息需求具有多样性、知识性、模糊性、随机性和潜伏性等特征。并进一步指出，用户信息需求的模糊性特征制约着用户信息行为，用户信息行为过程成为一个摸索过程。而信息需求的随机性则表现为用户对信息内容、形式、质量方面需求的多层次性，同时也在时间与空间呈现不确定性。③

以上研究从多个角度剖析了网络环境中用户信息需求的特点与特征，这些观点为对用户信息行为，尤其是信息交互过程中用户体验与感知的研究提供了基础性依据。

3. 信息需求影响因素研究

信息需求是人们为解决各种问题而产生的对信息的必要感和不满足感，是用户信息行为的基础和根源。要提升用户信息需求的满意度，就需要从用户本身和信息环境各方面挖掘影响用户需求的多方面因素，从技术和服务等方面满足用户的信息需求。④

兰卡斯特在其研究中指出，影响用户信息需求的诸因素同样影响用户对信息检索工具和信息系统的需求。其中，信息系统的方便性和经济性、用户使用的便利性等因素均会影响用户的信息获取行为，并对用户整体信息行为产生影响。⑤

---

① Dervin B.，"Sense-making Theory and Practice：An Overview of User Interests in Knowledge Seeking and Use"，*Journal of Knowledge Management*，Vol. 2，No. 12，1998，pp. 625－632.

② 曾晓娟：《农业图书馆用户需求与服务研究》，《图书馆学研究》2004 年第 3 期，第 78—79 页。

③ 李桂华：《信息服务设计与管理》，清华大学出版社、北京交通大学出版社 2009 年版，第 78—83 页。

④ 袁红、吴明明：《用户信息需求的马太效应及实证分析》，《情报科学》2011 年第 5 期，第 748—751 页。

⑤ 胡昌平等：《信息资源管理原理》，武汉大学出版社 2008 年版，第 113 页。

Taylor R. S. 在信息使用环境理论中研究，通过对人与信息系统间互动过程的系统化分析发现，环境是影响用户信息需求的关键变量。并提出了信息环境四要素，即情境（setting）、问题（problems）、问题解决（problem resolution）、个人背景（sets of people）。[①] 谢坤生也认为，用户的信息需求是随用户所处环境、时间等诸多因素的变化而有所变化。[②]

邓云发通过研究发现，由于信息服务人员和用户在信息能力、专业知识、理解水平等方面的差异，难以对用户需求进行准确定位，直接给信息服务造成障碍和影响。[③]

以上学者的研究均是从外部影响因素角度的研究。除了外部影响因素外，国内外学者也对用户信息需求的内在影响因素进行了研究与分析。

乔欢从用户心理规律角度分析了影响用户信息需求主要因素，即用户的价值心理、可近与易用心理、新颖性心理、选择性心理。[④]

邓云发指出，在信息采集或委托过程中，一方面用户不能正确认识、理解和准确描述、表达自己的信息需求，导致用户信息需求表达的不完全、不彻底，甚至会产生很强的片面性和不确定性，以上这些因素均是影响用户信息需求的内在因素。[⑤]

而徐娇扬通过对用户信息需求表达的研究发现，用户信息需求的表达取决于用户认知能力、表达能力和用户对服务系统的信任度，以及用户信息需求的表达途径、手段及环境。[⑥]

袁红等则通过基于马太效应的实证研究，探讨了信息需求的特点和规律，指出在不同环境下，用户信息需求均受到马太效应的影响。[⑦]

---

① Taylor R. S., *Information use Environments*, In Dervin B. & Voigt M. J. Progress in Communication Science, Norwood, N. J.: Ablex.

② 谢坤生：《进入21世纪的农业信息用户研究》，《情报学报》1999年第1卷第1期，第196—199页。

③ 邓云发：《基于用户需求的信息可信度研究》，博士学位论文，西南交通大学，2006年。

④ 乔欢：《信息行为学》，北京师范大学出版社2010年版，第162—165页。

⑤ 邓云发：《基于用户需求的信息可信度研究》，博士学位论文，西南交通大学，2006年，第40—45页。

⑥ 徐娇扬：《论用户信息需求的表达》，《图书馆论坛》2009年第1期，第36—38页。

⑦ 袁红、吴明明：《用户信息需求的马太效应及实证分析》，《情报科学》2011年第5期，第747—751页。

（二）网络环境中用户信息需求研究

互联网作为一个开放式的环境，改变与影响着信息用户的信息行为与信息机构的信息活动。信息用户方面，网络环境中，用户信息需求随社会环境的发展而发生质的改变，[①] 体现出多样化、个性化、即时化等特点。用户不再满足于被动地接收传统信息服务机构按部就班所提供的信息，而是希望成为互联网内容的主动阅读者，成为内容的创作者。[②] 信息机构方面，网络环境中，信息生产与服务机构从单一形式的服务向综合性服务发展，信息服务向多元化和多样化方向发展；从以机构为主体的信息服务向社会化信息服务模式转变，提供多种类型的专项信息服务和系统化信息保证服务；从信息服务向知识服务发展，基于网络的个性化服务发展迅速。[③]

在此背景下，自 20 世纪 90 年代以来，网络用户信息需求成为国内外学者的研究热点之一。

1. 国外网络用户信息需求研究

早期的网络用户信息需求研究主要集中于对用户信息需求内容与满意度方面。其中典型的研究为：Chennells R. & Foster J. 通过对 JANET 用户信息需求的实证研究发现，用户的网络信息服务需求与其工作密切相关。同时，用户信息需求不仅存限于内容与服务层面，还涉及网络服务界面等内容。[④] McClure C. R. 等则通过实证研究发现，用户在学术信息获取过程中，对软件友好性、网络容量饱和度、网络速度、链接的有效性等方面具有较高的需求。[⑤]

随着网络环境的发展与研究的逐渐深入，国外学者在此方面的研究越来越多，具体体现在以下几个方面。

首先，网络用户信息需求与用户信息搜寻行为相结合的分析与研究。Spink A. & Jack Xu 基于搜索引擎的查询记录，通过对信息用户的

---

① 胡昌平：《论网络化环境下的用户信息需求》，《情报科学》1998 年第 1 期，第 16—23 页。

② 胡昌平等：《信息资源管理原理》，武汉大学出版社 2008 年版，第 377—379 页。

③ 胡昌平：《用户需求导向下的数字化信息服务发展》，博士学位论文，西南大学，2011 年。

④ Chennells R. , Foster J. , "An Assessment of User Requirements in the Area of Networked Information Systems", *JANET Network Information Services Project Initial Study*, Vol. 2, 1989, pp. 34 – 56.

⑤ 邓小昭：《因特网用户信息需求与满足研究》，博士学位论文，武汉大学，2002 年。

提问长度、检索词分布、相关反馈利用等方面的研究，系统分析用户信息需求。① Silverstein C. ②、Spink A. ③、Jansen B. J. ④ 等也分别利用 AltaVista 和 Excite 搜索引擎的用户访问与检索记录来研究用户信息需求，从用户信息搜寻行为发现网络用户信息需求特点与规律。

其次，网络环境中用户信息需求特点与规律研究成为研究焦点。Adams D. A. ⑤ 和 Atkinson M. ⑥ 分别在研究中对网络条件下用户信息需求的易用性、娱乐性、实用性特点进行了分析，并对影响信息需求的用户特征因素（性别、年龄、教育程度等）进行深入研究。Foster A. 则通过对终端用户商务信息资源的调查，研究与分析了商务型网络用户的信息需求特点与特征。⑦ Jillian R. G. 在英国联合信息系统委员会的信息环境项目（JISC IE）的评价研究中指出，网络环境中，用户对信息服务的性能、特征、可靠性、准确性、适用性、美观性等方面的需求成为评估体系中重要的定性和定量指标。⑧

再次，用户信息需求与信息交互关系研究成为研究热点。Ingwersen P. 通过用户与信息对象、用户与信息检索系统、用户认知和环境因素间的互动研究，构建形成具有高度动态性的信息检索模型，揭示了网络环境中影响用户信息需求的主要因素，呈现了交互过程中用户信息需求的动态发展

---

① Spink A. & Jack Xu. Selected Results from a Large Study of Web Searching: The Excite Study, [2010—11—07]. http: // information. net/ir/6 - l/paper90. html.

② Silverstein C. et al., Analysis of A Very Large AltaVista Query Log, [2010—12—2]. http: // citeseer. nj. nec. com/70663. html.

③ Spink A., Searching Heterogeneous Collections on the Web: Behaviour of Excite Users, [2010—12—15]. http: //informationR. net/ir/4—2/paper53. html.

④ Jansen B. J., What do They Search for on the Web and Hou are They Searching: Astudy of a Large Sample of EXCITE Searchers, [2010—10—25]. http: //InformationR. net/ir/4—2/paper53. html.

⑤ Adams D. A. et al., "Percieved Usefulness, Ease of Use, and Usage of Information Technology: a Replication", *Management Information Systems Quarterly*, Vol. 16, No. 2, 1992, pp. 227 - 247.

⑥ Atkinson M. et al., "Induvidual Characteristics Saaociated with World Wide Web Use: An Empirical Study of Playfulness and Motivation", *Data Base for Advances in Information Systems*, Vol. 28, No. 2, 1997, pp. 53 - 62.

⑦ Foster A. & Foster P., "Business Information in the End-user Age: Business Information Resources Survey", *Business Information Review*, Vol. 19, No. 1, 2002, pp. 5 - 22.

⑧ Jillian R. G., "Evaluation of the JISC Information Environment: Student Perceptions of Services", *Information Research*, Vol. 8, No. 4, 2003, p. 160.

规律。[①] Saracevic T. 在研究中构建形成由表面层、认知层和情境层三个层面构成的层次互动模型，并据此系统描述了与用户、信息和情境有关的因素。[②] Wang P. 等则提出由用户、界面和网络构成的信息检索中用户与网络互动的多维模型，详细揭示了网络环境中用户信息需求的特点与变化。[③]

Spink A. 等指出，网络环境中，信息服务最大优势不仅在于综合性技术的发展，更主要体现在用户通过技术与服务实现了信息资源的充分利用和有效的社会交流。这一客观现实要求我们应坚持用户自我信息保障与社会化信息保障相结合的原则，注意研究与挖掘用户各类信息需求，注意发挥用户的主动性，在更高层次上组织信息服务业务，以有效提升用户满意度和信息效益。[④]

2. 国内网络用户信息需求研究

国内学者对网络用户信息需求的研究，主要集中于以下几个方面。

第一，用户信息需求内容与结构变化研究方面。网络环境中，用户不再仅重视对信息载体的获得，更强调对信息内容的有效吸收。即随着互联网的不断扩展、网络信息资源的不断增加及信息技术的不断改进，信息用户对网络信息资源的访问、检索、过滤以及信息服务提出了更高的要求。[⑤]

胡昌平在其研究中指出，信息网络的发展使得用户可以在开放性的网络化环境中，围绕信息需求进行各种网络和非网络的信息活动。具体而言，网络用户信息需求可以划分为信息获取需求、信息发布需求、信息交流需求和信息咨询需求等四类需求。[⑥]

---

① Ingwersen P., *Information Retriecal interaction*, London: Taylor Graham Publishing, 1992.

② Saracevic T., "Modeling Interaction in Information Retrieval (TR): A Review and Proposal", *Proceedings of the* 59th *ASIS Annual Meeting* 1996, Medford: Information Today, 1996.

③ Wang P., Hawk W. B. et al., "Users 1 Interaction with World Wide Web Resources: An Exploratory Study Using a Holistic Approach", Information Proceeding & Management, Vol. 36, No. 2, 2000, pp. 229 -251.

④ Spink A. & Jack Xu, Selected Results from a Large Study of Web Searching: The Excite Study, [2010—11—07]. http://information.net/ir/6—l/paper90.html.

⑤ 朱婕、靖继鹏：《网络环境下信息需求及其实现的技术规定性层面》，《情报科学》2004年第24卷第1期，第37—41页。

⑥ 胡昌平：《论网络化环境下的用户信息需求》，《情报科学》1998年第16卷第1期，第16—23页。

靖继鹏等从大众化、专业化及个性化三个层次对网络环境下信息用户的信息需求进行划分，清晰地表明了网络环境中用户信息需求的发展与变化规律。同时，用户信息需求在互动过程中逐步得到改善、提高，逐步向更高层次发展。[①]

颜端武等在研究中发现，网络环境中，用户信息需求呈现多元化特点，主要表现在信息需求主体、信息需求内容、信息需求形式和信息需求结构等方面。[②]

而陈成鑫则在研究中指出，E-science 环境下，科技人员要求网络化、专业化、个性化、知识化信息服务；要求从信息中提取知识、情报、直接可用的信息；要求可从多途径、多渠道获取信息。同时，科技人员要求信息机构和其他机构将信息资源和服务有机融入科研过程，提供嵌入式信息服务。并希望能够通过单一入口访问所有信息，实现对所需资源检索一步到位的个性服务，实现与网络资源的有效互动。[③]

第二，在用户信息需求特点与规律研究方面。用户信息需求受到内部认知结构与外部客观环境的双重影响。网络环境中，人类的认知结构逐渐多维化，用户的信息需求与信息心理趋于多元化、隐性化，[④] 故呈现出不同的特点与规律。

孙林山[⑤]、王志梅等[⑥]分别对知识经济和网络环境下用户信息需求的特点进行研究，用户信息需求具有如下方面特点：信息需求模式社会化、信息需求内容综合性、信息需求形态多样性、信息需求范围广泛性、信息需求类型多样化、信息用户类型多元化、信息需求模式集成化、信息需求效率高效化、信息需求不平衡性等。

---

① 朱婕、靖继鹏：《网络环境下信息需求及其实现的技术规定性层面》，《情报科学》2004年第24卷第1期，第37—41页。

② 颜端武、王曰芬：《信息获取与用户服务》，科学出版社2010年版，第46页。

③ 陈成鑫：《E-science环境下用户信息需求与信息服务研究》，《情报科学》2009年第27卷第1期，第108—112页。

④ 颜端武、王曰芬：《信息获取与用户服务》，科学出版社2010年版，第33页。

⑤ 孙林山：《我国信息用户需求和信息行为分析研究综述》，《图书馆论坛》2006年第10期，第41—44页。

⑥ 王志梅等：《网络环境下用户信息需求研究》，《图书情报工作》2004年第48卷第7期，第90—113页。

而胡昌平①、颜端武等②通过对网络环境中用户信息需求特点进行深层次分析发现，网络条件下信息资源的不断丰富、信息传播速度、用户的内在条件及外部客观信息环境、网络信息环境特点等因素直接影响与决定了用户信息需求的变化与发展。

在此基础上，颜端武等进一步指出，网络环境的发展与变化促使用户信息需求无论从内容形式上，还是在物理空间上，都趋向于跨领域、跨时空、表现形式多元化的发展规律。③ 而在科技用户与决策用户方面，随着科学技术的积分化与微分化趋势和用户结构的变化，用户信息需求呈现出综合化与专门化相互矛盾的规律。④

第三，在用户信息需求影响因素及满意度研究方面。用户从产生信息需求到获取信息结果包括一系列心理变化过程，包括需求的感知过程、思维过程、需求情感和获得结果等方面。⑤ 不同类型的信息用户有其独特的信息需求行为，无论是何类用户，其信息行为都是在信息需求支配下为达到具体做法目标的行为过程。在这个过程中，由于他们的心理特性不同而呈现某种差异。⑥

初景利指出，用户信息需求满足是用户对信息产品或服务达到或超过某一标准程度所产生的一种内心感受和主观评价，建立在用户知觉和期望基础之上。⑦ 董小英等则通过实证研究发现，用户的网络信息满意度主要由两个因素所定，即信息的质量（信息的准确与权威性）与时效性。⑧

邓胜利指出，信息资源组织与信息服务在信息生产者、信息传递者、信息组织者、信息消费者与外界环境之间构成了一个整体环境。而

① 胡昌平等：《信息资源管理原理》，武汉大学出版社 2008 年版，第 377—379 页。

② 颜端武、王曰芬：《信息获取与用户服务》，科学出版社 2010 年版，第 33 页。

③ 同上书，第 49 页。

④ 王志梅等：《网络环境下用户信息需求研究》，《图书情报工作》2004 年第 48 卷第 7 期，第 90—113 页。

⑤ 段红：《用户心理分析与信息服务工作》，《晋图学刊》2005 年第 1 期，第 42—45 页。

⑥ 丁宇：《网络信息用户需求的特点与利用特征及规律浅析》，《情报理论与实践》2003 年第 5 期。

⑦ 初景利：《用户满意论》，《情报资料工作》1999 年第 4 期，第 10—13 页。

⑧ 董小英、张本波：《中国学术界用户对互联网信息的利用及其评价》，《图书情报工作》2002 年第 10 期，第 29—38 页。

人的因素，包括人与人、人与团队、人与信息、人与技术、人与社会环境间的平衡发展与协调互动是信息资源整合与服务拓展的关键因素。[①]

郑德俊通过研究发现，用户信息需求的满足不应仅停留在需求信息供给保证阶段，更要注意提供用户与信息内容间交互的顺畅渠道。其中信息的可理解性最为重要，只有信息能够为用户所理解，用户与信息间的交互才能够继续。[②]

二 用户信息期望研究综述

相关研究指出，人们因为预期或期望某些行为而选择使用网络。[③]用户基于预期而产生网络信息获取行为。[④] 每一位信息用户均是根据以往经验、习惯来选用以前信息经历中自认为最有效、最常用的信息来源和渠道、信息产品和服务方式，并据此形成信息期望。[⑤] 信息期望直接影响其决策行为和决策选择。[⑥] 只有深入研究与分析用户对信息产品、信息服务内容和特征的期望，分析影响用户信息期望的主要因素，才能更好地把握用户期望，满足用户需求。[⑦]

在用户信息期望研究中，国内外学者更多是吸收与借鉴管理学的期望理论和服务营销理论，对用户信息期望内容与构建、用户信息期望影响因素、信息期望和信息需求与用户行为关系等方面展开研究。

在用户信息期望内容与构成研究方面。李桂华认为，用户信息期望由两个层次所构成。第一层次为合格状态，即用户对将获得的信息产品和服

---

① 邓胜利：《基于用户体验的交互式信息服务》，武汉大学出版社 2008 年版，第 71—72 页。

② 郑德俊：《网络环境下信息用户需求满足分析》，《情报杂志》2004 年第 8 期，第 124—125、127 页。

③ Turkle S., *Life on the Screen: Identity in the Age of the Internet*, New York: Simon & Schuster, 1995, pp. 16 - 28.

④ 亚当·乔伊森：《网络行为心理学：虚拟世界与真实生活》，商务印书馆 2010 年版，第 179 页。

⑤ 颜端武、王曰芬：《信息获取与用户服务》，科学出版社 2010 年版，第 46—49 页。

⑥ Yilmaz M. R., "An Information-expectation Framework for Decisions under Uncertainty", *Journal of Multi-Criteria Decision Analysis*, Vol. 1, pp. 65 - 80.

⑦ Fidel R., Green M., "The Many Face of Accessibility: Engineers' Perception of Information Sources", *Information Processing & Management*, Vol. 40, 2004, pp. 563 - 581.

务的可容忍程度，这是用户较低层面的期望；第二层次为理想状态，是用户希望得到的信息产品、信息服务和信息体验，反映了用户较高层面的需求和期望。[①] 秦银等以诺曼的本能—行为—反思层次理论为基础，基于用户期望与体验层次关系、价值关系，将用户期望分为外观感觉期望、行为期望、情感期望三个层次。[②] 与此同时，徐纲红通过研究指出，用户信息期望由两部分构成，即基本期望和潜在期望。[③] 沈旺也同样认为，数字图书馆用户的信息期望是由基本期望和潜在期望所构成，其中基本期望是指用户认为在服务中应得到满足的基本需要，而潜在期望则是指超出基本期望的、用户并未意识到的而又确实存在的信息需求。[④] 徐纲红、沈旺又进一步阐述到，随着用户接受信息服务次数的增加、对信息产品与服务熟悉程度的提升，用户基本期望和潜在期望层次也越来越高。[⑤⑥] 基于问题结构视角，李莉等[⑦]指出，科技文献数据库网站用户的信息期望可以划分为两类：对于结构良好问题，用户通常会在信息搜寻前有较为明确的“预期”；而对于结构不良问题，则难以在事前产生明确“预期”。

在对用户信息期望构成的进一步研究中，颜端武等指出，网络环境中，信息用户知识期望成为主导性信息期望，他们期望获得知识搜索、知识发现、知识挖掘等方面的定制化、交互式服务。秦银等[⑧]在用户三个层次信息期望基础上进一步指出，用户感官期望是以信息产品和功能技术的表达效果为侧重点，用户行为期望侧重于使用方式、交互过程等方面的行为与过程因素，而情感期望则与产品价值、心理价值等因素相关。

---

① 李桂华：《信息服务设计与管理》，清华大学出版社、北京交通大学出版社 2009 年版，第 53 页。

② 秦银、李彬彬、李世国：《产品体验中的用户期望研究》，《包装工程》2010 年第 5 期，第 106—109 页。

③ 徐纲红：《信息用户服务质量：层次性期望与满足》，《图书馆杂志》2004 年第 23 卷第 1 期，第 33—36 页。

④ 沈旺：《数字图书馆用户激励研究》，博士学位论文，吉林大学，2011 年，第 73—74 页。

⑤ 徐纲红：《信息用户服务质量：层次性期望与满足》，《图书馆杂志》2004 年第 23 卷第 1 期，第 33—36 页。

⑥ 沈旺：《数字图书馆用户激励研究》，博士学位论文，吉林大学，2011 年，第 73—74 页。

⑦ 李莉、甘利人、谢兆霞：《基于感知质量的科技文献数据库网站信息用户满意模型研究》，《情报学报》2009 年第 28 卷第 4 期，第 565—581 页。

⑧ 秦银、李彬彬、李世国：《产品体验中的用户期望研究》，《包装工程》2010 年第 5 期，第 106—109 页。

这三个层次彼此联系、相互交错、层层递进。[①] 刘学平则认为，图书馆读者期望管理过程的控制维度主要由期望方案、期望预期、期望训练、情境分析、沟通协作、期望决策、期望学习和变革发展等要素构成。[②]

在用户信息期望影响因素研究方面，用户经验、信息需求、信息动机、用户与信息的交互过程等是影响用户信息期望的主要因素。用户情感、角色、信息环境以及信息的有形表现形式等将影响用户的信息期望。[③] 郑德俊指出，在社会信息化环境和用户职业活动的双重作用下，用户个体特征及对信息引发过程、认识状态与外部表达的预期，影响并决定用户的信息心理和信息行为。[④]

近些年来，用户信息期望与信息质量和用户满意度的关系研究成为国内外学者的研究热点。Sward D. & MacArthur G. 指出，信息用户通常将期望作为比较标准，将预期质量与体验质量进行对比。这种比较既能反映信息用户相信会在信息产品或服务中发生什么（预测），也反映出用户想要在信息产品或服务中发生什么（愿望）。[⑤] 郭延吉基于 SERVQUAL 模型对信息服务质量评估方法和"期望—感知"模型的研究与讨论，进一步阐明了用户信息期望与信息服务质量间的内在联系。[⑥]

Wilson T. 等在运用压力/适应（stress/coping theory）、风险/报偿（risk/reward）、自我能效（self - efficacy）理论对信息需求及信息行为关系的研究中指出，用户信息期望的构成与用户信息需求密切相关。[⑦]

---

① 颜端武、王曰芬：《信息获取与用户服务》，科学出版社 2010 年版，第 33 页。

② 刘学平：《读者期望的二维框架管理及其实现》，《情报科学》2010 年第 28 卷第 6 期，第 873—876 页。

③ Wu Hea, Sanda Erdelezb, Feng-Kwei Wang, Chi-Ren Shyu, "The Effects of Conceptual Description and Search Practice on Users' Mental Models and Information Seeking in a Case-based Reasoning Retrieval System", *Information Processing and Management*, Vol. 44, 2008, pp. 294 - 309.

④ 郑德俊：《网络环境下信息用户需求满足分析》，《情报杂志》2004 年第 8 期，第 124—125 页。

⑤ Sward D. & MacArthur G., "Making User Experience a Business Strategy", In E. Law et al. (eds.), *Proceedings of the Workshop on Towards a UX Manifesto*, UK: Lancaster, Vol. 11, 2007, pp. 35 - 40.

⑥ 郭延吉：《信息服务质量评估初探》，《图书情报工作》2004 年第 48 卷第 6 期，第 107—111 页。

⑦ Wilson T., Ellis D, Ford N., et al., Uncertainty in Information Seeking: A Research Project in the Department of Information Studies, [2011—06—18]. http://infomationr.net/tdw/publ/unis/report.html.

Dervin B. 则在其意义构建理论中阐明，用户信息需求具有动态性，只有有效识别与确认用户期望构成与水平，才能把握用户当前信息需求内容并预测其未来信息需求。[①] 周波兰指出，信息需求变化直接影响信息期望的改变，信息需求是信息期望的前因变量。[②] 而在国外学者所提出的基于比较范式的信息用户满意度模型中，用户信息预期及预期质量是重要的结构变量。[③]

第二节 用户信息体验与感知研究综述

一 用户信息交互行为研究综述

（一）用户信息交互过程研究

随着用户对信息交互需求的日趋强烈，在用户信息检索过程、检索行为和用户心理研究基础上，国内外学者开始在信息用户研究中关注用户信息交互行为与信息交互服务。

美国情报学家 Dervin B. 提出的意义建构理论的核心思想是：信息利用是一种建构，而不是一种传递；应该从用户角度而不是从观察者角度看待信息使用和信息系统；信息利用应被视为一种过程，而不是一种恒定的状态。[④] 而在这个过程中，国外学者在研究中更多关注用户的信息需求、信息查寻和信息利用行为研究，着重从认知、情感、情景（Situation）等微观层次研究用户与系统、用户与服务者的交互过程。

Kuhlthau C. C. 在其提出的信息搜寻模型中整合了三个领域的因素：情感因素（感觉）、认知因素（思维）、物理因素（行动）。这三种因素在用

---

① Dervin B.，“Sense-making Theory and Practice：An Overview of User Interests in Knowledge Seeking and Use”，*Journal of Knowledge Management*，Vol. 2，No. 12，1998，pp. 625 –632.

② 周波兰：《图书馆读者服务质量感知和期望剖析》，《情报探索》2011 年第 8 期，第 26—28 页。

③ Swan R. M.，*Perceived Performance and Disconfirmation of Expectations as Measures of Customer Satisfaction with Information Services in the Academic Library*，Tallahassee：Florida State University，1998，pp. 25 –48.

④ Bonnie Wai-Yi Cheuk，Dervin B.，A Qualitative Sense-making Study of the Information Seeking Situations Faced by Professional in Three Workplace Contexts，［2012—03—22］. http：//www. cios. org/ getfile/Cheuk_ V9N23499

户信息搜寻过程中的各个阶段均起着作用（如图 2—1 所示）。①

任务	开始	选择	探索	形成	搜集	结束
思维（认知）	模糊	---------→			具体	
感觉（情感）	焦虑 不确定性	乐观	困惑 挫败 怀疑	清楚 兴趣	信心	满足 轻松 失望
行动（物理）	搜寻相关（relevant）信息		---------→		搜寻有关（pertinent）信息	

图 2—1　Kuhlthau 的信息搜寻过程模型

资料来源：Kuhlthau C. C. , Accommodating the User's Information Search Process: Challenges for Information Retrieval System Designers, ［2011—09—18］. http: // www. asis. org/ Bulletin/ Feb—99/kuhlthau. html.

Choo C. W. 指出，用户信息搜索与获取分为三个过程：信息需要、信息搜寻和信息利用，用户的认知、情感和情境因素对此过程产生重要的影响。②

陆伟等通过对用户信息检索交互模型的研究发现，在信息检索交互过程中，用户个体的认知、情感、动机等因素均影响心理过程。③

在信息交互过程中，除了用户心理与情感影响因素外，网络系统因素与外部环境因素同样影响交互过程与用户满意度。

Wilson T. D. 在其用户的信息检索路径研究中指出，可接近性和易用性是影响用户信息交互行为的关键性因素。④ 但用户的经验与习惯是影响其信息交互行为的主要因素。

Saracevic T. 构建了基于界面、认知与状态的三层信息检索分层交

① Kuhlthau C. C. , Accommodating the User's Information Search Process: Challenges for Information Retrieval System Designers, ［2011—09—18］. http: // www. asis. org/ Bulletin/Feb—99/kuhlthau. html.

② Choo C. W. , Closing the Cognitive Gaps: How People Process Information, ［2011—10—08］. http: //choo. fis. utoronto. ca/FIS/ResPub/FThis/default. html.

③ 陆伟、万维雅：《基于认知观点的信息检索交互模型》，《中国图书馆学报》2005 年第 31 卷第 2 期，第 54—57 页。

④ Wilson T. D. , "On User Studies and Information Needs", *Journal of Documenttation*, Vol. 37, No. 1, 1981, pp. 3 - 15.

互模型。该模型从系统、用户走向环境，对交互过程做了更深入和全面的分析。该模型表明，在信息检索过程中，不仅用户与系统两个要素整体之间存在交互，在认知、情感和情景等用户要素层次，在网站系统各个层次上以及不同层次之间都存在交互。①

Laurel 指出，“交互的界面是一种艺术模仿形式——拟态”。通过将交互界面与戏剧表演比较研究，表演的目的是引起观众感性和理性的交融，网站交互界面也应该从感性和理性两方面来达成用户满意目标任务。只有内容是不够的，形式也是重要因素②。Laurel 还进一步指出用户经验和行为的重要性——通过反馈机制和循环分析，能够不断改善交互过程。

朱婕通过对网络环境中用户信息行为的研究，构建了用户信息获取全阶段过程模型（如图 2—2 所示）。③

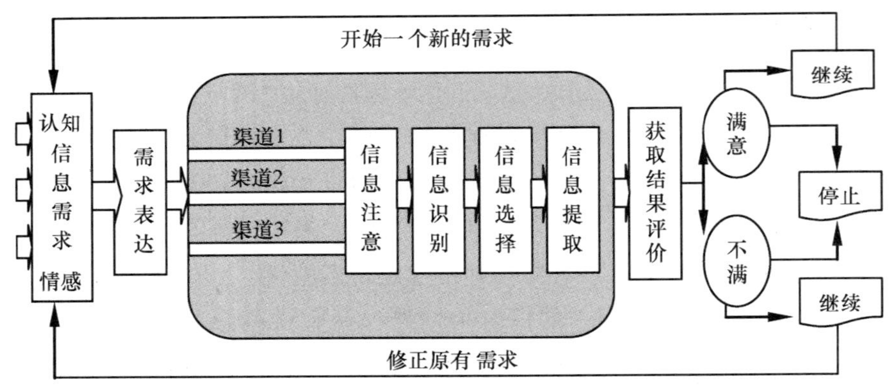

图 2—2 网络环境下信息获取全阶段过程模型

资料来源：朱婕：《网络环境下个体信息获取行为研究》，博士学位论文，吉林大学，2007 年，第 103 页。

① Saracevic T.，“Modeling Interaction in Information Retrieval（TR）：A Review and Proposal”，Proceedings of the 59th ASIS Annual Meeting 1996，Medford：Information Today，1996.

② Medin D. L.，Lynch E. B.，Sokmon K. O.，“Are There Kinds of Concepts”，*Annual Review of Psychology*，Vol. 51，2000，pp. 121 – 147.

③ 朱婕：《网络环境下个体信息获取行为研究》，博士学位论文，吉林大学，2007 年。

邓胜利基于经济学的成本—收益理论，分析用户信息交互的动力、交互式服务满意度及这些要素间的相互关系，在此基础上构建形成交互式信息服务评价的集成模型（如图2—3所示）。该模型具体包括感知利益、易于使用、有效性、用户满意、感知成本、感知风险、交互能力、用户体验、知识结构、教育背景、交互方式、环境因素、个人因素、交互动力等方面要素。①

John P. Eakins等通过实证研究对用户的交互功能与模式进行研究，提出网络系统设计必须考虑与用户更加高效率的互动问题。②

综上所述，用户信息交互过程中，用户的个体因素和心理因素发挥着关键性作用，直接影响交互过程与交互效果。基于用户信息需求与信息交互过程的深层服务能力是网络环境中信息系统（信息服务者）开展信息服务的保障。网络系统的设计与开发、信息服务组织与开展、信息产品质量和信息服务评价等均需以交互过程中用户的心理、行为等因素为依据。

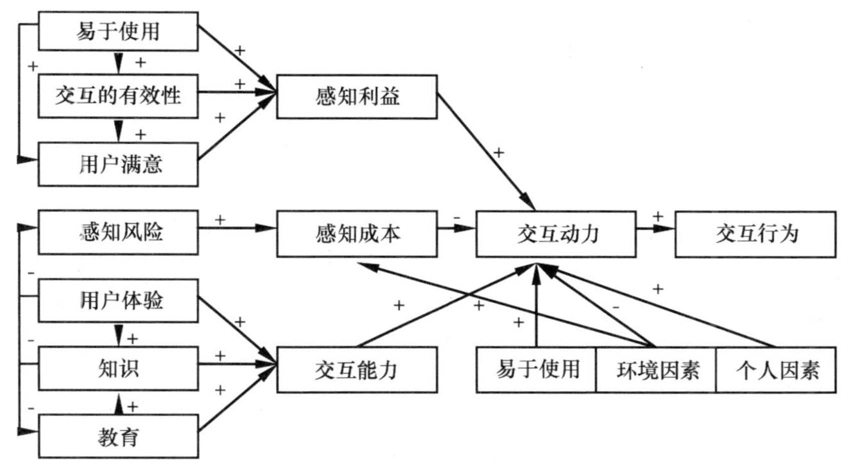

图2—3　交互式信息服务评价的集成模型

资料来源：邓胜利：《基于用户体验的交互式信息服务》，武汉大学出版社2008年版，第178页。

① 邓胜利：《基于用户体验的交互式信息服务》，武汉大学出版社2008年版，第178—181页。

② John P. Eakins, Pam Briggs & Bryan Burford, *Image Retrival Interfaces: A User Perspective*, Berlin/Heidelberg: Springer, 2004, pp. 628 – 637.

（二）用户信息交互行为研究

交互性是互联网最本质的功能特征之一。随着互联网的发展，用户对信息系统互动性的需求越来越高，传统的用户与服务者之间简单按需要响应的人—机互动已经不能满足用户的需求。借助互联网这一信息平台，用户不仅可以通过人—机互动来查询信息，而且还可以通过在线信息交流实现人—人（用户与用户之间）互动。[①]

Donald O. Caase 指出，用户信息检索行为可以被看作是一系列受意识（逻辑）和无意识（知觉）控制的精神活动。这种精神活动以认知活动为主，包括感觉、知觉、注意、记忆、思维、推理等方面。与此同时，也伴随着对认知活动进行监控和调节的元认知活动。[②]

Kuhlthau C. C. 通过信息搜寻过程模型指出，用户是信息搜寻过程的积极参与者，在与系统信息交互过程中，用户自身知识会得到增长。更重要的是，此信息搜寻过程还涉及用户认知的参与过程，用户基于相关认知策略和心理因素，指导其信息搜寻行为。该模型突出体现了用户心理情感与认知因素在交互过程中的关键性作用，体现了这些方面对用户信息搜寻行为的影响。[③] Lin Fu 等通过研究也发现，用户信息查询过程包含用户个体表达信息需求、搜寻、评估、选择等行为，其实质是用户与信息系统交互过程，其间受到用户情感、认知等因素影响。[④]

Belkin N. J. 构建的信息检索交互情景模型是以用户与信息之间的交互作用为中心（如图 2—4 所示）。[⑤] 该模型较好地揭示了信息交互过程中用户行为的变化规律与主要特点。

---

① 邓胜利：《基于用户体验的交互式信息服务》，武汉大学出版社 2008 年版，第 25—26 页。

② Donald O. Caase, *Looking for Information: A Survey of Tesearch on Information Seeking, Need and Behavior*, San Diego, CA: Academic Press, 2002, p. 65.

③ Kuhlthau C. C., Information Search Process: A Search for Meaning Rather than Answers, [2011—09—18]. http://www.scils.rutgers.edu/-kuhlthau/Search%20Process.html.

④ Lin Fu et al., *Collaborative Querying for Enhanced Information Retrieval*, Berlin/Heidlberg: Springer, 2004.

⑤ Belkin N. J., "Anomalous States of Knowledge as a Basic for Information Retrieval", *Canadian Journal of Information Science-Revue Canadienne Des Sciences Del Information*, Vol. 5, 1980, pp. 133 - 143.

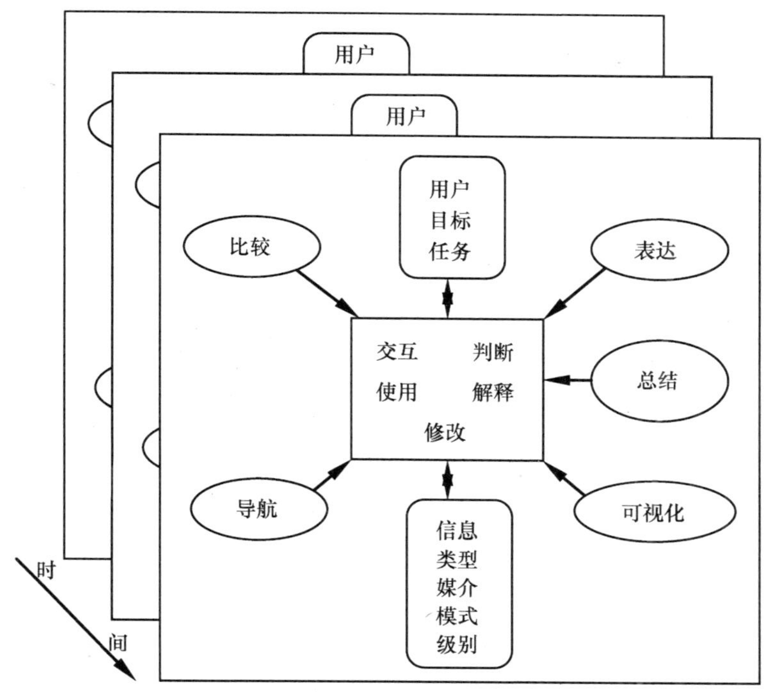

图 2—4　Belkin 的信息检索交互情景模型

资料来源：Belkin N. J.，"Cases，Scripts，and Information Seeking Strategies：On the Design of Interactive Information Retrieval Systems"，*Expert Systems With Applications*，1995.

Choo C. W. 所构建的用户信息需求、信息搜寻和信息利用三个过程整合模型（如图 2—5 所示）表明，用户的认知、情感和情境因素对用户信息搜寻过程会产生重要影响。用户在信息搜寻与获取过程中，对于信息源和信息资源的选择和使用依赖于感知到的信息源可接近性、信息源质量、任务复杂性和个人兴趣等方面因素。①

现在，国内外学者将研究重点更多聚焦于网络环境中用户信息交互行为研究方面。在国内，巢乃鹏、邓小昭、邓胜利、裴雷等从不同角度对此方面做了深入分析与探究。

① Choo C. W.，Closing the Cognitive Gaps：How People Process Information，［2011—10—08］. http：//choo. fis. utoronto. ca/FIS/ResPub/FThis/default. html.

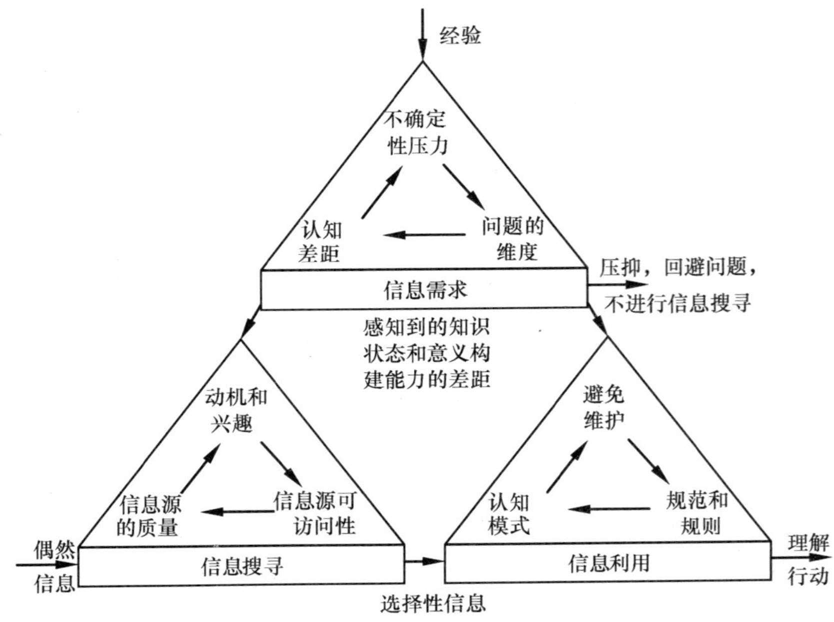

图 2—5 Choo 的信息搜寻过程整合模型

资料来源：Choo C. W.，Brian D. & Don T.，"Information on Seeking on the Web：An Integrated Model of Browsing and Searhing"，*Paper Sented the Annual Meeting of the 62nd American Society for Infromation Science*（*ASIS*），Washington D. C.，1999，p. 4.

裴雷通过行为发现、行为认知和相关反馈三个层面研究指明用户信息交互研究的通用研究方法。并从用户信息素质差异性角度，揭示用户交互的主要影响因素，并讨论了这些因素对检索工具检索效率的影响。①

邓小昭依据交互过程中信息用户间的相互关系，将互联网信息用户的交互行为分为同步信息交互行为和非同步信息交互行为两类，并在此基础上对这两类交互行为进行了研究。②③

---

① 裴雷：《信息检索过程中的用户交互行为及其影响因素》，《图书情报工作》2007 年第 8 期，第 42—44 页。

② 邓小昭：《试析因特网用户的信息交互行为》，《情报资料工作》2003 年第 5 期，第 24—25 页。

③ 邓小昭：《因特网用户信息检索与浏览行为研究》，《情报学报》2003 年第 22 卷第 6 期，第 653—658 页。

郑德俊指出，用户心理行为是在社会信息化环境和用户职业活动的双重作用下产生的，与此同时，用户的个体特征也决定他们的心理状态，进而影响用户行为。个体特征在信息活动中的体现构成了用户的信息心理与行为特征，其心理与行为将影响和决定信息需求的引发过程、认识状态和外部表达。[①]

由以上研究可见，信息交互过程研究将信息用户研究与信息系统研究有机联系起来，整合了用户认知研究、系统学习理论、社会信息学和信息检索理论等相关研究。通过对信息检索与获取过程中用户与信息系统之间交互过程的分析，重点研究用户在该过程中的动机、认知、情感等用户信息心理需求以及用户需求表达、人—机交互（Human - Computer Interaction）中的沟通、学习与反馈和跨语言、跨文化环境的社会影响等方面，研究在该过程中影响用户行为的主要因素。为进一步研究用户在此过程中的体验与感知奠定基础，也为有效提升用户交互过程满意度等相关研究提供基础性研究材料。

二　用户信息体验与感知研究综述

用户体验最早源自于 IT 领域中用户和人机界面交互过程的研究。随着服务营销与用户行为研究的发展，用户体验与感知逐渐为多个学科所关注。网络环境下，用户信息需求、信息行为、信息体验与感知存在着深层递进关系。用户体验对信息服务、信息资源建设的影响逐渐为学者所关注。用户信息需求是产生信息行为的原动力，[②] 而用户体验与感知是理解用户信息行为的基础，也是分析与把握用户进一步行为的主要依据。[③]

---

① 郑德俊：《网络环境下信息用户需求满足分析》，《情报杂志》2004 年第 8 期，第 124—127 页。

② 姚海燕、邓小昭：《网络用户信息行为研究概述》，《情报探索》2010 年第 148 卷第 2 期，第 14—16 页。

③ 刘冰、卢爽：《基于用户体验的信息质量综合评价体系研究》，《图书情报工作》2011 年第 55 卷第 22 期，第 54—60 页。

（一）国外用户信息体验与感知研究

对于用户体验（User Experience，UE）概念的基本内涵，国外学者迄今为止还没有达成共识。Kuniavsky M. 在研究中指出，用户体验无所不在，至今仍然没有一种公认的说法能够让众多的研究者们所普遍接受，原因之一就在于用户体验的产生条件是动态的，产生于用户与环境和其他对象的不断交互过程中，需要考虑与他人、产品和环境等相关因素，所以准确定义起来非常困难。同时，他也指出，在一般意义上讲，用户体验是指用户在使用产品（服务）的过程中所建立起来的主观感受。①

纵观国外的相关研究成果，学者们对用户体验概念定义与界定主要体现为两个层面。

第一个层面，是从用户对产品功能认知角度的理解与界定。Garrett J. J. 将用户体验界定为用户对产品在现实世界中的表现和使用方式的认知，② Wikipedia 则将其界定为用户使用一个产品或系统所获得全部体验和满意度。③

针对 Garrett J. J. 的观点，有学者提出不同观点，认为用户体验是指产品在现实世界的表现形式和使用方式，积极用户体验是指创造产品的组织和用户都能实现的目标。虽然“可用性”是成功用户体验的属性之一，但仅有可用性并不能带给用户积极体验。④ 它主要体现了用户在使用操作行为发生过程中，产生令用户印象深刻的经历，这是理解用户体验的关键。⑤

第二个层面，是基于交互过程中用户情感与认知方面的理解和界

---

① Kuniavsky M.，*Observing the User Experience：A Practitioner's Guide to User Research*，Morgan Kaufman：Elsevier Science & Technology Books Press，2003，pp. 45－47.

② Garrett J. J.，*The Elements of User Experience：User-Centered Design for the Web*，New York：AIGA New Riders Publishing，2003，pp. 10－20.

③ User Experience Design，［2009—07—20］. http：//en. wikipedia. org/wiki/User_ experience#The_ user_ experience.

④ Talking about the elements of user experience：An interview with Jesse James Garrett，［2011—10—11］. http：//webword. com/interviews/king. html.

⑤ Dewey J.，*Art as Experience*，Perigee Press，2005，p. 119.

定。Rafi A. Mohammed 认为，用户体验是用户在使用产品或与网站交互过程中体验到的激励因素和对其的反馈感受。[①] Leena Arhippainen 则认为，用户体验是既定使用环境下，用户在人机交互过程中的即时情感和预期愿望的表达。[②] 此类界定包括了用户在使用产品（服务）过程中的所有内容，将用户体验作为一种经历，其中包含与当时环境、行为过程、结果和特殊事件相关的诸多特征要素，并包括能够与其他用户进行经验分享的要素，[③] 是基于产品功能基础上的一种情感感知，让用户更好地使用产品。

国外学者在用户信息体验的研究中，主要研究内容集中于用户体验内容、用户体验模型、用户体验评价等方面。

1. 用户信息体验内容构成

在用户信息体验内容研究中，国外研究者基于不同研究主体，从产品、功能、心理等角度做了多方面、多维度的研究。

Rubinoff R. 通过研究发现，用户网络信息体验主要包括四个相互关联的重要因素，即品牌特征（branding）、信息可用性（usability）、功能性（functionality）、内容性（content）。这些要素中，任何单独要素都无法表明一个网站成功与否，但当这些核心要素有机整合在一起时，就构成了用户信息体验的基础。[④]

Garrett J. J. 也在研究中提出，用户信息体验应该包括用户对信息资源（或信息服务）的外部特征、系统的功能性、资源的内容性和信息可用性的综合体验。[⑤]

信息构建专家 Morville P. 则构建了由七个方面要素所构成的用户体

① Mohammed R. A. , *Internet Marketing: Building Advantage in the Networked Economy*, McGraw-Hill Press, 2002.

② Arhippainen L. , Capturing User Experience for Product Design, [2009—08—16]. http://www. msh-alpes. prd. fr/ADAMOS/material/arhippa2. pdf.

③ Forlizzi J, Ford S. , *The Building Blocks of Experience: An Early Framework for Interaction Designers*, Proc. ACM SIGCHI'OO Conf. ACM, 2000, pp. 419 – 423.

④ Rubinoff R. , How to Quantify the User Experience, [2011—10—11]. http://www. sitepoint. com/print/quantify-user-experience. html.

⑤ Garrett J. J. , *The Elements of User Experience: User-Centered Design for the Web*, New York: AIGA New Riders Publishing, 2003, pp. 10 – 20.

验“蜂巢”模型（如图2—6所示）。这七方面要素主要包括可寻性、可用性、有用性、合意性、可接近性、可靠性及价值性，并且以实现价值性为最终目标。①

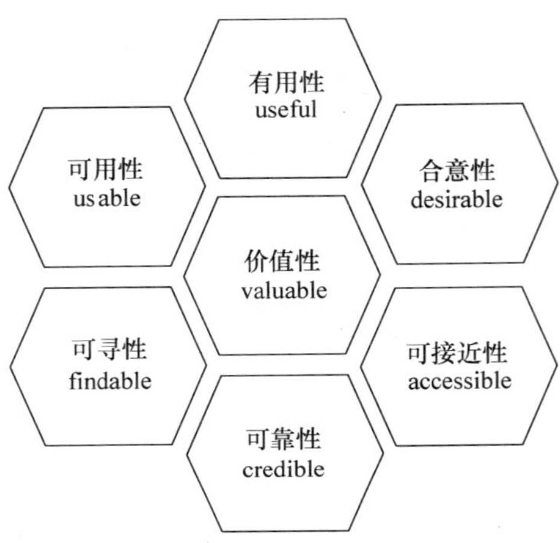

图2—6 Morville的用户体验“蜂巢”模型

资料来源：Morville P. User Experience Design，［2011—10—11］. http：//semanticstudios. com/publications/semantics/000029/php.

在具体的、有针对性的研究中，Dam V. N. 等指出，用户体验会受到现实世界中由信息系统呈现出的虚拟环境的影响，其中用户的多样性背景对界面期望和信息解读方式的影响作用也不容忽视。② 而Chaomai Chen等通过实证研究发现，用户与系统交互时，用户个性因素显著影响用户对网站系统空间表现、导航模式等体验与感知。而网络环境中，用户个体差异的容纳性也是影响用户体验与感知的主要维度。③ Sayers H.

① Morville P.，User Experience Design，［2011—10—11］. http：//semanticstudios. com/publications/semantics/000029/php.

② Dam V. N.，Evers V. & Arts F. A.，“Cultural User Experience Issues in E-government：Designig for a Muti-cultural Society”，*Lecture Notes in Computer Science*，Springer Press，2005，pp. 310 –324.

③ Chaomai Chen，Mary Czerwinski，Robert Macredie，“Individual Differences in Virtual Environments-introduction and Overview”，*Journal of the American Society for Information Science*，Vol. 51，No. 6，2000，pp. 499 –570.

M. 通过实验研究发现，用户对虚拟环境中桌面系统的导航功能要求较高，且优化导航功能的可视化程度等可以提升用户体验感和满意度。①

Mare Hassenzahl 在研究中，系统剖析了用于体验内容中所应该包含的非技术因素。他认为，技术因素之外的用户情感特征应该包括美学、娱乐和享受三个方面。②

Fogg B. J. 经过对用户体验过程系统的分析，全面概括了用户体验所包括的主要要素，即表面层要素（包括信息资源系统的色彩搭配、文字变化、图片处理和页面布局）、框架层要素（包括按键、列表、照片以及许多文本的设置）、结构层要素（系统的各种特征和功能组织的方式）、范围层要素（系统包括的范围特征和功能）。③ 而 Mahlke S. 也指出，用户体验要素主要指帮助创建积极用户体验的关键组成构件，主要包括信息构建、信息设计、资源转换、工作流程、界面设计和跨平台兼容等。④

2. 用户信息体验模型

为更全面、更深入地理解与把握用户体验过程、特征及期间的主要影响因素，国外学者从不同角度提出并构建多个用户信息体验模型。

Mahlke S. 提出了用户信息体验过程及研究的基本框架模型（如图 2—7 所示）。该模型包含了使用互动系统所产生的直接情感反应和产品使用结果的更复杂的情感等因素。在该模型中，Mahlke S. 认为技术特征与非技术特征共同构成了用户体验维度的信息处理过程，而情感反应和情感结果在用户体验中扮演重要角色。⑤

---

① Sayers H. M., "Desktop Virtual Environments: A Study of Navigation and Age", *Interacting with Computers*, Vol. 16, 2004, pp. 939 – 956.

② Hassenzahl M., *The Quality of Interactive Products: Hedonic Needs, Emotions and Experience*, Ghaoui C. Encyclopedia of Human Computer Interaction. Calgary, AB: Idea Group Reference Press, 2005, pp. 652 – 660.

③ Fogg B. J., Cathy Soohoo & David Danielson. How do People Evaluate a Web site's Credibility? Results from a Large Study, [2011—11—19]. http://www.consumerwebwatch.org/dynamic/web-credibility-reports-evaluate-abstract.cfm.

④ Mahlke S., Make it All about the User, [2011—10—11]. http://www.hesketh.com/publications/make_it_all_about_the_user.html.

⑤ Mahlke S., Studying Affect and Emotions as Important Parts of the Use Experience, [2011—10—11]. http://www.zmms.tuberlin.com/resources/papers/position.pdf.

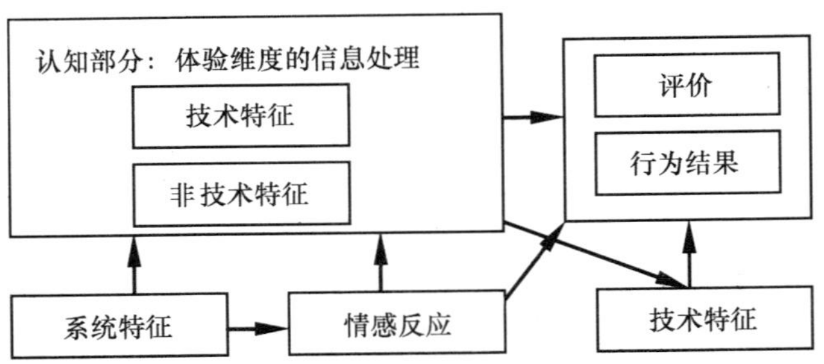

图 2—7 用户信息体验过程及研究的基本框架模型

资料来源：Mahlke S.，"Cognitive Components of Emotion"，In Davidson R. J.，Goldsmith H. & Scherer K. R.，*Handbook of the Affective Sciences*，New York：Oxford University Press，2004.

Dhaval Vyas 等提出并设计了用户体验的 APEC（Aesthetic、Practical、Emotional、Cognitive，即审美、实用、情感和认知）框架（如图 2—8 所示）。

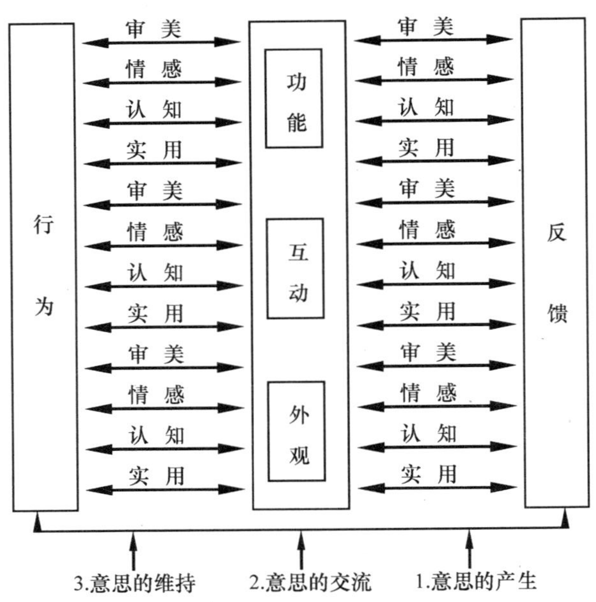

图 2—8 用户体验的 APEC 框架

资料来源：Dhaval Vyas，Gerrit C. & Van der Veer，APEC：A framework for Designing Experience，[2010—12—15]．http：//www. inflsce. cornell. edu/place/15_ DVyas2005. pdf.

Dhaval Vyas 等基于 APEC 框架，进一步指出，用户主要通过审美、情感、认知与实用四个方面完成信息交互过程。该模型以交互为核心，分析把握用户与交互系统的体验，着重分析它们之间的特征和关系。主要从三个方面展开：用户行为和系统反馈为意图产生的基础；系统在外观、交互和功能方面的表现有助于与用户的沟通；通过用户在对系统的美感、实用、情感和认知四个方面内容的交流来构建用户体验的准确含义。①

3. 用户信息体验评价

在用户体验评价研究中，部分学者是从总体性、综合性角度对具体评价维度展开研究，而另外部分学者则是侧重于对用户信息体验具体方面的评价研究。

Jakob Nielsen 等人提出了对用户信息体验启发式评估中的可用性设计原则，并指出，这些原则也可作为网站系统可用性评价维度用于评价用户体验。具体包括：系统状态的可见性（Visibility of system status）、系统与现实统一（Match between system and the real world）、用户自主操控性（User control and freedom）、一致性和标准化（Consistency and standards）、错误预防（Error prevention）、重新认知替代回忆（Recognition rather than recall）、操作的灵活性和高效性（Flexibility and efficiency of use）、设计的美观和简洁（Aesthetic and minimalist design）等。②

Mahlke S. 在其所提出的基本用户体验过程及研究框架中，提出了认知和情感两个关键性影响因素。③ 并在进一步的研究中指出，情感因素是对用户体验综合评价的一部分，认知因素则包括技术因素与非技术因素两方面，其中技术因素包括系统的有用性和易用性等，非技术因素则包括享受性、美观性和内容吸收性等方面。④

---

① Dhaval Vyas，Gerrit C. & Van der Veer. APEC：A Framework for Designing Experience，［2010—12—15］. http：//www. inflsce. cornell. edu/place/15_ DVyas2005. pdf.

② Nielsen J.，Ten Usability Heuristics，［2011—08—22］. http：//www. useit. com/papers/heuristic/heuristic_ list. html.

③ Mahlke S.，Studying Affect and Emotions as Important Parts of the Use Experience，［2011—10—11］. http：//www. zmms. tuberlin. com/resources/papers/position. pdf.

④ Mahlke S.，"Factors Influencing the Experience of Website Usage"，*In CHI Extended Abstracts*，New York：ACM Press，2002，pp. 846 – 847.

正如我们在用户信息体验内容构成的综述中所提到的，部分学者在提出用户信息体验构成内容与维度的同时，也指出这些维度与指标可以用来对用户信息体验进行评价。

如 Rubinoff R. 指出的用户信息体验的品牌特征、信息可用性、功能性、内容性等构成要素，[①] Morville P. 提出的由可寻性、可用性、有用性、合意性、可接近性、可靠性及价值性七个方面构成的用户体验“蜂巢”模型[②]，Mare Hassenzahl 的用户体验包含的非技术因素（包括美学、娱乐和享受三个方面）[③]，Fogg B. J. 概括的用户体验的主要要素（表面层要素、框架层要素、结构层要素、范围层要素）等[④]，这些维度与指标均可用来对用户信息体验进行衡量与评价。

此外，国外很多专家利用实验研究、访谈研究、调查研究等方法，从不同角度（如可用性、可寻性、美学体验等）探讨的用户体验及其影响因素，都对用户信息体验评价具有参考或指导意义。而这些学者在用户体验的研究中所采用的定性和定量方法，保证了研究结论的科学性。

（二）国内用户信息体验与感知研究现状

我国用户体验研究也始于交互式人机界面设计研究领域。近些年来，逐渐受到各个领域的关注，但更多集中于电信服务、移动产品设计、旅游服务、信息技术、图书情报等研究领域。在图书情报、信息管理研究中，学者们更多是将用户体验与信息构建、信息服务、图书馆个性化服务、数字图书馆等相结合进行研究，从中获得了有价值的研究成果。

1. 用户信息体验内容与层次结构

邓胜利基于国外用户体验研究综述，对用户信息体验定义、内容、

---

① Rubinoff R. , How to Quantify the User Experience, ［2011—10—11］. http: //www. sitepoint. com/print/quantify-user-experience. html.

② Morville P. , User Experience Design, ［2011—10—11］. http: //semanticstudios. com/publications/semantics/000029/php

③ Hassenzahl M. , *The Quality of Interactive Products: Hedonic Needs, Emotions and Experience*, Ghaoui C. Encyclopedia of Human Computer Interaction, Calgary, AB: Idea Group Reference Press, 2005, pp. 652 - 660.

④ Fogg B. J. , Cathy Soohoo, David Danielson How do People Evaluate a Web Site's Credibility? Results from a Large Study, ［2011—11—19］. http: //www. consumerwebwatch. org/dynamic/web-credibility-reports-evaluate-abstract. cfm.

特征、模型及评价方面进行梳理。① 同时，胡昌平、邓胜利在具体分析用户信息体验要素及其与信息构建关系基础上，构建了由品牌特征、信息可用性、系统功能性、信息内容性等方面所构成的基于用户体验的网站信息构建模型。② 在此研究基础上，邓胜利利用韦恩图，对交互式信息服务中的用户体验构成要素进行了分析。③ 邓胜利还与张敏共同研究构建形成基于用户体验的信息服务模型，该模型系统体现了人—机交互过程中用户的动态反应过程，并在其中关注用户的认知因素和非认知因素。④ 这些研究，逐步构建形成了我国用户信息体验内容与层次体系。

胡昌平教授在其论著中进一步指出，根据信息资源帮助用户完成任务的有效程度，用户信息体验主要包括功能体验、技术体验和美学体验三个层面。其中，功能体验主要描述个性化系统或信息资源"能否帮助用户完成任务"的属性；技术体验主要描述个性化系统或信息资源"能否帮助用户高效率地完成任务"的属性；美学体验则主要描述个性化系统或信息资源"能否使用户身心愉悦地完成任务"的属性。⑤

李小青将用户信息体验划分为三个层次，即功能体验（可用性、有用性）、技术体验（省时、省力、省钱）和美学体验（好看、好听、好感）。认为用户体验是指用户在使用或操作一件产品或一项服务的时候的所想、所做、所感，其间涉及通过产品和服务提供给用户的理性价值和感性价值。⑥

王镠璞则在针对医学信息用户的研究中，将用户信息体验要素划分为五个主要方面，即易学性要素、易记性要素、使用效率要素、错误率及影响性要素、用户满意度要素。这五个方面基本涵盖了用户体验所涉

① 邓胜利：《国外用户体验研究进展》，《图书情报工作》2008 年第 52 卷第 3 期，第 43—45 页。

② 胡昌平、邓胜利：《基于用户体验的网站信息构建要素与模型分析》，《情报科学》2006 年第 24 卷第 3 期，第 321—326 页。

③ 邓胜利：《交互式信息服务中的用户体验分析》，《图书馆论坛》2008 年第 28 卷第 2 期，第 88—91 页。

④ 邓胜利、张敏：《基于用户体验的交互式信息服务模型构建》，《中国图书馆学报》2009 年第 35 卷第 179 期，第 65—70 页。

⑤ 胡昌平等：《信息资源管理原理》，武汉大学出版社 2008 年版，第 371—372 页。

⑥ 李小青：《基于用户心理研究的用户体验设计》，《情报科学》2010 年第 28 卷第 5 期，第 765—767 页。

及的主要内容，是信息产品（服务）可用性评估的主要指标。[①]

杨艾祥根据心理学家莫瑞（Murmy）关于人的21种社会心理需求的分析，总结并提出了五种基础的用户体验。[②]

2. 用户体验与信息资源建设、信息服务的内在联系

胡昌平等在深入分析与探讨了用户信息体验研究的意义和价值基础上，强调指出，用户体验研究目的不仅在于对信息内容的把握，更在于帮助用户在获取所需信息的过程中形成满意体验的把握与理解。基于用户体验的信息资源开发构建，不仅强调所需技术和硬件设备的先进性，更强调以用户为中心的信息资源的组织和系统设计，重视用户在信息资源利用中的真实体验，以便从用户角度考察信息资源开发构建的内容组织和界面设计。基于用户体验的信息资源开发构建可以把用户与信息空间更紧密地联系在一起，满足交互式信息服务中的用户需求。[③]

李箐、赖茂生通过对网络环境中用户与系统交互的研究发现，用户体验是影响信息空间构建和系统可用性的重要因素，信息构建应以用户为中心，以优化用户体验。[④]

孙丽等认为提供个性化服务是提升用户体验的重要途径，而用户体验中的情感要素是用户和产品的联系纽带，情感寓意越多，产品的附加值就越大。[⑤]

李桂华通过发现与分析信息服务过程中的关键时刻指出，用户的信息服务遭遇与信息服务界面设计有关，与自身服务配合有关，更与信息供应者对用户体验的管理有关。因而，信息服务体验设计过程中应当涉及对用户体验管理的设计。[⑥]

---

① 王镠璞：《基于用户体验的互联网搜索引擎医学信息检索可用性评估研究》，博士学位论文，吉林大学，2010年。

② 杨艾祥：《下一站：用户体验》，中国发展出版社2010年版，第1—30页。

③ 胡昌平：《信息资源管理原理》，武汉大学出版社2008年版，第371—373页。

④ 李菁、赖茂生：《信息空间构建相关问题探讨：用户体验和系统可用性》，《情报理论与实践》2003年第1期，第8—10页。

⑤ 孙丽、田才：《基于用户体验的网站信息构建模型》，《情报科学》2010年第28卷第6期，第907—910页。

⑥ 李桂华：《信息服务设计与管理》，清华大学出版社、北京交通大学出版社2009年版，第125页。

王锣璞以用户通过互联网获取医学信息资源、搜索引擎在获取健康信息和医学知识方面的可用性的研究发现，在信息获取过程中，用户体验直接影响到其对可用性的评价。①

李仪凡以参与者最佳体验（Flow）理论为基础，对中国互联网环境下的最佳体验前置及结果变量进行探索，发现网站产品功能属性与社会属性的提升都将对参与者最佳体验产生显著影响。②

在用户体验与数字图书馆个性化服务关系研究中，李阳晖等发现，用户体验要求数字图书馆提供个性化服务，而数字图书馆个性化服务有助于用户获得愉快的体验，成功的体验能够增强用户对数字图书馆个性化服务系统的信任度，数字图书馆可借助用户体验设计来提高自身的个性化服务能力。③ 而王曼茹从用户体验的角度阐述了信息可视化的概念、基本技术和研究现状，通过数字图书馆的一些信息可视化关键技术的应用分析，指出未来可视数字图书馆的发展趋势。④

3. 用户体验评估与优化研究

肖海鹏认为，网络环境中用户体验主要来自用户与网站的人机交互过程。通过网站界面设计的人性化、合理性的优化，可以提升用户信息体验水平。⑤

欧阳波等指出，用户体验是一种多维感知体系，不仅包含用户对产品系统和操控过程的认知，还包含用户对产品设计风格、设计哲学、文化构造等的主观感受，用户体验贯穿信息产品和信息服务的整个生命周期。⑥

---

① 王锣璞：《基于用户体验的互联网搜索引擎医学信息检索可用性评估研究》，博士学位论文，吉林大学，2010 年。

② 李仪凡：《互联网用户体验结构模型：以 Flow 理论挖掘网站功能、社会属性作用机制》，博士学位论文，复旦大学，2009 年，第 120—122 页。

③ 李阳晖、吴红梅、赖全萍：《用户体验与数字图书馆个性化服务之间的关系分析》，《图书情报工作》2009 年第 53 卷第 11 期，第 33—36 页。

④ 王曼茹：《面向用户体验的数字图书馆信息可视化研究》，《图书馆学刊》2009 年第 9 期，第 104—106 页。

⑤ 肖海鹏：《基于用户体验的高校门户网站设计》，《硅谷》2011 年第 20 期，第 93—95 页。

⑥ 欧阳波、贺赟：《用户研究和用户体验设计》，《江苏大学学报（自然科学版）》2006 年第 27 卷第 5 期，第 55—59 页。

胡昌平等认为，面向用户的信息资源整合是发展个性化服务的需要，并构建形成基于用户体验视角、面向目标和功能的信息资源整合模型，提出了具体的整合实施策略。[①] 侯文君等从概念与技术角度对三维环境中人机交互、用户交互行为和用户体验进行了系统分析，提出并构建了针对虚拟三维环境的用户交互体验模型，详细描述了导航、操作、系统设置等三维环境中的用户交互行为、用户体验和用户情感因素的作用。[②]

史飞以用户的学术数据库信息获取行为为研究对象，研究用户在搜索、学习使用中的心智模型及其动态改变规律，并指出了用户体验是影响用户搜索学习中内在心智过程和实际搜索行为策略与绩效的重要因素。[③]

第三节　信息质量研究综述

本书以信息质量为主要脉络和核心内容。本节主要围绕信息质量理论，以信息质量的概念与内涵为切入点，对信息质量研究领域的相关文献进行梳理。重点回顾与综述用户视角的信息质量内涵、信息质量评价、信息质量与用户满意度关系等相关研究成果，为本书奠定理论基础，同时为研究深入提供研究线索与研究思路。

一　信息质量内涵研究

（一）国外信息质量内涵研究综述

“信息质量”（Information Quality）一直是国外学术界关注的焦点，成为管理信息系统、数据库、企业管理、会计与审计、信息管理、知识管理等多个领域的研究对象。国外学者从不同研究领域出发，结合本领域的数据与信息特点对信息质量内涵进行了阐释，由于各个领域中信

---

① 胡昌平、邓胜利：《基于用户体验的信息资源整合分析》，《情报学报》2006 年第 25 卷第 2 期，第 231—235 页。

② 侯文君、吕菲、高歌：《三维虚拟环境中用户交互行为及用户体验研究》，《机电产品开发与创新》2007 年第 20 卷第 3 期，第 86—88 页。

③ 史飞：《人机交互环境下学术搜索功能学习的心智模型动态改变研究：以大学生用户为例》，硕士学位论文，南京理工大学，2012 年。

息、数据的差异较大，至今尚未有统一的、成熟的信息质量概念。

信息质量研究始于多个机构和组织出现的信息质量问题，大量案例研究记录了很多与信息质量有关的问题。Wang R. Y. 等指出，信息质量问题是普遍存在的；① Eppler M. & Helfert M. A. 认为信息质量问题所带来的成本额度是巨大的；② Fisher C. W. & Kingma B. R. 则在文章中阐明，信息质量有时会造成灾难性后果。③ 由此可见，信息质量问题已经成为社会性问题，值得进一步研究与关注。

国外学者对信息质量内涵的研究与阐释可以分为三个层面，即数据视角、用户视角、数据与用户融合视角。如表2—1所示。

表2—1　**国外信息质量内涵研究主要观点**

视角	研究者	时间	对信息质量内涵主要认知观点
数据视角	Orr K.	1998	一个信息系统表达的数据视图与客观世界同一数据的距离
	English L. P.	2003	信息质量是关于信息产品特征的质量，这种特征包括数据名称、定义、有效价值以及符合商业规则等
	Kahn, B. etc	2002	信息质量是指基于数据角度的信息满足规范性或需求性程度
	Eppler M. J.	2006	信息质量主要包括内容的信息质量和基于媒介的信息质量
用户视角	Wang R. Y. & Strong D. M.	1996	信息质量是信息消费者使用信息的易用程度
	Wang R. Y.	1998	信息质量是信息对用户的适用程度
	Deming	1995	信息质量就是迎合消费者对信息的需求
	Crosby	1995	信息质量是信息顺应消费者需求的必备条件
	English L.	1996	信息质量是信息满足信息使用者需求的反映，其满足的程度就体现了信息质量水平
	Huang K. T., Lee Y. W. & Wang R. Y.	1999	信息质量是适合信息消费者使用的信息
	Gerkes M.	1997	信息质量是指用户期望与实际之间的差异
	Tayi G. K. & Ballou D. P.	1998	信息质量是信息对用户的适用度，但具有主观性，随着用户而发生变化

① Wang R. Y., Lee Y. W. & Ziad M., *Data Quality*, Heidelberg: Springer, 2001, pp. 26-36.

② Eppler M. & Helfert M. A., "Classification and Analysis of Data Quality Costs", *Proceedings of the 9th International Conference on Information Quality*, USA: MIT, 2004.

③ Fisher C. W. & Kingma B. R., "Criticality of Data Quality as Exemplified in Two Disasters", *Information and Management*, Vol. 39, No. 2, 2001, pp. 109-116.

续表

视角	研究者	时间	对信息质量内涵主要认知观点
数据与用户融合视角	Brien J. O.	1991	信息质量就是将有内容、格式、时间特征的信息对最终用户产生价值的程度
	Lesca H. & Lesca E.	1995	信息质量是对用户来说具有很高价值的信息，具体体现在产品和过程中
	Kahn B. K., Strong D. M. & Wang R. Y.	2002	信息质量就是满足或超越预期的信息特征，好的信息质量就是符合规格和要求的信息
	Huang K. T. etc	1999	从消费者角度，信息质量是适合信息消费者使用的信息，可以用一系列维度（表述信息某个方面或构成的属性）来衡量
	Eppler M. J.	2001	信息质量就是在功能、技术、认知和审美方面满足信息生产者、管理者、消费者和专家的信息需求

1. 基于数据视角的信息质量

信息质量研究起源于较早的数据质量（Date Quality）研究。自20世纪40年代开始，以计算机为代表的新兴信息技术逐渐应用于数据管理中，人们生产与处理数据能力大幅提升，数据质量问题也开始引起重视。① 20世纪70年代，随着数据库等技术的发展与大量大型数据库的建立，大批量数据中的质量问题逐步浮出水面。

在最初的研究中，学者们对信息质量的概念认识较为模糊，将信息质量与数据质量作为同一概念，运用模糊数学、神经网络、运筹学等理论，以信息本体论为基础，以管理信息系统、数据库、数据模型的数据质量为主要研究对象。由于数据和信息质量是一个多维的概念，依据学者不同研究视角、研究观点而呈现出不同特征。②

Wang R. Y. et al. 认为“数据质量”指最适合直接使用的数据水平。③ Bovee M. et al. 基于“数据”角度，认为如果数据是“合适的”，这也只能是相对的，因为“数据质量”在某些方面使用起来很方便，

① 宋立荣、李经思：《从数据质量到信息质量的发展》，《情报科学》2010年第28卷第2期，第182—186页。

② Shirlee-ann Knight & Janice Burn, “Developing a Framework for Assessing. Information Quality on the World Wide Web”, *Informing Science Journal*, Vol. 8, 2005, pp. 159 – 172.

③ Wang R. Y., Lee Y. W. & Ziad M., *Data Quality*, Heidelberg: Springer, 2001, pp. 26 – 36.

但是在其他方面则不具备足够属性。[①] Johannsen 通过对图书馆和信息服务机构的研究指出，信息质量侧重点在于“质量管理”，经常与“excellence”作为同义词。而 Levitin & Redman 则认为使用“数据质量”应主要与信息产品的精度有关，如数据库中的数据质量。

随着环境发展与研究深入，学者对数据质量的内涵研究进一步深入。Orr K.[②]、Kahn B. etc[③] 等从数据本身出发，认为信息质量是基于数据角度信息满足的规范性或需求性程度。English L. P. 从数据质量内容与构成角度系统剖析了信息质量内涵，认为信息质量是关于信息产品特征的质量，包括数据名称、定义、有效价值以及符合商业规则等，信息质量是信息的内容质量、集合质量、表达质量、效用质量的综合。[④] Eppler M. J. 则从数据质量属性角度加以阐释，认为信息质量是对信息的真实性、准确性、一致性、完整性和集成性的综合描述。[⑤]

2. 基于用户视角的信息质量

随着信息技术的发展与信息资源数量的剧增，用户不再仅以获得符合标准的高质量数据为关注重点，信息的语用内容、信息价值效用及其满足用户需求程度成为信息质量的核心内涵。

基于朱兰“Fit to use”质量概念，研究者对信息质量进行了重新界定与阐释。

Deming E. W.[⑥]、Crosby P. B.[⑦] 等指出，信息质量是迎合消费者信

---

① Bovee M., Srivastava R. P. & Mak B., “A Conceptual Framework and Belief-function Approach to Assessing Overall Information Quality”, *International Journal of Intelligent Systems*, Vol. 18, No. 1, 2003, pp. 51 - 74.

② Orr K., “Data Quality and System Theory”, *Communication of the ACM*, Vol. 41, No. 2, 1998, pp. 66 - 71.

③ Kahn B., Strong D. M. & Wang R., “Information Quality Benchmarks: Products and Service Performance”, *Communication of the ACM*, Vol. 45, No. 4, 2002, pp. 184 - 192.

④ English L. P., “Total Information Quality Management: A Complete Methodology for IQ Management”, *D. M. Review*, Vol. 9, 2003, pp. 1 - 7.

⑤ Eppler M. J., *Management Information Quality: Increasing the Valve of Information in Knowledge-intensive Products and Processes*, Heidelberg: Springer, 2006, pp. 46 - 55.

⑥ Deming E. W., *Out of the Crisis*, Boston: MIT Press, 1995, pp. 15 - 45.

⑦ Crosby P. B., *Quality Without Tears, The Art of Hassle Free Management*, New York : McGraw Hill Inc., 1995.

息需求的必备条件。而 English L. P. 认为，能够随着消费者需求持续改进的信息才是高质量的信息。[①] Eppler M. J. 则在研究中指出，用户满意是信息质量最核心的内涵。[②]

Wang R. Y. & Strong D. M. （1996）、English L. （1996）、Gerkes M.（2011）、Huang et al. （1999）等分别对信息质量进行定义，信息质量是信息对信息消费者（用户）的适用性及满足程度。并进一步阐释到，用户需求满足度是信息质量核心内涵，用户满意是信息质量最重要的目标。

3. 基于数据与用户融合视角的信息质量

随着社会发展，人们对信息质量的认识不断深入。Shirlee-ann Knight & Janice Burn 指出，信息质量是一个多维概念，依据研究者的不同视角而呈现出不同特征。[③]

从信息消费者角度，Wang R. Y. & Strong D. M. 认为，信息质量是信息对信息消费者的适用性，而适用性的数据最终是由信息用户判断信息产品是否适用所决定的。[④]

Gerkes M. 认为，信息质量是特定目标所需信息与所获得的信息之间的差异。定性衡量信息质量可以理解为，差异越小信息质量越高。在理想状态下，最佳信息质量是指所需信息与所得信息间的差异为零。[⑤]

Kahn B. K. et al. 将质量信息定义为符合规格和要求的信息，其前提条件是满足或超越用户预期的信息特征。[⑥]

Brien J. O. 将信息质量定义为信息的内容、形式、时间特性为其具

---

① English, L. P. , "Total Information Quality Management: A Complete Methodology for IQ Management", *D. M. Review*, Vol. 9, 2003, pp. 1 - 7.

② Eppler M. J. , *Management Information Quality: Increasing the Valve of Information in Knowledge-intensive Products and Processes*, Heidelberg: Springer, 2006.

③ Shirlee-ann Knight & Janice Burn, "Developing a Framework for Assessing Information Quality on the World Wide Web", *Informing Science Journal*, Vol. 8, 2005, pp. 159 - 172.

④ Wang R. Y. & Strong D. M. , "Beyond accuracy: What Data Quality Means to Data Consumers", *Journal of Management Information Systems*, Vol. 12, No. 4, 1996, pp. 5 - 34.

⑤ Gerkes M. Information Quality Paradox of the Web, [2011—02—16] . http: // izumw. izum. si/ ~ max/paper. htm.

⑥ Kahn B. K. , Strong D. M. & Wang R. Y. , "Information Quality Benchmarks: Product and Service Performance", Communication of the ACM, Vol. 45, No. 4, 2002, pp. 184 - 192.

体的最终用户所带来的价值效用程度，主要是从信息效用角度所进行的分析与阐释。①

Eppler M. J. 则认为信息质量就是满足信息生产者、管理者、消费者和专家的信息需求，具体表现在功能、技术、认知和审美方面。②

Wang R. Y. & Strong D. M. ③ 更进一步指出，最终判断一个信息产品是否易于使用的主体是消费者，但信息消费者并没有足够的能力从信息中寻找错误，然后改变他们使用信息的方式。因此，从数据角度来看，把信息质量定义为满足用户需求的规范性信息。④ Redmond T. C. 结合这两个方面指出，如果信息有免费的特点并且拥有信息消费者所需的功能则是高质量信息。⑤

Lesca H. & Lesca E. 将信息质量定义为信息的基本属性，认为信息质量对用户来说具有很高价值。与此同时，把信息质量主要问题归结为产品和过程两方面，其中产品观点集中在信息本身的缺点，例如不完整性和不一致性；而过程观点则集中在引起信息产生和分发过程的缺点。⑥

（二）国内信息质量内涵研究

我国学者对信息质量基本内涵认识也经历了一个循序渐进的过程，基本沿袭了国外学者对信息质量内涵认识的三个视角。如表2—2所示。

1. 基于数据视角的研究方面

刘雁书等指出，信息质量就是指信息的真实性和准确性。其中，真

---

① Brien J. O. , *Introduction to Infromation Systems in Business Management*, 6th Edition, Boston: Irwin, 1991.

② Eppler M. J. , "The Concept of Information Quality: An Interdisciplinary Evaluation of Recent Information Quality Frameworks", *Studies in Communication Sciences*, Vol. 1, 2001, pp. 167 - 182.

③ Wang R. Y. & Strong D. M. , "Beyond Accuracy: What Data Quality Means to Data Consumers", *Journal of Management Information Systems*, Vol. 12, No. 4, 1996, pp. 5 - 34.

④ Strong D. M. , Lee Y. W. & Wang R. Y. , "Data Quality in Context", *Communications of the ACM*, Vol. 40, No. 5, 1997, pp. 103 - 109.

⑤ Redmond T. C. , "Data: An Unfolding Quality Disaster", *D. M. Review*, Vol. 8, 2004, pp. 18 - 25.

⑥ 宋立荣：《农业科技信息共享中信息质量管理研究》，中国农业科学技术出版社2009年版，第45—52、340页。

实、准确的信息是高质量信息，虚假、不准确的信息就是低质量信息。[①]

陈远等从数据质量属性角度阐释信息质量基本概念，认为信息质量是对信息真实性、准确性、一致性、完整性和集成性的综合描述。[②]

高智勇等则从信息结构七要素角度，系统分析了信息质量的定义与内涵。信息质量是始终满足工作者和最终消费者的需求程度，但更需强调的是，信息质量是关于信息产品特征的质量，其公式为：信息质量 = f（事物、时间、空间、状态、来源、载体、表达方式），在这个公式中，每个质量变量的缺陷都将会导致信息质量问题。[③]

2. 基于用户视角的研究方面

苏强、梁冰在研究中对数据质量和信息质量差异性进行了系统分析，信息系统的设计者们往往更注重数据质量，特别是数据的正确率、完整性、一致性等，因为这些指标更直观明了，可以用多种技术手段加以控制。但这会导致用户对所需要的信息的属性认识不够或考虑不周，造成用户对信息质量的不满。[④]

周毅认为，信息质量具有两种含义：一种是与数量需要相关，指的是用户对信息产品或信息服务主要在于数量上的满足，这是一种比较具体的质量需要，它只反映了用户对信息质量问题的基本态度。另一种含义是指用户对信息商品或信息服务的质量要求，是一种比较抽象的信息质量需要。[⑤]

王侃昌等从企业管理角度出发，将信息质量定义为信息满足工作流程上相关工作者和企业决策者需求的程度。作为不可或缺的生产要素，

---

① 刘雁书、方平：《网络信息质量评价指标体系及可获取性研究》，《情报探索》2002 年第 6 期，第 10—12 页。

② 陈远、罗琳、沈祥兴：《信息系统中的数据质量问题研究》，《中国图书馆学报》2004 年第 30 卷第 1 期，第 48—50 页。

③ 高智勇、高建民、王侃昌、陈富民、刘军强：《基于信息结构要素的信息质量定义与内涵分析》，《计算机集成制造系统》2006 年第 12 卷第 10 期，第 1724—1728 页。

④ 苏强、梁冰：《信息质量及其评价指标》，《计算机应用系统》2000 年第 7 期，第 63—65 页。

⑤ 周毅：《用户信息需要与信息质量控制》，《情报理论与实践》1999 年第 22 期，第 238—247 页。

信息在企业中的用途可归结为知情、累积、转化、物化、知化、决策、控制和反馈，信息质量是企业管理水平和状态的映射。[①]

3. 基于用户与数据融合视角的研究方面

曹瑞昌从信息三元结构出发，认为信息质量 = 信息的内容质量 + 信息的集合质量 + 信息的表达质量 + 信息的效用质量。[②]

王超湘在其著作中，对信息资源质量做了全面阐释，指出信息资源质量是信息资源满足用户和社会现实的、潜在的信息需求的能力，包括技术质量和功能质量两个方面的内容。[③]

张辑哲基于哲学视角，从狭义和广义两方面阐释了信息质量，其中狭义信息质量是基于认识论（或理论信息学）意义上对信息的质与量的分别考察与研究；而广义的信息质量是指哲学本体论意义上的信息质与量的融合统一。[④] 贾君枝则认为，要将信息质量作为一个多面体，从信息自身价值、信息系统、信息用户三个角度理解与把握信息质量基本内涵。[⑤]

宋立荣等在其研究中指出，信息质量是一种基于用户需求的“适用性”质量管理方式，研究范围涵盖信息（数据）生命流程的整个完整过程，使信息生产形成一个完整的“信息用户→信息管理者→数据生产者”流程。它是将用户的质量要求传递给“数据生产者”，使生产者在原始数据“一次开发”过程中就开始注意按照相应用户信息质量要求规范其数据生产活动。[⑥]

（三）信息质量内涵研究述评

综上所述，国内外信息质量概念界定与内涵剖析视角众多，一方面反映了国内外学者在各自领域对信息质量内涵研究的积极性，也反映了信息

---

① 王佩昌、高建民、高智勇等：《企业信息质量研究现状及研究趋势分析》，《中国制作业信息化》2006 年第 35 卷第 5 期，第 1—5 页。

② 曹瑞昌、吴建明：《信息质量及其评价指标体系》，《情报探索》2002 年第 4 期，第 6—9 页。

③ 王超湘：《现代图书馆理念论纲》，燕山出版社 2005 年版，第 4—17 页。

④ 张辑哲：《论信息形态与信息质量（下）——论信息的质与量及其意义》，《档案学通讯》2006 年第 3 期，第 20—22 页。

⑤ 贾君枝：《信息资源战略管理理论与实践》，科学出版社 2007 年版，第 15—30 页。

⑥ 宋立荣、李经思：《从数据质量到信息质量的发展》，《情报科学》2010 年第 28 卷第 2 期，第 182—186 页。

质量研究的无规则性及其研究成果的非通用性。另一方面，体现出国内外学者对信息质量的认识与了解经过了一个循序渐进过程，随着信息技术的发展与网络环境的变化，信息质量内涵日趋丰富。

从研究内容角度看，信息质量概念与内涵的研究经历了一个由表及里、由浅入深、由静态到动态、由现象到本质的过程。在早期研究中，由于对信息本质认识的局限，导致对信息质量的理解更多停留在数据基本属性层面。随着各个领域对信息本质认识的深入，“数据质量”到“信息质量”的转变是一个从以数据生产开发者为主体、站在信息系统角度审视信息资源，到以用户为主体、站在用户的角度审视信息资源的信息管理理念的转变过程。①

现阶段，虽然学者没有形成对信息质量的统一认识，依然是数据视角、用户视角、数据与用户结合视角并存局面，但对信息质量内涵的理解更系统、更全面，关注从生产—加工—用户的过程控制，将信息质量作为一个内涵丰富、具有多维视角的概念体系进行研究，既包括对数据与信息性能的研究，又包括对用户信息需求满足程度的研究。

通过对信息质量内涵研究全面、系统的回顾与分析，可以有效把握信息质量发展的基本脉络，掌握信息质量未来发展方向与趋势。这将为本项目研究的展开提供基本的理论基础和清晰的发展脉络。

然而，从以上诸多定义也可以看出，对信息质量概念界定大多是依据研究者的主观判断、经验直觉，或通过对行业领域相关研究和文献资料汇总分析而得到的，没有通用的定义，也很少能联系到实际中去。②真正把握用户信息需求、用户在交互过程中的体验与感知，从用户角度分析网络环境下用户信息需求、信息期望的内容变化和主要特征以及对用户信息行为的影响。在此基础上，深层剖析信息质量和用户信息需求的内在联系，分析此联系对信息质量评价的影响，并针对不同时期不同用户需求设计出具有层次性、动态的信息质量评估体系和关系模型，广

---

① 宋立荣、李经思：《从数据质量到信息质量的发展》，《情报科学》2010年第28卷第2期，第182—186页。

② Latif Al-Hakim, *Information Quality Management: Theory and Applications*, London: IDEA Group Publishing, 2006.

泛应用于社会各级组织信息管理实践中去，提高社会信息质量，不仅能够满足日益变化的用户需求，而且也可以减少由于信息失真或丢失而造成的经济损失、提高管理工作的有效性、减少决策失误、提高信息效用价值，使各类组织在激烈竞争中获取并保持竞争优势。

表 2—2　　国内信息质量内涵研究主要观点

视角	研究者	时间	对信息质量内涵主要认知观点
数据视角	刘雁书、方平	2002	信息质量就是信息的真实性和准确性
	管尊友等	2003	数据质量是数据内在和外部特征的总和，以此构成其满足给定需求的能力
	周东	2006	数据质量是由数据的一致性、准确性到相关性等一系列的参数决定
	高智勇	2006	事物、时间、空间、状态、来源、载体、表达方式、实得信息量
	蔡宝珠①	2002	信息质量就是指信息产品的优劣程度。信息在被利用时，其质量体现在它所创造的价值中，体现在它所产生的社会效益和经济效益中
	陈远等	2004	用正确性、准确性、不矛盾性、一致性、完整性和集成性来描述
	宋立荣、李经思	2010	信息质量内容已经从单纯对信息、数据的监测控制、质量评测发展到对数据、信息产生全过程的全面信息质量管理和持续改进
用户视角	高智勇等	2005	信息质量是对信息产品满足信息消费者需要程度的衡量
	周毅	1999	信息质量需要有两种含义，一方面是指用户对信息商品或信息服务主要在于质量上而不是数量上的满足，另一方面是指用户对信息商品或信息服务的质量要求
	王侃昌等	2006	满足工作流程上相关工作者和企业决策者需求的程度
	苏强、梁冰	2000	信息质量应该有质和量两方面的内容。信息质量 = f（事物、时间、空间、状态、来源、载体、表达方式、实得信息量）
	蔡坚学、邱莞华②	2004	信息质量是指对决策者预期信息需求的满足程度，是决策人正确决策的依据
	宋立荣、李经思③	2009	信息质量维度是指信息满足用户要求和使用目的的基本质量特性

① 蔡宝珠：《浅析信息质量问题与控制》，《理论探讨》2002 年第 3 期，第 95—96 页。

② 蔡坚学、邱菀华：《信息质量检验的熵模型》，《系统工程》2004 年第 22 卷第 3 期，第 77—79 页。

③ 宋立荣、李经思：《基于网络共享的农业科技信息质量维度分析》，《图书情报工作》2009 年第 53 卷第 22 期，第 85—88 页。

续表

视角	研究者	时间	对信息质量内涵主要认知观点
数据与用户融合视角	贾君枝	2007	信息质量作为一个多面体，需要从信息本身价值、信息系统、用户三个角度来把握信息质量含义
	王超湘	2005	信息资源质量表征的是信息资源满足用户和社会现实的、潜在的信息需求的能力，包括技术质量和功能质量两个方面的内容
	曹瑞昌	2002	信息质量 = 信息的内容质量 + 集合质量 + 表达质量 + 效用质量
	王超湘	2005	信息质量表征的是信息满足用户和社会现实的、潜在的信息需求的能力，包括技术质量和功能质量两方面内容
	张辑哲	2006	狭义信息质量是基于认识论（或理论信息学）意义上对信息的质与量的分别考察与研究，而广义的信息质量是指哲学本体论意义上信息的质、量合一
	中国科学院	2005	信息质量是信息资源满足用户使用的程度，是通过若干质量元素实现其满足用户的能力

二　信息质量评价研究

（一）信息评价维度与指标构成研究

信息质量评价是对特定环境中信息质量赋予数值的过程①。信息质量是相对的，不同主体的评价结果可能存在差异，用户多样性是造成信息质量评价复杂性的主要原因之一②。

信息质量评价研究是国内外信息质量研究的重点之一，纵观国内外相关研究，对信息质量评价研究主要集中于以下三个方面。

第一，将信息质量与数据质量作为同一概念，以模糊数学、神经网络、运筹学等理论为基础，基于信息本体论，把信息质量理解为一个多维概念（Redman，1996；Wang and Wang，1996），把信息质量某一特征的一组评价指标用集合表现，侧重从信息广度、深度、数量等角度对信息产品质量（尤其是数据质量）评价进行研究，构建形成数据质量评价指标体系。

第二，从信息流程角度，基于运作管理理论和质量管理理论，主要

① Michael Gertz M. , Tamer Ozsu, Gunter Saake, Kai-Uwe Sattler, "Report on Dagstuhl Seminar Data Quality on the Web", *SIGMOD Recort*, Vol. 33, No. 1, 2004, pp. 127 - 132.

② 吴胜、张智光、周早弘等：《对于信息质量评价复杂性的研究》，《图书馆学刊》2008 年第 4 期，第 3—5 页。

运用过程管理、全面质量管理（TQM）、六西格玛（Six Sigma）、统计过程控制等方法，从信息流程全过程及各个环节角度对信息质量评价进行研究（Strong D. M. et al., 1996; Wang R. Y. & Strong D. M., 1996; Lee Y. & Wang R., 1999 等）。

第三，自 20 世纪 90 年代开始，学者们对信息质量内涵有了全新理解，认为信息质量是对用户信息需求的满足程度（Huang K. T. et al., 1996; Larry P., 1999 等）。基于用户视角的信息质量评价研究成为研究主流。以 Wang R. Y.、Strong D. M.、Zbigniew J. Gackowski、Huang K. T.、Eppler M. J. 等为代表，吸收借鉴服务营销学、顾客心理学等相关理论成果，分别从用户需求、用户满意度等多个角度，构建形成以信息服务质量指标为主体的评价体系。

1. 信息质量评价维度研究

评价维度是评价体系的主要构成，是判断、说明、评价和确定评价体系的多方位、多角度、多层次的条件，是统筹各具体评价指标的框架与脉络。在国内外学者的研究中，基于不同的研究视角和对信息质量的不同认知，提出了多种信息质量评价维度。

Wang R. Y. & Strong D. M. 提出了由四个维度构建的信息质量分层框架，即本质信息质量、语境信息质量、代表性信息质量和可访问信息质量。其中，本质信息质量的重点是数据本身质量，语境信息质量强调在特殊语境中的信息质量需求，代表性信息质量的核心是信息利用率，而可访问信息质量意指信息是可以被访问的，但是是安全的。①

Wang R. Y. & Strong D. M. 又在进一步研究中，将信息质量评价体系划分为固有信息质量、可达性信息质量、环境信息质量、表象性信息质量等四个维度，并详细阐述了每个维度的具体评价指标要素。

Helfert M. 采用符号学和质量两方面（质量描述和质量一致性）对 IQ 维度进行分类。符号学包括三个层次，即语法、语用和语义。语法

① Wang R. Y. & Strong D. M., "Beyond Accuracy: What Data Quality Means to Data Consumers", *Journal of Management Information Systems*, Vol. 12, No. 4, 1996, pp. 5 - 34.

层次主要体现信息表述性，语义层次重点关注信息与现实世界目标关联性，而语用层次则涉及信息过程和信息用户两个方面。[①]

Mouzhi G. & Markus Helfert 在相关研究文献综述基础上，把信息质量评估分为度量层、维度层和方法层三个层次。度量层包括表示不同信息质量问题的信息质量度量。维度层是由体现信息质量特征的维度所构成。而方法层则包含信息质量评估模型、评估框架与评估方法。[②]

曹孟谊基于对军队信息质量研究视角，从信息自身质量和组织信息质量研究工作两个方面提出军队信息质量评估指标体系，该体系不仅具有一级指标，还有二级指标，并设有加权系数，从而使评估的结果相对比较客观。[③]

随着对信息质量内涵的深入理解，部分学者吸收借鉴服务营销学、顾客心理学等相关研究成果对信息质量评价进行研究。Naumann F. & Rolker C. 从主观、客观和过程角度分别选取用户感知、信息本身和信息访问过程作为信息质量评价维度。[④] 而 Pickard A. J. & Dixon P. 则构建形成由技术或组织、认知、感情和社会四个维度构成的电子信息资源质量评价框架。[⑤]

在国内外学者研究中，对信息质量评价维度的研究可以用表 2—3 来概括。

---

① Helfert M.，"Managing and Measuring Data Quality in Data Warehousing"，in Proceedings of the World Multi Conference on Systemics，Cybernetics and Informatics，Florida：Orlando，2001，pp. 28 - 39.

② Mouzhi G. & Markus Helfert，A Review of Information Quality，Proceedings of the IET China-Ireland International Conference on Information and Communications Technologies，No. 2，2007，pp. 951 - 958.

③ 曹孟谊、吴建明、孟秀玲：《国外信息质量评估指标体系研究》，《军事运筹与系统工程》2004 年第 18 卷第 4 期，第 55—58 页。

④ Naumann F. & Rolker C.，Assessment Methods for Information Quality Criteria，[2010—01—22]. http：//mitiq. mit. edu/iciq/iqdownload. aspx? ICIQYear = 2000&File = Assessment Methods4IQ Criteria. pdf.

⑤ Pickard A. J. & Dixon P.，"Measuring Electronic Information Resource Use：Towards a Transferable Quality Framework Formeasuring Value"，*The Journal of Information and Knowledge Management Systems*，Vol. 34，No. 3，2004，pp. 126 - 131.

表 2—3　　国内外信息质量评价维度研究

研究者	时间	信息质量评价维度
Lesca H. & Lesca E.	1995	把信息质量评估体系划分为两个部分：当信息作为产品时，当信息作为过程时
Wand Y. & Wang R. Y.	1996	运用本体论方法对 IQ 维度进行分析，主要包括内部与外部两个维度
Wang R. Y. & Strong D. M.	1996	信息质量评价框架包括四个维度，即本质信息质量、语境信息质量、代表性信息质量和可访问信息质量
Naumann F. & Rolker C.	2000	使用主观、客观和过程的三种主要影响信息质量的因素来组织 IQ 维度：用户感知、信息本身和访问过程
Ziad M. et al.	2001	包括固有信息质量、关联信息质量、表达信息质量和访问信息质量等维度
Helfert M.	2001	采用符号学（语法、语用、语义）和质量两方面（质量描述和质量一致性）对 IQ 维度进行分类
Kahn B. et al.	2002	构建描述了信息质量二维概念模型，即产品质量维度和服务质量维度
曹瑞昌等	2002	基于信息三元结构，主要包括四个维度信息内容质量、信息集合质量、信息表达质量、信息效用质量
Ballou D., Madnick S. & Wang R.	2003	主要包括固有数据质量、可访问性数据质量、关联性数据质量和可表达性数据质量四个维度
宋立荣等	2009	基于信息认识论方法视角，将农业科技信息质量评价维度划分为形式、内容、效用三个方面
Pipino L. et al.	2002	将信息质量评价分为客观评估和主观评估。客观评价在数据方面揭示了 IQ 问题，而主观 IQ 评价反映用户的需求和经验
Pickard A. J. & Dixon P.	2004	建立了电子信息资源质量评价的框架，由技术或组织变量、认知变量、感情变量和社会变量四个方面构成
MIT 的 TDQM 研究小组	2003	将信息质量评价维度概括为：内在信息质量、前后关系信息质量、表达信息质量、可达性信息质量
查先进、陈明红	2010	从信息资源内容、信息资源表达形式、信息资源系统和信息资源效用四个方面全面概括信息资源质量的评估指标体系
高智勇、高建民	2005	从语法层次、语义层次、语用层次三个层次构建信息质量评价体系

由以上学者研究观点可见，随着对信息质量研究的深入，在信息质量评价研究中，无论包括几个维度，但总体上可以概括为客观评价和主

观评价两个方面，客观信息质量评价主要是对信息与数据本身质量的评价，而主要评价则是基于信息用户视角，衡量信息满足用户需求与使用水平和程度。

2. 信息质量评价指标要素研究

信息质量评价依赖两个条件：一是评价指标是否科学、合理、客观，二是评价主体是否有专业的评价知识和科学的评价方法。

信息质量作为一个多维概念，其评价体系是由多层次、多指标所构成的复合体系，即可以用描述信息质量某一特征的一组信息评价指标的集合来表示。指标体系设置是信息质量评价的核心问题。

纵观国内外的研究，不同学者、不同领域、不同目的研究所选择的评价指标具有较大差异性。研究者基于对信息质量的不同理解，从不同角度提出与构建了由不同指标维度所构成的评价体系。其中，对数据库、管理信息系统、数据模型、知识管理、医疗数据管理、互联网出版物等信息质量评价指标体系研究是国内外学者主要研究领域。

基于以上信息质量评价体系构成维度，国内外学者的研究主要从以下几个角度选取具体评价指标要素。一方面，以信息本体论为基础，侧重从信息广度、深度、数量等角度对信息产品质量（尤其是数据质量）评价进行研究，构建形成数据质量评价指标体系；另一方面，从信息流程角度，基于信息流程全过程及各个环节角度对信息质量评价进行研究；第三方面，以用户为中心的视角，从用户需求、用户满意度等角度选取评价指标。

其中比较有代表性的研究有：

Lesca H. & Lesca E. 将信息质量评价体系分为两个部分。其中，信息产品评价维度的指标主要包括有效性、易理解性、相关性、完整性，表达的充分性、一致性、透明性等。而从信息获取过程维度来看，评价指标主要包括确实度、可达性、客观性、可信性、交互性等。[①]

---

① Mouzhi G. & Markus Helfert, “A Review of Information Quality”, *Proceedings of the IET China-Ireland International Conference on Information and Communications Technologies*, Vol. 2, 2007, pp. 951 – 958.

Wang R. Y. & Strong D. M. 在所构建的由固有信息质量、可达性信息质量、环境信息质量、表象性信息质量评价体系基础上，指出具体评价指标主要包括准确性、客观性、可信性、知名度等；可达性、安全性；相关性、附加价值、时效性、完整性、信息总量等；易解释性、易理解性、简要表达、表达的一致性等。①

曹瑞昌、吴建明在研究中指出，不同行业和应用领域其信息质量的评价指标是不同的。并指出，信息的内容质量评价指标包括客观性和正确性，信息的集合质量评价指标包括相关性和完整性，信息的表达质量评价指标包括可理解性、明确性、准确性、一致性、简洁性，信息的效用质量评价指标包括有用性、实时性、背景性解释、适量性。②

王侃昌、高建民等借鉴软件质量成熟度评价的基本理念，建立了信息质量管理成熟度（Information Quality Maturity Model，IQMM）模型。提出了时限性、有用性、充分性、可信性和易用性五个信息质量评价指标，并将用户对五个指标的满意程度进行量化分级，分析用户对信息的综合满意程度。③

宋立荣等依据信息认识论方法，构建形成了农业科技信息质量评价指标体系模型，具体包括可获得性、一致性、可理解性、及时性、准确性、正确性、相关性、可信性、客观性、可靠性、适量性、有效性、完整性、背景性解释和有用性等一系列指标。④

查先进、陈明红在研究中构建形成完整的信息资源质量评价指标体系，如表 2—4 所示。

---

① Huang K. T. , Lee Y. W. , Wang R. Y. , *Quality Information and Knowledge Management*, Boston: Prentice Hall, 1999.

② 曹瑞昌、吴建明：《信息质量及其评价指标体系》，《情报探索》2002 年第 4 期，第 6—9 页。

③ 王侃昌、高建民、高智勇等：《企业信息质量研究现状及研究趋势分析》，《中国制作业信息化》2006 年第 35 卷第 5 期，第 1—5 页。

④ 宋立荣、李经思：《基于网络共享的农业科技信息质量维度分析》，《图书情报工作》2009 年第 53 卷第 22 期，第 85—88 页。

表 2—4　　**信息资源质量评价指标体系**

目标	一级指标	二级指标	指标解释
信息资源质量	信息资源内容	正确性	反映事物或系统属性的客观程度
		完整性	信息资源内容广度和深度
		相关性	信息资源与用户需求间的匹配程度
		新颖性	是否具有独创性，更新是否及时
	信息资源表达形式	准确性	信息符号值与真实信息值相符合的程度
		易用性	信息符号是否简单、使用方便
		精简性	信息符号是否简单、使用方便
		标准化程度	信息表达技术、表达符号的形式和意义的统一程度
	信息资源系统	完备性	信息资源的系统性和结构体系的完备程度
		可获取性	易得性、易操作性和共享性
		快速响应性	系统是否反应敏捷、能否迅速实现信息资源价值增值
		可靠性	包括系统的稳定性和安全性
	信息资源效用	可用性	能否具有信息资源的使用权
		适量性	信息资源数量是否适当
		利用率	统计分析信息资源利用的数量指标
		价值增值性	经济效益和社会效益的问题

资料来源：查先进、陈明红：《信息资源质量评估研究》，《中国图书馆学报》2010 年第 136 卷第 3 期，第 46—55 页。

随着对信息质量内涵的全新理解，国内外学者基于服务营销学、顾客心理学等相关理论，将其中的用户满意度、用户服务质量评价指标等吸收并借鉴到信息服务质量指标评价体系中。

Katerattanakul P. 等采用实证研究方法获得了对 WEB 信息质量的评价维度。其中固有信息质量是指正确性和内容错误，包括准确性、可用性、相关链接正确性等。语境质量指提供者信息，包括组织、视觉效果、版面特点、一致性、活泼有吸引力、内容清晰性等。而可访问性质量是指提供导航工具质量等。①

Dedeke A. A. 在研究中，吸收与借鉴了人因工程学相关观点，将其

① Katerattanakul P. & Siau K.，"Measuring Information Quality of Web Sites: Development of an Instruments"，*Proceedings of the* 20th *International Conference on Infromation Systems*，Charlotte，North Carolina，USA，1999.

应用于信息质量评价中，构建了人因工程学质量、可访问性质量、处理质量、语境质量、表达质量等五个维度构成的信息质量评价指标体系。其中人因工程学质量类维度包括：易于导航性、舒适性、可学习性、视觉信号、音频信息等；可访问性质量类维度包括：技术访问、系统可用性、技术安全、数据可访问性、数据共享、数据可转换性等；处理质量类维度包括：可控性、容错能力、适应性、系统反馈能力、效率、响应速度等；语境质量类维度包括：增值性、相关性、适时性、完全性、数据适当性等；表达质量维度则包括可解释性、一致性、简明性、结构性、可读性等指标。①

苏强、梁冰认为信息质量评价宗旨是“使用户感到满意”。因此，信息质量评价体系指标主要应从用户视角选取，应包括时限性、充分性、可信性、易用性等。②

岳剑波指出，用户对信息质量评价指标主要包括：适时性（对传递时间的要求）、针对性（对传递方向的要求）、连续性（对服务环节的要求）、经济性（对服务效果的要求）、可近性（对信息源的要求）、易用性（对信息系统的要求）、可得性（对原始文献信息的要求）、方便性（对信息服务的总体要求）等。③

而以甘利人教授为代表的南京理工大学研究团队，在一系列相关研究中，通过对科技文献数据网站用户满意度评价的实验与实证研究，获得了基于用户感知维度与指标，其中部分指标可以用来对信息质量进行评价（如表2—5所示）。

在国内外学者研究观点基础上，我们对信息质量评价体系的构成指标要素研究进行了归纳与总结，各位学者提及的主要评价指标的归纳与整理详见附录11。

---

① Dedeke A. A., “Conceptual Framework for Developing Quality Measures for Information Systems”, *The 5th International Conference on Information Quality*, 2000.

② 苏强、梁冰：《信息质量及其评价指标》，《计算机应用系统》2000年第7期，第63—65页。

③ 岳剑波：《信息管理基础》，清华大学出版社1999年版，第70页。

表 2—5　　**基于用户感知信息质量评价指标**

感知质量评价维度	二级维度指标	评价指标
信息资源质量	信息资源可靠性	可信赖性
	信息资源收藏范围	文献种类跨度
		时间跨度
	信息资源时效性	新颖性
信息系统质量	系统易用性	检索方式多样性
		易理解识别性
		易操作性
	服务功能	咨询服务
		个性化服务
	系统响应性	易于访问
		响应时间
		系统正确性
	搜索功能科学性	搜索功能先进性
		整合功能
		反馈信息量

资料来源：部分摘自于李莉、甘利人、谢兆霞《基于感知质量的科技文献数据库网站信息用户满意模型研究》，《情报学报》2009 年第 28 卷第 4 期，第 565—581 页。

（二）信息质量评价研究方法

信息质量评价方法选择是信息质量评价具体实施的重要环节，它关系到评价最终结果的准确性。同时，评价方法选择与评价维度和指标是密切相关的，评价指标体系设定直接影响评价方法的选择。国内外学者在信息质量评价研究中，基本沿袭了定性评价与定量评价两类评价思路，并在此基础上广泛吸收与借鉴其他学科评价中常用的评价方法。

查先进在研究中指出，信息资源质量的定性评估是在信息价值哲学的指导下，从质量评估的基本标准（实用价值、科学价值、社会价值、人文价值）出发对某种信息资源质量进行分析和评定，以定性说明其质量状况。而定量评估主要是通过数字或其他科学手段对对象的量做出判定和分析评估，保证评估结果在一定的置信范围内，具有相当的可靠性，使得评估结果更加科学、客观、公正。①

Pipino L. et al. 将信息质量评估分为主观评估和客观评估。主观信息质量评估是测量信息适于信息用户使用的程度，反映信息用户的需要与体验，其重点是信息的当前质量与用户期望值之间的差别。而客观信息质量评估是测量信息符合质量规范以及相关参考要求的程度，提示数据库内的信息质量问题，其重点是系统设计与数据生成过程中可能发生的信息质量缺陷。②

Kahn et al. 在整合两种质量观点基础上提出了 PSP/IQ 模型：既符合特定规范（客观的），又能够满足并超越用户期望（主观的）。③

Redman T.（1996）、Huang K. T. et al.（1999）、Stvilia B. et al.（2006）等在研究中，提出并运用了多种信息质量评价方法，如调查法、软件法、模型法、案例法等等。

Wang R. Y. & Strong D. M. 在研究中提出用三种方法来研究信息质量，即直观法、理论法和实证法。其中，直观法通过研究者的经验和个案需求来获取信息质量维度，理论法通过基于数据产生过程中的基本数据缺陷来获取信息质量维度，而实证法主要基于数据对于数据用户的适用性来提出信息质量维度。④

Saškarada 提出了信息质量的评估方法 TDQM——基于信息质量管理（IQM）的能力成熟度模型（CMM），通过在每个阶段定位信息管理的广泛范围和 IQM 的进程区域，并且组织这些流程领域来帮助组织评估和提高 IQM 能力。⑤

Savchenko 开发了一种项目频率规则和定期表达模式，从而方便实

---

① 查先进、陈明红：《信息资源质量评估研究》，《中国图书馆学报》2010 年第 36 卷第 3 期，第 46—55 页。

② Pipino L., Lee Y. W. & Wang R. Y., "Data Quality Assessment", *Communications of the ACM*, Vol. 45, No. 4, 2002, pp. 211 – 218.

③ Kahn B. K., Strong D. M. & Wang R. Y., "Information Quality Benchmarks: Product and Service Performance", *Communication of the ACM*, Vol. 45, No. 4, 2002, pp. 184 – 192.

④ Wang R. Y. & Strong D. M., "Beyond Accuracy: What Data Quality Means to Data Consumers", *Journal of Management Information Systems*, Vol. 12, No. 4, 1996, pp. 5 – 34.

⑤ Saškarada, Andy Koronios & Jing Gao Towards a Capability Maturity Model for Information Quality Management: A TDQM Approach, ICIQ, 2006.

施内在信息质量自动评估。其实质是从本体论角度进行真实世界的IQ评估，并且有效揭示集中于发生在系统设计和数据产生过程中的IQ缺陷。[①]

Naumann & Rolker从三个层面提出信息质量评价标准，并给出了相应的评价方法，见表2—6。

表2—6 **信息质量评价标准**

评估层	信息质量标准	评价方法
主观标准	可信度	用户感知
	简洁性	用户抽样
	可解释性	用户抽样
	名誉性	用户感知
	相关性	连续的用户评估
	可理解性	用户抽样
客观标准	完整性	语法分析、抽样
	顾客支持	语法分析、合约
	可追溯性	语法分析
	客观性	专家评价
	成本有效性	合约
	可靠性	连续的评估
	安全性	语法分析
	及时性	语法分析
	可验证性	专家评价
过程标准	准确性	抽样
	适量性	连续评估
	实用性	连续评估
	反应时间	连续评估
	延迟	连续评估
	一致表达	语法分析

① Savchenko S., Automating Objective Data Quality Assessment, Proceedings of the Eighth International Conference on Information Quality, 2003.

由表2—6可以看出，Naumann & Rolker在设计IQ评价指标的过程中，主要是从主观、客观、过程三个角度进行分类评价，在主观标准中引入了用户的角色，用户的感知与体验在这一标准中起着举足轻重的作用

马小闳等[①]、范晓虹[②]分别在信息质量评价指标体系研究中引入层次法（AHP），把多目标问题转化为单目标问题。

吴胜等以信息质量评价复杂性为研究对象，系统分析了信息质量评价复杂性的主要成因，即主体多样性、对象层次性、维度丰富性、指标系统性、方法差异性，并给出反映信息质量评价复杂性的公式：C = MDIAO，提出降低信息质量评价复杂性的解决方法：标准化、评价关键因素、计算机辅助评价。[③]

苏颖提出一种基于活动的方法，用来支持管理信息质量的评价，该方法包括一个基于活动特征和时序的指标体系、一组能够实现从企业绩效目标到活动性能指标映射的量化模型。[④]

由以上研究可见，目前对信息质量评价方法的研究比较多，但还缺乏一种被广泛接受的方法。一个简单的评价结果可以从客观评价中获得，但是我们可以从主观评价中获得不同的结果。伴随着客观和主观信息质量评价的发展，研究人员倾向于将这两种方法结合使用。

（三）信息质量评价研究述评

纵观信息质量评价的相关研究，国内外信息质量评价研究与信息质量概念内涵发展脉络基本一致，历经从“数据质量”到“信息质量”的转变，信息质量评价研究也经历了由以数据基本属性为主要对象的评价，转向以信息产品为主要对象的评价，再到以用户为主体、基于用户

---

① 马小闳、龚国伟：《信息质量评估研究》，《情报杂志》2006年第5期，第19—21页。

② 范晓虹：《关于信息服务质量评估的几个问题》，《图书情报知识》1999年第3期，第32—34页。

③ 吴胜、张智光、周早弘等：《对信息质量评价复杂性的研究》，《图书馆学刊》2008年第4期，第3—5页。

④ 苏颖、于明、张伯鹏：《一种衡量中小制造企业管理信息质量的方法》，《计算机集成制造系统》2004年第10卷第2期，第176—187页。

视角评价研究的历程。在信息质量评价体系、评价维度、评价方法等方面，取得了较为丰富的成果。研究领域涉及多个学科，反映了各学科领域对信息质量及其评价的重视。

网络环境中，伴随着信息技术发展、用户主体地位与信息行为方式的改变，信息质量的内涵将日趋丰富。遗憾的是，现有研究虽然发现网络环境中用户需求与用户行为的变化，但没有真正把握用户信息需求与信息质量的内容联系，没有从交互过程角度把握用户体验与感知对信息质量评价的影响，缺少从用户信息需求、用户认知、用户行为等方面对信息质量评价系统、全面的研究，也缺少在协调用户、信息本身、信息过程三者间关系（即主观、目标与过程间关系）方面对信息质量评价的深入研究。同时，没有构建形成权威、通用的评价指标体系。而且大部分研究结果缺少实证研究的支持，致使所构建指标体系的科学性、实用性受到质疑。

第四节　本章结论

本章主要以国内外相关研究文献为基础，分别对用户信息需求与期望、用户信息体验与感知、信息质量三个研究领域进行回顾与综述。

首先，通过对国内外信息需求基本发展、网络环境中用户信息需求研究和用户信息期望等方面的研究文献回顾可知，信息需求是具有一定外部联系和内在结构的有机整体。在不同信息环境中，在社会因素与个体因素的共同制约与影响下，呈现出一种复杂的、多维的、动态发展的结构。[①] 在此基础上，国内外学者提出并构建了多种信息需求体系和研究典范，为用户信息需求的深入研究奠定了基础。网络环境中，互联网的开放性与交互性对用户信息需求产生了较大影响。在此背景下，用户信息需求与信息搜寻行为相结合的研究、网络用户信息需求特点与规律的研究、信息需求与信息交互关系研究成为国内外学者研究热点。与此同时，国内外学者在吸收与借鉴管理学的期望管理和服务营销理论基础

① 颜端武、王曰芬：《信息获取与用户服务》，科学出版社 2010 年版，第 36 页。

上，对用户信息期望内容与构建、用户信息期望影响因素、信息期望与信息需求和用户行为关系等方面展开系统研究。这些成果将为本项目研究奠定理论基础。

其次，在用户信息体验与感知研究领域，本章分别对用户信息交互过程与行为、用户体验模型与评价、用户信息感知构成与影响因素等方面研究成果进行详细回顾与综述。用户信息交互行为与信息交互服务是网络环境中用户行为的基础，用户心理情感与认知因素则在交互过程中扮演着关键性角色。国内外学者提出并构建的各类用户信息交互过程与交互行为模型，系统揭示了用户信息交互过程的内在机理，为后续研究奠定了理论基础。而交互过程中用户信息体验与感知的研究，则是近些年用户行为研究的热点，在用户信息体验研究中，国内外对用户体验的理论研究主要集中在用户体验内容、用户体验模型、用户体验评价等方面。诸多研究表明，用户信息体验与感知贯穿信息交互的全过程，是用户信息行为的关键性影响因素，并将直接影响用户满意度与相关评价。

再次，在信息质量研究领域，我们主要从信息质量内涵发展、评价维度与指标构成、评价研究方法等方面分别进行综述，以明确本项目研究空间，为正式展开基于用户视角的信息质量研究奠定理论基础。通过综述可见，国内外学者对信息质量的认识与了解是一个循序渐进的过程，信息质量概念与内涵的研究经历了一个由表及里、由浅入深、由静态到动态、由现象到本质的过程。经历了由以数据基本属性为主要对象的评价，转向以信息产品为主要对象的评价，再到以用户为主体、基于用户视角评价研究的历程。随着信息技术发展与网络环境的变化，信息质量的内涵将日趋丰富。在信息质量评价研究方面，国内外信息质量评价研究与信息质量概念的基本内涵衍生脉络相一致，在信息质量评价体系、评价维度、评价方法等方面，取得了较为丰富的成果。但没能从用户信息需求、用户认知、用户行为等方面对信息质量评价的系统、全面研究，也缺少在协调用户、信息本身、信息过程三者间关系（即主观、目标与过程间关系）方面对信息质量评价的深入研究。

第三章

网络环境中基于用户视角的信息质量

信息时代，“用户本位”已逐渐取代“信息本位”，信息服务理念经历了“信息资源中心—信息交流中心—信息用户中心”的转变过程，[①] 以用户为中心成为信息服务的出发点与落脚点，是信息服务的核心与根本。用户的信息需求、信息期望、信息体验与感知等心理和认知逐渐被信息服务机构所关注、理解和尊重。而认知心理学领域则将人类认知活动过程看作是一个连续的信息加工过程。通过此过程的研究与分析，可以揭示人类认知过程的内部心理机制，探讨人类如何凭借感官来接受信息、储存信息、提取以及运用信息。[②]

信息质量不是一个绝对概念，随着环境的发展、用户认知的变化，信息质量内涵也在不断拓展和深化。网络环境中，网络信息资源数量增长的无限性和人类吸纳与认知能力的有限性之间的矛盾日渐突出。[③] 在此背景下，高质量信息不仅来自于精准的数据设计与分析，还依赖于完善的系统设计和用户主观认知与判断。

本章将首先分析网络环境中用户信息需求与期望、信息交互过程中用户体验与感知。在此基础上，清晰界定网络环境中信息质量概念，对其基本内涵进行系统分析与阐释，以为本书随后所进行的基于用户视角

---

① 王知津、徐芳：《论信息服务十大走向》，《中国图书馆学报》2009 年第 35 卷第 179 期，第 52—58 页。

② Sun Jun，Xu Zhe，“The Utility Additive Method and Its Usage for Studying Consumer Behavior”，*Journal of Science and Systems Engineering*，Vol. 11，No. 2，2002，pp. 150 - 157.

③ 宋立荣、褚军亮：《网络信息环境下信息质量管理的初步认识》，《现代情报》2009 年第 9 期，第 53—56 页。

的信息质量相关研究奠定理论基础。

第一节 网络环境中的用户信息需求与信息期望

一 网络环境中用户信息需求

（一）用户信息需求的基本内涵

需求是人体自身或社会生活中所必要的事物在人们头脑中的反映，是由个体的不足感和求足感两个因素共同决定的。[①] 美国社会心理学家亚伯拉罕·马斯洛于1943年在《人类动机的理论》（*A Theory of Human Motivation Psycholigical Review*）一书中提出"需求层次理论"，将人类需求划分成生理需求、安全需求、社会需求、尊重需求和自我实现需求五个层次，在一定程度上揭示与反映了人类行为和心理活动的基本规律。

信息需求是信息用户对信息内容、信息载体和信息服务的一种期待状态。信息需求来源于人们在从事各项社会实践活动过程中，为解决所遇到的各类问题而产生的信息不足感和求足感。[②] 人类生活于一定的社会环境之中，环境的不可预期性、不确定性、复杂性和动态性，使得信息需求成为人们生活、工作、学习过程中的一种必然需求。

信息需求其实质是一种客观需求，是由用户个体内在因素、社会和自然因素所共同决定的。但由于需求主体（即用户）存在着对客观信息需求的主观认识、体验和表达问题，[③] 即经过用户的主观认知过程，同时又受到外部环境的影响与制约。因此，用户信息需求最终将以主观的方式呈现。

信息需求是具有一定外部联系和内在结构的有机整体。如前所述，信息需求的发展和变化受到社会信息环境中诸多因素的影响和制约。[④] 网络环境作为一个开放性环境，互联网将信息接收、生产和传递有机结合在一起，双向动态的信息交流贯穿于整个信息活动过程之中。在此过程中，用户信息搜

---

① Tullis，T. & Albert，B.：《用户体验度量》，周荣刚等译，机械工业出版社2009年版，第38页。

② Cai S. H. & Jun M. J.，"Internet Users Perceptions of Online Service Quality：A Comparison of Online Buyers and Information Searchers"，*Managing Service Quality*，Vol. 13，No. 6，2003，pp. 504－519.

③ 胡昌平等：《信息资源管理原理》，武汉大学出版社2008年版，第107页。

④ 岳剑波：《信息管理基础》，清华大学出版社1999年版，第67页。

索得以及时、迅速的反馈，可以实时与信息提供者、与其他信息用户进行交互。随着用户信息获取方式的变化、信息交互方便性的提升，信息生产者与信息用户间的界限日渐模糊。在此过程中，用户信息心理和信息需求也随之发生变化。信息用户不再满足于单纯的信息效用和价值，更加关注在信息获取与交互过程中通过信息交流、信息服务而获得的认知和满足。

用户信息行为是以信息需求满足为基础，在认知思维指导下，通过信息沟通与交流，产生对信息资源的获取、整合、交流的认知行为，以最终达成社会生活或职业活动中的某种目标。在信息交流过程中，用户在其信息需求得到满足的同时，会对自身认知结构和信息匮乏有更进一步的认识与了解，在此基础上产生新的信息需求，继而进入下一个新的信息交流过程，这个过程是循环往复、螺旋上升的过程。

网络环境中，交互方便性与反馈及时性使得信息需求的循环进程大大缩短，用户在交互过程中的体验与感知反作用于用户需求，将不断调整或创造新的信息需求（如图 3—1 所示）。

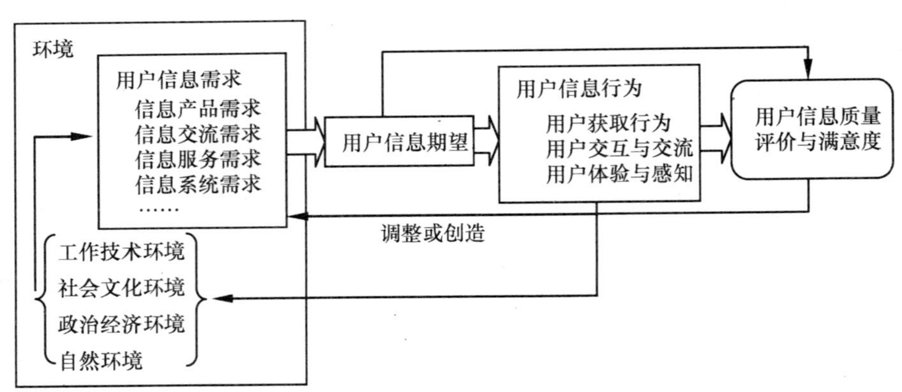

图 3—1 网络环境中用户信息需求演变与发展模型

（二）网络环境中用户信息需求特点与规律

网络环境中，随着用户信息需求结构和需求重点的变化，用户信息需求呈现出如下特点和发展规律。

1. 信息需求多元化

社会发展和科学进步创造了海量信息，而互联网的全球性与开放性为信息的广泛传播和利用、为扩大和深度拓展人们社会信息交流的范围创造了有利条件。在此环境中，用户信息需求日渐多元化，具体体现为信息需求主体多元化、需求内容多元化、需求方式多元化和需求结构多元化。①

网络环境中，信息需求主体不再局限于行政管理领域、科学研究领域、企业生产领域等，而是拓展到各领域、各行业、各阶层、各类型的社会组织与社会公众。信息需求主体在年龄、职业、知识结构等方面日趋多元化，层次更加清晰。

在如此多元的信息用户群体中，各类信息用户不仅需要与其工作、学习密切相关的信息，他们还需要更为广泛的、与其生活和社会活动密切相关的政治、经济、文化、教育、娱乐、医疗卫生等众多领域的多样化、综合性的信息。

与传统信息环境中的用户信息需求相比，网络环境中，信息组织结构多元化、信息交流模式多样化和信息来源渠道多样化，激发与释放了用户各类信息需求。用户不再局限与拘泥于某一类信息内容、某一种信息表达形式、某一个信息获取渠道、某一种信息载体类型等，其需求内容、形式和范围日趋扩大化、丰富化。网络环境中，信息用户不再单纯满足于信息产品的功能效用和使用价值，以信息内容针对性、相关性、独特性等诉求为基础，用户更加关注信息获取与交互过程中信息交流的体验和信息服务的满足程度。

2. 信息需求层次化

用户信息需求经历从需求到行为、从行为到深入认知的发展过程，是具有一定内在结构和外部联系的有机体。在不同环境要素作用下、在社会因素与个体因素的共同制约与影响下，信息需求呈现出复杂、多维、动态的结构特点。

从需求内容角度。如前所述，网络环境中，用户信息需求已经不再仅局限于满足某一工作内容或某一学习过程，而是呈现出复杂、多元的结构特征。既包括研究型需求、求知型需求、证实型需求、解疑型需求、娱乐型需求等，又包括长期信息需求、短期信息需求和瞬时信息需

① 颜端武、王曰芬：《信息获取与用户服务》，科学出版社2010年版，第45—47页。

求，还包括专业性信息需求和综合性信息需求。[①] 这些需求类型虽具复杂性，却呈现出清晰的层次性。信息需求层次性因信息用户个体的不同而不同，某个层次需求会在某次信息行为成为主导性的需求。

从时间序列角度，网络环境中的用户信息需求是一个按时间顺序排列的信息需求集合。这个集合既包含有意识的、表达的信息需求，又包含未意识到的、隐性的信息需求。具体需求问题呈现出梯度发展态势，依次为需求问题、行为问题、认识问题（如图3—2所示）。传统信息环境中，用户各阶段具体信息需求的转换过程是需要借助外力（即信息工作人员）才能够实现的过程。但在网络环境下，各阶段信息需求的转化却完全可以由用户自身来完成，即依靠用户与信息系统的主动交互来完成。

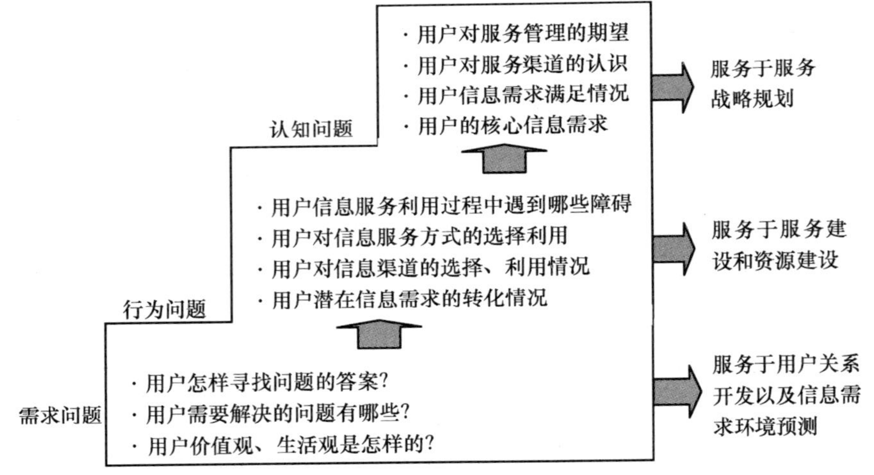

图3—2　网络环境中用户信息需求问题群

资料来源：李桂华：《信息服务设计与管理》，清华大学出版社、北京交通大学出版社2009年版，第73页。

3. 信息需求个性化

尼古拉斯·尼葛洛庞帝在《数字化生存》一书中指出，随着人类步入后信息社会，虽然信息倍速增长，但用户个体所需信息却需在海量

① 蔡永明、魏均平：《网络环境下基于用户信息需求的多元化服务模式探讨》，《兰台世界》2009年第7期，第16—17页。

信息中量身订制，信息变得极端个人化。[①]

网络环境中，随着信息技术（尤其是以 Web2.0 模式为代表）的发展，信息用户地位发生了较大变化，信息用户逐渐由被动转向主动，由被动的信息接收转变为主动参与信息获取进程，用户个体的主导性地位逐渐凸显。与此同时，网络条件下信息内容的丰富化、信息形式的多样化、信息来源的广泛性、信息渠道的多元化均对用户信息需求产生较大影响。用户需要信息能够与用户自身知识结构相适应，能够满足其工作中阶段性、定制性、个性化要求，能够适应其日益综合化、专门化的工作与学习等。

与此同时，网络的即时性与交互性能够针对用户个人特定问题提供解决方案，能够针对基于用户独特内在知识结构而产生的个性化信息需求提供服务。Web2.0 环境中，随着信息用户成熟度的提高和参与度的提升，用户的自主性、已有的独特知识结构与认知能力等因素从多方面影响其信息需求，推动需求的个性化发展。个性化成为网络环境中用户信息需求的本质特点。而未来的语义网更是一个高度个性化的智能网络平台，[②] 将进一步加速用户信息需求个性化和信息服务个性化。

具体而言，在信息内容方面，用户个性化需求主要体现在信息内容的针对性、相关性、独特性等方面；而在信息形式、信息来源、信息渠道等方面，用户不再满足于单一载体形式的文献信息，不再拘泥于传统的信息来源，对具有特色的、能够满足其特定任务的信息来源、信息形式、信息渠道等需求越来越强烈。

4. 信息需求即时性与动态化

用户信息需求是用户生活、工作、心理等各方面因素综合作用的产物。网络环境中，一方面，社会信息化、网络化的发展，大大推动了社会进步、加快了人们生活与工作节奏，也促使知识加速老化、技术成果应用周期缩短、新产品更新换代加快和市场变化加剧。因此，信息用户对信息时效性要求不断提升。另一方面，人们在生活、工作中遇到的各

---

① 尼古拉斯·尼葛洛庞帝（Nicholas Negroponte）：《数字化生存》，胡泳等译，海南出版社 1997 年第 3 版。

② 涂子沛：《大数据：正在到来的数据革命，以及它如何改变政府、商业与我们的生活》，广西师范大学出版社 2012 年版，第 310 页。

类问题日趋复杂，机动性、偶然性加大，从客观上要求能够迅速提供满足其需求的具有时效性、即时性的信息。

网络环境中，互联网互联互通的技术性能、多元化的信息提供渠道、多种类型的网络信息服务方式等为用户信息搜索与获取提供了便捷的、即时的条件。使用户逐步适应了利用新技术处理信息和进行信息交流的环境。与此同时，网络技术与移动技术的不断发展和用户成熟度的提升，进一步激发了用户对高效化信息服务的需求。用户对信息获取的即时性要求越来越高；更希望能从单一入口访问所有的信息、定制自己的信息频道；期望需求信息和反馈信息都能迅速传递并在较短时间内获取；期望能够在较短的时间内获得有效的信息支持与帮助；期望实现与网站系统的实时交互，实现对网络信息资源的自动监控，以满足其信息需要的时效性。

用户信息需求动态性是指利用信息解决现实问题过程中用户信息需求持续变化的动态过程。信息运动过程模型所描述的不仅仅是信息运动的一般过程，也揭示了一般意义上的人类利用信息解决现实问题的过程。[①] 信息需求的动态性源于用户个体与信息系统即时性的相互作用关系。网络环境中，一方面，网络交互性实现了用户需求信息和反馈信息的迅速传递与及时获取，并有效地反作用于信息需求，使之发生改变；另一方面，用户与信息生产者、服务者间借助网络可以进行实时交流，这种实时交流能够保证信息需求与服务机构信息服务之间的较高匹配度。

二 网络环境中用户的信息期望

（一）网络环境中用户信息期望的基本内涵

期望是人们为满足需要而对未来事件做出判断的一种心理倾向。[②] 期望来源于人的本性，人总是渴求满足一定需要并设法达到一定目标，而在这个目标尚未实现之时，它表现为一种期望。这种期望会对个人动机形成一种激发力量，激励并影响人的行为。弗鲁姆的期望理论指出，人们采取某项行动的动力或激励力取决于其对行动结果的价值评价和对

① 邓卫华：《农村微型企业创业：信息需求与信息支持研究》，博士学位论文，华中农业大学，2010 年，第 34—37 页。

② 程鹏、高丹、李刚：《情报心理学》，湖北人民出版社 2004 年版，第 130—135 页。

预期达成该结果可能性的估计。[①]

信息期望是用户信息需求取向的一种直接表现，是用户对信息需求所表现出来的一种期望或渴望水平。[②] 具体而言，信息期望是用户基于其需求和经验，在信息获取过程中对信息系统功能、信息服务水平和信息产品价值属性等所确立的一种主观预期。

首先，信息需求是用户信息期望的原始驱动力。信息期望是用户信息需求取向的一种直接表现，是用户在需求基础上所表现出来的一种期望或渴望水平。网络环境中，信息期望是信息用户基于所需解决问题的重要程度、基于过去使用网络搜索与获取信息过程中所获经历与经验，对信息机构（或系统）“应该”或“将要”提供的信息内容、信息表达方式、获取途径和服务水准的期待。

其次，网络环境中，用户信息期望呈现动态发展态势。用户信息期望贯穿于信息交互过程（信息获取与利用过程）始终。在此过程中，网络的交互性与反馈及时性直接影响用户信息期望，用户期望随着交互与体验程度的不断深入而发生变化，呈现一种“自我为主”的自组织过程，其实质是一种动态发展过程。

再次，信息期望是用户对信息机构、信息系统所应提供服务和产品的一种主观心理目标或预期。用户通常把理想中的信息质量和服务水平作为一种标准或参照系，与实际获取的信息内容和信息服务进行比较。因此，信息期望是影响信息质量和信息服务评价的重要因素。

（二）网络环境中用户信息期望层次分析

网络环境中用户需求的层次性、动态性、个性化特点决定了用户信息期望的层次性和动态性。吸收与借鉴期望管理和服务营销的相关理论，可以从多角度系统分析用户信息期望构成。

从动态性与表达清晰程度角度，用户信息期望可以划分为显性期望、模糊期望和潜在期望三类。[③] 其中显性期望是用户主动、有意识地表达出

---

① 张玉利：《管理学》，南开大学出版社 2004 年第 2 版，第 120—125 页。

② 杜慧敏：《读者需求期望差距弥补和研究》，《情报探索》2008 年第 10 期，第 35 页。

③ Yilmaz M. R., “An Information-Expectation Framework for Decisions Under Uncertainty”, *Journal of Multi-Criteria Decision Analysis*, Vol. 1, 1992, pp. 65 – 80.

的、认为可以而且能够实现的信息期望，是信息期望的基本构成，也是影响用户满意度的最直接因素。模糊期望是信息用户具有一定意识但没能够清晰表述出来的期望。虽然没有清晰表达但仍将对用户的信息质量和信息服务质量感知产生影响，影响其评价结果与满意度。潜在期望则是信息用户没有意识到的、超出基本期望的而确实存在的信息需求，是用户期望的重要构成部分。此类期望的满足将极大提升用户满意度。随着用户成熟度的提升，用户显性期望和潜在期望的期望度也将随之提高。

从用户信息心理层次角度，用户信息期望可以划分为感官期望、行为期望和情感期望三个层次。[①] 其中感官期望是以信息产品和功能技术的表达效果为侧重点，是基础层。行为期望侧重于使用方式、交互过程等方面的行为与过程因素，是中间层。而情感期望则与产品价值、心理价值等因素密切相关，是一种高层次期望。这三个层次彼此联系、相互交错、层层递进。

从信息期望内容构成角度，用户信息期望主要包括基本期望、关联期望和超值期望三类。其中，基本期望是信息用户对网站或系统至少应该提供的信息质量和服务水平的期待，也可称之为理应满足的信息质量特性。在这个层次中，用户信息期望体现为一种“隐性期望”，是用户认为非常明确的、无须表达出来，而网站或系统一定能够满足的期望。在基本期望不能够得到满足的情况下，信息用户会在交互过程中主动、有意识地表达出自己认为能够实现的信息期望，此时部分隐性期望会转化为显性期望。关联期望是与用户在信息交互过程付出努力程度密切相关的信息期望，信息用户付出的努力越多，其信息期望越高。在关联期望层次中，用户信息期望大多体现为“显性期望”。超值期望则是指信息用户对在自身付出努力之外所能得到的额外收获的期望。此层次信息期望用户无法清晰表述，但又希望网站或系统能够根据其需求、其搜索行为特征主动为其提供所需产品或服务。因此，这个层次所表现出的是“模糊期望”，信息用户无法清楚地表达期望，但是这些信息期望仍然对用户的信息质量感知和服务标准感知

---

① 秦银、李彬彬、李世国：《产品体验中的用户期望研究》，《包装工程》2010 年第 5 期，第 106—109 页。

产生影响，影响用户的信息质量满意度。

三　网络环境中用户信息需求与信息期望关系

用户信息需求与信息期望之间既存在一定差异，又联系密切，二者间的关系如图3—3所示。

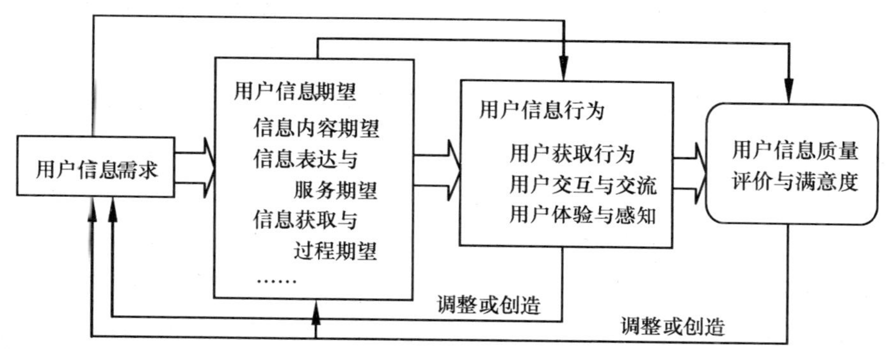

图3—3　网络环境中用户信息需求与信息期望关系模型

由图3-3可见，用户信息需求和信息期望是影响用户信息行为的关键变量。需求是用户产生信息行为动机的基础，期望才是影响用户信息获取、信息利用行为的决定因素。用户信息期望与用户信息需求联系密切。①

首先，信息需求是信息期望的前因变量。信息需求是用户在解决问题过程中心理上的一种信息匮乏状态。与用户信息需求产生相伴随的是用户对信息需求满足的期望，这是一个自然的心理过程。用户信息需求越强烈，对满足信息缺失的渴望就会越强烈，继而信息期望就越强烈。因此，用户信息需求的变化直接影响信息期望，信息需求是信息期望的前因变量。

其次，有限理性影响用户信息需求与信息期望间的内在关系。西蒙的有限理性理论指出，"理性是指一种行为方式，它需要适合实现指定的目标；同时需要在给定的条件下和约束的限度之内"②。基于有限理性理论，

① Wilson T., Ellis D., Ford N., et al., Uncertainty in Information Seeking: A Research Project in the Department of Information Studies, [2011—06—18]. http://infornationr.net/tdw/publ/unis/report.html.

② 赫伯特·西蒙：《管理行为》，詹正茂译，机械工业出版社2007年第4版，第38页。

现实生活中，人由于“信息”或行为模式的制约，不能“达到”完全理性的水准。用户在信息搜索与获取之前，虽有明确的信息需求，但因没有可以用来度量的信息需求函数表达式，无法对需求满足程度的最佳值进行测量与衡量。因此，只能根据用户信息需求的欲望水平进行主观评估。而用户需求欲望水平受到信息用户理论水平和经验知识、搜索方案难易程度、用户个性特征（如固执性）等方面因素调节，并由此形成信息期望。二者同时作用与影响用户信息搜索与信息获取行为。而用户信息需求满足是用户对信息产品或服务达到或超过某一标准程度的内心感受和主观评价，是建立在交互过程中用户知觉和期望基础之上的。①

再次，用户信息需求与信息期望间动态转化。人类在社会实践活动中所面临的诸多问题都是伴随着人类的基本需求而产生的。② 而用户信息需求实质上是为解决这些实际问题而产生的。随着用户生活、工作中各种需求的发展变化，同时受空间、时间、环境、动机、情感等条件的限制和影响，用户的信息需求和信息期望总是呈现持续的发展变化状态。网络环境中，网络的交互性与动态性特点、用户的有限理性心理决定用户信息需求的变化速度与变化幅度大幅提升，用户信息期望也随之持续变化，期望值也随之提升。与此同时，网络的交互方便性、实时反馈性，使得用户能够随时根据交互与反馈来调整自己的期望，反作用于用户需求，影响用户信息需求的改变与调整。

网络环境中，用户信息需求与信息期望虽然密切相关，但还是存在一定差异性。

第一方面，二者对用户行为的影响与刺激路径不同。虽然，用户信息需求和信息期望均是影响和刺激用户信息行为的重要因素，但用户信息行为既受到实现外在目标的影响，同时又受制于内在需要的满足。信息需求是从用户的“内在缺乏”的满足来实现对用户行为刺激的过程。基于马斯洛的需要层次理论，可以发现在某一个阶段的用户主导性的信息需求，以满足这些需求为动力，能够有效激发用户的信息获取与信息利用行为。而信息期望则侧重于从“外在目标”的实现来影响用户信息行为。以信息用

---

① 初景利：《用户满意论》，《情报资料工作》1999 年第 4 期，第 10—13 页。

② Wilson T. D.，“Human Information Behavior”，*Information Science*，Vol. 3，No. 2，2000，pp. 49 –55.

户追求目标为出发点，激发用户信息期望，进而激发用户围绕其目标的动机与行为。两者一内一外的途径虽不同，但本质上却是互相关联和一致的。

第二方面，信息需求与信息期望间转换条件的差异化。不同用户的信息需求和信息期望存在明显差异，而同一用户在不同时间、空间、信息环境中也表现出一定信息需求和信息期望的差异性。网络环境中，激发与影响用户信息期望的因素日趋多样化，除了用户信息需求直接诱发用户信息期望外，有研究指出，用户个体心理因素如动机、情绪、态度、素养等均影响用户信息期望，而用户在交互过程中的体验与感知也将反作用于用户期望，促使其发生改变与调整。因此，信息需求是导致信息期望产生的充分而不必要条件，即信息需求必然会产生信息期望，但信息期望的产生并不完全来自于用户的信息需求。

第二节　信息交互过程中的用户体验与感知

网络环境中，信息用户涵盖全部具有社会信息需求和有社会信息交互条件的一切社会成员（包括个体和团体）。① 具体包括在科研、教学、生产、管理、生活及其他社会活动中需要利用互联网、局域网等获取和交流信息的个人与团体。②

网络环境中，伴随着以网络技术、通信技术及计算机技术为代表的信息技术的发展，信息交流实现了从传统物理空间向虚拟电子空间的革命性跨越。用户信息获取方式和信息行为也随之发生改变，用户与信息生产者、服务者间的界限日趋模糊，与网站系统间的相互作用关系更为复杂。③随着以 Web2.0 为代表的网络环境的发展，交互性成为互联网的本质特征。用户信息搜寻与获取过程即为用户与网站系统的交互过程，这一过程既是用户与信息服务提供者间建立关系、发展关系的过程，也是用户情感体验与感知的过程。在此过程中，信息用户不再单纯满足于信息产品的功能效

① 胡昌平、乔欢：《信息服务与用户》，武汉大学出版社 2001 年版，第 8 页。

② 曹双喜、邓小昭：《网络用户信息行为研究述略》，《情报杂志》2006 年第 2 期，第 79—80 页。

③ 朱婕：《网络环境下个体信息获取行为研究》，博士学位论文，吉林大学，2007 年，第 1—10 页。

用和使用价值，而是更加关注信息获取过程中产品与服务所带来的体验与感知，“体验”成为用户信息消费过程的重要影响因素。①

一 网络环境中用户的信息交互行为

（一）网络环境中用户信息交互过程

网络环境中，用户信息获取过程即为用户与网站系统间的持续交互过程。交互已成为网络条件下用户信息行为过程中的重要变量，对用户信息满意度产生较大影响。

具体而言，信息交互过程是用户在通过系统或网站获取信息过程中，基于已有的对服务系统基本认识、应用知识和需要解决的问题，通过交互界面进行相应的操作，系统处理用户查询命令和数据等，并向用户及时回送响应信息和输出结果，所持续进行的人机交互过程（如图3—4所示）。

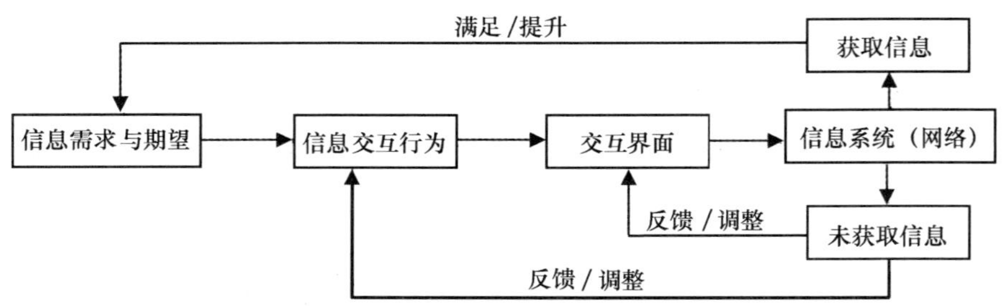

图3—4 网络环境中用户信息交互过程

从图3—4可见，信息交互过程即用户在目标和任务的驱动下，通过信息交互以满足其信息需求和期望的过程。在此过程中，在信息需求与期望的刺激下，用户利用表达、比较、总结、导航和可视化等方法，基于检索、浏览等信息行为和用户自身的判断、解释等主观认知，通过信息交互界面与信息系统进行持续信息沟通与交流。一方面，用户通过交互所获信息地吸收和利用满足其信息需求。另一方面，当用户没有能够通过交互过程获得所需信息时，会通过反馈来调整自己的信息检索策略，重新进行信息交

① Woodruff R.，“Customer Value：The Next Source for Competitive Advantage”，*Journal of Academy of Marketing Science*，Vol. 25，No. 2，1997，pp. 139－153.

互，从一个交互过程进入下一个交互过程。

随着网络技术发展与网络交互工具的不断成熟和发展，同步交互、异步交互、一对一交互、一对多交互、多对多交互等多种交互方式得到广泛应用。交互方式、交互内容、交互对象的多样性，改变了用户被动适应复杂信息环境的状况，用户能够通过自主性的学习与适应过程，满足其信息需求与信息期望。而交互过程中的可视化功能发展，为用户清晰认识与了解自身交互过程提供了有效手段，用户可以据此感知到相关对象的存在，能够清晰了解与把握这些对象的现实状态，并根据需求采取行动。[①]

虽然用户信息交互包括一系列交互类型，但用户—系统交互、用户—内容交互是其中最重要的交互过程。用户—内容交互过程改变了传统环境中用户的信息获取方式，实现了信息的即时消费与及时反馈，提升了用户对所获信息内容的满意度。在用户需求获得满足时，用户也通过及时地互动与反馈参与到网络信息的构建过程之中，成为信息的传递者与发布者。

网络环境中的用户信息交互过程包括两个方面，即“行为交互”和“认知交互”。“认知交互”存留于用户个体的主观世界之中，旁人无法察觉，只能通过用户的“行为交互”，根据用户个体信息获取行为发生、改变的特征、规律进行判断或推测。因此，用户的“认知交互”依附于“行为交互”。与此同时，由于计算机与网络的实时操作性和网络的实时交互性，交互过程中用户的“行为交互”和“认知交互”可以近似地认为是“同时”发生的，可以不断地重复、交叉发生，并自始至终相互伴随。

（二）网络环境中用户信息交互行为分析

网络条件下，借助网络这一信息平台，信息用户不仅可以通过人—机互动来浏览、查寻、检索、获取信息，而且还可以进行人—人互动型的网上信息交流。[②] 在信息交互过程中，用户既是信息接收者，同时也在扮演着信息发送者、交流者角色，在获取信息的同时也在进行着信息生产和发布。

网络环境中，作为用户基本信息行为方式之一，信息交互行为主要体现为用户以获取网络数据与信息为目标，在信息需求与认知思维的支配下，利

---

① 邓胜利：《基于用户体验的交互式信息服务》，武汉大学出版社 2008 年版，第 83—84 页。

② 黄慕萱：《成人读者之资讯寻求行为》，《台北市图书馆馆讯》2001 年第 19 卷第 20 期，第 4—6 页。

用各种信息工具与方法，通过信息系统（网络）的交互所进行的信息查询、采集、选择、加工、利用、交流等行为，以及用户与网络系统、用户与服务者间的一种行为互动、信息交换和感知反馈过程。在此过程中，用户交互行为与网站系统的信息生产、传递、接收等环节有机地结合在一起，双向动态的信息交流渗透于整个信息交互过程中。具体包括内容如图3—5所示。

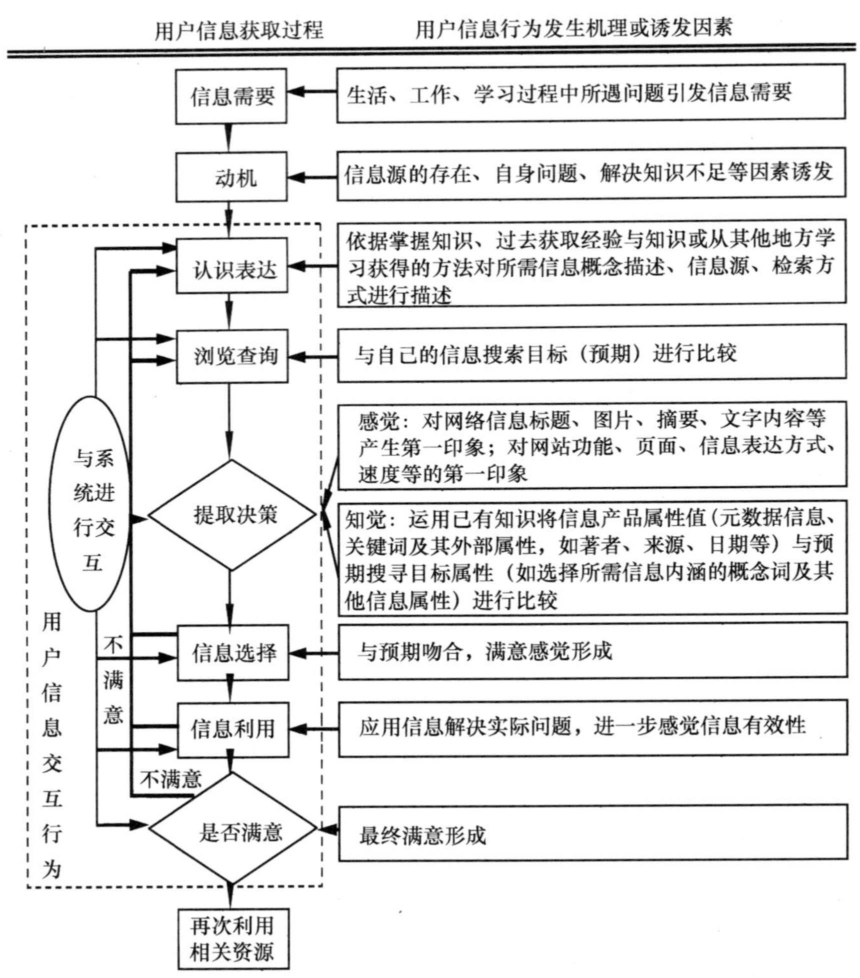

图3—5 网络环境中信息交互过程中用户行为

资料来源：根据朱婕《网络环境下个体信息获取行为研究》，博士学位论文，吉林大学，2007年修改而成。

网络环境中，用户信息交互行为具有如下特点：

（1）交互行为的社会性。一方面，用户信息交互的目的是为满足自身解决社会问题而产生的信息需求，为实现其某种信息期望。用户信息行为目的、作用对象、处理方式均与所处社会环境密切相关，并受用户职业、工作、专业、经历、经济条件等外界因素的影响与约束，具有广泛的社会性。另一方面，用户信息交互行为是借助具有鲜明社会性的语义符号进行的，为其赋予了极强的社会性特点。同时，网络条件下，随着Web2.0技术的发展，尤其是伴随着社会性软件的广泛应用，用户信息交互行为已经发生质的改变。用户借助社会性软件所进行的信息交互行为真实反映用户社会关系的发展和交往活动特点，社会性成为其最为突出的特点。

（2）交互行为的策略性。从用户与网站系统的交互过程角度来看，用户信息交互行为是以最大限度地满足自己的信息需求为主要目标，这是用户理性支配的结果。因此，用户会针对具体的不同信息需求而采用不同的交互方式、交互策略和行为方式。从信息系统与用户的交互过程角度，信息系统不但要根据用户的检索提问提供所需信息，更需要采用相应策略反馈给用户更多所需要的相关信息和帮助。

（3）交互行为的实时性。信息活动中，实时性是互联网的本质属性之一。以Web2.0为代表的互联网技术的发展，将这种实时性发挥到了最大程度。无论用户到信息系统的交互还是信息系统到用户的交互均是实时的过程。在此过程中，用户可以根据交互信息和交互体验随时调整自己的信息需求与期望、调整自己的心理状态、调整自己的检索策略等，适时调整与优化自己的信息行为，以达到最大限度满足信息需求之目标。

（4）交互行为的消费属性。网络环境中，用户信息交互过程即为信息消费过程，尤其是网络交互的优越性将此过程即时化、实时化。在此过程中，用户信息交互行为包含对信息内容、信息服务、硬件设施的消费，符合消费行为所具有的自然属性、文化属性、主观属性和符号属性，它同时还存在着与消费过程中同样具有的满足、倾诉、挫折、发泄、抱怨等体验。[①②]

二 信息交互中用户的信息体验

网络环境中，用户、信息资源和信息系统是一个有机的整体，共同构成一个新型的交互环境，而 Web2.0 则为此互动环境提供了有效的技术支持。在此条件下，如上所述，用户角色发生了质的改变，由“被动接受”发展成为“主动参与”，从“功能”走向“体验”。用户不仅是信息的需求者，更是信息的提供者。他们主动通过各类途径参与到信息资源建设中，贡献自己的信息和知识。

信息交互过程是用户个人情境与信息服务环境共同作用的产物。用户在此过程中，不再仅关注于最终信息产品的效用与价值，更关注信息产品和交互过程中的信息服务带给自己的满足感、幸福感及成就感。用户信息体验是用户与信息服务互动的客观反映。[③] 用户体验和感知正在得到越来越多的信息服务机构的重视和尊重。

（一）用户信息体验的基本内涵

用户体验（User Experience，UE）至今依然没有一个能够让广大研究者普遍接受的概念界定。其根本原因在于，用户体验的产生条件是动态发展变化的，是用户在与环境和其他对象的不断交互过程中而产生的一种主观概念，所以准确定义非常困难。[④]

在一般意义上，用户体验是用户在使用产品（服务）的过程中建立起来的主观感受，是用户在使用产品或服务消费过程中对其激励因素和反馈的感受。[⑤] 用户体验是用户在使用一个产品或系统之前、使用期间和使用之后的全部感受，包括情感、信仰、喜好、认知印象、生理和

---

① 邓小昭：《因特网用户信息需求与满足为研究》，武汉大学出版社 2002 年版，第 18—26 页。

② 朱婕：《网络环境下个体信息获取行为研究》，博士学位论文，吉林大学，2007 年。

③ 聂鑫：《面向用户的信息服务方式》，《情报科学》2005 年第 4 期，第 560—564 页。

④ Kuniavsky M.，*Observing the User Experience：A Practitioner's Guide to User Research*，Morgan Kaufman：Elsevier Science & Technology Books Press，2003，pp. 45 – 47.

⑤ Mohammed R. A.，*Internet Marketing：Building Advantage in the Networked Economy*，McGraw-Hill Press，2002.

心理反应、行为和成就等各个方面。[①]

而用户信息体验则是用户在获取与利用信息产品（服务）过程中建立起来的一种纯主观的心理感受，是用户基于信息产品与服务的特性、功能、价值等所做、所想、所感的综合反映。用户信息体验是信息交互中用户内在状态（倾向、期望、需求、动机、情绪等）、系统特征（复杂度、目标、可用性、功能等）与特定情境（或环境）相互作用的产物，[②] 如图 3—6 所示。

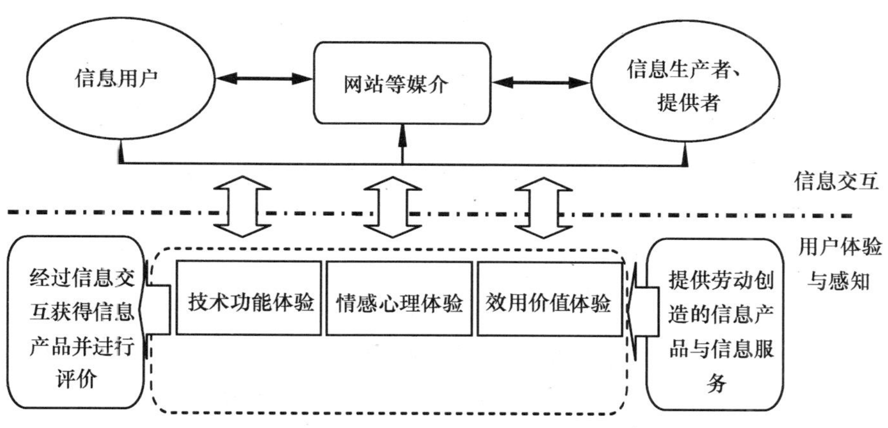

图 3—6　网络环境中的用户信息体验模型

具体而言，用户信息体验的关键是用户在接触和使用信息产品和信息服务过程中所建立的感受，是一种主观感受。用户信息体验的对象是网站或信息系统的内容、功能、设计、过程和服务等，其范围包括情感、信仰、喜好、认知印象、生理和心理反应、行为和成就等各个方面。

由信息体验模型可见，用户信息体验既是一个断面，又是一个连续体。网络环境中，用户的信息搜集、浏览、检索与利用等行为交织融合

① David Nicholas, Paul Huntington, Hamid R. Jamali & Tom Dobrowolski, "Characterising Andevaluating Information Seeking Behaviour in a Digital Environment: Spotlight on the 'Bouncer'", *Information Processing & Management*, Vol. 43, No. 4, 2007, pp. 1085 - 1102.

② 杨文祥：《下一站：用户体验》，中国发展出版社 2010 年版，第 1—30 页。

在一起，用户通过感官、情感、思考、行动、关联的共同作用对所获取的信息进行认识、理解、鉴别、判断、分析和推理。因此，用户与系统和服务者密集的交互过程、用户的信息消费过程都转化为“实时过程”。在此过程中，信息价值不仅体现在信息功效本身，更体现在用户交互过程中的体验和感知方面。①

用户信息体验过程其实质是一种用户的信息消费体验过程。Web2.0环境中，方便、快捷、主动、频繁地信息交互使得用户每次良好的信息体验都是一种心理体验。② 用户的认知、情感、意向等心理因素决定其信息行为与信息消费。同时，在此信息过程中，用户的信息需求、信息期望呈现出渐次满足及动态发展的特点。用户通过交互行为所获得的功能、情感、价值等的心理感受是用户信息感知与信息期望的比较结果。虽然是一种纯主观的心理感受，信息体验却真实地反映了信息交互行为中用户的客观心理，直接影响到对服务过程和最终产品的评价，并将对信息质量的评价以及用户的满意度等诸方面产生关键性的影响。③ 随着网络信息技术的日渐成熟和信息系统的智能化，信息环境发生了剧变，信息流各个阶段（组织、搜集、传播、交流和存储）的方式以及用户的信息需求、信息体验与获取的方式也随之改变。

同时，用户信息体验过程又是一个学习过程。心理学家布鲁纳指出，学习包括获得、转化和评价三个环节。根据布鲁克斯信息空间理论，人的信息向知识转化是在交流、认知和效用三个空间的相互作用之中完成的。④ 信息交互过程中，用户利用网站系统提供的智能性的、交互式的知识获取和处理系统，随时根据体验与感受对所接收的定制式信息和交互式服务进行有效反馈，对其信息行为进

---

① Garrett J. J., *The Elements of User Experience*: *User-Centered Design for the Web*, New York: AIGA New Riders Publishing, 2003, pp. 10 – 20.

② 李桂华：《信息服务设计与管理》，清华大学出版社、北京交通大学出版社 2009 年版，第 142 页。

③ Taylor S. & Todd P. L., “Assessing IT Usage the Role of Prior Experience”, *Management Information Systems Quarterly*, Vol. 19, No. 4, 1995, pp. 561 – 570.

④ 朱婕：《网络环境下个体信息获取行为研究》，博士学位论文，吉林大学，2007 年。

行调整。用户思维方式和分析深度随着交互的深入而逐步深化，①实现知识搜索、知识发现、知识挖掘等目标，并在体验过程中完成对信息质量的评价。

网络环境中，除了参与性、个性化、主观性等基本特点外，用户信息体验还体现出如下特征：

（1）用户信息体验的动态性。作为一种主观感知，用户信息体验随着外部环境与用户内在因素的发展而改变。而伴随着用户信息交互行为的动态发展，用户的认知结构也在发生着变化。因此，同一信息用户在不同时段、不同状态下对同一网站、信息系统或信息产品和服务的体验有差异性，用户体验是动态发展的。

（2）用户信息体验的诱导性。虽然信息体验是用户自身的一种主观感受，随着用户与网站的交互进程而发展变化。而网站界面、信息系统、信息产品、信息服务等因素也将在交互过程中反作用于用户体验，对用户体验产生影响，随时激发用户体验兴趣，诱导和实施体验传播，改变其体验结果。

（3）用户信息体验的差异性。用户信息体验的差异性与不同网站类型、不同信息产品类型密切相关。同时，也与用户不同信息需求密切相关。不同类型网站、信息系统、信息产品带给用户的愉悦和满足角度的不同决定了用户体验的差异性。例如，新闻信息服务网站，用户体验重点在网站提供信息的权威性、及时性、全面性等方面；而对于网络游戏产品提供类网站，用户体验重点则在于游戏的娱乐性和刺激性、过程的流畅性、游戏界面友好等方面。

（二）用户信息体验的构成层次

Norman 认为，人的普遍体验可分为三个层次：本能层、行为层和反思层。② 以心理学家莫瑞（Murmy）关于人的 21 种社会心理需求分析为基础，杨艾祥总结并提出了五种用户基础体验。第一种基础体验是感

---

① 邓胜利：《交互式信息服务的用户认知因素及其对策分析》，《图书情报工作》2008 年第 52 卷第 11 期，第 53—56 页。

② Donald A. Norman, *Emotional Design — Why Do WeLove (or Hate) Everyday Things*, New York: Basic Books, 2004, pp. 21 – 22.

官体验，是呈现给用户视听方面的体验，强调用户使用产品的舒适感；第二种基础体验是交互体验，是用户在操作层面的体验，强调产品的易用性和可用性；第三种基础体验是情感体验，偏重用户心理上的体验，强调产品的友好性；第四种基础体验是浏览体验，强调产品对用户的吸引力；第五种体验是信任体验。①

用户信息体验与用户交互过程相伴而生，既具有产品体验特点，又具有服务体验特征。以用户信息体验过程为基础，根据体验过程的不同阶段和体验深度，用户信息体验可划分为三个阶段：

第一阶段，是指产品（服务）的信息呈现给用户，用户通过自我感知来确认体验行为的发生，这是一种用户下意识的体验。②

第二阶段，指用户在信息交互过程中，伴随使用、操作行为而产生的令用户印象深刻的经历，包括对界面的熟悉、功能的掌握以及需求的实现等，这是体验过程的完成。③

第三阶段，是用户将用户信息体验作为一种经历，其中包含与当时环境、行为过程、结果和特殊事件相关的诸多特征要素，能够与其他用户进行经验分享，或提供给产品（服务）的设计开发人员进行记录分析，作为参考数据。④

另一方面，随着信息技术的发展与渗透，随着用户的日趋成熟和信息需求的多元化、个性化发展，用户信息体验目标也日渐向多元化、多层次发展（如图 2—6、3—7 所示）。

在以上分析基础上，基于人的基础体验层次构成，综合考虑用户信息体验过程的阶段性，以用户信息体验目标为基础，可将用户信息体验划分为三个层面，即技术功能体验、情感心理体验和效用价值体验（如图 3—8 所示）。

---

① 杨艾祥：《下一站：用户体验》，中国发展出版社 2010 年版，第 1—30 页。

② Forlizzi J., Ford S., The Building Blocks of Experience: An Early Framework for Interaction Designers, Proc. ACM SIGCHI'00 Conf. ACM, 2000, pp. 419 – 423.

③ Deng SL., "The Advancement of the Study on Foreign User Experience", *Library and Information Service*, Vol. 52, No. 3, 2008, pp. 43 – 45.

④ Forlizzi J., Ford S., The Building Blocks of Experience: An Early Framework for Interaction Designers, Proc. ACM SIGCHI'00 Conf. ACM, 2000, pp. 419 – 423.

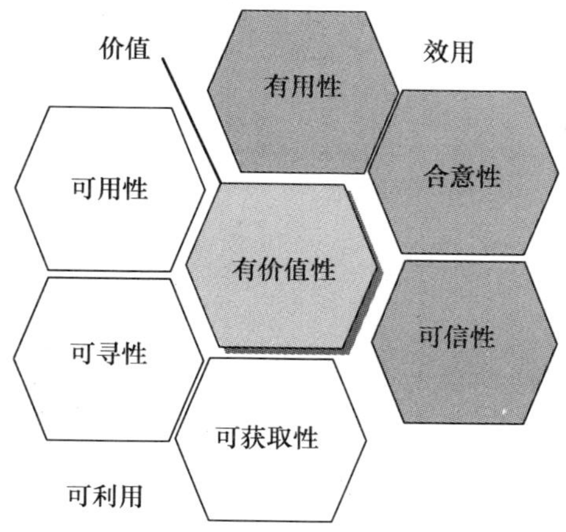

图 3—7 网络环境中用户信息体验目标的蜂窝模型补充

资料来源：James Meler, Morville's Facets of User Experience Refined, [2012—5—18]. http://jamesmelzer.com/bearings/? p=56.

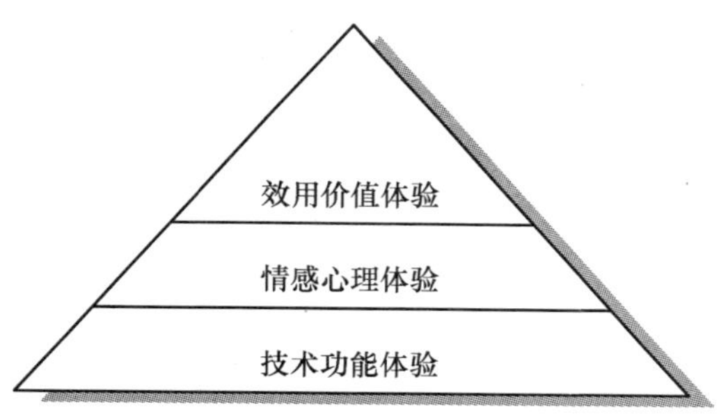

图 3—8 用户信息体验层次

（1）技术功能体验层。主要描述用户与网站系统的交互过程中对网络系统技术、功能、界面等属性效果的主观感知。具体体现在网络系统"能否帮助用户高效率地完成任务"的属性，包括系统或信息资源能使用户快速完成任务的"省时"、对用户来说操作简单的"省力"和花费较少的"省钱"；网络系统"能否帮助用户完成任务"的属性，包括系统或信息资源可供用户获取和使用的"可用"，对用户来说具有价值的"有用"；网络系统"能否满足用户感官效果"属性，指能否满足用户对网站系统的美观性等基本需求。

（2）情感心理体验层。是指信息交互过程用户在情感、心理等层面的感知效果，指网站系统或信息资源“能否使用户身心愉悦地完成任务”的属性。主要包括：一方面是用户在感官效果得到满足基础上，网络系统信息资源能给用户带来视觉享受的“好看”和听觉享受的“好听”，以及满足用户心理需求的“好感”[①]。另一方面，是用户的个性化、及时性等方面需求在心理情感方面满足程度的体验。

（3）效用价值体验层。“一次良好的信息体验应该是愉悦地感受到巅峰的工作状态。”[②] 信息效用价值虽然是用户的最基本需求，也是最高层次需求。网络环境中，随着用户的日趋成熟，随着信息的倍速增长，用户对信息和信息系统的效用与价值有着更加深入的理解与思考。能否达到用户满意度、忠诚度的提升，建立一种精神寄托和依赖，是最高层次的精神体验。效用价值体验能够引发用户感性体验与理性认知的交融，是用户在获取信息的过程与结果中产生愉悦的情感，在与信息的交互过程中获得认同，实现自我价值的提升，强调可信度和情感共鸣。

（三）用户信息体验的构成要素

网络环境中，用户在信息交互过程中的体验依附于“行为交互”。计算机与网络的实时操作使得用户的信息体验与行为交互可以近似地认为是“同时”发生，并且可以不间断地重复、交叉发生，自始至终相互伴随。因此，可以根据网络环境中用户信息体验构成层次，即从技术功能体验、情感心理体验和效用价值体验三个层面，对交互过程中的用户信息体验构成要素进行系统分析：

在技术功能体验层，用户体验要素主要包括：功能性要素，即用户对网络系统所提供的各类功能（组织、标识、导航和搜索系统）齐全性、完备性等方面的体验；技术性要素，即网络系统现有技术水平以及能否在其各项功能、服务中应用最新信息技术，以提升用户信息交互体验；易学性要素，即用户在初次接触或使用网站（信息系统）时，就能够快速、直观地熟悉操作界面和掌握功能使用方法；易记性要素，即

① 胡昌平等：《信息资源管理原理》，武汉大学出版社 2008 年版，第 371—372 页。

② 李桂华：《信息服务设计与管理》，清华大学出版社、北京交通大学出版社 2009 年版，第 123 页。

用户在初次接触或使用网站系统后，对其功能和操作方法特点容易记忆，在随后的使用中无须重新学习；使用效率要素，即用户在网络（信息系统）使用过程中，信息交互的流畅性，各种功能或服务的速度、快捷、直观等特性。

在情感心理体验层，用户体验要素主要包括：感官情感要素，即用户对网站界面（色彩搭配、文字变化、图片处理、页面布局、框架等）[①]、功能（信息分布结构、导航目标设置、工作流程、资源转换、信息设计和跨平台的兼容等）的美观、舒服、流畅等给用户带来的感官体验；心理情感要素，即以上各方面带给用户心理与情感方面，如（友好程度、愉悦程度等）的体验。

作为用户体验的最高层次，效用价值体验层的用户体验要素主要包括：产品效用价值要素，是指信息产品能够给用户带来的效用价值，即产品的价值性、增值性；服务效用价值要素，即用户通过信息服务而获得的心理满足和自我价值实现；交互效用价值要素，是指用户在交互过程中，通过参与、分享信息而获得的自我价值实现。网络环境中，用户对互联网的参与意识增强，他们不仅希望自己成为互联网内容的阅读者，也希望成为内容的创作者。[②] 因此，用户在交互过程中的参与度成为其效用价值体验的重要构成要素。

三　交互过程中用户信息感知

感知是客观事物通过感觉器官在人脑中的直接反映，是通过人的感官通道的交互与协调作用，对客观事物刺激所产生的信息经过选择、比较、过滤、提取等信息加工环节，将繁杂的、已有的或无关的信息过滤掉，与记忆中信息相联系的内容被提取并形成的对于事物的综合认知。[③]

---

① Fogg B. J. , Cathy Soohoo, David Danielson, How do People Evaluate a Web Site's Credibility? Results from a Large Study, [2011—11—19] . http: //www. consumerwebwatch. org/dynamic/web-credibility-reports-evaluate-abstract. cfm.

② 胡昌平等：《信息资源管理原理》，武汉大学出版社 2008 年版，第 377—379 页。

③ 谭征宇：《面向用户感知信息的产品概念设计技术研究》，硕士学位论文，浙江大学，2007 年。

交互过程中的用户信息感知是用户在交互过程中对网站系统的产品、服务、结构、设计、功能、技术等的综合认知信息，是一种综合感知特性（如图3—9所示）。

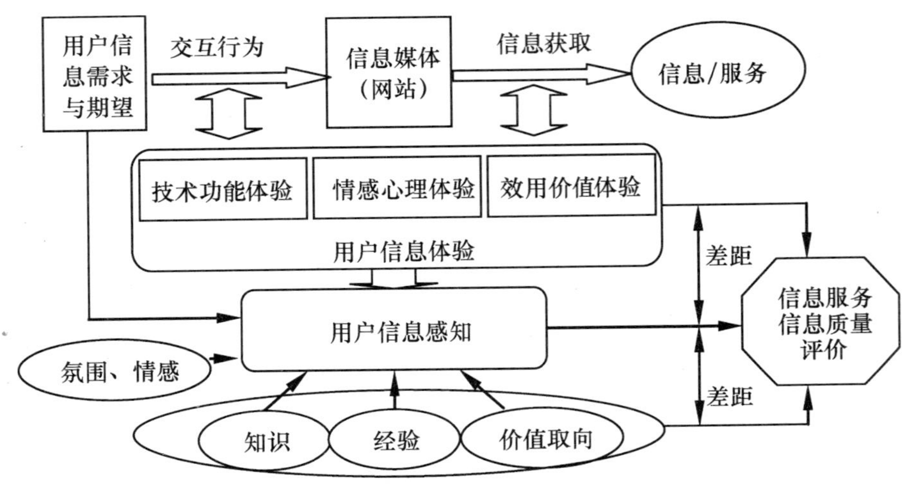

图3—9 信息交互过程中用户信息感知形成机制

在国内外有关研究中，学者们通常将用户体验与用户感知合并为一体，作为信息交互过程中的一个重要变量。虽然用户信息体验与信息感知均是用户的一种主观认知，两者通常是交织和融合在一起，相伴发生，难以进行严格划分，但是两者间还是存在一定差异。用户信息体验更强调用户在交互过程中的一系列序列的、具体的感觉与认知细节的集合，具有细微化、颗粒化等特征。而用户信息感知则是以用户体验为基础，在技术功能体验、情感心理体验和效用价值体验基础上，所形成的一种具有综合、以整体为对象、模糊、简洁等特征的用户认知集合。

用户信息感知是透过“信息用户个体与信息系统的相互作用”的“现象”，通过“个体认知与信息内容间的相互作用”而形成的一种精神层面的认知，具有主观性、不确定性、多义性等特点。同时，用户信息感知不仅是一种用户个体的感觉和知觉，还具有和思考、记忆、推理等其他精神功能组合的能力。彼此间相互作用，形成用户的信息感知模式，是一种基于经验、记忆、情境以及情感的评估中得到的“感受性”与从认识空间生成网站系统物理与内容的双向协调。

如果说用户的信息需求与期望还存留于个体意识形态之中（未用语言文字进行表示时）、信息使用也仅以头脑中认知结构的改变为标志的话（即也未用语言文字表示时）。那么，用户信息行为却明确地发生于现实世界中，发生于个体与外部环境直接交互中。[①] 而在此交互过程中所给用户带来的综合价值认知成为用户的最终信息需求目标。由此可见，网络环境中用户信息感知是一种多维向量，是由特定用户在信息交互过程中的信息体验、用户信息需求与期望、用户的知识经验和价值取向等向量集合构成。

综上所述，网络环境中，用户信息需求与期望、信息行为、信息体验与感知存在着内在的、深层的递进关系。其中，用户信息需求与期望是产生信息行为的原动力，用户体验与用户感知是理解用户信息行为的基础和分析与把握用户进一步行为的依据，也是影响用户最终信息服务满意度与信息质量评价的关键因素。

第三节　网络环境中基于用户视角的信息质量

一　网络环境中信息质量的反思

随着对信息基本内涵认识的不断深入，基于不同研究视角，国内外对信息质量概念与内涵的基本认知可以概括为三个方面，即数据视角、用户视角、数据与用户融合视角。

伴随着信息技术的发展，从技术角度关注数据准确性，提高数据质量，获取高附加值信息是基于数据质量视角信息质量内涵的核心所在。而提升信息对信息消费者（用户）的适用性及满足程度，并根据用户需求持续不断改进信息质量已成为用户视角的信息质量基本认知。从用户信息需求入手，从信息的形式、内容和效用等方面全面系统理解信息质量，进而协同提升则是基于数据与用户融合视角的信息质量认知观的

① 朱婕：《网络环境下个体信息获取行为研究》，博士学位论文，吉林大学，2007 年。

核心思想。

由此可见，信息质量概念与内涵的研究经历了一个由表及里、由浅入深、由静态到动态、由现象到本质的发展过程。在此过程中，也经历了主体视角的转换，由以数据生产开发者为主体、站在信息系统角度审视信息资源，到以用户为主体、站在用户的角度审视信息资源的信息管理理念的转变过程。[①]

"互动是互联网的真谛。"[②] 网络环境中，多种动力因素共同推动用户在实体空间和虚拟空间中持续的社会性信息交流与学术性信息交互。而在此交互过程中，用户不但可以充分表达自身信息需求，其需求也由单一化需求向多元化、个性化双重需求（追求自由、实现自我）转变，个性展现与自我发展成为交互中用户信息行为的突出特点。用户不再仅仅是网络内容的获取者与阅读者，不再仅仅局限于独特个性的创造性信息消费的展现，更是主动参与到信息构建之中，成为内容创作者和信息贡献者，[③] 以求获得更大的满足感和成就感。

在此环境中，需要对信息质量进行重新思考与认识。能否从信息交互过程中用户信息体验与感知角度对信息质量进行全面、系统、综合的分析，能否从用户信息需求、信息期望主要特征和变化以及对用户信息行为影响角度深入剖析信息质量内涵发展，将是网络环境中基于用户视角的信息质量认知的关键所在。

首先，信息质量内涵与评判标准随不同主体以及相同主体的不同需求而变化，具有很强的"场景"特点。网络环境中，数据与信息内容的准确性与可靠性、信息构建与信息系统的先进性依然是高质量信息的基础。然而，信息质量衡量与评估的主体是用户。现有信息质量概念体系是以数据与信息的本质特点和价值为基础，虽然是从用户需求与期望

① 宋立荣、李经思：《从数据质量到信息质量的发展》，《情报科学》2010 年第 28 卷第 2 期，第 182—186 页。

② Garrett J. J. , *The Elements of User Experience*: *User-Centered Design for the Web*, New York: AIGA New Riders Publishing, 2003, pp. 10 - 20.

③ 邓胜利、张敏：《基于用户体验的交互式信息服务模型构建》，《中国图书馆学报》2009 年第 35 卷第 1 期，第 65—70 页。

的最终满意度角度对信息质量基本内涵的阐释，但从结果角度看，侧重于语法与语义信息层面，而忽略了伴随着场景变化与推移过程中对基于用户心理与感知的信息质量的描述与阐释。

其次，信息作为一种特殊商品，用户信息获取与利用过程其实质就是信息消费过程。网络环境中，伴随着信息用户个性意识逐渐增强、参与度不断提高，用户不再是仅限于被动地接受信息服务，而是主动地感知信息场景的变化并与之进行积极交互。用户通过主动信息行为获得的体验及满足感直接影响用户对信息质量的评价。在此背景下，用户信息消费理念与信息消费方式发生了深刻变化，对信息质量内涵的理解与认知也随之深入。现有信息质量概念内涵均以数据与信息内容、用户信息需求满足度为核心，缺少从信息交互中用户获得的体验与感受视角对信息质量影响的阐释与分析。

最后，站在历史与发展角度，信息质量基本内涵的认知是一个循序渐进的过程。在 Web2.0 网络环境中，随着信息用户地位和角色的变化，用户积极、主动地参与到信息资源的建设与开发中，信息价值成为用户关注重点。虽然现有对信息质量内涵的认知能够在理解用户信息需求基础上将其作为衡量信息质量的标准，却不能缩小用户在真正能够理解的信息与认为应该理解的数据之间、信息客观效用价值与用户实际获得与实现的信息价值之间存在的且持续增大的差距与鸿沟。

基于上述分析，网络环境中，只有从用户信息需求和信息期望、信息体验和信息感知角度阐释客观的信息内容质量和数据质量、认知主观的信息体验质量和感受质量，从信息交互过程综合分析信息质量的构成，才能对网络环境中的信息质量概念做出全面、系统的阐释，才能准确把握泛在信息社会中信息质量核心内涵。

二　基于用户视角的信息质量基本内涵

（一）基于用户视角的信息质量概念阐释与内涵分析

基于用户视角的信息质量可以概括为：用户在信息获取与利用过程中，通过与信息系统交互的体验与感知对信息资源的效用和价值、信息系统的功能与服务的总体性评价。具体而言，信息质量就是用户通过交互过程中的体验和感知而对所获信息内容固有特性（明示的、隐含的或必须履行的）、系统功能和服务性能的主观特性、信息需求或期望满足程度的一种全面、综合评价。这种评价既包括用户通过体验与感知对信息内容特征、功能和价值的评价，又包括用户体验、感知的信息服务、系统交互效果与其期望值的衡量比较结果。

首先，基于用户视角的信息质量是一个整体性、综合性概念。网络环境中，用户对信息质量的认知一方面取决于信息内容的客观属性，一方面取决于信息交互过程中用户对信息内容和信息服务的体验与感知。而这种体验与感知受到用户信息需求和信息期望的影响。由此，基于用户视角的信息质量既包括信息产品本身的客观属性质量，又包括在信息交互过程中用户所体验与感知的过程质量（包括对产品属性质量的感知、对系统功能和服务性能质量的感知），是对信息质量的整体、综合认知。

其次，基于用户视角的信息质量具有二重性，即客观性与主观性。在网络条件下的用户现实信息消费中，信息用户既有理性的思考和分析，又有感性的行为和活动。虽然信息内容价值依然是用户最核心的信息需要，然而由于信息的不对称以及用户对信息内容客观属性质量的认知能力的有限性，大部分信息用户并不能够完全客观地评价信息的真正价值，而往往取决于交互过程中的体验与感知。用户不仅关注信息内容质量，信息交互过程中的体验与感知同样影响到用户对信息质量的认知，用户有意识或无意识的信息质量评价贯穿于信息交互过程的始终。由此可见，基于用户视角的信息质量既涉及对信息产品核心本质和其客观属性质量的认知，又涉及用户通过体验和感知对信息交互中信息内容客观属性、对系统交互过程质量的主观认知。即感性因素和理性因素同时是用户信息质量认知的主要构成维度。

再次，基于用户视角的信息质量与用户信息需求、信息期望密切相关，是用户信息期望与交互中价值体验的比较结果。信息质量的核心是具有客观属性的信息内容质量，但其本质是一种用户的主观体验与感知，是用户通过交互过程获得的对信息产品、系统、服务的体验和感知与用户信息需求、信息期望的比较结果。对信息用户而言，信息质量是其对交互过程中自己信息需求和信息期望的满足程度的体验与感知。信息用户认为，自己通过体验与感知的信息质量是对信息质量的有效认知。因此，用户在交互过程中的体验和感知与其需求和期望的比较而获得的信息质量认知能够在一定程度上取代用户对信息内容质量的完全客观评价。

最后，网络环境中，随着信息交互的深入，用户在交互过程中的信息体验与感知直接影响其对信息资源和信息服务的评价。只有全面了解与把握网络用户在信息交互过程中体验与感知到的各类信息质量影响因素，系统分析这些因素与信息质量的内在联系，才能在网站设计、信息资源建设、信息服务过程中，提升与优化用户在这些方面的信息体验与感知，提高用户的信息质量评价水平。

（二）基于用户视角的信息质量概念模型

网络环境中，用户视角的信息质量是综合考虑过程和结果而对信息质量的基本认知，是一个由多重层面构成的综合性概念。基于信息质量的概念阐释与内涵分析，可以构建由信息内容质量、期望质量、交互质量和感知质量所构成的信息质量立体概念模型，如图 3—10 所示。

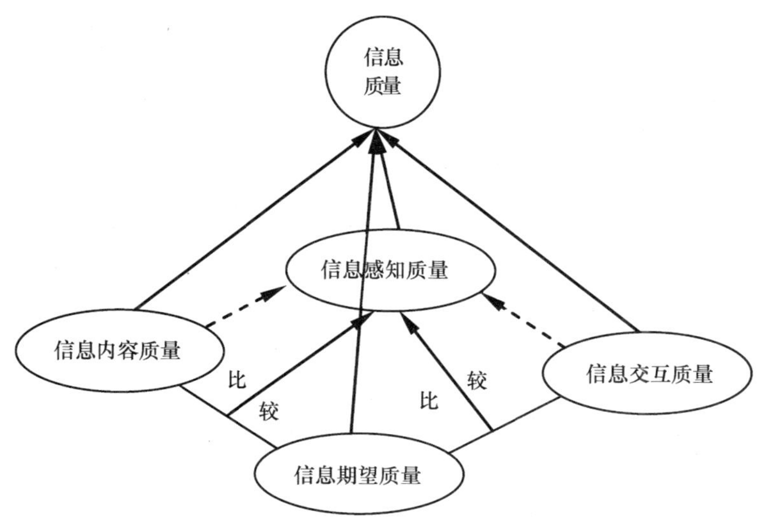

图 3—10 基于用户视角的信息质量概念模型

（1）信息内容质量。信息内容质量是指信息内容能够满足用户信息需求、给用户带来价值收益的效用或价值属性质量，包括内部属性和外部特征两个方面。网络环境中，信息内容是用户信息价值的核心来源，信息内容的客观属性与特征是信息质量的重要评价维度。由于信息的不对称性与用户认知能力的有限性，用户对信息内容客观属性与特性质量的认知是有限的，往往要通过交互过程中个人的体验与感知才能识别。因此，信息内容质量既包括信息内容的部分客观质量，又包括用户通过交互过程所体验和感知的、与其需求和期望相比较而获得的信息内容效用价值的主观认知质量。

（2）信息交互质量。信息交互质量是用户在利用信息系统（网站）获取信息过程中，通过持续的信息交互的体验而对系统性能和服务水平的评价。用户在交互过程中，系统（网站）的可靠性、响应速度、功能质量、界面友好性、反馈途径、个性化功能、服务改进效率等系统性能和服务水平将影响到用户高效率、身心愉悦地获取与利用信息。[①] 信息交互质量是客观的，但其感知却来自于用户的体验。与信息内容质量一样，信息交互质量既包括系统性能和服务水平的客观部分，又包括用户通过交互过程所体验和感知的、与其需求和期望相比较而获得的对系统性能和服务水平的主观认知质量。

（3）信息期望质量。预期是信息用户一种基本的信息心理。信息期望质量是用户在获取和利用信息之前，对信息产品价值属性和信息服务功能水平等的预期。用户信息期望质量是客观存在的。网络环境中，受信息特殊性、动态性以及用户信息需求特点与决策结构的影响，期望质量存在很大不确定性，[②] 并随交互行为的深入而逐渐明朗化。虽然信息期望质量仅是信息质量概念体系中的一个构成部分，却是基于用户视角信息质量认知的重要影响因素。用户通过交互过程对信息内容、系统性能和信息服务的体验和感知，与其期望质量间的比较结果将是用户信

---

① 苏秦、刘野逸、曹鹏：《基于服务交互的 B2C 电子商务服务质量研究》，《情报学报》2009 年第 28 卷第 5 期，第 784—790 页。

② 李莉、甘利人、谢兆霞：《基于感知质量的科技文献数据库网站信息用户满意模型研究》，《情报学报》2009 年第 28 卷第 4 期，第 565—581 页。

息感知质量的重要来源，并影响到对信息质量的最终认知。

（4）信息感知质量。信息感知质量是用户通过信息交互过程的体验与感受而获得的，是对信息资源、信息系统、信息服务价值和水平的具体、实际、主观的认知。用户的信息交互过程是一种心流体验，由于非理性因素影响，信息感知质量来自于交互体验中用户对产品、系统和过程的技术性能、情感体验等主观评价结果。这种认知与评价是用户在交互过程中将其体验的信息内容质量、信息交互质量与信息期望质量相比较而获得的，是在满足用户某种心理需求和期望基础上获得的感知效用。

由上述分析可见，基于用户视角的信息质量是以体验与感知为核心的综合概念，是一个由多维角度、多指标因素构成的综合体系。涵盖了从用户需求与期望、到信息获取、再到最终获取信息价值收益全过程的信息客观价值属性和用户主观价值感知。既包括用户对信息产品内在价值与外部特征的感知，又包括对网站设计、各项技术功能和服务品质等的体验与感知，还包括在此过程中对自身因素的感知；这些因素既与网络用户的视、听、触等感官体验密切相关，又与用户情感、心理等因素联系密切。它的基础是信息内容质量和信息交互质量，信息期望质量是关键影响变量，信息感知质量是核心构成要素。信息内容质量、期望质量、交互质量和感知质量间密切联系、相互影响、共同作用，构成概念整体。

第四节　本章结论

本章以网络环境中用户信息需求与信息期望、信息交互过程中用户体验与感知分析为基础，系统阐释了网络环境中基于用户视角的信息质量基本内涵，为随后所进行基于用户体验与感知视角的信息质量评价等方面的研究奠定了理论基础。

通过本章研究，可以得出如下结论：

首先，网络条件下，随着信息交流模式和信息交互方式的改变，用户信息需求与信息期望逐渐趋于多元化、隐性化，呈现出复杂、多维、动态发展的结构态势。信息用户不再单纯满足于信息资源的功能效用和使用价值，更对信息获取与交互过程充满期待，期望获得一种情感交流与共鸣，期望在信息交互过程中获得满足感、愉悦感及成就感。这些因素均影响用户对信息质量的理解与评价。

其次，网络环境中，用户信息体验过程的实质是一种用户信息消费体验过程，用户每次良好的信息体验都是一种心流体验，与与之相伴随的用户感知共同构成用户信息行为关键性影响变量。在此过程中，由技术功能体验、情感心理体验和效用价值体验所构成的用户信息体验体系各要素间相互作用、协调发展、螺旋上升，既能够满足用户基本信息需求，又能够使用户获得良好感知，并最终达到自我价值提升、情感共鸣、精神寄托和依赖的最高层次。

再次，网络环境中，基于用户视角的信息质量是用户在信息获取与利用过程中，通过与信息系统交互的体验与感知而对信息系统功能和服务、信息效用和价值的总体性评价。既包括用户通过体验与感知而对信息内容特征、功能和价值的评价，又包括用户体验、感知的信息服务、系统交互效果与其期望值的衡量比较结果。基于用户视角的信息质量从用户需求与期望的渐进满足过程角度、从过程中用户的心理与感知角度、从过程中用户对信息价值认知与判断的逐层深入角度弥补与拓展了信息质量内涵的广度与深度，将为信息质量管理提供新的思路与更加全面的视角。

最后，基于用户视角的信息质量概念模型既包括理性指标，又包括感性要素，涵盖了从用户需求与期望到信息获取、再到最终获取信息价值收益全过程的信息客观价值属性和用户主观价值感知的全部要素指标，全面反映了 Web2.0 环境中信息质量的构成维度及内在关系。在此模型中，信息内容质量和信息交互质量是基础、信息期望质量是关键影响变量、信息感知质量是核心构成要素。

第四章

网络环境中用户信息需求、信息期望与信息质量关系研究

伴随着信息技术的发展，网络环境中用户的信息搜索与获取过程不再是一种单纯、被动的信息检索过程，而成为一种用户的信息消费和情感体验过程。① 在此过程中，用户的心理和认知结构日渐复杂化、多维化，② 用户的信息需求与信息期望也发生了较大变化，驱动着用户行为向多样化、个性化和专业化方向发展。

只有对网络环境中用户信息需求、信息期望进行系统的研究与分析，才能把握用户信息需求与信息期望的内容和特征、信息需求与信息期望间的内在联系，挖掘影响用户信息期望的主要因素。在此基础上，系统分析用户信息需求、信息期望与信息质量间的内在关系，才能有效地把握三者间的内在作用机理，更好地了解用户期望，满足用户需求。

基于网络环境中用户信息需求与期望理论分析，本章主要对网络用户信息期望内容、构成和特征进行实证研究，以期获得网络用户信息期望构成维度，了解用户信息期望的发展与变化规律，为进一步研究影响用户体验效果与满意度的关键因素，研究信息机构以用户为中心改进其网络信息资源质量与信息服务质量、提升信息质量策略措施奠定基础。

---

① 刘冰、卢爽：《基于用户体验的信息质量综合评价体系研究》，《图书情报工作》2011 年第 55 卷第 22 期，第 56—59 页。

② 颜端武、王曰芬：《信息获取与用户服务》，科学出版社 2010 年版，第 46—49 页。

第一节 网络环境中用户信息期望构成实证研究

一 研究方法与研究设计

（一）研究方法

在本部分研究中，主要采用探索性因子分析法对网络环境中用户信息期望构成进行系统研究。

探索性因子分析（Exploratory Factor Analysis，EFA）是多元统计分析技术中的一个分支，通过探求所要分析指标的共性，将共性大的指标提取出来作为一个新的指标，从而达到降维的目的，即减少分析变量数目的一种分析方法。[①] 该方法的主要目标是通过研究众多变量间的内部依赖关系，探求观测数据中的基本结构，并用少数假想变量来表示基本数据结构。而这些假想变量能够反映出原来众多观测变量所代表的主要信息，并解释这些观测变量间的相互依存关系。

探索性因子分析的基本原理是一种数学变换方法，它把给定的一组相关变量通过线性变换转成另一组不相关变量，并将这些新的变量按照方差依次递减的顺序排列。在数学变换中变量的总方差保持不变，使第一变量具有最大方差，称为第一因子；第二变量的方差次之，并且和第一变量不相关，称为第二因子，依次类推。在多数情况下，不同指标之间是有一定相关性的，因子分析法正是根据评价指标中存在一定相关性的特点，用较少的指标来代替原来较多的指标，并使这些较少的指标尽可能地反映原来指标的信息，从根本上解决指标间的信息重叠问题。因子分析法的优点在于各综合因子的权重不是由人主观确定，而是根据综合因子的贡献率大小而确定，克服了人为因素的影响，使得评价结果更为客观合理。

（二）问卷结构与设计

本部分研究主要采用问卷调查法获得分析数据。以以上理论研究为基础，根据现有相关研究，吸收与借鉴信息服务和服务营销学相关研究成果，综合考虑网络环境背景、用户信息需求和信息期望的特点以及用户对信息

---

① 张文璋：《实用统计分析方法与 SPSS 应用》，厦门大学出版社 2004 年版，第 48 页。

质量的要求和基本评价标准，我们在充分讨论基础上设计形成调查问卷初稿。随后，依据所征询本领域专家与博士研究生对调查问卷初稿的意见与建议，我们对调查问卷初稿进行了多次较大幅度的修改，重点补充与完善用户对信息交互、个性化服务等期望方面的问项，形成预调查问卷。

预调研对象主要是天津师范大学管理学院硕士研究生，共回收有效问卷 38 份。利用 SPSS18. 0 对预调研所获数据进行分析。根据统计分析结果，我们删除了预调查问卷中呈非正态分布及负载荷系数小于 0. 4 的指标问项，并根据调查对象实际感受与意见，对问卷中部分问项进一步优化、修改与调整，形成由此研究的正式调查问卷。

正式调查问卷由三部分、47 个问项构成。第一部分是对调查对象基本信息及网络利用基本情况的调查，共计 6 项；第二部分为网络用户信息期望构成内容调研内容，共计 27 项（包括一项开放式问题）；第三部分为信息需求与信息期望间内在联系认知情况调查，共计 14 项（包括一项开放式问题）；第二、第三部分中的变量测量均采用李科特 5 分量表，用 1—5 表示同意程度，“1” 表示完全不同意，“5” 表示完全同意（具体调查问卷请见附录 1）。

本次调查问卷主体部分采用封闭式问卷。考虑到网络环境中，信息用户的个人信息需求与信息期望及其满足条件均存在差异，我们在主体问项之后，增设了一个开放式问题，以便被调查者能够根据个人实际情况、根据自己对信息需求与信息期望的认识与了解回答。希望通过此题获得与发现用户不同的、新的信息需求与信息期望，为本书的后续研究提供新的思路。

（三）样本选取与数据采集

在本部分研究中，我们主要以熟悉网络、经常利用网络获取信息资源的群体为调查对象，根据网络信息用户的特点与实际情况，采用“方便抽样”、“判断抽样”与“目标式抽样”相结合的抽样方式，利用“问卷星”网站在线问卷调查系统和电子邮件两种形式发放回收调查问卷。在此过程中，设立在线 QQ 实时解答调查对象疑问并善意督促，以保证问卷的回收率和对各类偏差的有效控制。正式调查开始于 2011 年 6 月初，2011 年 6 月底调查问卷回收完毕，经过后期的问卷初步统计、全面数据分析，于 2011 年 7 月完成此次调查全部工作，调查范围覆盖全国 13 个省、市。

本次调查共回收问卷 245 份，其中有效问卷为 213 份，有效率为 86.94%，符合预定样本规模。在有效问卷调查对象中，男女比例分别为 43.2%、56.8%；年龄分布于 15—60 岁之间，其中 21—25 岁（44.1%）、26—30 岁（32.9%）、31—35 岁（10.3%）三个年龄层次比例较高；受教育程度、职业（学生、企业员工、党政机关员工、事业单位员工、技术人员等）、地区（13 个省市自治区）等分布广泛。均表明本次调查样本具有一定代表性。

本次调查中，调查对象接触网络时间和每天利用网络时间统计数据如表 4—1 所示，该数据从另一个侧面反映了调查样本的代表性。

表 4—1　　**调查样本网络利用基本情况**

调查问项		频次（人）	占比（%）
接触网络时间	1—2 年	3	1.4%
	3—4 年	20	9.4%
	5—7 年	75	35.2%
	8—10 年	81	38.0%
	11—15 年	33	15.5%
	15 年以上	1	0.5%
每天利用网络的时间	30 分钟以下	1	0.5%
	30 分钟—1 小时	13	6.1%
	1—2 小时	30	14.1%
	2—3 小时	37	17.4%
	3—4 小时	27	12.7%
	4—5 小时	30	14.1%
	5 小时以上	75	35.2%

二　描述性统计分析

根据调查数据，网络环境中用户信息期望构成变量指标的统计排序如表 4—2 所示。

表 4—2　　**网络环境中用户信息期望构成变量指标排序**

排序	用户信息期望构成变量	平均数
1	Q14. 对信息获取与利用过程中安全性的期望	4.54
2	Q18. 对网站内链接安全性、可靠性的期望	4.52
3	Q17. 对网站内链接准确性、畅通性的期望	4.43
4	Q09. 对信息检索过程方便性、简易性的期望	4.4
5	Q08. 对信息获得及时性、有效性的期望	4.4
6	Q15. 对网站站内搜索引擎功能与性能的期望	4.39
7	Q20. 对网站或系统的访问与信息读取通畅性的期望	4.35
8	Q16. 对网站导航功能清晰性、直观性的期望	4.31
9	Q10. 对信息获取中过程简便性、易学性的期望	4.31
10	Q03. 对信息内容真实性、可靠性的期望	4.28
11	Q25. 对网站界面及布局设计合理性、符合用户习惯的期望	4.26
12	Q19. 对信息获取中网站或系统帮助通俗易懂的期望	4.26
13	Q02. 对信息内容详尽性、丰富性的期望	4.24
14	Q22. 对网站或系统跟随用户需求及时优化信息服务的期望	4.23
15	Q01. 对信息内容清晰性、准确性的期望	4.23
16	Q06. 对信息分类合理的期望	4.18
17	Q11. 对系统或网站提供多种信息沟通渠道或方式的期望	4.17
18	Q05. 对信息内容易于理解的期望	4.16
19	Q13. 对系统或网站提供实时信息交流的期望	4.14
20	Q12. 对系统或网站提供更多延伸信息及服务的期望	4.1
21	Q26. 对网站界面色彩搭配美观性的期望	4.05
22	Q23. 对能够根据用户个性化需求提供定制服务的期望	4.03
23	Q04. 对信息内容客观性、针对性（个性化）的期望	4.03
24	Q07. 对信息表达形式多样化的期望	3.99
25	Q21. 对网站或系统及时采用最新技术提供服务的期望	3.98
26	Q24. 对网站或系统提供个性化页面设置功能的期望	3.97

由此描述性统计分析可见：

首先，在用户信息期望具体构成中，信息用户最关注的信息期望分别为：网站或系统的利用过程安全、网站链接的安全可靠、网站链接准确畅通、信息检索的方便简易和获得信息的时效性。这些指标说明，网络环境中信息用户最关注网络的信息安全和网络链接的可靠通畅，具体包括信息不被泄露给非授权用户或组织，信息在存储或传输过程中不被修改和破坏，信息可被授权实体访问并按需求使用等等。用户对网络信息安全的期望主要涉及信息用户的信息保密性、完整性、可用性、可控性和可审查性，避免机要信息和隐私的泄露，避免网络上不健康内容的传播，确保网络的健康和稳定。

其次，信息检索过程中的相关期望是信息用户的关注焦点之一。根据“穆斯定律”和齐夫的“最小努力原则”，每个人都力图把他们可能付出的平均工作消耗最少化，以便以最小努力获得最大收益。由统计分析数据可见，信息用户在获取信息过程中对“就近取材”、“就方便选择”的期望明显，期望能够较方便获取信息。这与美国情报学家罗森瑞的调查发现相一致，即用户对信息源的选择建立在可获取性的基础上，最便于获取的信息源首先被选用，而质量要求处于第二位。面对海量信息，信息用户会有意识地回避复杂或不熟悉的信息源，而去寻找方便快捷的信息获取途径。

再次，信息时效性成为用户主要期望之一。信息具有很强的时效性特点，这是因为信息只有在特定时间点才能体现它本身的价值。有相关研究表明，信息用户在获取信息过程中依据的主要标准是“速度”而不是“最优”。因此，信息用户对信息时效性的期望较高，信息的时效性是信息用户选择和使用信息的重要影响因素。

根据描述性统计，指标排序的最后五项分别为期望根据个性化需求提供定制服务、信息内容的针对性（个性化）、信息表达形式多样化、网站或系统利用最新技术提供服务以及提供个性化页面设置功能。这五个方面的指标均与个性化信息服务期望密切相关。个性化信息服务期望是指信息用户个体对其现实或潜在需求在服务过程中得到了解和认可，并在一定空间中得以展示和满足的期望。用户对个性化信息服务的期望主要包括三个方面：一是服务时空的个性化，用户期望能够在希望的时间和希望的网站得到期望的服务，并且期望在第一时间得到最新所需信息；二是服务方式的个性化，用户期望能根据自身兴趣或特点来选择服务项目；三是服务内容的个性化，用户期望服务提供者能够根据用户的需求和期望提供满足其个性化需求的信息，同时这些所提供的信息服务不是千篇一律，而是各得其所。由此可见，网络环境中的个性化信息服务不应该仅局限于满足用户个体信息需求和信息期望，更要通过对用户个性、使用习惯的分析而主动地为用户提供其可能需要的信息服务，成为用户展现自我、宣传个性的窗口，成为培养用户个性、引导用户需求的平台。

而根据调查数据统计，个性化信息服务期望未得到用户重视，其原因可能是由于个性化信息服务是近些年随着网络技术发展才出现的一种新兴服务类型，与传统信息服务相比，没有为用户所熟知。用户大多只是初步了解个性化服务的概念，没有有效理解与把握其中内涵，也没有深刻的服务体验。但这并不能够说明信息对其没有需求、没有期望。只是对这种新兴的服务方式和服务内容，用户还心存观望，而学者还存在更多争论。这也从另一方面说明个性化服务将成为今后信息服务的研究热点和研究趋势。

三　数据分析

（一）信度与效度检验

在探索性因子分析中，信息与效度检验是通过对外部（测量）模型的检验来完成的。因此，这一检验也可称为外部（测量）模型检验。外部测量模型检验主要采用内部一致性、内敛效度（convergent validity）等评价指标。可采用 SPSS 18.0 软件进行信度与效度分析。

信度（reliability）是指如果测量被重复进行，一个量表产生一致性结果的可能性。内部一致性信度是最常用的信度评价方法，通常以克朗巴哈 α 系数（Cronbach's α）作为测量信度的标准。该系数值越大，表示变量的内部一致性程度越高，变量内部各项目之间的相关程度越大，这些因素越能够代表所要考查的变量。α 系数一般介于 0.35 与 0.7 之间。当 α 系数大于 0.7 时，表示该量表具有较高信度；当 α 系数小于 0.35 时，则表示该量表信度较低（Nunnally & Bernstein，1994）。本研究克朗巴哈 α 系数值为 0.984，如表 4—3 所示。超过 0.7 的可接受值，表明本研究所用量表的信度较好，各项指标内部一致性程度较高。

表 4—3　　信度分析

克朗巴哈 α 系数	基于标准化项的克朗巴哈 α 系数	项数
0.984	0.984	26

效度（Validity）是指测量的有效性程度，即一个量表测量它所要测度内容的能力。效度分为两种类型：内容效度和结构效度。在内容效度方面，在本次研究所用量表设计开发中，我们严格遵循规范的设计原则，广泛听取有关专家意见，通过预调研修改形成正式调查问卷，保证了调查量表的科学有效性；同时，在问卷发放与填写中，通过沟通、善意督促和解答疑问，确保被调查对象对问项的准确理解，保证数据真实有效。而量表结构效度主要考察测量工具是否反映了概念和命题的内部结构，结构效度的重要衡量标志是指标的共同度和总方差贡献率。[①] 本研究量表效度（如表 4—4 所示）与所对应因子之间的相关系数均高于指标与其他因子之间的相关系数，同时，结构变量内各个指标的克朗巴哈 α 系数也高于不同结构变量之间的相关系数，代表同类指标和其他结构变量具有相当的区别性，由此表明该量表具有较高的判别效度。

表 4—4　　效度分析

解释的总方差			
因子成分	初始特征值		
	合计	方差值	累积方差
1	12.67	48.732	48.732
2	2.299	8.841	57.573
3	1.301	5.003	62.576

（二）适用性分析

在因子分析之前，需要进行因子分析适合性检验，我们使用 KMO 样本测度（Kaiser – Meyer – Olkin Measure of Sampling Adequacy）

① 张文璋：《实用统计分析方法与 SPSS 应用》，厦门大学出版社 2004 年版，第 53 页。

和巴特利特球体检验（Bartlett, Test of Sphericity）进行因子分析适合性检验。

其中，数据取样适当性的 KMO 代表变量间简单相关和偏相关系数，其值越接近 1，数据越适合作探索性因子分析。本次调查数据取样适当性的 KMO 检验值为 0.932，大于 0.5，表明量表中各个项目间的相关程度无太大差异，可认为 213 个样本对于含有 26 个变量的量表是充分的，数据适合做探索性因子分析。

而本次调查数据的巴特利特球体检验的近似卡方值（Approx. Chi - Square）为 3965.931，自由度（df）为 325，检验的显著性水平（Sig.）为 0. 000，小于 1%，再次表明调查数据适合做因子分析。

本研究数据取样适当性的 KMO 与巴特利特球体检验分析结果如表 4—5 所示。

表 4—5　　**KMO 与巴特利特检验**

Kaiser - Meyer - Olkin Measure of Sampling Adequacy		.932
Bartlett's Test of Sphericity	Approx. Chi - Square（近似卡方值）	3965.931
	df（自由度）	325
	sig.（显著性）	.000

（三）因子分析

在本次研究中，我们采用主成分算法（Principle Component Analysis）和方差最大化正交旋转法（Varimax）进行公共因子提取。根据公共因子提取准则，以特征值（Eigenvalues）大于 1 为标准来截取数据，共萃取 3 个公共因子，结果显示这 3 个公共因子的克朗巴哈 α 系数均在 0.85 以上，表明各因子所包含的观测变量具有较高的一致性和可靠性，且累计方差解释度达 62.575%，可以较好地代表原始变量信息，得到表 4—6 结果。

表 4—6 **观测变量探索性因子分析结果**

用户信息期望构成变量	因子 1	因子 2	因子 3	方差贡献率
Q21. 对网站或系统及时采用最新技术提供服务的期望	.834	.137	.078	24.224%
Q24. 对网站或系统提供个性化页面设置功能的期望	.800	.190	.185	
Q26. 对网站界面色彩搭配美观性的期望	.754	.186	.116	
Q23. 对能够根据用户个性化需求提供定制服务的期望	.725	.250	.133	
Q22. 对网站或系统跟随用户需求及时优化信息服务的期望	.712	.321	.188	
Q07. 对信息表达形式多样化的期望	.636	.137	.333	
Q13. 对系统或网站提供实时信息交流的期望	.585	.352	.188	
Q12. 对系统或网站提供更多延伸信息及服务的期望	.582	.323	.180	
Q25. 对网站界面及布局设计合理性、符合用户习惯的期望	.574	.394	.182	
Q11. 对系统或网站提供多种信息沟通渠道或方式的期望	.517	.372	.256	
Q18. 对网站内链接安全性、可靠性的期望	.171	.820	.180	20.818%
Q17. 对网站内链接准确性、畅通性的期望	.362	.742	.235	
Q16. 对网站导航功能清晰性、直观性的期望	.441	.664	.208	
Q20. 对网站或系统的访问与信息读取通畅性的期望	.486	.646	.221	
Q09. 对信息检索过程方便性、简易性的期望	.224	.628	.399	
Q15. 对网站站内搜索引擎功能与性能的期望	.449	.613	.225	
Q14. 对信息获取与利用过程中安全性的期望	.143	.645	.389	
Q08. 对信息获得及时性、有效性的期望	.229	.543	.511	
Q10. 对信息获取中过程简便性、易学性的期望	.356	.535	.383	
Q19. 对信息获取中网站或系统帮助通俗易懂的期望	.499	.523	.274	
Q03. 对信息内容真实性、可靠性的期望	.050	.297	.821	17.533%
Q02. 对信息内容详尽性、丰富性的期望	.186	.219	.818	
Q01. 对信息内容清晰性、准确性的期望	.079	.315	.777	
Q04. 对信息内容客观性、针对性（个性化）的期望	.312	.077	.745	
Q06. 对信息分类合理的期望	.410	.354	.582	
Q05. 对信息内容易于理解的期望	.345	.313	.558	
克朗巴哈 α 系数	0.914	0.930	0.891	

萃取方法：主成分分析法。旋转方法：含 Kaiser 正态化的 Varimax 法，α 转轴收敛于 5 次迭代。

（四）研究结果与讨论

由因子分析所获载荷矩阵可见，载荷到因子 1 上的变量共计 10 个，所含内容均与信息的表达方式、传递过程、服务效果等有关，据此可将其命名为“信息表达与服务期望”维度。载荷到因子 2 上的变量共为 10 个，这 10 个变量包含信息获取功能与方式、信息获取过程的速度、安全、保障等因素，可将其命名为“信息获取与过程期望”维度；载荷到因子 3 上的变量共为 6 个，主要包括信息内容的真实、准确、可靠、客观等要素，可将其命名为“信息内容期望”维度。在载荷矩阵基础上，根据载荷到各维度上每个变量的基本内涵，以简洁性、概括性为原则，对具有相近性的变量进行整合，构建形成网络环境中用户信息期望维度构成模型（如表 4—7 所示）。

表 4—7　　**网络环境中用户信息期望维度构成模型**

构成维度	指标名称	指标的基本内涵
信息表达与服务期望	交互性	对网站系统提供的各类与用户沟通交流服务的功能性、友好性、实时性等的期望
	个性化	对网站系统能否提供个性化服务、定制服务及其水平的期望
	感观性	对网站整体设计和布局等的合理程度、界面色彩搭配美观性的期望
	多样化	对信息多种沟通渠道及表达形式多样化的期望
	技术性	对网站或系统及时采用最新技术提供服务的期望
信息获取与过程期望	安全性	对信息获取过程中安全性、可靠性的期望
	简捷性	对信息获取过程中简便、易用、快捷程度的期望
	功效性	对信息获取过程中网站系统提供各类功能可用、延伸等性能的期望
	流畅性	对利用网络获取信息过程的顺畅、速度等程度的期望
	清晰性	对信息获取过程中网站的各项功能的醒目、清晰、直观程度及对信息获取过程、路径、步骤的明确、清楚程度的期望
	时效性	网站系统能根据用户需求提供相应服务及时、快速程度
信息内容期望	真实可靠性	对所获信息内容真实、可靠、可信赖程度的期望
	完整性	对所获信息内容深度、广度、系统、完整等方面的期望
	准确性	对所获信息内容的准确程度的期望
	针对性	对所获信息内容与用户本身需求相关性、需要联系程度的期望
	可理解性	对所获信息内容便于理解、易于理解程度的期望

首先，由模型可见，网络用户的信息期望贯穿于信息获取与利用过程始终，既包括对信息产品的期望，又包括对网络服务、网络功能及获取过程的期望；既有对信息产品效用价值的期望，又有与信息用户的视、听、触等感官因素密切相关的期望，是一个由多维角度构成的综合体系。

其次，经实证研究所构建的网络用户信息期望维度模型同已有的用户信息期望构成模型相比，层次与内容更加丰富。尤其是对网站功能与服务交互性、个性化等期望指标体现了网络用户特点，是用户现实和未来需求的反映。而模型中过程安全性和时效性、信息内容针对性与真实性等方面的期望指标，则反映了当前网络环境条件下用户的切实需求。由此可见，此模型既包括信息用户现实需求，又包括其潜在的和未来的期望。

再次，由表 4—7 可见，网络用户信息期望维度构成模型主要以可描述、可感知、可评价的显性指标为主。而学者在相关研究中所提出的用户情感、心理等潜在或隐性期望因素则是通过显性指标体现在此模型中。

虽然通过实证研究所构建的网络用户信息期望维度模型具有如上特点，但在实际应用中尚需注意以下两方面问题：

一方面，用户信息期望是一种纯主观的心理现象。既然是纯主观的，就附带有一些不确定因素。个体差异决定每个个体用户的真实信息期望无法得到完全的揭示与把握。此模型是在大样本调查基础上所获得的网络用户具有共性的期望维度与指标，具体到某类用户群体、具体个体用户的信息期望，还需在此模型基础上进行更进一步有针对性的分析与研究。

另一方面，随着网络技术的不断发展，网络逐步成为人们生活的重要构成部分，网络用户的类型逐渐趋于多样化、复杂化，用户体验趋于丰富化、深入化，网络用户的信息期望也在不断发生变化。而我们在此次研究中所构建的模型仅是网络用户信息期望的基础性模型体系。针对特定环境、特定情境的用户信息期望的深入分析，尚需结合具体环境、具体情境进行有针对性的更进一步研究。

第二节 网络环境中用户信息期望与信息质量关系研究

一 理论模型与研究假设

（一）理论模型构建

服务营销理论研究指出，用户个体心理因素（如动机、需要、情绪、态度、素养等）影响用户期望，进而影响服务感知质量的形成，[①] 需求是其中关键影响因素。在信息需求研究中，Wilson T. D. 在运用压力/适应（stress/coping theory）、风险/报偿（risk/reward）、自我能效（self - efficacy）理论对信息需求及信息行为关系的研究中指出，用户信息期望的构成与用户信息需求密切相关。[②] Dervin B. 在其意义构建理论中指出，用户信息需求是动态变化的，只有识别用户期望构成与水平，才能把握用户当前信息需求内容并预测未来信息需求。[③] 周波兰指出，信息需求的变化能够直接影响信息期望的改变，信息需求是信息期望的前因变量。[④]

在用户信息期望内容与构成方面，李桂华基于期望管理和服务营销理论，认为用户信息期望由合格状态、理想状态两个层次构成。[⑤] 基于诺曼的本能—行为—反思层次理论，以用户期望与体验的层次关系和价值关系为视角，秦银等将用户信息期望分为外观感觉期望、行为期望、情感期望三个层次。其中，感官期望侧重于信息产品和功能技术的表达效果，行为期望侧重于使用方式、交互过程等方面的行为与过程因素，而情感期望则与产品价值、心理价值等因素密切相关。[⑥] 徐

---

① 费显政、刘熠：《个体心理因素与顾客感知服务质量》，《经济管理》2003 年第 18 期，第 55—58 页。

② Wilson T. D. , Ellis D. , Ford N. , et al. , Uncertainty in Information Seeking: A Research Project in the Department of Information Studies, [2011—06—18] . http: //infornationr . net/tdw/publ/unis/report. html.

③ Dervin B. , "Sense-making Theory and Practice: An Overview of User Interests in Knowledge Seeking and Usess", *Journal of Knowledge Management*, Vol. 2, No. 2, 1998, pp. 36 - 46.

④ 周波兰：《图书馆读者服务质量感知和期望剖析》，《情报探索》2011 年第 8 期，第 26—28 页。

⑤ 李桂华：《信息服务设计与管理》，清华大学出版社、北京交通大学出版社 2009 年版，第 53 页。

⑥ 秦银、李彬彬、李世国：《产品体验中的用户期望研究》，《包装工程》2010 年第 5 期，第 106—109 页。

纲红[①]、沈旺[②]在研究中分别指出，用户信息期望由两部分构成，即基本期望和潜在期望，其中基本期望是用户认为在服务中应得到满足的基本需要，潜在期望则是指超出基本期望的、用户并未意识到而确实存在的需求。

在服务质量研究中，顾客满意度取决于顾客所预期的质量和所体验到的质量之间的差距。[③④] Oliver 将“期望差距”用来指代顾客感知质量与期望质量间的差异，并指出顾客满意是顾客期望与“期望差距”的函数。[⑤⑥] 网络环境中，信息质量包括信息过程质量（process quality）和结果质量（outcome quality），是信息用户对所应得到的信息产品或服务的期望与其实际感知到的产品或服务间的比较结果，是一种主观价值感知。[⑦] Lin & Lu 则指出，网站用户所感知到的这个差距对服务质量乃至信息质量的评价具有至关重要的影响。[⑧] 与此同时，Swan R. M. 在基于比较范式的信息用户满意度模型中指出，用户信息预期及预期质量是构成该模型的重要结构变量。[⑨]

基于以上研究，可以构建形成网络环境中用户信息期望与信息质量关系理论模型（如图 4—1 所示）。

---

① 徐纲红：《信息用户服务质量：层次性期望与满足》，《图书馆杂志》2004 年第 23 卷第 1 期，第 33—36 页。

② 沈旺：《数字图书馆用户激励研究》，博士学位论文，吉林大学，2011 年。

③ Oliver Richard, “A Cognitive Model of Antecedents and Consequences of Satisfaction Decisions”, *Journal of Marketing Research*, Vol. 17, No. 4, 1980, pp. 460 – 469.

④ Cronin J. J. et al., “Assessing the Effects of Quality, Value and Customer Satisfaction on Consumer Behavioral Intentions in Service Environments”, *Journal of Retailing*, Vol. 76, No. 2, 2000, pp. 193 – 218.

⑤ Oliver Richard, “Effect of Expectation and Disconfirmation on Postexposure Product Evaluations: An Alternative Interpretation”, *Journal of Applied Psychology*, Vol. 62, No. 4, 1977, pp. 480 – 486.

⑥ Oliver Richard, “A Cognitive Model of Antecedents and Consequences of Satisfaction Decisions”, *Journal of Marketing Research*, Vol. 17, No. 4, 1980, pp. 460 – 469.

⑦ 刘冰：《基于用户体验视角的信息质量反思与阐释》，《图书情报工作》2012 年第 56 卷第 6 期，第 74—89 页。

⑧ Lin J., Lu H., “Towards an Understanding of The Behavioral Internation to Use a Web Site”, *International Jounrnal of Information Management*, Vol. 20, 2000, pp. 197 – 208.

⑨ Swan R. M., *Perceived Performance and Disconfirmation of Expectations as Measures of Customer Satisfaction with Information Services in the Academic Library*, Tallahassee: Florida State University, 1998, pp. 25 – 48.

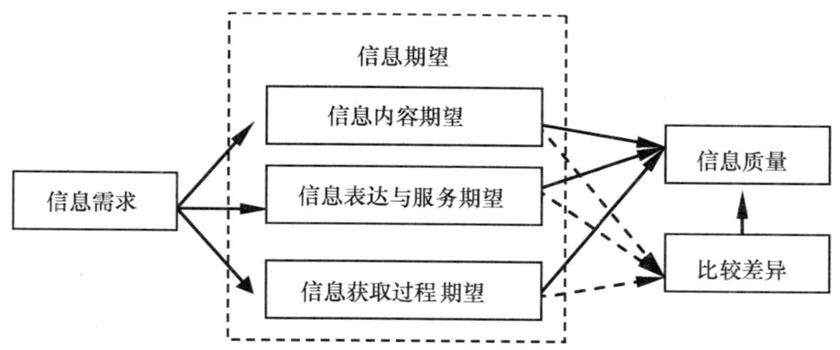

图 4—1　网络环境中用户信息期望与信息质量关系理论模型

模型中各结构变量的具体内涵阐释如下：

信息期望：是用户基于其经验和需要，在信息获取和利用之前、之中对信息系统功能、信息服务水平和信息产品价值属性等的一种主观预期与判断。

信息需求：网络环境中信息用户为解决各种问题而产生的对信息的必要感和不满足感，是对信息产品与信息服务的各类具体需要。

信息内容期望：网络环境中信息用户对信息产品内容及其价值属性等方面的预期。

信息表达与服务期望：网络环境中信息用户对信息获取与信息交互过程中网站系统所提供信息的表达水准和服务水平等方面的预期。

信息获取过程期望：网络环境中信息用户在信息获取与信息交互过程中对信息检索、获取过程及系统性能等方面的预期。

比较差异：是信息用户对信息产品和服务的实际感知与其信息期望及采用的信息质量评价标准对比之差异，是用户期望与信息质量关系研究的重要变量。

信息质量：网络环境中用户在交互过程中通过体验和感知而对获得的信息内容固有特性、系统功能与服务性能等满足其信息需求与期望的综合评价。

（二）研究假设

用户信息需求与信息期望关系。用户需求与服务质量、用户满意度的关系在服务营销研究中已得到充分证实。[①][②] 徐纲红[③]、沈旺[④]通过研究分别证实，随着用户接受信息服务次数的增加和对所需信息与服务熟悉程度的提升，用户信息需求也越来越高，进而其基本期望和潜在期望层次也随之得到提升。周波兰通过对图书馆读者服务质量感知和期望的研究证实，用户个人需要越强烈，其对信息产品与服务期望值就越高。[⑤] 为此，提出如下假设：

H1：网络环境中，用户信息需求与用户信息期望正相关。

H1a：网络环境中，用户信息需求和信息内容期望正相关。

H1b：网络环境中，用户信息需求和信息表达与服务期望正相关。

H1c：网络环境中，用户信息需求和信息获取过程期望正相关。

用户信息期望与信息质量关系。服务质量研究中，Ladhari[⑥]、Anderson[⑦] 等学者通过研究指出，用户期望是感知服务质量的主要影响因素，与服务质量呈现正效应。而在 Fornell 等学者建立的美国顾客满意度指数模型中，顾客期望对感知服务质量和顾客满意的正向影响效应是关键衡量要素。[⑧] 基于服务质量理论，在用户信息期望与信息质量关系研究中，Lin & Wu 通过对网络在线服务的研究指出，用户信息期望是影响用户满意度的关键要素，与信息质量具有正向效

① Jarvenpaa, S. L. & P. A. Todd, "Consumer Reactions to Electronic Shopping on the World Wide Web", *International Journal of Electronic Commerce*, Vol. 1, No. 2, 1997, pp. 59 - 88.

② Lewis, R. C. & B. H. Booms, *The Marketing Aspects of Service Quality*, *in Emerging Perspectives on Services Marketing*, In L. Berry, G. Shostack & G. Upah (Eds), Chicago: American Marketing, 1983, pp. 99 - 107.

③ 徐纲红：《信息用户服务质量：层次性期望与满足》，《图书馆杂志》2004 年第 23 卷第 1 期，第 33—36 页。

④ 沈旺：《数字图书馆用户激励研究》，博士学位论文，吉林大学，2011 年。

⑤ 周波兰：《图书馆读者服务质量感知和期望剖析》，《情报探索》2011 年第 8 期，第 26—28 页。

⑥ Ladhari R., "Alternative Measures of Service Quality: A Review", *Managing Service Quality*, Vol. 18, No. 1, 2008, pp. 65 - 86.

⑦ Anderson E. W., Sullivan M. W., "The Antecedents and Consequences of Customer Satisfaction for Firms", *Marketing Science*, Vol. 12, No. 2, 1993, pp. 125 - 143.

⑧ Fornell C., Michael D. J., Anderson E. W., et al., "The American Customer Satisfaction Index: Nature Purpose and Findings", *Journal of Marketing*, Vol. 60, No. 2, 1996, pp. 1 - 13.

应关系。[①] 宋昊基于公众使用视角，证实在电子政府门户网站中的用户“期望服务水平”与“实际绩效水平”间的正向关系。[②] 而柴雅凌等指出，信息期望是影响信息用户满意度的重要指标。[③] 基于以上研究，提出如下假设：

H2：网络环境中，用户信息期望与信息质量正相关。

H2a：网络环境中，用户信息内容期望和信息质量正相关。

H2b：网络环境中，用户信息表达与服务期望和信息质量正相关。

H2c：网络环境中，用户信息获取过程期望和信息质量正相关。

用户信息期望与比较差异关系。Gronroos C. 指出，服务质量取决于顾客的预期质量与体验和感知质量间的差距。[④] 吴元升在利用结构方程模型对社区信息化服务满意度模型的研究中证实，居民预期对比较差异有显著正向影响，即用户的较高信息期望将导致与实际价值感知的差距的增大。[⑤] 为此，可以提出如下假设：

H3：网络环境中，用户信息期望与比较差异正相关。

H3a：网络环境中，用户信息内容期望和比较差异正相关。

H3b：网络环境中，用户信息表达与服务期望和比较差异正相关。

H3c：网络环境中，用户信息获取过程期望和比较差异正相关。

比较差异与信息质量关系。美国顾客满意度调查（ACSI）验证了用户期望与感知价值差异对顾客满意度的负向影响关系。其他学者也通过广泛的研究证实，比较差异作为一个重要中间变量，直接影响用户对

---

① Lin C. S. & Wu S., “Exploring the Impact of Online Service Quality on Portal Site Usage”, *Proceedings of the 35th Hawaii International Conference on System Sciences*, Hawaii, USA, 2002, pp. 45 – 56.

② 宋昊：《公共使用视角的电子政府门户网站服务品质与满意度研究：以杭州为例》，硕士学位论文，浙江大学，2005 年。

③ 柴雅凌、李学堃：《信息用户满意研究：信息用户满意度指标与测评》，《情报科学》2004 年第 22 卷第 1 期，第 22—24、28 页。

④ Gronroos C., “An Applied Service Marketing Theory”, *Journal of Marketing*, Vol. 7, 1982, pp. 46 – 56.

⑤ 吴元升：《基于结构方程的社区信息化服务满意度模型研究》，《情报杂志》2011 年第 9 期，第 180—185 页。

服务质量的评价。[①] 吴元升的研究同样验证了比较差异对居民满意度有显著负向影响。[②] 网络环境中，李莉等指出，用户信息需求越多，信息期望就越高，而期望与感知的服务质量间差距越大，将降低对信息质量的评价。[③] 可以提出以下假设：

H4：网络环境中，比较差异与信息质量正相关。

二 观测变量设计

结构方程模型（Structural Equation Model，SEM）融合了传统多变量统计分析中的“因子分析”和“回归分析”的统计技术，能够同时对多个相关问题进行验证，能在一个模型中同时进行潜在变量估计和复杂自变量/因变量预测模型的参数估计。[④] 我们将采用结构方程模型对以上所提出的网络环境中用户信息期望与信息质量关系模型，对模型中各变量间的假设关系进行研究与验证。

（一）信息需求观测变量

信息需求作为影响信息期望的前因变量，是用户对信息产品内容与特性、信息检索与服务过程、信息表达方式与网站设计等方面的需求。具体而言，信息需求观测变量主要包括用户对信息内容的准确可靠程度、丰富程度、针对性与可理解程度的需求，用户对信息表达形式多样化与个性化的需求，用户对信息检索过程简捷、交互程度和信息服务水平的需求等。

（二）信息期望观测变量

信息期望是研究模型中的关键观测变量，主要包括用户对信息内容、表达与服务、获取过程等方面的预期。

信息内容期望是用户对信息内容的功能特性和效用属性能够满足需

---

① Cronin J. J. & S. A. Taylor, “Measuring Service Quality: A Reexamination and Extension”, *Journal of Marketing*, Vol. 56, No. 6, 1992, pp. 55 – 68.

② 吴元升：《基于结构方程的社区信息化服务满意度模型研究》，《情报杂志》2011 年第 9 期，第 180—185 页。

③ 李莉、甘利人、谢兆霞：《基于感知质量的科技文献数据库网站信息用户满意模型研究》，《情报学报》2009 年第 28 卷第 4 期，第 565—581 页。

④ 邱皓政、林碧芳：《结构方程模型的原理与应用》，中国轻工业出版社 2009 年版，第 3 页。

求、带来价值收益的期望。信息内容是信息价值的核心来源，是用户信息期望的重要构成部分。网络环境中，由于信息的不对称性与用户认知能力的有限性，用户的信息内容期望主要体现在信息客观属性和固有特性方面。信息内容期望的观测变量具体包括用户对信息内容真实可靠程度、完整准确程度、针对性与可理解程度等方面的期望。

信息表达与服务期望是用户对网站设计、提供信息方式与服务水平的预期。网络环境中，随着信息用户逐渐成熟，用户对网站设计水平与服务水平的期望也日渐提升。具体而言，主要包括对界面布局及设计是否符合用户习惯、网站界面舒适与美观程度、网站信息服务功能完备程度、能否应用最新技术提供服务和提供更多延伸信息服务等方面的期望。

信息获取过程期望是用户对信息搜集与获取过程中的系统性能、网站功能等方面的期望。具体包括用户对网站系统性能、链接功能、导航功能、帮助功能、检索功能等方面的期望。

（三）信息质量观测变量

信息质量是对用户信息需求与期望满足程度的综合评价，既包括对信息内容、系统功能等客观质量评价部分，又包括交互过程中对系统性能和服务水平等主观质量评价部分。具体包括信息内容质量、表达质量和获取质量三个层面，主要体现在信息内容的价值性、适量性、可靠性，信息表达的美观、多样、个性化和信息服务的及时、友好程度，信息获取利用过程安全可靠、简便易学等方面。

（四）比较差异观测变量

比较差异是信息用户在交互过程中的实际感知、实际体验与其根据期望而形成的评价标准间的差距。这种差距直接影响用户的信息质量评价。具体而言，一方面，用户信息需求与信息期望应限定在合理范围内，过高的信息需求与期望将加大感知差异而导致信息质量下降。另一方面，信息期望具有动态性，用户信息期望会随信息需求与信息质量的变化而变化。随着信息质量的提升，用户信息需求满足度也随之提高，用户会产生更高的信息期望。随着信息期望值的提升，信息质量反而会呈下降趋势。

根据以上分析，网络环境中用户信息期望与信息质量关系模型中的全部结构变量和观测变量如表 4—8 所示。

表4—8 **网络环境中用户信息期望与信息质量关系模型中的结构变量和观测变量**

结构变量	维度	观测变量具体内容
信息需求		Y1 对信息内容易于理解的需求
		Y2 对信息内容个性化的需求
		Y3 对信息表达形式多样化的需求
		Y4 对信息检索过程方便简易的需求
信息期望	信息内容期望	Y5 对信息内容完整、丰富的期望
		Y6 对信息内容真实、可靠的期望
		Y7 对信息内容清晰、准确的期望
		Y8 对信息内容客观且有针对性的期望
	信息表达与服务期望	Y9 对网站界面搭配舒适、美观的期望
		Y10 对网站界面及布局设计符合用户习惯的期望
		Y11 对网站服务功能完备性的期望
		Y12 对网站利用最新技术设置功能与提供服务的期望
		Y13 对网站提供更多延伸信息及服务的预期
	信息获取过程期望	Y14 对信息内容更新速度及新颖性的期望
		Y15 对网站提供链接准确、畅通的期望
		Y16 对网站导航清晰、直观的期望
		Y17 对网站提供站内搜索引擎的预期
		Y18 对网站提供的帮助信息通俗、易懂的预期
信息质量		Y19 信息内容有实际的使用价值
		Y20 信息内容适量、无冗余
		Y21 信息沟通渠道或方式多样化
		Y22 信息反馈和交流服务及时
		Y23 网站利用过程安全、可靠
		Y24 信息操作过程简便且易学
比较差异		Y25 信息需求越高，用户信息期望就越高
		Y26 信息期望随着信息需求的变化而随时改变
		Y27 信息需求越高，用户的信息质量评价标准越高
		Y28 信息质量的评价标准随着信息需求的不断变化而改变
		Y29 用户的信息需求将随信息质量的提高而提升
		Y30 用户信息期望越高，信息质量评价标准越高
		Y31 信息期望与用户感知差距越小，用户的信息质量评价越高
		Y32 合理的信息期望能够提升信息质量
		Y33 信息期望过高反而会约束信息质量
		Y34 用户的信息期望值随信息质量的提升而提高
		Y35 信息质量随着用户信息期望值的提升而降低

三 调查问卷设计与数据获取

基于以上所提出的观测变量，研究团队经过充分讨论，设计形成本次研究调查问卷初稿。在预调研和征询本领域相关研究专家意见与建议基础上，研究团队对调查问卷进行了较大幅度的修改与完善，进一步优化、调整了问卷中的部分问项，形成正式调查问卷。

正式调查问卷由两部分构成。第一部分为基本情况调查，第二部分为网络环境中用户信息期望与信息质量关系调查，包括 35 个问项，均采用李科特 5 分量表，其中“1”表示完全不同意，“5”表示完全同意（具体调查问卷见附录 2）。

根据网络环境中的信息用户结构构成现状与发展差异化特点，本次研究主要采用“方便抽样”与“判断抽样”相结合的调查方式，利用“问卷星”网站在线问卷调查系统和电子邮件两种形式发放回收调查问卷。在调查中，设立在线 QQ 实时解答调查对象在问卷填写过程中所遇到的问题，以保证问卷的有效回收率和对各类偏差的有效控制。本次调查共回收问卷 234 份，其中有效问卷为 208 份，有效率为 88.89%，符合预定样本规模。

四 描述性统计分析

（一）样本的描述性分析

本次调查有效回收问卷主要来自河南、天津、北京等 13 个省、市、自治区，基本覆盖了我国东部、中部和西部等地区。有效问卷调查对象基本概况如表 4—9 所示。在有效问卷调查对象中，男女占比分别为 50.5%、49.5%；年龄分布在 15—60 岁之间，其中 21—25 岁（20.2%）、26—30 岁（36.5%）、31—35 岁（13.9%）三个年龄层次人数比例较高；在教育程度方面，大学本科为最多（48.6%），其次为硕士研究生（32.7%）。由调查范围与调查对象结构可见，本次调查样本具有一定代表性。

表 4—9 **调查对象基本情况统计**

基本情况	调查类别	频次	占比（%）
性别	男	105	50.5
	女	103	49.5
年龄	15 岁及以下	0	0
	16—20 岁	9	4.3
	21—25 岁	42	20.2
	26—30 岁	76	36.5
	31—35 岁	29	13.9
	36—40 岁	24	11.5
	41—45 岁	11	5.3
	46—50 岁	12	5.8
	51 岁及以上	5	2.4
教育程度	高中及以下	4	1.9
	大专	23	11.1
	大学本科	101	48.6
	硕士研究生	68	32.7
	博士研究生	12	5.8
职业	在校学生	40	19.2
	企业/公司职员	20	9.6
	党政机关公务人员	53	25.5
	事业单位工作者	50	24.0
	专业技术人员	24	11.5
	其他	21	10.1

（二）观测变量的描述性分析

为了了解调查对象对各观测变量的认可程度，我们利用 SPSS 18.0 软件对所获数据进行描述统计处理，计算各具体观测变量的最小值、最大值、平均值、标准差，如表 4—10 所示。其中，平均值代表调查对象对各观测变量的基本认知，而标准差代表所有调查者的认知是否相近，标准差越小则表示被调查者看法越趋于一致。

本次调查的有效问卷为 208 份，表 4—10 数据显示，各指标的最小值都是 1 或 2，最大值都是 5，表明被调查对象对各问项的评判具有较大的差别。从平均值来看，"信息内容期望" 变量的各个指标的均值普遍较高，最大值达到 4.24；"信息获取过程期望" 变量的各个指标的均值也较高，最大值为 4.19。这表明，调查对象对以上两个方面期望的认可度较高。而在 "比较差异" 观测变量中，各变量的指标均值不是很高，最大的指标为 4.09，最小的指标仅为 3.23，表明调查对象对此观测变量的判断存在较大差异。

从各观测变量的标准差来看，绝大部分指标的标准差小于 1，说明被调查者在这些指标的评判上具有较高一致性。而其中有 16 个指标的标准差大于 1，说明被调查者在这些指标上的差异比较大。从各指标的偏度和峰度来看，本研究模型中每一个指标的偏度值和峰度值的范围

基本都在 +2 到 -2 之间，基本呈正态性分布，表明调查数据能够满足结构方程模型对数据正态分布的评估要求。

表 4—10 **观测变量的描述性统计分析**

结构变量	指标具体内容	最小值	最大值	均值	标准差	方差	偏度	峰度
信息需求	信息内容易于理解的需求	1	5	4.01	1.063	1.13	-0.92	0.282
	信息内容个性化的需求	1	5	3.9	1.114	1.241	-0.857	-0.018
	信息表达形式多样化的需求	1	5	3.76	1.129	1.275	-0.734	-0.037
	信息检索过程方便简易的需求	1	5	4.1	0.98	0.961	-1.043	0.804
信息内容期望	信息内容完整、丰富的期望	1	5	4.16	0.977	0.955	-1.076	0.572
	信息内容真实、可靠的期望	2	5	4.3	0.845	0.715	-0.962	-0.003
	信息内容清晰、准确的期望	1	5	4.24	0.911	0.831	-1.268	1.459
	信息内容客观且有针对性的期望	1	5	4.13	0.921	0.848	-0.936	0.602
信息表达与服务期望	网站界面搭配舒适、美观的期望	1	5	3.76	1.086	1.179	-0.63	-0.209
	网站界面及布局设计符合用户习惯的期望	1	5	3.8	1.011	1.022	-0.634	-0.074
	网站服务功能完备性的期望	1	5	3.88	0.936	0.876	-0.768	0.472
	利用最新技术设置功能与提供服务的期望	1	5	3.82	1.029	1.058	-0.675	0.099
	提供更多延伸信息及服务的预期	1	5	3.88	1.061	1.127	-0.771	0.051
信息获取过程期望	信息内容更新速度及新颖性的期望	1	5	4.09	0.886	0.785	-0.76	0.075
	网站提供链接准确、畅通的期望	1	5	4.19	0.926	0.858	-1.081	0.867
	网站导航清晰、直观的期望	1	5	4.12	0.932	0.87	-0.964	0.458
	网站提供站内搜索引擎的预期	1	5	4	1.04	1.082	-1.014	0.608
	网站提供的帮助信息通俗、易懂的预期	1	5	3.91	1.066	1.137	-0.927	0.363
信息质量	信息内容有实际的使用价值	1	5	4.14	0.878	0.771	-0.804	0.102
	信息内容适量、无冗余	1	5	3.9	1.065	1.135	-0.886	0.393
	信息沟通渠道或方式多样化	1	5	3.87	1.077	1.161	-0.759	0.032
	信息反馈和交流服务及时	1	5	3.98	0.985	0.97	-0.901	0.522
	网站利用过程安全、可靠	1	5	4.21	0.96	0.921	-1.098	0.64
	信息操作过程简便且易学	1	5	4.03	1.033	1.066	-1.024	0.675
比较差异	信息需求越高，用户信息期望就越高	1	5	4.06	0.948	0.899	-1.292	1.967
	信息期望随着信息需求的变化而随时改变	1	5	4.08	0.725	0.525	-0.963	2.526
	信息需求越高，用户的信息质量评价标准越高	1	5	4.04	0.881	0.776	-0.984	1.145
	信息质量的评价标准随着信息需求的不断变化而改变	1	5	4.09	0.826	0.682	-1.158	2.389
	用户的信息需求将随信息质量的提高而提升	1	5	3.97	0.879	0.772	-0.85	0.673

续表

结构变量	指标具体内容	最小值	最大值	均值	标准差	方差	偏度	峰度
比较差异	用户信息期望越高，信息质量评价标准越高	1	5	4.03	0.819	0.67	-1.129	1.86
	信息期望与用户感知差距越小，用户的信息质量评价越高	1	5	3.33	1.235	1.525	-0.132	-1.258
	合理的信息期望能够提升信息质量	1	5	3.76	1.001	1.002	-0.708	-0.073
	信息期望过高反而会约束信息质量	1	5	3.56	1.061	1.127	-0.496	-0.548
	用户的信息期望值随信息质量的提升而提高	1	5	3.88	0.941	0.885	-0.927	0.703
	信息质量随着用户信息期望值的提升而降低	1	5	3.23	1.14	1.299	0.07	-1.011

五　结论方程分析与检验

（一）测量信度与效度检验

在信度检验中，利用 SPSS 18.0 软件中 Analyze - Scale - Reliability Analysis 功能模块，我们对总量表和各分量表分别进行克朗巴哈 α 系数检验，其内部一致性（即信度检验）检验结果如表 4—11 所示。其中，总量表的克朗巴哈 α 系数为 0.949，所有分量表的克朗巴哈 α 系数均大于 0.8，表明本次研究调查问卷信度较高。

表 4—11　　　　**变量的信度检验结果**

克朗巴哈 α		基于标准化项的克朗巴哈 α	项数
0.949		0.949	35
分量表	信息需求量表	0.826	4
	信息期望量表	0.899	14
	比较差异量表	0.868	11
	信息质量量表	0.828	6

效度是指测验或其他测量工具能测得其所欲测量的特质或功能之程度。我们首先运用 AMOS 17.0 进行验证性因子分析，以检验量表的收敛效度与鉴别效度。其中，观测变量的标准化因子负荷量 T 值的绝对值越大，表明观测变量越能够较好地代表其所衡量的潜在

变量。[1] 当T值的绝对值大于2或2.58时，表明该项观测变量在0.05或0.001水平下显著，具有较好的收敛效度。而观测变量的平均变异抽取量值（AVE）越高，表明潜在变量越具有较高鉴别效度，当AVE值大于0.4，表明观测变量鉴别效度在可接受范围之内。当AVE值在0.5以上时，则表明观测变量鉴别效度良好。[2] 本研究的验证因子分析结果如表4—12所示。

表4—12　**观测变量的收敛效度与鉴别效度分析**

结构变量	维度	观测变量	因子负荷	T值	P	AVE
信息需求		Y1	0.719	9.029	***	0.555
		Y2	0.741	9.167	***	
		Y3	0.809	8.595	***	
		Y4	0.708	9.478	***	
信息期望	信息内容期望	Y5	0.776	7.513	***	0.532
		Y6	0.697	9.165	***	
		Y7	0.711	9.08	***	
		Y8	0.73	8.95	***	
	信息表达与服务期望	Y9	0.701	9.507	***	0.522
		Y10	0.706	9.485	***	
		Y11	0.718	9.439	***	
		Y12	0.698	9.516	***	
		Y13	0.786	8.827	***	
	信息获取过程期望	Y14	0.709	9.406	***	0.538
		Y15	0.694	9.532	***	
		Y16	0.753	9.264	***	
		Y17	0.761	9.032	***	
		Y18	0.751	9.102	***	

① 邱皓政、林碧芳：《结构方程模型的原理与应用》，中国轻工业出版社2009年版，第78页。

② 同上书，第86页。

续表

结构变量	维度	观测变量	因子负荷	T值	P	AVE
信息质量		Y19	0.682	9.508	***	0.511
		Y20	0.668	9.046	***	
		Y21	0.79	8.796	***	
		Y22	0.716	9.445	***	
		Y23	0.673	9.602	***	
		Y24	0.75	9.286	***	
比较差异		Y25	0.67	9.131	***	0.436
		Y26	0.715	8.83	***	
		Y27	0.748	8.542	***	
		Y28	0.602	9.447	***	
		Y29	0.514	9.714	***	
		Y30	0.723	8.768	***	
		Y31	0.511	9.723	***	
		Y32	0.612	9.409	***	
		Y33	0.531	9.671	***	
		Y34	0.608	9.423	***	
		Y35	0.582	9.517	***	

注：*表示 $P<0.05$，**表示 $P<0.01$，***表示 $P<0.001$。

由表4—12可见，所有观测变量的标准化因子载荷系数均大于0.50，标准因素负荷量T值均在2.58以上，且P值均小于0.001。除了比较差异指标的AVE值为0.436，在可接受范围内之外，其余各观测变量的AVE值都大于0.5。检验结果表明，本次研究的量表具有较好的收敛效度和鉴别效度。

同时，我们运用验证性因子分析中的 χ^2、χ^2/df、GFI、CFI、NFI等指标检验量表的稳定性。检验结果如表4—13所示。由此可见，本次研究的总量表与各分量表的各项指标均显现出较好的显著水平，表明量表具有较好的稳定性。

表 4—13　　　　**观测变量验证性因素分析结果**

χ^2	*df*	χ^2/df	*GFI*	*AGFI*	*NFI*	*CFI*	*RMR*
643.28	255.98	2.513	0.911	0.871	0.803	0.856	0.045

（二）结构模型与假设检验

利用 AMOS 17.0 提供的图形界面功能，将以上所提出的网络环境中用户信息期望与信息质量关系概念模型转化为由 6 个潜在变量和 35 个测量变量构成的结构方程模型路径图，如图 4—2 所示。

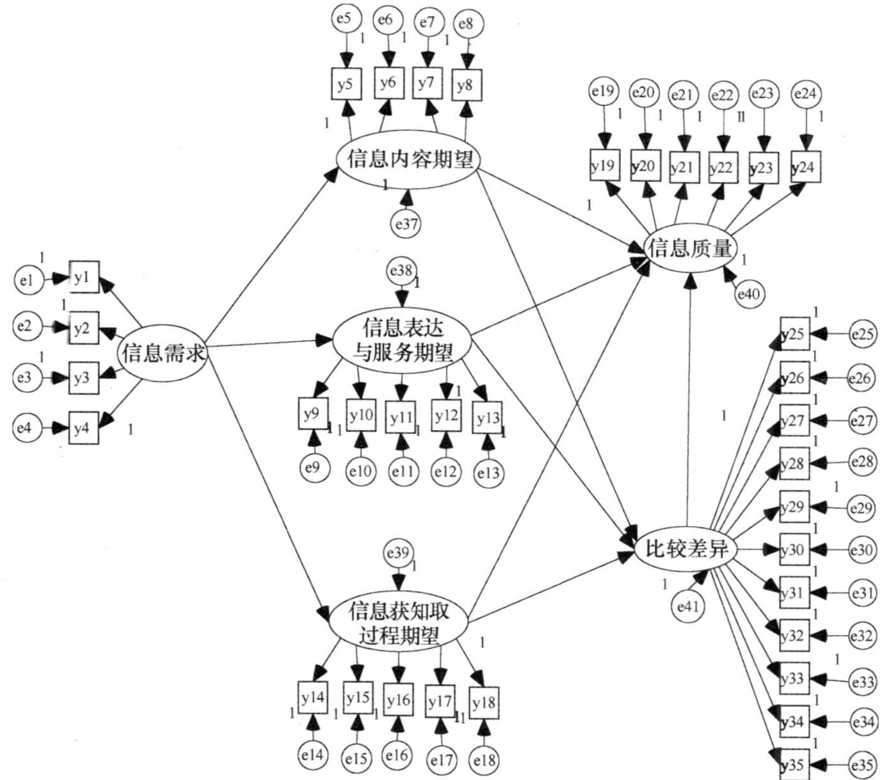

图 4—2　网络环境中用户信息期望与信息质量关系结构方程模型路径

在结构方程模型路径图基础上，利用 AMOS 17.0 软件计算出的潜在变量相关系数及模型拟合指数如表 4—14、表 4—15 所示。

在潜在变量相关系数中（表4—14），信息表达与服务期望和信息质量间路径关系系数为0.09、p=0.47，虽然在p<0.5水平下有显著影响，二者间呈正效应，但关系薄弱。其他假设路径关系均成立。而在模型拟合指数中（表4—15），模型拟合指数TLI、CFI、TLI值均小于临界值0.9，处于不可接受范围。以上检验结果表明，需要对原模型进行一定的修正。

表4—14 **潜在变量相关系数**

路径关系			Estimate	S. E.	C. R.	P
信息内容期望	←	信息需求	0.818	0.097	8.463	***
信息表达与服务期望	←	信息需求	0.477	0.108	9.586	***
信息获取过程期望	←	信息需求	0.514	0.11	9.896	***
信息质量	←	信息内容期望	0.802	0.035	2.588	***
信息质量	←	信息表达与服务期望	0.09	0.105	1.919	0.47
信息质量	←	信息获取过程期望	0.703	0.143	4.834	***
比较差异	←	信息内容期望	0.322	0.108	2.069	***
比较差异	←	信息表达与服务期望	0.258	0.223	3.469	***
比较差异	←	信息获取过程期望	0.174	0.549	2.506	0.035
信息质量	←	比较差异	0.817	0.874	4.793	***

注：*表示P<0.05，**表示P<0.01，***表示P<0.001。

表4—15 **模型拟合指数**

拟合指数数值	理想标准	数值	是否符合标准
卡方与自由度之比（CMIN/DF）	<3	2.513	符合
近似误差均方根（RMSEA）	<0.1	0.086	符合
非规范拟合指数（TLI）	>0.9	0.787	不符合
拟合优度指数（CFI）	>0.9	0.803	不符合
增值拟合指数（IFI）	>0.9	0.805	不符合

对估计回归系数修正的常用方法是去掉最大的 MI 参数，通过卡方拟合指数检验测量效果。[①] 在本次研究中，基于 AMOS 17.0 得出需要修正的误差项，我们通过增加变量间的相关关系（如表 4—16 所示）对原模型进行修正。

表 4—16　　修正模型增加的相关关系

e9←→e10	e11←→e13	e23←→e24	e20←→e21	e21←→e22
e17←→e20	e2←→e3	e4←→e38	e4←→e17	e5←→e6
e26←→e31	e29←→e33	e33←→e35	e1←→e2	e29←→e36
e13←→e25	e27←→e24			

再次利用 AMOS 17.0 对修改后的模型进行重新检验，得到修正后的潜在变量相关系数、观测变量与外生潜在变量相互关系、模型拟合指数，如表 4—17、表 4—18、表 4—19 所示。

表 4—17　　修正后潜在变量相关系数

路径关系			Estimate	S. E.	C. R.	P
信息内容期望	←	信息需求	0.856	0.134	8.463	***
信息表达与服务期望	←	信息需求	0.493	0.118	8.133	***
信息获取过程期望	←	信息需求	0.545	0.125	9.124	***
信息质量	←	信息内容期望	0.869	0.079	2.795	***
信息质量	←	信息表达与服务期望	0.121	0.118	2.519	0.042
信息质量	←	信息获取过程期望	0.724	0.184	4.899	***
比较差异	←	信息内容期望	0.365	0.137	2.491	***
比较差异	←	信息表达与服务期望	0.303	0.282	3.538	***
比较差异	←	信息获取过程期望	0.205	0.573	2.767	0.017
信息质量	←	比较差异	0.842	0.884	4.953	***

注：* 表示 $P<0.05$，** 表示 $P<0.01$，*** 表示 $P<0.001$。

① 邱皓政、林碧芳：《结构方程模型的原理与应用》，中国轻工业出版社 2009 年版，第 156 页。

表 4—18　　**观测变量与外生潜在变量间的相互关系**

路径关系			路径系数	路径关系			路径系数
y1	⟵	信息需求	0.739	y19	⟵	信息质量	0.532
y2	⟵	信息需求	0.691	y20	⟵	信息质量	0.639
y3	⟵	信息需求	0.796	y21	⟵	信息质量	0.739
y4	⟵	信息需求	0.709	y22	⟵	信息质量	0.714
y5	⟵	信息内容期望	0.819	y23	⟵	信息质量	0.623
y6	⟵	信息内容期望	0.781	y24	⟵	信息质量	0.732
y7	⟵	信息内容期望	0.762	y25	⟵	比较差异	0.67
y8	⟵	信息内容期望	0.697	y26	⟵	比较差异	0.716
y9	⟵	信息表达与服务期望	0.752	y27	⟵	比较差异	0.745
y10	⟵	信息表达与服务期望	0.741	y28	⟵	比较差异	0.601
y11	⟵	信息表达与服务期望	0.724	y29	⟵	比较差异	0.519
y12	⟵	信息表达与服务期望	0.748	y30	⟵	比较差异	0.721
y13	⟵	信息表达与服务期望	0.733	y31	⟵	比较差异	0.51
y14	⟵	信息获取过程期望	0.541	y32	⟵	比较差异	0.614
y15	⟵	信息获取过程期望	0.674	y33	⟵	比较差异	0.533
y16	⟵	信息获取过程期望	0.741	y34	⟵	比较差异	0.606
y17	⟵	信息获取过程期望	0.762	y35	⟵	比较差异	0.585
y18	⟵	信息获取过程期望	0.707				

表 4—19　　**修正后模型拟合指数**

拟合指数数值	理想标准	数值	是否符合标准
卡方与自由度之比（CMIN/DF）	<3	1.719	符合
近似误差均方根（RMSEA）	<0.1	0.060	符合
非规范拟合指数（TLI）	>0.9	0.901	符合
拟合优度指数（CFI）	>0.9	0.91	符合
增值拟合指数（IFI）	>0.9	0.911	符合

由以上各表可见，在经过修正的模型中，信息表达与服务期望对信息质量的正向影响关系为 0.121，在 $p<0.05$ 水平下通过显著性检验；信息获取过程期望对比较差异的正向影响关系为 0.205，在 $p<0.05$ 水平下通过显著性检验。其他潜在变量的各路径关系假设均成立。且修正后各观测变量与外生变量间的相关系数均大于 0.5，结构模型的拟合优度各项指标均处于可以接受状态，表明修正后的模型拟合度很好。

模型检验结果显示，除信息表达与服务期望和信息质量（0.121）、信息获取过程期望和比较差异（0.205）之间的路径系数在 p < 0.05 下显著外，其他路径系数都在 p < 0.001 下具有较高显著性。由此可以得出，所有研究假设 H1—H4 及其子假设均得到实证支持，路径分析结果如图 4—3 所示。

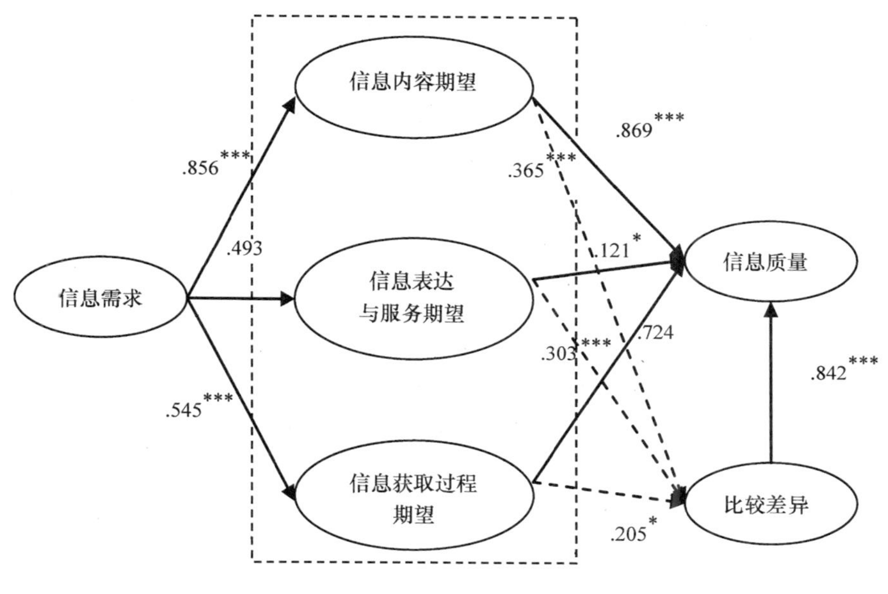

图 4—3　结构模型与路径系数

注：＊表示 P < 0.05，＊＊表示 P < 0.01，＊＊＊表示 P < 0.001。

1. 信息需求与信息期望的影响关系

从运算结果可以看出，子假设 H1a 信息需求对信息内容期望的路径系数为 0.856，p < 0.001；H1b 信息需求对信息表达与服务期望的影响系数为 0.493，p < 0.001；H1c 信息需求对信息获取过程期望的影响关系为 0.545，p < 0.001，三个子假设均有正向影响，且 p < 0.001 证明影响较为显著。这说明，用户的信息需求程度将对预期中的信息产品价值期望程度和信息服务功能期望程度产生影响，并且这种对期望的影响将会贯穿于用户与信息交互的整个过程。三个子假设均成立，表明假设 H1 信息需求对信息期望有显著正向影响成立。

2. 信息期望对信息质量的影响关系

从结构方程分析数据得知，信息内容期望对信息质量的正向影响路径系数为0.869，$p<0.001$，影响较为显著，表明用户对信息内容的期望会直接影响用户对信息质量的评价；信息表达与服务期望对信息质量的正向影响关系为0.121，$p<0.05$，p值在0.05水平下通过显著性检验，也能够说明用户的信息表达与服务期望对其信息质量评价具有正向的影响关系。网络环境中，由于信息的不对称性与用户认知能力的有限性，用户对信息质量客观属性和系统功能的认知是有限的，往往需要借助交互过程中的其他交流方式才能有效识别和确认，因此信息表达与服务期望对信息质量的影响关系会因为其他交互方式存在而削弱；而信息获取过程期望对信息质量的正向影响路径关系为0.724，$p<0.001$，影响较为显著。以上三个方面表明，随着用户信息内容期望、信息表达与服务期望和信息获取过程期望的变化与发展，用户对信息内容本质、表达形式、交流方式、延伸服务和获取过程等各个方面的信息质量评价也会随之而发生正向改变。由此，信息期望的三个子假设均对信息质量产生正向影响关系，虽然信息表达与服务期望对信息质量的影响不够显著，但可以得出信息期望对信息质量有正向影响，假设H2成立。

3. 信息期望与比较差异的影响关系

由模型拟合关系图可见，信息内容期望与比较差异的路径系数为0.365，$p<0.001$，正向的影响较为显著；信息表达与服务期望对比较差异有显著正向影响，影响关系为0.303，$p<0.001$；信息获取过程期望与比较差异的正向影响关系为0.205，$p<0.05$，p值在0.05水平下通过显著性检验。以上检验结果表明，随着网络环境中用户需求或环境的变化，用户的信息内容期望、信息表达与服务期望和信息获取过程期望均会随之而发生变化。用户的信息期望越大，对信息质量的要求标准就会越高，其感知到的信息质量与其采用的信息质量的评价标准进行对比之后所得到的价值感知就会越强烈。由此，信息期望的三个维度均对比较差异产生正向显著影响，可以证明信息期望对比较差异产生正向显著影响，假设H3成立。

4. 比较差异与信息质量的影响关系

从结构方程模型检验结果可见，比较差异与信息质量的路径关系系数为 0.842，$p<0.001$，呈现显著正向影响。这是因为，比较差异是用户实际感知到的信息质量与预期的标准质量相比较而得到的一种价值感知，这种差距感越大，则说明信息质量越低，越不能满足用户需求。而比较差异越小，则表明用户的实际感知质量与预期的质量标准越接近，信息质量就越高。因此，比较差异对信息质量有显著的正向影响，假设 H4 成立。

（三）潜在变量间的影响系数分析

结构方程模型多元检验结果中的路径因子表示外生变量对内生变量产生的直接影响程度。潜在变量间除了直接影响关系外，还存在外生变量通过影响干预变量进而影响内生变量而产生的间接影响关系。[①] Bollen 指出，可以利用潜在变量间的直接影响系数、间接影响系数和总影响系数来评估每条因果路径的关系强度。其中，变量的直接影响系数和间接影响系数的和则是该变量对内生变量的总影响系数。[②] 本研究结构方程模型变量间标准化影响效应值如表 4—20 所示。

表 4—20　　**结构方程模型变量间标准化影响效应值**

潜在变量之间的关系	直接效应	间接效应	总效应
信息内容期望←——信息需求	0.818	0	0.818
信息表达与服务期望←——信息需求	0.921	0	0.921
信息获取过程期望←——信息需求	0.979	0	0.979
比较差异←——信息需求	0	0.488	0.488
信息质量←——信息需求	0	0.693	0.693
比较差异←——信息内容期望	0.443	0	0.443
比较差异←——信息表达与服务期望	0.258	0	0.258
比较差异←——信息获取过程期望	0.270	0	0.270
信息质量←——信息内容期望	0.256	0.001	0.257
信息质量←——信息表达与服务期望	0.324	0.007	0.331
信息质量←——信息获取过程期望	0.699	0.005	0.704

① 邱皓政、林碧芳：《结构方程模型的原理与应用》，中国轻工业出版社 2009 年版，第 358 页。

② 宋家顺：《基于结构方程模型的 3G 时代电信行业顾客保留及其决定因素研究》，硕士学位论文，华南理工大学，2011 年。

（1）发生直接影响效应的关系变量较多，影响系数较高。最高的是信息需求对信息获取期望的正向影响（影响系数为0.979），而信息需求对信息表达与服务期望和信息需求对信息内容期望的正向路径也较高，影响系数分别为0.921和0.818。这些正向影响关系及影响强度在前面观测变量的描述性统计分析也同样得到体现。表明，用户的信息需求越高，对信息的要求和渴望标准也会越高，自然就会产生高的信息期望，信息需求直接作用于信息期望。

其次，信息内容期望、信息表达与服务期望和信息获取过程期望对比较差异具有一定的正向直接影响效应，其路径系数分别为0.443、0.258和0.270。比较差异是一种价值感觉，是期望的质量水平和实际感受到的质量水平相比较而得到的一种价值感知。信息期望的变化直接影响这种价值感知的差异，信息期望越高，这种价值感知的差异性就会越大，因此信息期望对比较差异具有直接的正向影响。

最后，信息内容期望、信息表达与服务期望和信息获取过程期望对信息质量的直接正向影响系数分别为0.256、0.324和0.699，有一定的正向影响效应。这是由于信息内容期望主要包括用户对信息的真实、完整、准确等最本质属性的预期，而信息表达与服务期望和获取过程期望则包括信息的表达方式、服务水平、交互性能、反应速度等等，用户对这些方面的期望值越高，对信息质量的要求和评价标准就会越高。因此，信息期望对信息质量有正向直接的影响效应。

（2）间接效应影响关系最大的为信息需求对信息质量的影响（路径系数为0.693），其次为信息需求对比较差异的关系（路径系数为0.488）。由于用户信息需求伴随环境、用户自身情感、价值感知等内外部因素发展而不断变化，信息需求的变化将直接影响信息期望的改变，而信息期望的改变又会对比较差异和信息质量产生直接影响。因此，信息需求对信息质量和比较差异具有间接的影响关系。

而信息需求对信息期望、信息期望对比较差异间都是直接正向影响关系，不存在间接影响关系。信息期望对信息质量的直接影响效应更明显，但是由于信息期望会影响用户情感、信息环境等内外部复杂的因素，这些因素会不同程度地影响用户的认知，形成比较差异，进而影响用户对信息质量的评价，因此信息期望对信息质量也产生间接的影响关系。

（3）在各变量间总效应中，总效应值最高的是信息需求对信息期望的影响，表明信息需求对信息期望的影响关系非常明显，用户信息期望强度直接受到用户信息需求程度影响。

（四）假设检验结果

在对调查所获样本数据的特征分析、描述性统计分析、信度分析、效度分析基础上，我们运用 AMOS 17.0 软件对样本数据进行结构方程模型分析，以对研究假设进行检验，得出信息需求、信息期望对信息质量和比较差异的各个影响效应系数，最终验证了所提出的研究假设，如表 4—21 所示。

表 4—21　　**研究假设检验结果**

标号	研究假设	结果
H1	网络环境中，用户信息需求与用户信息期望正相关	支持
H1a	网络环境中，用户信息需求和信息内容期望正相关	支持
H1b	网络环境中，用户信息需求和信息表达与服务期望正相关	支持
H1c	网络环境中，用户信息需求和信息获取过程期望正相关	支持
H2	网络环境中，用户信息期望与信息质量正相关	支持
H2a	网络环境中，用户信息内容期望和信息质量正相关	支持
H2b	网络环境中，用户信息表达与服务期望和信息质量正相关	部分支持
H2c	网络环境中，用户信息获取过程期望和信息质量正相关	支持
H3	网络环境中，用户信息期望与比较差异正相关	支持
H3a	网络环境中，用户信息内容期望和比较差异正相关	支持
H3b	网络环境中，用户信息表达与服务期望和比较差异正相关	支持
H3c	网络环境中，用户信息获取过程期望和比较差异正相关	部分支持
H4	网络环境中，比较差异与信息质量正相关	支持

由此可见，本章研究提出的 4 个研究假设和 9 个子假设均得到验证。除去 H2b 和 H3c 子假设是在 $p < 0.05$ 的水平下通过显著性检验，获得部分支持，其他研究假设均在 $p < 0.001$ 的水平下通过显著性检验，

获得支持。此结果说明，在网络环境中，用户的信息期望都对信息质量和比较差异价值感知有不同程度的影响效应。由于信息需求是用户与信息系统（网站）交互的源头，在交互过程中会随着内外部影响因素的变化而发生改变。信息期望是用户对信息本质以及服务质量的预期和要求，一旦信息需求发生变化，用户对信息或服务的要求也会随之发生改变，所以信息需求对信息期望有正向的影响。

在网络环境中，用户信息需求越大，对信息和服务质量的期望就会越高，因而对信息内容、表达方式、服务水平、获取过程、系统性能等方面的要求标准也就越高。这种高标准将直接影响用户的价值感知，随之影响用户对信息质量的评价。因此，信息期望对信息质量和比较差异均有正向的影响效应。

由分析结果可知，网络环境中用户的信息期望对信息质量有不同程度的影响关系。为达到提高信息质量和服务水平、满足用户的信息需求甚至超越用户的信息期望之目的，我们可以利用这些影响关系来制定提升信息质量的实践策略，真正从用户的视角来优化和改善信息质量，更好地为信息用户服务。

第三节　本章结论

在本章中，主要采用问卷调查与数据分析相结合的研究方法，针对网络环境中用户信息期望构成、用户信息期望与信息质量间的内在关系展开实证研究。

首先，经实证研究所构建的网络用户信息期望维度模型同已有的用户信息期望构成模型相比，层次更加清晰、内容更加丰富。既包括对信息产品的期望，又包括对网络服务、网络功能及获取过程的期望；既有对信息产品效用价值的期望，又有与信息用户的视、听、触等感官因素密切相关的期望，是一个由多维角度构成的综合体系。

其次，通过实证研究所构建的网络用户信息期望维度模型可见，一方面，网络用户期望突出了对网站功能与服务交互性、个性化等方面的期望指标，体现出网络用户的基本特点，是用户现实和未来需求的反映。另一方面，模型中过程安全性和时效性、信息内容针对性与真实性等方面的期望指标，则反映了当前网络环境条件下用户的切实需求。

再次，在国内外相关研究基础上，由本章研究提出并验证的网络环境中用户信息期望与信息质量间的内在关系可见，网络环境中，用户信息需求等外在性因素对用户期望、用户感知差异等内在因素具有直接影响，进而影响用户的信息质量评价和满意度。因此，信息质量不仅取决于信息产品与信息系统的客观属性，还取决于用户在交互的期望与主观体验感知。同时，作为重要的潜在变量，用户的信息内容期望依然是影响信息质量的关键因素，但经过研究可以发现，用户的信息表达与服务期望、信息获取过程期望等变量成为直接或间接的信息质量影响因素。

最后，网络环境中，信息需求作为用户信息期望的原始驱动力，对用户信息期望的影响贯穿于用户信息交互整个过程。随着用户信息需求的提高，用户对信息产品和服务的期望也会随之而提高，进而提升其对信息价值和服务水平的评价标准，并影响信息质量的评价。一方面，只有了解与把握用户信息需求，基于此来提供信息产品与服务，才能真正从用户视角出发，满足用户需求。另一方面，在尽量满足用户需求的同时，需要通过有效手段将用户的期望限制于合理、理性的范围内，才能使用户的信息质量评价标准停留在一个合理水平。

第五章

信息交互中基于用户体验与感知的信息质量影响因素研究

在第三章中，我们系统地探讨了网络环境中用户的信息体验与信息感知，以及基于用户视角的信息质量基本内涵。然而，网络环境中，用户信息体验与信息感知如何对信息质量产生影响？影响因素有哪些？不同类型网站中用户体验与感知的信息质量影响因素具有哪些共性与差别？这些共性与差异化具体体现在哪些方面？只有通过对信息交互过程中用户信息行为视角的信息质量影响因素做出系统、全面的分析，才能获得基于用户体验与感知角度的信息质量关键影响要素，才能真正把握信息用户感知与满意度的内在机理，才能真正把握基于用户视角的网络信息资源建设和网站设计与服务中的着力点，增强网站设计、信息产品开发与信息服务的针对性与主动性，以达到优化用户信息体验与感知、改进与提升信息质量、提高用户满意度、更好地为用户服务的目的。

本章将首先采用实验研究方法，对信息交互过程中基于用户体验与感知视角的信息质量影响因素进行研究，并对三种主要类型网站（即学术型、商务型、政务型网站）信息质量影响因素的差异进行比较与分析。同时，采用专家访谈研究方法对影响网站信息质量的因素同样做出系统分析。在此基础上，运用调查研究方法，构建系统的、基于用户体验与感知视角的信息质量影响因素体系，为随后的基于用户视角的信息质量综合评价体系构建研究奠定基础。

第一节　基于用户视角的信息质量影响因素相关研究

随着以 Web2.0 模式为代表的网络环境的发展，网络平台由提供静态信息内容转变为提供动态、交互式的信息服务。互联网的交互性本质特征得到充分展现。在以网络为基础所构成的多维、复杂的泛在信息社会中，网络所具有的开放性、交互性、共享性、虚拟性等特征对人类实践的主体、客体、手段及结果产生了深刻影响。① 它不但改变了人们的信息获取方式，也改变了用户的信息消费观念与方式，更重要的是改变了人们重构客观世界的模式。②

网络环境中，信息交互过程既是用户情感体验过程，又是用户信息消费体验过程。伴随着信息交互条件下信息用户个性意识的增强、参与度的提高及信息理念与信息消费方式的变化，用户对信息质量的理解与认知也随之而变化。信息交互过程中各方面要素均成为影响信息质量和用户信息满意度的关键因素。

Naumann F.、Rolker C. 指出，用户感知、信息本身及信息访问过程中的主观、客观和过程的诸要素均影响信息质量评价。③ 而在以 Web2.0 为代表的网络环境中，方便、快捷、主动、频繁地信息交互使得用户每次良好的信息体验都是一种心流体验，④ 用户在信息交互与信息体验中获得的认知、情感、意向等心理因素直接影响其对系统和服务的感知、影响其对信息质量评价以及满意度等。⑤

在对信息交互、用户体验和感知与信息质量的内在联系及影响因素

---

① 邓小昭等：《网络信息用户行为研究》，科学出版社 2010 年版，第 179 页。

② 李荫榕、张亮：《社会信息化对人的主体性影响的二重效应》，《自然辩证法研究》2000 年第 2 期，第 30 页。

③ Naumann F. & Rolker C., Assessment Methods for Information Quality Criteria, [2010—01—22]. http://mitiq.mit.edu/iciq/iqdownload.aspx? ICIQYear=2000&File=AssessmentMethods4IQCriteria.pdf.

④ 李桂华：《信息服务设计与管理》，清华大学出版社、北京交通大学出版社 2009 年版，第 142 页。

⑤ 韩永青：《用户信息消费的 TPB 模型及分析》，《图书情报工作》2008 年第 52 卷第 4 期，第 32—34、92 页。

研究中，Helfert M.[①]强调信息过程和用户语用层次指标是信息质量的构成主体。Garrett J. J.[②]、Hassenzahl M.[③]分别指出，用户对信息可用性、功能性、内容性等方面体验以及用户的享受、美学和娱乐情感因素均影响网站和信息评价。Case D. O.[④]则通过研究指出，情境相关、适用性、心理相关等因素将影响用户信息获取过程与最终结果。

与此同时，甘利人等[⑤]、Natalie Kupferberg et al.[⑥]、Rusch-Faja D. et al.[⑦]、James Testa[⑧]、李月琳等[⑨]运用多种研究方法，基于用户视角研究了影响用户对学术型网站信息质量评价的主要因素与指标，具体指出，信息内容更新速度、网站功能易用性、检索途径、网站设计、网站影响和网站安全、网站搜索功能、浏览功能等方面因素不同程度地影响用户的可用性和信息质量评价。

而 Cullen R. et al.[⑩]、Smith A. G.[⑪]分别以新西兰政府网站为研究

---

① Helfert M.，“Managing and Measuring Data Quality in Data Warehousing”，*Proceedings of the World Multi conference on Systemics，Cybernetics and Informatics*，Florida：Orlando，2001，pp. 28－39.

② Garrett J. J.，*The Elements of User Experience：User-Centered Design for the Web*，New York：AIGA New Riders Publishing，2003，pp. 10－20.

③ Hassenzahl M.，*The Quality of Interactive Products：Hedonic Needs，Emotions and Experience*，Ghaoui C. Encyclopedia of Human Computer Interaction，Calgary，AB：Idea Group Reference Press，2005，pp. 652－660.

④ Case D. O.，*Looking for Information：A Survey of Research on Information Seeking，Needs and Behavior*，2nd ed. Amsterdam，NL：Academic Press，2007，pp. 58－66.

⑤ 甘利人、马彪、李岳蒙：《我国四大数据库网站用户满意度评价研究》，《情报学报》2004年第23卷第5期，第524—530页。

⑥ Natalie Kupferberg & Hartel Lynda Jones，“Evaluation of Five Full-text Drug Databases by Pharmacy Students，Faculty and Librarians：Do the Groups Agree?”，*Journal of the Medical Library Association*，Vol. 92，No. 1，2004，pp. 66－71.

⑦ Rusch-Faja D. & Siebeky U.，“Evaluation of Usage and Acceptance of Electronic Journals：Results of an Electronic Survey of Max Planck Society Researchers Including Usage Statistics from Elsevier，Springer and Academic Press”，*D-Lib Magazine*，Vol. 5，No. 10，1995.

⑧ James Testa，Current Web Content：Developing Web Site Selection Indicator，［2011—09—18］. http：//www. isinet. coom/hot/essays /23. html.

⑨ 李月琳、张向民：《用户个体差异对数字图书馆可用性评价的影响》，《情报学报》2011年第30卷第9期，第980—989页。

⑩ Cullen R. & Hougnton C.，“Democracy Online：An Assessment of New Zealand Government Web Site”，*Government Information Quality*，Vol. 17，No. 3，2000，pp. 243－267.

⑪ Smith A. G.，“Applying Evaluation Criteria to New Zealand Government Websites”，*International Journal of Information Management*，Vol. 21，No. 2，2001，pp. 137－149.

对象、Torres et al.[①] 则以欧洲 33 个城市政府网站为样本、殷感谢等[②]是通过中美政府网站比较研究，研究从公众角度构成政府网站服务质量和信息质量的核心要素。研究表明，公众对政务型网站的服务成熟度、传递成熟度的体验和感知直接影响其评价结果，具体包括以站点定位、流通性、服务、隐私、安全性等方面为主的信息内容和以链接质量、反馈机制、可到达性、适航性等为主要构成的易使用性等多个方面。卢火焱[③]指出，"咨询投诉"、"实时交流"、"论坛留言"是政务型网站三种主要互动服务类型，公众对此类互动服务的体验构成评价网站绩效的关键指标。曹庆娟[④]则在研究中指出，通过提高政府网站的有用性、全面性、时效性、易用性、亲和性和可信性等六大用户体验特性，可以提升用户对政府网站的认知度和满意度。

商务型网站综合质量是由技术质量、功能质量、安全特性、设计质量、信息质量所决定的，信息交互过程中的用户体验和感知影响其对信息质量的评价。[⑤] 用户在利用商务型网站过程中，其购物态度、定向和行为不仅仅受其内在因素影响，也会受到网站质量影响。[⑥] Lee G. G. et al.[⑦]、Yang Z. L. et al.[⑧] 分别通过研究指出，网站设计、可靠性、反应性、信息准确性、可获得性、交互性、信任与个性化等是各类商务网站

---

① Torres L. Pina V. & Acerete B., "E-government Developments on Delivering Public Services Among EU Cities", *Government Information Quarterly*, Vol. 22, No. 2, pp. 217 - 238.

② 殷感谢、陈国青：《电子政务与政府信息化建设：政府网站比较研究》，《管理论坛》2002 年第 2 期，第 4—7 页。

③ 卢火焱：《政府门户网站政民互动功能绩效评估指标体系设计研究》，《电子政务》2011 年第 7 期，第 80—85 页。

④ 曹庆娟：《基于用户体验的政府网站用户满意度研究》，《情报科学》2009 年第 27 卷第 10 期，第 1470—1474 页。

⑤ 苏秦、刘野逸、曹鹏：《基于服务交互的 B2C 电子商务服务质量研究》，《情报学报》2009 年第 28 卷第 5 期，第 784—790 页。

⑥ 李君君、孙建军：《网站质量、用户感知及技术采纳行为的实证研究》，《情报学报》2011 年第 30 卷第 3 期，第 227—236 页。

⑦ Lee G. G. & Lin H. F., "Customer Perceptions of E-service Quality in Online Shopping", *International Journal of Retail and Distribution Management*, Vol. 33, No. 2, 2005, pp. 161 - 167.

⑧ Yang Z. L., Cai S. H., Zhang Z. et al., "Development and Validation of an Instrument to Measure User Perceived Service Quality of Information Presenting We Portals", *Information & Management*, Vol. 42, 2005, pp. 575 - 589.

具有共性的信息质量评价指标。Fosrythe S. M. et al.① 认为，网站吸引力、便利性、可选择性等情境与体验因素是商务网站关键成功要素。而 Lee S. P. et al.② 指出，网站娱乐性质、网页视觉效果、在线购物交互性、在线购物综合体验、风险感知等是影响商务型网站信息质量的关键要素。Yoo B. et al.③、Cai & Jun④ 则通过实证研究进一步指出安全性、隐私/安全、信任、及时/可靠是影响信息服务与信息质量的关键维度。

由此可见，随着信息交互程度的不断深入，基于个体主义认知理论对用户在信息搜索、接收、利用等交互过程中的情感研究已经成为当前国内外学者研究重点，用户信息体验、信息感知对信息质量的影响成为研究的焦点。网络环境中信息质量问题，尤其是基于用户视角的不同类型网站的服务质量、信息质量研究也开始受到关注。然而，我们也发现，在目前研究中，基于用户体验与感知视角的各类网站信息质量影响因素研究尚不充分，缺少从多维角度对各类网站间信息质量影响因素的共性与差异性的比较研究。

第二节　基于用户体验与感知的信息质量影响因素实验研究

一　实验设计与实施

根据研究目的与研究内容，为获取网络环境条件下用户通过信息交互过程对网站系统真实的、客观的体验与感知，获取这些体验和感知对用户最终信息质量评价的影响，本部分采用准实验方法（也称非标准

① Fosrythe, S. M. & Shi, B., "Consumer Patronage and Risk Perceptions in Internet Shopping", *Journal of Business Research*, Vol. 56, No. 11, 2003, pp. 867 – 875.

② Lee S. P., Kwok R. C. & Huynh M. Q., "The Contribution of Commitment Value in Internet Commerce: An Empirical Investigation", *Journal of the Association for Information Systems*, Vol. 4, 2003, pp. 39 – 64.

③ Yoo B. & Donthu N., "Developing A Scale to Measure the Perceived Quality of Internet Shopping Site (SITEQUAL)", *Quarterly Journal of Electronic Commerce*, Vol. 52, No. 1, 2001, pp. 31 – 47.

④ Cai S. H. & Jun M. J., "Internet Users' Perceptions of Online Service Quality: A Comparison of Online Buyers and Information Searchers", *Managing Service Quality*, Vol. 13, No. 6, 2003, pp. 504 – 519.

实验、自然实验或现场实验）进行研究。准实验方法更接近于自然或现场，自变量引入比较自然，可以在尽量减少人为控制的条件下确立事物之间的相互关系，并可以减少前测效应、多重实验干扰等负面效应对实验结果的干扰。[①] 此方法正适合于对真实网络条件下信息交互过程中用户体验与感知的研究。

（一）实验目的与实验设计

本实验主要研究目标为：

目标1：为获取所需信息，用户在与网站系统交互过程中所体验与感知到哪些因素会影响他对信息质量的评价？

目标2：信息交互过程中，基于用户体验与感知的信息质量关键影响因素有哪些？这些因素具有何种特点？

目标3：信息交互过程中，不同类型网站中基于用户体验与感知的信息质量关键影响因素具有哪些共性与差异？

为达成以上目标，有效获取用户与网站交互过程中真实体验与感知到的信息质量影响因素，以及不同性质网站间影响要素差异性，本次研究实验共设计三项信息获取与信息交互任务，需要参与实验对象（以下简称被试）分别利用学术型网站、商务型网站和政务型网站来完成。

实验主体过程包括两个环节：第一个环节是请被试利用网络完成规定的信息获取与交互任务（共计三项任务）；第二个环节是在被试完成每项任务后对其进行开放式访谈，请其对所获取的信息质量进行评价，并根据交互过程中真实体验与感受指出哪些因素影响他对信息质量的评价（具体实验任务书与访谈提纲见附录2、附录3）。

（二）实验样本选取

信息用户个体差异（如认知类型、经验、本能和自我效能感等）影响信息交互过程与信息利用，也影响信息质量评价。[②] 出于不同层次

---

① Shirlee-ann Knight & Janice Burn, "Developing a Framework for Assessing Information Quality on the World Wide Web", *Informing Science Journal*, Vol. 8, 2005, pp. 159 – 172.

② Agosto D. E. & Hughes-Hassell S., "People, Places and Questions: An Investigation of the Everyday Life Information-Seeking Behaviors of Urban Young Adults", *Library & Information Science Research*, Vol. 27, 2005, pp. 141 – 163.

网络用户感知差异性的考虑，基于青年人是网络主体用户的事实，研究小组成员根据实验目的要求、实验对象以及社会总体环境的了解，同时考虑选取被试的便利性，本次实验招募28名天津师范大学不同专业的硕士研究生与二年级以上本科生（其中3名被试参与预实验）。这些参加者有一定的网络使用技能与信息获取能力，有足够的认知与判断能力，具有一定的代表性。

（三）实验实施

本次研究实验在天津师范大学市级实验教学示范中心实验机房进行。为获取实验参加者的真实体验与感知、为保证实验结果客观性，每位参加者独立进行实验。同时，在与被试联系时，未提前将实验目的、内容等与之进行沟通，每位被试是在没有任何准备的前提下来参加实验的。

本次研究在正式实验之前进行了3次预实验。研究小组根据预实验情况与结果，对实验任务数量、实验任务说明书、访谈提纲等进行了修改与完善，并对正式实验中可能出现的问题做出预判，预设了备选方案与应对机制。

在正式实验过程中，每位被试首先阅读实验说明材料（包括实验背景及目的、任务说明书、实验要求等），实验组织者针对具体实验流程及注意事项与被试进行简单沟通与交流。随后，被试登录网络独立完成三项信息获取与交互任务。每项任务完成后，组织者依据访谈提纲对被试进行开放式访谈。每位被试正式实验时间约为80分钟（包括每次任务完成后的开放式访谈）。25名招募者参加并完成了全部实验任务（具体实验对象基本情况及实验任务完成情况请见附录4）。

二 实验数据萃取与指标编码

本次研究采用内容分析技术进行实验数据萃取。内容分析技术是一种采用规范方法读取文本内容，将文本信息有序、量化地表示出来的一种基于定量分析的定性研究方法。[①] 考虑到与本研究直接相关的研究成果较少且

① Kolbe R. & Burnett M., “An Examination of Applications with Directives for Improving Research Reliability and Objectivity”, *Journal of Consumer Research*, Vol. 18, 1991, pp. 243–250.

没有现成指标体系可资借鉴；同时，为避免少数人主观判断对最终结果的影响。本书采用先对实验数据进行萃取、再编制指标编码表、最后进行萃取数据规范化处理程序对实验内容进行分析与数据萃取工作。

首先，研究团队7名研究生采用语义内容分析法，以实验参加者谈话记录的每句话（或每段话）为最小分析单元，每人独立对根据实验录音按原汁原味记录的5万余字的实验文字记录进行内容分析与萃取。共获得5242条信息交互过程中基于用户体验与感知的信息质量影响因素数据。

随后，由3名研究人员组成编码小组，先从以上萃取数据中提取原始指标，再以小组讨论方式对提取的原始要素指标进行整合与规范，最终获得由89个影响因素指标构成的编码表（如表5—1所示），并对每个指标内涵进行界定。

最后，依据影响要素指标编码表，研究人员对前期全部5242条萃取数据指标进行规范化处理，并采用1—10（1代表一致性最低、10代表一致性最高）对这5242条数据进行逐条一致性比照与赋值。完成后，对低于5的数据指标再由小组讨论确认。

表5—1　　**信息质量影响因素指标解释与描述（实验）**

指标代码	指标名称	指标解释与描述
001	使用便捷性	网站系统提供的各项功能、途径的操作方便、快捷程度
002	帮助醒目性	网站系统提供的各类帮助功能、工具设置的清晰、醒目程度
003	信息完整性	所获信息内容广度方面涵盖范围、维度水平
004	界面清晰性	网站各级页面上的栏目、信息等的清楚、明晰程度
005	信息相关性	所获信息内容与用户需求吻合程度
006	检索路径清晰性	信息检索过程中过程、路径、步骤的明确、清楚程度
007	界面简洁性	网站各级界面整体设计与布局的简洁、明了程度
008	反馈及时性	网站对用户各类需求、意见反馈的及时、快速程度
009	系统交互性	网站系统与用户信息交流沟通的功能性、友好性等
010	信息适度性	所获信息数量的适量程度
011	导航清晰性	网站的各项导航功能的醒目、清晰、直观程度
012	使用简易性	网站系统各项功能使用的简便、容易程度
013	信息适用性	所获信息内容为用户解决问题帮助程度
014	信息准确性	所获信息内容的准确程度

续表

指标代码	指标名称	指标解释与描述
015	系统响应速度	网站系统对用户各项操作指令的反应速度
016	界面友好性	网站各级界面的设计与用户特点、使用习惯的符合程度
017	阅读方便性	通过网站所获各类信息阅读、利用的方便程度
018	帮助易懂性	网站所提供各类使用问题解答容易理解与掌握程度
019	界面美观性	网站各级页面设计，色彩的美观、大方程度
020	信息可靠性	所获信息内容可靠、可信赖程度
021	服务延伸性	网站提供的各类相关服务、深度服务、后续服务等
022	信息易获取性	用户对所需要信息获取、下载、保存的方便、容易程度
023	检索便捷性	网站系统提供检索方式使用的简便、快捷程度
024	服务个性化	网站针对不同类型用户特点与需求提供的个性、特色服务水平
025	信息条理性	网站所提供各类信息的分类合理、序化程度
026	服务人性化	网站系统提供的各类服务与用户习惯、特点适应程度
027	交互友好性	网站系统提供的信息交流、沟通方式是否符合用户习惯、用户的需要
028	交互实时性	网站与用户交流、意见反馈的实时程度
029	帮助适用性	网站系统提供各类帮助对用户解决问题的有效程度
030	导航易用性	网站所提供导航功能使用的简易、方便程度
031	导航准确性	网站所提供导航功能所指向的准确程度
032	设计个性化	用户可以根据个性化需求转换或使用不同的网站整体及各级界面的设计
033	使用易学性	网站系统所提供的各类功能与检索方式的学习掌握容易程度
034	信息时效性	所获信息内容新颖性、及时性的评价
035	设计人性化	网站整体设计与用户使用习惯、特点的匹配程度
036	网站忠诚度	用户对网站的喜爱程度、再次利用的意愿
037	过程流畅性	用户利用网络获取信息过程顺畅、方便程度
038	检索结果准确性	利用网站提供的检索途径所获结果与用户检索提问匹配程度
039	信息标准化	通过网站系统获取信息表述形式符合规范、标准的程度
040	信息真实性	所获信息内容的真实程度
041	信息客观性	所获信息内容（观点、数据、评价等）的客观程度
042	导航醒目性	网站系统各级、各类导航的位置醒目程度
043	交互简捷性	网站系统提供的与用户交流、沟通方式的方便易用程度
044	信息简洁性	所获信息内容的简练、清晰、直观程度
045	服务友好性	网站系统提供各类服务时的态度、方式、主动性等水平
046	帮助针对性	网站提供的各类帮助功能与内容的针对性、具体化程度
047	信息权威性	对所获取信息内容的重要性、权威性评价

续表

指标代码	指标名称	指标解释与描述
048	帮助简易性	网站提供的各类帮助功能、方法的使用容易、便捷程度
049	网站信任度	用户在自身经验的基础上对网站的信任程度
050	网站信誉度	机构、媒介与其他用户对网站的评价
051	服务便捷性	用户利用网站系统提供服务的方便、简捷程度
052	信息易理解性	所获信息内容易于理解程度
053	信息全面性	所获信息内容涵盖范围、丰富程度
054	工具易用性	网站所提供的各类工具的使用方便程度
055	服务主动性	网站系统主动为用户在信息获取与利用过程中提供服务与帮助的形式、途径
056	过程简捷性	用户利用网络系统获取所需信息流程的简捷、方便程度
057	服务及时性	网站系统能根据用户需求提供相应服务的及时、快速程度
058	信息整合性	所获信息内容的综合、归纳整理、系统化整合程度
059	网站安全性	用户利用网站获取信息过程中个人信息等的安全性、自身系统安全性
060	反馈精准度	网站对用户所提出需要解决问题及帮助解答的完备与准确程度
061	功能完备性	网站系统各项功能的齐全、完备程度
062	网站专业性	网站系统设计、功能、页面等的专业性水平
063	信息可信性	对通过网站所获取的信息内容是否值得相信、能否加以利用程度的评价
064	信息详尽性	所获信息内容的深度、详细程度
065	信息形式多样性	对所获取信息内容展示形式、方式、类型等的评价
066	检索途径多元化	网站提供的检索途径、方式、字段的多样化程度
067	信息合法性	对通过网站所获信息内容及获取信息渠道合法性的评价
068	网站权威性	网站的威望、名气等水平
069	界面合理性	网站各级界面整体设计、布局等的合理程度
070	信息针对性	所获信息内容与具体问题、特定需求的关联程度
071	功能延伸性	网络系统所提供的各类延伸、附加功能、手段与途径
072	导航功能性	网站系统各类导航功能的便捷、效用与针对性程度
073	用户情感	用户在信息获取过程中个人的感情、情绪等心理状况
074	用户信息素养	用户的基本信息素质、经验、技巧等
075	用户偏好	用户对网站、检索方式等个人喜好
076	服务费用	网站提供各类服务的费用水平
077	信息专业性	所获信息内容的专业程度
078	用户习惯	用户检索信息、利用信息等方面的习惯
079	用户知识背景	用户的知识基础、贮备、学识等

续表

指标代码	指标名称	指标解释与描述
080	检索功能性	网络系统的各类检索工具与手段的功能、性能等水平
081	设计专业性	网站系统内容、版式的设计专业程度
082	服务完备性	网站系统所提供的各类服务齐全、周到程度
083	用户需求	用户对信息内容、形式、检索过程等方面的需求
084	用户信息期望	用户对所获取信息内容结果、信息获取过程和网站信息服务的期望与要求
085	导航科学性	网站系统各级、各类导航设置是否具有科学性
086	帮助及时性	网站提供的各类帮助的及时程度
087	过程时效性	用户利用网站系统获取信息过程的时间与检索结果效用比
088	网站稳定性	网站系统稳定程度与网站提供信息的稳定程度
089	信息清晰性	所获信息内容的清晰、直观、明确程度

三 实验数据分析与讨论

（一）信度和效度检验

就内容分析信度，我们采用比较常用的由计算萃取数据综合一致性程度和每位内容分析者萃取数据一致性程度进行检验，如表5—2所示。Frey、Botan & Kreps（2000）认为内部一致性系数达到0.70就是可以接受的。[①] 从表5—2可见，萃取数据综合一致性程度和每位内容分析者萃取数据一致性程度均高于0.70，因此，本次研究内容分析具有较高的可信度。

表5—2　**内容分析数据一致性检验（实验）**

综合一致性系数	各萃取者萃取数据一致性系数						
	01	02	03	04	05	06	07
8.44	7.75	7.99	9.00	8.99	7.08	8.00	8.36

在内容分析效度方面。首先，本次研究的信息质量影响因素编码表是在原始萃取数据基础上编制而成，这些数据来源于信息交互过程中用

① Lawrence R. Frey, Carl H. Botan & Gary L. Kreps, *Investigating Communication: An Introduction to Research Methods*, N. J.: Prentice Hall, 2000, pp. 38 – 48.

户的真实体验与感受。同时，在对每项要素指标进行概念界定时，参考了大量相关研究成果，具有较好的理论基础和实践基础。其次，内容分析与编码过程严格遵守相关程序。在正式内容分析与编码前对相关人员进行了培训。在编码中，每个指标的抽取与确定均由编码小组共同讨论获得，进一步提高了内容分析效度。因此，本次研究内容分析具有较高的效度水平。

（二）实验数据内容分析统计结果

依据影响因素指标编码表对萃取获得的5242条数据所做的一致性、规范化处理结果，各影响因素指标的频数统计及排序如表5—3所示。

而学术型网站（任务一）、商务型网站（任务二）、政务型网站（任务三）三种类型网站各影响因素指标分类统计如表5—4所示。

表5—3　**基于用户体验与感知的信息质量影响因素指标频数统计（实验）**

指标代码	指标名称	频数	指标代码	指标名称	频数	指标代码	指标名称	频数
005	信息相关性	357	087	过程时效性	51	041	信息客观性	13
011	导航清晰性	334	080	检索功能性	45	077	信息专业性	12
003	信息完整性	307	028	交互实时性	45	083	用户需求	11
001	使用便捷性	271	008	反馈及时性	44	021	服务延伸性	10
004	界面清晰性	250	074	用户信息素养	44	071	功能延伸性	10
053	信息全面性	214	078	用户习惯	41	059	网站安全性	10
013	信息适用性	203	017	阅读方便性	38	042	导航醒目性	9
022	信息易获取性	180	034	信息时效性	36	082	服务完备性	9
050	网站信誉度	178	069	界面合理性	35	027	交互友好性	9
023	检索便捷性	178	052	信息易理解性	32	081	设计专业性	9
007	界面简洁性	153	018	帮助易懂性	31	039	信息标准化	9
016	界面友好性	139	062	网站专业性	31	030	导航易用性	8
010	信息适度性	131	024	服务个性化	30	047	信息权威性	8
020	信息可靠性	123	068	网站权威性	29	073	用户情感	8
049	网站信任度	108	058	信息整合性	28	079	用户知识背景	8
035	设计人性化	103	026	服务人性化	27	085	导航科学性	7

续表

指标代码	指标名称	频数	指标代码	指标名称	频数	指标代码	指标名称	频数
019	界面美观性	92	076	服务费用	26	063	信息可信性	7
045	服务友好性	87	043	交互简捷性	25	065	信息形式多样性	6
070	信息针对性	86	046	帮助针对性	23	060	反馈精准度	6
014	信息准确性	79	072	导航功能性	20	057	服务及时性	6
012	使用简易性	74	037	过程流畅性	20	054	工具易用性	6
015	系统响应速度	71	056	过程简捷性	19	031	导航准确性	5
044	信息简洁性	67	029	帮助适用性	19	055	服务主动性	5
038	检索结果准确性	62	048	帮助简易性	18	036	网站忠诚度	5
009	系统交互性	61	066	检索途径多元化	17	084	用户信息期望	4
025	信息条理性	57	033	使用易学性	17	032	设计个性化	4
064	信息详尽性	56	051	服务便捷性	16	088	网站稳定性	3
061	功能完备性	55	040	信息真实性	16	067	信息合法性	2
089	信息清晰性	55	006	检索路径清晰性	14	086	帮助及时性	1
075	用户偏好	51	002	帮助醒目性	13	N	合计	5242

表 5—4　三种类型网站基于用户体验与感知的信息质量影响因素指标统计

指标代码	指标名称	总频数	任务一	任务二	任务三	指标代码	指标名称	总频数	任务一	任务二	任务三
001	使用便捷性	271	157	58	49	013	信息适用性	203	91	51	50
002	帮助醒目性	13	7	1	5	014	信息准确性	79	28	11	25
003	信息完整性	307	83	112	3	015	系统响应速度	71	46	15	6
004	界面清晰性	250	77	70	82	016	界面友好性	139	45	66	26
005	信息相关性	357	125	178	48	017	阅读方便性	38	35	0	1
006	检索路径清晰性	14	4	1	9	018	帮助易懂性	31	24	7	0
007	界面简洁性	153	48	39	65	019	界面美观性	92	24	40	24
008	反馈及时性	44	1	5	38	020	信息可靠性	123	18	53	43
009	系统交互性	61	5	19	36	021	服务延伸性	10	1	9	0
010	信息适度性	131	68	22	33	022	信息易获取性	180	104	19	44
011	导航清晰性	334	88	29	213	023	检索便捷性	178	85	35	51
012	使用简易性	74	55	12	6	024	服务个性化	30	15	6	1

续表

指标代码	指标名称	总频数	任务一	任务二	任务三	指标代码	指标名称	总频数	任务一	任务二	任务三
025	信息条理性	57	27	4	27	051	服务便捷性	16	3	1	12
026	服务人性化	27	8	13	6	052	信息易理解性	32	19	2	11
027	交互友好性	9	2	1	6	053	信息全面性	214	42	105	62
028	交互实时性	45	0	5	40	054	工具易用性	6	5	0	1
029	帮助适用性	19	0	8	1	055	服务主动性	5	1	2	1
030	导航易用性	8	4	0	4	056	过程简捷性	19	9	5	5
031	导航准确性	5	3	1	1	057	服务及时性	6	0	1	4
032	设计个性化	4	3	1	0	058	信息整合性	28	3	6	19
033	使用易学性	17	12	3	2	059	网站安全性	10	0	9	1
034	信息时效性	36	8	2	21	060	反馈精准度	6	0	0	6
035	设计人性化	103	37	40	25	061	功能完备性	55	38	8	10
036	网站忠诚度	5	2	2	1	062	网站专业性	31	14	14	3
037	过程流畅性	20	15	4	1	063	信息可信性	7	1	5	1
038	检索结果准确性	62	33	9	12	064	信息详尽性	56	10	15	25
039	信息标准化	9	8	0	1	065	信息形式多样性	6	4	0	1
040	信息真实性	16	0	8	5	066	检索途径多元化	17	12	1	4
041	信息客观性	13	3	5	2	067	信息合法性	2	0	0	0
042	导航醒目性	9	2	2	5	068	网站权威性	29	5	5	19
043	交互简捷性	25	2	3	20	069	界面合理性	35	10	8	17
044	信息简洁性	67	20	12	30	070	信息针对性	86	38	15	25
045	服务友好性	87	1	72	14	071	功能延伸性	10	1	3	6
046	帮助针对性	23	16	4	4	072	导航功能性	20	5	4	10
047	信息权威性	8	0	2	4	073	用户情感	8	5	0	1
048	帮助简易性	18	10	4	4	074	用户信息素养	44	32	4	3
049	网站信任度	108	11	72	24	075	用户偏好	51	29	19	3
050	网站信誉度	178	13	148	13	076	服务费用	26	10	15	5

续表

指标代码	指标名称	总频数	任务一	任务二	任务三	指标代码	指标名称	总频数	任务一	任务二	任务三
077	信息专业性	12	10	1	0	084	用户信息期望	4	2	0	2
078	用户习惯	41	26	10	3	085	导航科学性	7	2	0	2
079	用户知识背景	8	1	5	2	086	帮助及时性	1	0	0	1
080	检索功能性	45	33	7	5	087	过程时效性	51	22	8	20
081	设计专业性	9	2	5	2	088	网站稳定性	3	3	0	0
082	服务完备性	9	3	3	2	089	信息清晰性	55	10	24	20
083	用户需求	11	6	5	0		N	5242	1898	1598	1445

注：①三项任务各指标频数之和不等于各指标总频数，因为指标总频数中还包括每次实验之前访谈内容萃取指标。②任务一主要指学术型网站任务、任务二为商务型网站任务、任务三为政务型网站任务。

（三）信息质量影响因素指标讨论

由以上统计数据可见，通过实验数据萃取所获得的89个基于用户体验与感知的信息质量影响因素指标涵盖了信息交互全过程，真实地反映了用户对从信息特性、用户自身、信息服务、系统功能到网站设计等各方面的体验与感受，各指标指向明确，具有一定代表性。

由于指标较多，为更好梳理所获指标的层次与彼此间关系，依据编码表中各指标的概念界定，在对所获取的89个影响因素指标基本内涵分析基础上，综合考虑各指标要素间的相互关系与内在联系，本着清晰性、层次性和简明性原则，可以将这89个影响因素划分为五大类，即技术功能体验与感知维度、感观心理体验与感知维度、过程服务体验与感知维度、信息特征体验与感知维度、信息用户个性与需求维度。在此基础上，可以构建形成由三个层次所构成的信息交互过程中基于用户体验与感知的信息质量影响因素指标体系如图5—1所示。

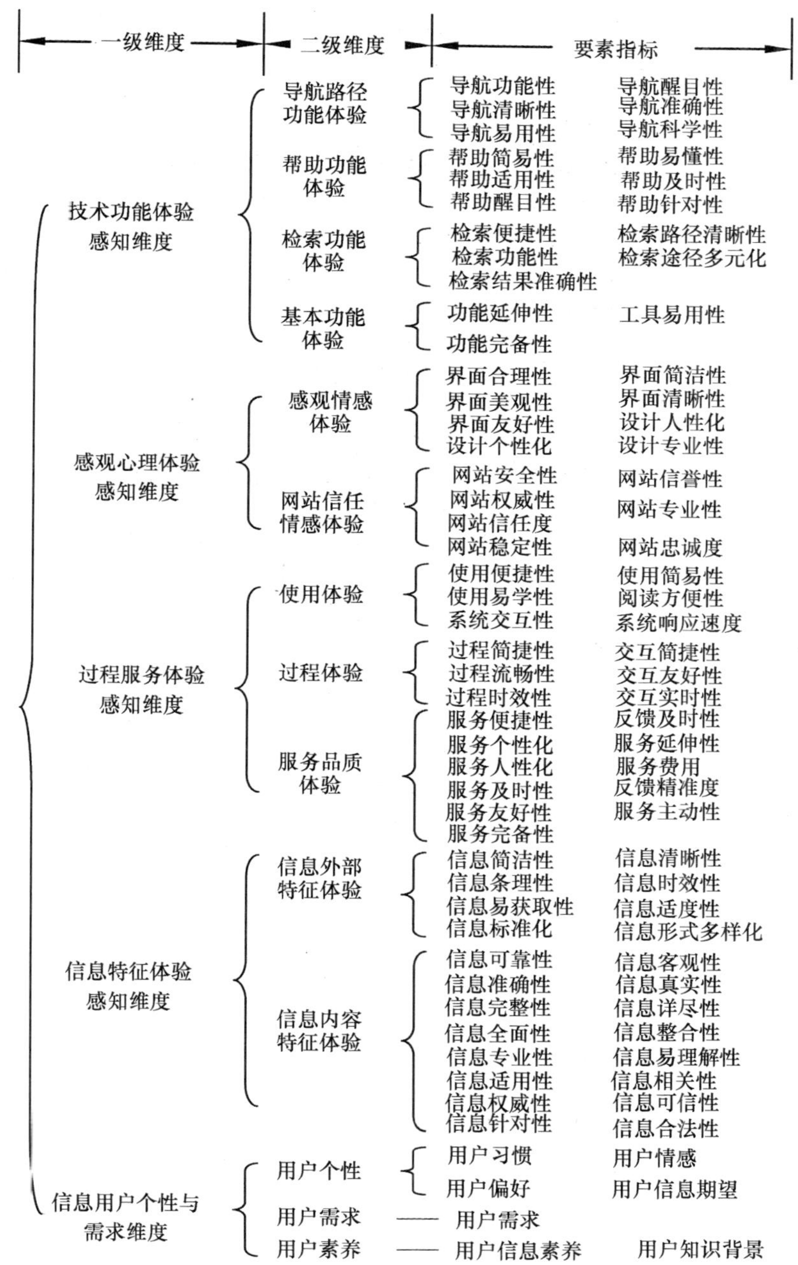

图 5—1　信息交互过程中基于用户体验与感知的信息质量影响因素指标体系

各大类维度所包括具体指标的内涵以及实验中所获得的被试关于此指标的典型引用语见表5—5至表5—9。

表5—5 **感观心理体验与感知维度主要影响因素指标描述**

指标名称	典型引用语举例
界面合理性	"起决定性作用的是网站布局设计，然后才是信息检索。界面中，所有功能的设计是否合理，尤其是检索功能布局设计。我第一眼看到这些如果不合理，马上对它评价就直线下降。"（016）
界面简洁性	"其实我不喜欢这样杂乱的页面，你不觉得这个网站很像是广告页吗？我觉得最好是像我们学校VOD那样，我就喜欢那样一个大板块，多简洁。这个网站的网上办公、网上咨询都不要写那么小，要写大一点，想进哪个渠道就直接进去。"（025）
界面美观性	"我不喜欢这个黄颜色的，倍儿闹腾，倍儿乱。主要信息的字体颜色也不深，看着特别不清楚，都是字，一点都不大气，一点美感都没有。这当然会影响信息质量了。就像商品一样，颜色不好肯定不买。"（019）
界面清晰性	"这个网站字体特别小，它的各导航、栏目的字和其他字大小都差不多，不是特别清晰，版面设计也不是很清楚明了。这个设计特别不好。"（011）
界面友好性	"它把检索框放在了中间，而携程放在左边，不好看，没有放在中间舒服。"（016） "我希望它能设计更友好一点，界面更友好一点。让你一用就不陌生。我觉得很多时候，数据库用不好就是不会用、不好用，影响信息查找结果。"（003）
设计人性化	"作为政府网站，它的用户对网络熟悉程度是不同的。它的导航一点都不清楚，字体太小，都差不多，真的挺不好找的。何况网络生手。应该设计时把检索入口设计得比较直观，过程简捷，适合不太熟悉网络的用户使用，大家能够方便找到。这样才会满意。"（007）
设计个性化	"万方的页面整体设计没有太多特色，太缺乏个性了。包括它的结构、组织方式等，都不好。"（025）
设计专业性	"虽然CNKI的页面比较密实，而且各方面分类多一些，但让你感觉设计更专业。"（018） "它做的这个设计也让我感觉不舒服，感觉特别像那种山寨的。输入框太小，感觉它有点像山寨的携程。"（016）
网站安全性	"我对快游网信息质量评价较高。因为除了价格，它还有一些保险验证、提醒、防骗的说明信息等，觉得这个网站很可信。在上面进行活动感到很安全。"（011）
网站权威性	"我觉得CNKI的信息质量是最棒的。可能因为我的老师总跟我们说CNKI上面搜到的论文比较权威。"（016） "它已经在纳斯达克上市，就让我觉得这个网站比较权威，信息质量较高。"（016）
网站信任度	"一般不会确认太多遍，如果这个网站我经常用，就会信任它，会直接选择。"（020） "我毕竟头一次在这个网站上订机票，对它的信任度还不太高，对它提供的信息质量还有怀疑。"（019）

续表

指标名称	典型引用语举例
网站信誉度	“我第一次买，肯定对这些信息不是很了解，别人的评价对我是特别重要的。”（005） “像顾客留言这样的信息，我会参考的。如果大家评价都很好，这个网站信息质量就没问题。”（009）
网站稳定性	“我用过的网站，过不了多长时间，就不动了，没有任何更新，感觉就是死了，这种网站我不会再用，它不稳定呀。”（021） “感觉 CNKI 比较好，我原来总用，它性能挺稳定的，不像其他网站，有时就不稳定。”（015）
网站忠诚度	“我和同学经常用这个网站，它是我熟悉的网站，别人的评价对我影响不大。”（005） “我感觉，对于购物类网站，我还是经常用比较熟悉的，尤其是服务比较好的网站，而且比较安全。”（011）
网站专业性	“它这个设计让我感觉不舒服，这个 LOGO 可以飘动啊、全国统一服务热线，还用这种字体，颜色乱七八糟的，颜色太多，字体太多，这明显就是一个设计失败品。感觉特别像那种山寨拿出来骗人的。真的太不专业了，你能相信它提供的信息吗？”（016）

表 5—6　　**技术功能体验与感知维度主要影响因素指标描述**

指标名称	典型引用语举例
导航功能性	“一进入网站，主页上面应该有一个各类问题信息检索的导航，直接可以点击进去，或者告诉我一个查找流程，否则就算是查到信息，也会影响我对它的评价。”（023）
导航清晰性	“我就觉得它不如维普和万方做得那么直观，各个导航条非常清晰，让我一进网站，就知道利用哪个菜单查找哪些信息，然后我点一个搜索，就很简单。所以质量不高。”（002）
导航易用性	“你知道 CNKI 的导航非常好用，它页面非常得多，我会大致浏览导航栏里有没有我想要的选项。没有的话，我宁愿自己去研究，我不太喜欢它的检索途径。”（003）
导航醒目性	“我还是不知道找哪个地方，它怎么一点也不引人注意呀，这是什么导航功能呀！”（018） “我觉得维普能够把所需要的信息明显地摆在眼前，下载、打印、加入电子架，我觉得这样子非常方便。”（020）
导航科学性	“这个警务网界面上导航内容也没有分门别类区分开来，一点也不科学。”（007） “虽然 CNKI 的导航分类多一些，但每个学科都会列出来，让你感觉更专业。”（018）
导航准确性	“我希望一进去，它能够在导航中很准确地将这个网站最主要的分类放在那里，不是像这样，一点都不清楚、不准确。”（002） “如果它有导航一栏，而且里面非常准确、清晰，对新手来说就最好了。”（003）
帮助简易性	“这个警务网提供的帮助手段太复杂，如果帮助的内容不是太复杂，不是一次一堆文字的话，遇到问题我会使用。但太复杂，使用后会影响我的信息查找，会影响我的评价。”（008）

续表

指标名称	典型引用语举例
帮助适用性	“在检索框边上有个小一点的问题帮助注释，这样看与用的时候比较方便。应该把系统的编程更加复杂化，我们使用更加傻瓜化。”（021）
帮助醒目性	“我在这个网站的界面就是没注意到它还有帮助那一块，感觉非常不满意。有问题不知道如何解决。为什么不能放在醒目的位置？我感觉不会用的人应该挺多。”（018）
帮助易懂性	“像百度知道，人家会讲述这个问题直接怎么去解决，答案就特别直接。不像这里的帮助，说得太学术了，都搞蒙了，还不如不用。差评。”（016）
帮助针对性	“我不会运用网站提供的帮助，也对它不满意。因为我感觉就算看了那些帮助，也不是我需要的，有时候都没法做到我们想要的结果。用处不大，质量当然不高。”（004）
帮助及时性	“我遇到这个问题，但网站给的帮助却没有，我给他提问，都不知道什么时候才能回答，有时都不回答。”（004）
检索便捷性	“携程网感觉非常好，因为它下面有一个按钮，可以直接选前一天后一天的机票信息，而不是像黄金假日那样点日期再重新搜索，我觉得这样用起来很方便，就是说我自然而然地往下看，看到它提供给我的工具。在黄金假日上我还找了一下，都有。”（020）
检索功能性	“因为万方给我最好的就是在页面上能看到快照这样的东西，让我在第二页就可以看到我需要的大致内容，而前面网站就没有这个检索功能，我搜索下载后，发现好多都不是我想要的。如果把摘要弄出来，他弹出一个对话框，用户体验可能会更好。”（014）
检索结果准确性	“在这里，我只要输入起止城市，然后所有我所需要的航班信息都出来了，价格、打折、机型啊都出来了。非常准确的话，评价肯定不一样。”（004）
检索路径清晰性	“办理身份证首先是户政管理，应该有一个单独入口，就像师大主页似的，这一项应该单独列出来让大家一眼就看见。如何查找过程应该非常清楚，不像这里。这样感觉太一样了，都太烦琐了，找不到想要的信息。太乱了。”（007）
检索途径多元化	“最好是它不仅有起止城市，查询可以通过航班、飞机起降时间，最好还有一些其他的查找方式，这样我可以根据我的需要更具体、更直接查我想要的信息。这样可能会使人更满意。”（004）
功能完备性	“在这个网站里，我有点胡乱找。建议网站上至少要有搜索引擎功能或其他一些功能。让人用起来比较方便，可能会对最后的信息质量评价有影响。当然，如果还有一些更先进的功能，让我们用起来更方便，就更好了。但这个网站太差了，连基本的都没有。”（010）
功能延伸性	“我感觉这里功能太少了，获得的信息质量不高。现在网站功能还是很多的，如果这里有一些链接、推送、评论、在线咨询等，用起来就方便多了。政府网站，大家肯定都能用上，所以应该把各项功能做得好些，才能叫方便老百姓！”（011）
工具易用性	“原因是有些网站它本身就特别烦，下载这个那个，安装啊。如果安装过程太烦琐，可能我就不爱安装了。”（005）

表 5—7　　过程服务体验与感知维度主要影响因素指标描述

指标名称	典型引用语举例
使用便捷性	"因为我想订 1 到 3 号期间的机票，在携程上更换时间必须要从出发日期一次一次改，换来换去，找到了也不爽。快游直接点过来就行了。这样感觉比较方便，不一样。"(007)
阅读方便性	"如果我特别需要其中的资源，我就会按要求下载它的播放器、阅读器，但说实话太不方便，没办法。如果是平时的绝大部分信息，找一些期刊啊我不会用它。"(025)
使用简易性	"我觉得快游网比较好，各个功能使用非常容易。你看用时间搜索直接就显示。而且，一般来说查票时价格都是首先考虑的问题，先显示价格，这样使用非常简单。而携程就乱七八糟的，你得慢慢去搜索，不太方便。"(024)
使用易学性	"对于一些专业网站，你要是初来乍到没有用过，你不知道从哪儿下手。但 CNKI 有各种方式让你从不止两条途径选择，对初学者或刚开始用的人特别好。容易学。"(007)
系统交互性	"它可以在后面增加一栏，就是用户对已经在坐的航班进行评价。我希望网站有这样一个平台，不只可让我们评价它所提供信息与服务，还可以让我们评价它提供的各个功能、技术等，当然这个过程要非常简单、方便。"(002)
系统响应速度	"你看这个还是没有打开。一般是等待其打开还是放弃要看我上网时间与心情，要是时间短，我就直接关了。"(001) "黄金假日网速太慢，网速慢不仅是电脑和网络，肯定与网站系统本身设计有关系。"(020)
过程简捷性	"我习惯信息提供给我的方式就是过程非常简捷，让我只点几次就把我最需要的信息全部提供在上面。我喜欢用搜索工具，网站最好直接把那个栏放在显眼位置，不要很隐晦。"(020)
过程流畅性	"我虽然获得了想要的信息，但中间过程并不顺畅，会影响我对整个信息质量的评价。"(006) "这得取决于过程是不是通畅，在我刚才利用的过程中，这两个库只有一个能顺利打开，这虽然是客观因素，它会对信息查询有影响的。"(020)
过程时效性	"以'去哪儿'网为例，我被他的动态信息载入所吸引，使我的心情相对愉悦！在阅读已载入信息的同时，它继续搜索并提供信息，我可以减少等待，交互时信息已经载入好了，不需要进入另外一个页面。真好！"(014)
交互简捷性	"实时在线感觉会更好一些。有什么问题它能够给你解答。与网站的交流比较方便，即使它回答得不是很细致，你也可以进一步发问，它作为一个政府部门……"(007)
交互实时性	"如果是实时咨询，我会使用的，这样就非常好。因为很直接，也很人性化，政府通过这种形式直接交流，会给出不一样的感觉，会很亲切，感觉他们果然是为人民办事。"(014)
交互友好性	"在与它交流过程中，网站客服或它提供的各项服务的态度会影响我，我会根据它来考虑是不是继续在它上面购物。"(009)
服务便捷性	"比如在库中，我特别想查到一篇文章，但是没有。网站如果可以提供文献传递实时咨询，我当时提出需求，网站随后把文章发到我邮箱，会大大提高我的满意度的。"(025) "我希望政府网站在检索过程中提供便捷的帮助、服务等内容。"(022)
服务个性化	"机票价钱对学生来说是比较高的，我觉得网站能不能这样，就是通过我这个人的职业、我个体的一些因素，然后有针对性向我推荐最适合我的航班，比如说是时间呀，机票价钱呀，在这些方面它能针对我个性化的给一些服务。"(002)

续表

指标名称	典型引用语举例
服务人性化	“平时像淘宝、久久都还有新手上路，比较人性化。它能够指导你，让你不会犯一些错误，你阅读一下它的帮助就会快很多，有时也避免出错误。这挺好的。”（025） “挺人性化的，我觉得携程网挺人性化。”（022）
服务友好性	“应该有短信服务，或订完之后网页直接给出反馈，这点企业来说成本都是很低的，让客户很放心，能确认自己的票已经定了。或其客服主动打电话来确认已经订好了，更人性化，感觉很舒服。”（014）
服务延伸性	“如果单纯订机票的话不会关注这些东西，但是如果是在我订机票操作中上半部分显示订票，下半部分显示这些信息，我就比较感兴趣了，可以考虑。设置一些推荐去的地方、商家等，可能对我产生一些影响。”（014）
服务及时性	“这个警务网的相关服务咨询或其他服务，一问一答式的，但不一定什么时间告诉你，反应太慢，这也就是政府网站。如果是商务网站，我肯定不会在网上购物或交易，服务一点都不及时。”（005）
服务主动性	“这几个网站都没有我用过的人人网的服务好。在人人网，不需要自己主动去找，别人的分享，不用多久就能接收到新鲜的时令的一些信息。”（006）
服务完备性	“还是最希望它给我一些针对性。比如说我的职业年龄收入还有我的所处地点、距离机场的距离，可能比较贪心，就希望它给我一个全方位的推荐。就说您最适合哪班哪班，哪个航空公司，这样的。”（001）
反馈及时性	“我要是现在留言了，可能下午或者很长时间才能回复，留言人多了也来不及处理，就会延时。会影响到我的评价。”（022） “网上咨询伴有时间上的拖延，我今天问了，它可能明天给我答，非常没有效率。”（020）
反馈精准度	“我发现留言的方式，解释得不是很清楚。”（004） “你看这个警务网站，它上面的回答都没有针对性，不详细。”（015）
服务费用	“我都是习惯自己去找，不太会用它那种在线的帮助。而且根据以往的经验，好多在线客服都是收费的，所以不用。这类网站的服务、信息质量，唉！”（007） “又试了一下另外一个数据库，但是发现需要付费，不满意。”（012）

表 5—8　　**信息用户个性与需求维度主要影响因素指标描述**

指标名称	典型引用语举例
用户偏好	“我个人比较喜欢这个占据整个屏幕的界面，像维普和万方都是中间这一小块，而这个感觉功能多一点，都集中在一个界面中，比较好用。”（006） “我觉得主观性特别大，我不知道为什么刚才一看快游就比携程舒服，就喜欢它。”（005）
用户习惯	“根据我的习惯，还是觉得这个网站信息质量比较高。我觉得现在大家使用搜索引擎都是靠习惯的。其实在信息查找过程中，从符合习惯的网站获得信息与从不习惯的网站获得的信息感觉是不一样的。在这次实验过程中，我才注意到。”（025）
用户信息素养	“我把关键词锁定为‘防震减灾+注意事项’、‘经验教训’之类的，然后选择文章中找到的，里面有日本发生地震时采取的措施以及对它的评价，我觉得挺满意的。”（023） “其实在信息查找的过程中，得有很好的判断能力才能找到所需信息。”（013）

续表

指标名称	典型引用语举例
用户情感	“CNKI 和维普，真没偏爱，那看心情，有时知网的关联较多，但它下载时没有维普方便。我还是觉得要跟当天心情有关，基本上两个库同时用。”(002) “结果浪费了好长时间，都查不到这篇文章，心情很不好，我再也不想去用它。”(001)
用户信息期望	“在利用每一个网站之前，我都有一个心理期待，就是期望度。”(004) “我会拿最后获取的信息结果与我前面对这个信息的预期相比较，如果符合我的预期，我就会感到满意。”(016)
用户知识背景	“我对各种机型还有机场的流程有一定的了解，所以查这个不用费太多的时间。”(006) “我一般不会用网上帮助，因为我学档案的，本身做的就是检索词之类，从开始就会有意识去看。”(013)
用户需求	“我得看自己的需求，如果我特别需要其中的资源，我都会按其操作去做。”(025) “我要是去那个地方，我已经提前安排好了，所以我就不会再去看这些东西了。如果我是到一个陌生的地方，没有去过，我想我就可能顺便再看看这里头的。”(019)

表 5—9　　**信息特征体验与感知维度主要影响因素指标描述**

指标名称	典型引用语举例
信息简洁性	“利用搜索引擎查询过程中，信息好多都是重复的。里面的内容或者新闻报道虽然来自不同网站，但都是重复的，信息冗余量比较大。而且要在这一大堆结果中要再查找、搜索很长时间才能得到想要的数据或结果。”(008)
信息清晰性	“它的页面颜色好看，航班标志、起降时间、价格等信息都清晰，每个航班后还有预订选项，介绍详细，优惠打折情况清楚。携程网就仅有什么舱，可能有打折信息吧，但我没看到，很不容易发现。”(013)
信息条理性	“我真的不喜欢这个网站。你想查什么信息得挨条看，没有一个检索条链接到你想找的内容。所有有关身份证的都在一个界面里，没有对内容进行分类，乱七八糟的，这样找起来很麻烦。如果有网页链接或对信息进行条理化就会比较好。”(022)
信息时效性	“在这三个网站中，我想搜些关于地震防治方面比较新的学术论文都找不到，这两年地震这么频繁，居然会没有？”(020) “平时很少用这个网站，因为数据库包含信息量不多，更新慢，最新的东西比较少。”(013)
信息易获取性	“维普的界面特别简洁，你想搜索什么就直接输，词条里比较精准，你想搜索的信息它能比较精准地表达出来。搜索出来的信息结果，你直接点进去，能让你阅读全文，没有那么复杂。”(022)
信息适度性	“我喜欢快游网，携程太烦琐、信息太多了，这些广告、旅馆、酒店的信息，虽然做得比较细，如果我有需要就会关注，但只是订机票去那就太多了。”(024) “它上面的信息量过大，这反而是个麻烦，还得一条一条找，分不出主次。”(011)

续表

指标名称	典型引用语举例
信息标准化	“我希望它提供的应该是一个基本的、标准化格式，像 PDF 或者 WORD，这样利用起来比较方便。”（002） “不满意最后获得的信息，它明显是扫描过的格式，不太标准，利用起来不方便。”（010）
信息形式多样化	“我更喜欢用谷歌、百度，查出来信息给你提供各种形式，文字的、视频的、音频的、图片的。而有些网站，提供的信息形式太单一。”（017）
信息可靠性	“当当网的评价是特别真实的。因为你只有买了这个东西才有资格去评价。绝对不会让外人、托儿或有恶意的人去评价。第三方是无法评价的。我对从这样的网站中获得的信息感到满意。所以我觉得是可信的。”（005）
信息客观性	“我觉得很多时候（新闻）找不到不同人的评价、不同人的想法或更客观的看法，大部分好像都被限制在一个框架里，所有评价都一个样。”（010）
信息准确性	“如果有一个公告挂在页面上，比如丢失二代身份证办理，有个流程图，需要的材料等写得明确、准确，不要含糊。”（013） “你想找哪年到哪年的文献信息，你就可以直接很精确地找出来。”（022）
信息真实性	“它的信息比较全面，介绍得比较好，解释比较详细，觉得获得的信息是真实的，信息质量比较高，可能就会促使你抱着试一试的心理购买，否则不会购买。”（015） “我对网上公开的信息真实性不能确定时，当然对信息质量就会怀疑。”（004）
信息完整性	“我对这个网站的信息质量评价比较认同，因为它显示出起点、终点、几月几号，不同时间段的不同机票价格，还有飞机的正点率，说白了就是把查询、预订机票时的信息全部都提供给我了，这些信息是完整的，不需要我反复查询了。”（020）
信息详尽性	“开始想选择携程，但后来改了。虽然两家网站提供信息基本一样，但携程给的信息就太简略。而黄金假日旅游网除了提供订票所需要的全部信息外。还提供了航班机型、准点率、详细订票步骤、注意事项、目的地机场情况等，所需信息真是比较详尽。”（020）
信息整合性	“我希望网站能够综合抽取各方内容提供给我综合的信息，不用一点一点去选。”（006） “如果网站能够将如何办理手续、预定步骤、在线支付等信息综合在一起，将相关信息进行归纳整理，提供一站式信息服务，在这里各种信息都能获取到，该多好。”（007）
信息专业性	“像这个网站是我最不喜欢用的。给我的感觉，我也说不上来。深层次的，我觉得它做得没 CNKI 专业，虽然也是同样提供文章，但总是觉得它给的文章很不专业。”（016） “这三个数据库跟百度相比，这些数据库所获信息更专业，信息质量就是不一样。”（010）
信息全面性	“虽然查的是学术类信息，但像我们不是搞专业的，对地震、地质、地理不太了解的人看这种学术文章，获得的知识作用不大。而如果网站能够从学术、常识、科普等方面分别提供给我们信息，最好是有相关背景知识介绍或链接，这样信息就非常全面了。”（013）

续表

指标名称	典型引用语举例
信息适用性	“我能找到与我要找的问题相关的信息非常多，但是真正对我有用的却不多。”（003） “我比较满意。因为这东西正是我能用得着的。以第一篇为例，文章所分析的这个地方离我家挺近，真正对我学习如何预防地震有很大帮助，挺实用的，质量挺高的。”（005）
信息相关性	“查到了，但质量不高。我点居民身份证办理这块，进去后，密密麻麻都是字，还有一些政策，关于费用、户籍管理政策啊，而与我丢失身份证办理相关的信息就短短几行字，不太相关，相关信息太少了，特别是我需要的信息比较少。”（021）
信息权威性	“对信息的满意，首先是方便，其次就是我比较关注的那些，因为比较关注它，感觉出自名家之手，就会有比较强的权威性，比较信任。”（012）
信息可信性	“我刚没注意，携程网相关信息有备注，这个好些。信息比较全，我还觉得携程网要好一点，信息可信度高。”（019）
信息合法性	“所需的学术资料，CNKI 提供的资料是合法的，信息可信度高。如果下载电子书首先就是盗版侵权，资料也不全。”（005）
信息针对性	“它提供给我的东西针对我特定的需要太少。你看，很多东西比较学术、高深，还有那个公式。根本就不是针对我这个具体问题的信息，这都是什么呀！？”（018） “不满意。就像我刚才谈到的，这些都不是针对我需要补办身份证过程的信息。”（017）
信息易理解性	“我想到的是这篇文章的受众应该是我们大众，我们面对像汶川那样的大地震时，怎么应对，跟生活联系比较紧密。但是，这两篇文章的学术性太强了，我不是很满意。不通俗易懂。一般人看的话，不容易看得懂。”（011）

在以上所获取的影响因素指标中，16 个频数大于 100 的高频指标具有较高代表性和认可度，涵盖了信息交互过程中用户在信息内容、系统功能、网站设计、信息服务等方面体验与感知而获得的具有较高共同性、一致性的影响信息质量因素，是交互过程中信息质量的关键影响因素。

其中，“使用便捷性”、“信息相关性”、“信息完整性”、“界面清晰性”等指标均位于三类网站统计前列，表明用户在与不同类型网站信息交互过程中体验与感知的信息质量影响因素在这些方面具有共同性和一致性，这些因素是各类网站基于用户体验与感知视角的影响信息质量基本因素。同时，有 23 个频数小于 10 的影响因素指标，虽然频数较低，但根据分类统计，这些指标在某种类型网站中却具有较强指向性和代表性。

从五大类维度指标具体统计来看：

“技术功能体验与感知维度”类主要包括信息交互过程中从用户对

网站系统功能（主要包括导航、帮助、检索等）体验与感知角度获得信息质量影响指标。其中，“导航清晰性”、“检索便捷性”、“检索结果准确性”等高频指标是用户体验感知获得的信息质量基本影响因素。而随着信息技术发展与用户需求变化，用户对网站系统能否提供一些延伸与附加功能有着更多期望。因此，“功能延伸性”、“功能完备性”、“检索途径多元化”等指标成为影响信息质量的深层次因素。

“感观心理体验与感知维度”类指标是用户基于自身情感、经验、信任等，在信息交互过程中通过对网站界面设计、系统安全和网站信誉等方面的体验与感知而获得的信息质量影响因素。“界面简洁性”、“界面美观性”、“界面友好性”、“设计人性化”等高频指标表明，用户在利用网站搜索与浏览信息时，也在与网络系统进行着情感与心灵交互。尤其是一些网站提供的可供用户选择的个性化界面与设计，将优化与提升用户的美学、感观、情感方面体验与感知，在更深层次上影响信息质量。而“网站信任度”、“网站信誉度”等指标说明，在目前网络环境条件下，用户对交互过程中的安全、信任方面的体验将影响其信息质量评价。

“过程服务体验与感知维度”类主要包括用户在信息交互过程中从服务质量与水平角度的体验与感知而获得的信息质量影响指标。网络环境中，信息作为一种特殊商品，用户信息获取与利用过程就是信息消费过程，[①] 其本质是一种信息服务消费过程。“使用便捷性”、“使用简易性”、“服务友好性”等高频指标表明，用户在信息交互过程中对网站基本服务过程、水平、态度等的体验与感知是影响信息质量的基本因素。而“系统交互性”、“交互实时性”、“反馈及时性”等指标反映了用户对网站能否提供即时、同步、在线互动与交互的体验与感知成为影响信息质量的深层因素。

“信息特征体验与感知维度”类中的各指标主要来自于信息交互过程中用户通过对信息主要特征、效用的体验与感知而获得的影响信息质

---

① Anastasios T. et al., “How Users Access Web Pages for Information Seeking”, *Journal of the American Society for Information Science*, Vol. 56, No. 4, 2005, pp. 327 - 344.

量因素。网络环境中，虽然用户信息交互过程体现为一种服务消费，但信息获取依然是用户信息行为的根本目标。信息交互过程中，用户随时通过对所获取的信息效用与价值的体验与感知来不断调整自己信息行为。“信息相关性”、“信息全面性”、“信息完整性”、“信息可靠性”等指标是基于信息内容特性的信息质量影响因素，而“信息适用性”、“信息适度性”、“信息整合性”、“信息易获取性”等指标是用户通过对信息外部特征的体验与感知获得的信息质量影响因素。根据实验统计数据，此类指标无论是频数还是各指标占比均位于五大类前列，说明用户在信息交互过程中体验与感知到的信息内外部特征是影响其信息质量评价的核心因素。

在以上四类影响因素指标中，“感观心理体验感知维度”和“过程服务体验感知维度”类中的各项指标是用户纯粹的主观感知和心理反应，表明用户在信息交互过程能否获得美好体验与美感享受将影响信息质量。而“技术功能体验感知维度”和“信息特征体验感知维度”类指标表明，虽然网站系统的技术功能与信息的特征效用均具有一定客观性，是影响信息质量的客观因素。但在信息交互过程中，用户通过对网站技术功能、信息特征与效用价值的体验与感知而获得的主观判断将影响其信息质量评价。

而“信息用户个性与需求维度”类中的指标则反映了信息交互过程中用户个性、需求、素养等因素对信息质量的影响。布鲁克斯在其信息空间理论中指出，用户知识结构、认知水平等遵循“联系已经理解的事物”、“匹配既有的知识”原则。[①] 由实验内容和所获指标可见，“用户偏好”、“用户习惯”、“用户需求”、“信息素养”等影响指标表明，一方面，这些要素是信息交互过程中用户体验与感知的基础，直接对信息质量产生影响；另一方面，用户在交互过程中可以通过对其潜在偏好与需求的体验与感知来调整与修正自己的信息行为并影响信息质量。

---

① Brookes B. C., “Foundation of Information Science: Part Ⅰ, Philosophical Aspects”, *Journal of Information Science*, Vol. 2, No. 3 - 4, 1980, pp. 125 - 133.

（四）不同类型网站信息质量影响因素指标讨论

由表 5—4 可见，虽然存在共性影响因素，但用户与三种类型网站交互过程中所体验与感知的信息质量影响因素还是具有较大差异。

为进一步讨论与分析不同类型网站间信息质量影响因素的差异性，我们从指标频数与指标占比两个角度分别对三种类型网站信息质量影响因素进行统计，如表 5—10、表 5—11 所示。

表 5—10　三种类型网站信息质量主要影响因素指标频数排序（前 20 位）

指标名称	任务一（学术型网站）		指标名称	任务二（商务型网站）		指标名称	任务三（政务型网站）	
	频数	占比		频数	占比		频数	占比
使用便捷性	157	57.93%	信息相关性	178	49.86%	导航清晰性	213	63.77%
信息相关性	125	35.01%	网站信誉度	148	83.15%	信息完整性	93	30.29%
信息易获取性	104	57.78%	信息完整性	112	36.48%	界面清晰性	82	32.80%
信息适用性	91	44.83%	信息全面性	105	49.07%	界面简洁性	65	42.48%
导航清晰性	88	26.35%	服务友好性	72	82.76%	信息全面性	62	28.97%
检索便捷性	85	47.75%	网站信任度	72	66.67%	检索便捷性	51	28.65%
信息完整性	83	27.04%	界面清晰性	70	28.00%	信息适用性	50	24.63%
界面清晰性	77	30.80%	界面友好性	66	47.48%	使用便捷性	49	18.08%
信息适度性	68	51.91%	使用便捷性	58	21.40%	信息相关性	48	13.45%
使用简易性	55	74.32%	信息可靠性	53	43.09%	信息易获取性	44	24.44%
界面简洁性	48	31.37%	信息适用性	51	25.12%	信息可靠性	43	34.96%
系统响应速度	46	64.79%	界面美观性	40	43.48%	交互实时性	40	88.89%
界面友好性	45	32.37%	设计人性化	40	38.83%	反馈及时性	38	86.36%
信息全面性	42	19.63%	界面简洁性	39	25.49%	系统交互性	36	59.02%
功能完备性	38	69.09%	检索便捷性	35	19.66%	信息适度性	33	25.19%
信息针对性	38	44.19%	导航清晰性	29	8.68%	信息简洁性	30	44.78%
设计人性化	37	35.92%	信息清晰性	24	43.64%	信息条理性	27	47.37%
阅读方便性	35	92.11%	信息适度性	22	16.79%	界面友好性	26	18.71%
检索功能性	33	73.33%	系统交互性	19	31.15%	设计人性化	25	24.27%
检索结果准确性	33	53.23%	信息易获取性	19	10.56%	信息详尽性	25	44.64%

表 5—11　三种类型网站信息质量主要影响因素指标占比排序（前 20 位）

指标名称	任务一（学术型网站）		指标名称	任务二（商务型网站）		指标名称	任务三（政务型网站）	
	频数	占比		频数	占比		频数	占比
阅读方便性	35	92.11%	服务延伸性	9	90.00%	交互实时性	40	88.89%
信息专业性	10	83.33%	网站安全性	9	90.00%	反馈及时性	38	86.36%
帮助易懂性	24	77.42%	网站信誉度	148	83.15%	交互简捷性	20	80.00%
过程流畅性	15	75.00%	服务友好性	72	82.76%	服务便捷性	12	75.00%
使用简易性	55	74.32%	网站信任度	72	66.67%	信息整合性	19	67.86%
检索功能性	33	73.33%	服务费用	15	50.00%	网站权威性	19	65.52%
用户信息素养	32	72.73%	信息真实性	8	50.00%	检索路径清晰性	9	64.29%
检索途径多元化	12	70.59%	信息相关性	178	49.86%	导航清晰性	213	63.77%
使用易学性	12	70.59%	信息全面性	105	49.07%	功能延伸性	6	60.00%
帮助针对性	16	69.57%	服务人性化	13	48.15%	系统交互性	36	59.02%
功能完备性	38	69.09%	界面友好性	66	47.48%	信息时效性	21	58.33%
系统响应速度	46	64.79%	用户需求	5	45.45%	导航功能性	10	50.00%
用户习惯	26	63.41%	网站专业性	14	45.16%	界面合理性	17	48.57%
信息易理解性	19	59.38%	信息清晰性	24	43.64%	信息条理性	27	47.37%
使用便捷性	157	57.93%	界面美观性	40	43.48%	信息简洁性	30	44.78%
信息易获取性	104	57.78%	信息可靠性	53	43.09%	信息详尽性	25	44.64%
服务个性化	15	57.69%	帮助适用性	8	42.11%	界面简洁性	65	42.48%
用户偏好	29	56.86%	设计人性化	40	38.83%	过程时效性	20	39.22%
帮助简易性	10	55.56%	信息客观性	5	38.46%	帮助醒目性	5	38.46%
用户需求	6	54.55%	用户偏好	19	37.25%	信息清晰性	20	36.36%

注：每项任务各指标占比 = 任务各指标频数 / 指标总频数。

同时，为更直观体现此差异性，根据统计数据绘制了三种类型网站信息质量高频影响因素雷达图，如图 5—2 所示。

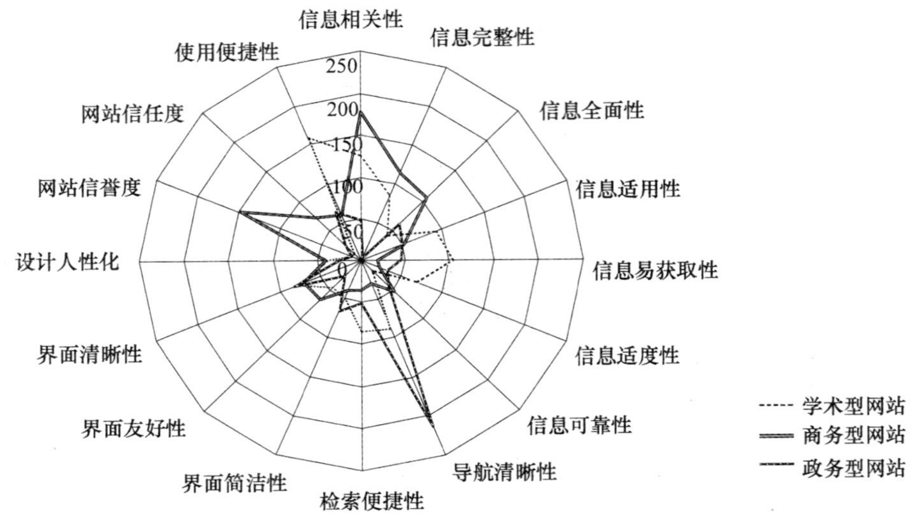

图 5—2 三种类型网站信息质量主要影响因素指标雷达图

由上述统计数据图表可见，用户在与学术型、商务型、政务型网站交互过程中体验与感知的信息质量影响因素的差异性主要体现在：用户对学术型网站体验与感知焦点集中在系统功能与检索过程、信息特征与内容方面；对商务型网站体验与感知聚焦于网站安全性与服务性；而对政务型网站体验与感知的重点则在信息获取路径、网站交互功能两方面。具体讨论与原因探析如下：

用户在与学术型网站交互过程中，系统“功能完备性”及“检索功能性”、“导航清晰性”，帮助功能的“简易性”、“易懂性”、“针对性”等功能指标和“过程流畅性”、“系统响应速度”、“使用简易性”、“使用易学性”、“阅读方便性”等高频与高占比指标表明，用户对系统功能和检索过程的体验与感知是影响学术型网站信息质量的关键因素；而“信息易获取性”、“信息易懂性”、“信息专业性”、“信息适用性”等高频指标则反映出信息特性与内容是用户体验与感知的影响信息质量核心要素。同时，通过实验数据可知，用户在交互过程中对自身偏好、习惯、需求等方面的认知也对信息质量有较大影响。以上结果表明：首先，学术型网站用户群体主要目的为学术研究之用，信息获取目标明确、清晰，对信息的专业性、针对性要求较高，交互过程中用户对信息特性及内容感知是影响学术型网站信息质量的关键因素。其次，国内外主要学术型网站结构设计、功能设置等均较复杂，而用户对信息获取的快速性、准确性、便捷性等方面要求较高。因此，交互过程中用户对网站各项功能的体验与感知对其信息质量评价影响较大。再次，与商务型、政务型网站相比，学术型网站用户群体具有较高的检索技能和信息素养，在交互过程中对自身偏好、经验等的感知与再认识对信息质量产生较大影响。

与商务型网站交互过程中，用户通过体验与感知获得的信息质量影响因素主要集中于两个方面：安全和服务。"网站安全性"、"网站信任度"、"网站信誉度"、"信息可靠性"、"信息真实性"等高频和高占比指标主要来自用户对网站安全方面的体验。而"服务人性化"、"服务友好性"、"服务延伸性"、"服务费用"等指标则主要是用户对网站服务品质的感知。以上结果表明：一方面，在目前互联网整体大环境中，商务型网站作为用户从事商贸交易活动的主要平台，信息安全性与交易过程安全性是用户关注焦点，因此，用户对此方面的体验与感知成为其评价信息质量的关键要素。另一方面，用户与商务网站交互过程也是信息服务消费过程。用户在此过程中对网站各类服务功能、服务品质的体验与感知直接影响到其进一步商业活动与行为。

与政务型网站交互过程中，用户通过体验与感知所获得的信息质量影响因素主要集中于信息获取路径、网站交互功能两个方面。其中，"导航清晰性"、"检索路径清晰性"、"检索便捷性"、"服务便捷性"等高频指标来自用户对交互过程中导航、检索等信息获取路径属性的体验与感知。而"交互实时性"、"反馈及时性"、"交互简捷性"、"系统交互性"等指标则来自用户对网站系统交互功能的感知与体验。由此可见，政务型网站作为政府信息公开和服务社会的重要平台，与其他类型网站相比较，用户群体覆盖面广、结构复杂，对信息获取过程中网站能否提供简单、便捷的各类功能要求较高。而政务型网站能否及时解答用户在信息获取过程中遇到的各类问题与求助，也是用户体验与感知的重点。同时，作为政府与公众沟通的桥梁与纽带，政务类网站提供的各种途径能否方便社会公众反映需求、呼声和对政府的意见与建议是用户满意度的重要构成维度。

第三节 基于用户体验与感知的信息质量影响因素专家访谈研究

访谈法（Interview）又称访谈调查法，是通过研究人员和受访人员面对面地交谈来收集所需资料的调查方法。[①] 专家访谈法是以专家作为获取信息对象，通过与之面对面地交谈，了解专家对访谈问题的判断、理解和想法，是以专家的知识和经验获取作为研究目的的一种方法。

在前期研究中，本研究运用实验研究方法获得了基于用户体验与感知的信息质量影响因素指标。虽然这些指标获取具有一定的科学性与规范性，但毕竟是一种小样本的研究，结果缺乏一定的权威性，而且在所获指标权重赋予上缺乏一定依据。故在本阶段采用专家访谈法，以期通过对本领域专家学者的访谈，获得具有一定权威性的数据，一方面可以达到对前期研究结果验证之目的，另一方面可对前一阶段研究结果进行适当的补充，尽可能挖掘具有代表性、全面性的指标。

一 专家访谈设计与实施

（一）访谈目的与访谈设计

本次专家访谈主要研究目标为：

目标 1：通过访谈，获取专家视角的用户信息体验、信息感知与信息质量的内在关系。

目标 2：通过访谈，从专家角度获取网络环境中基于用户视角的信息质量关键影响因素与指标。

（二）专家访谈样本选取

由于研究内容具体、针对性较强，需要受访专家对信息质量、用户

---

① 艾尔·比尔：《社会研究方法基础》，邱泽奇译，华夏出版社 2010 年第 4 版，第 177 页。

行为有所了解。同时，考虑到受访专家的代表性以及访谈研究的便捷性，研究小组经过阅读文献，并查阅相关研究人员的研究资料，最后选定了北京、天津两地的13位图书情报领域的研究员、教授和在读博士作为访谈对象（访谈对象的基本资料见表5—12）。这些专家近些年在用户行为、信息质量等研究方面颇有建树、具有一定代表性。

表5—12　　访谈专家基本信息

编号	学位	职称	研究方向
1	博士	教授	知识管理与电子政务
2	硕士	教授	情报理论、用户服务
3	博士	副教授	知识服务与情报理论
4	博士	副教授	文献计量、机构知识管理
5	博士	无	信息资源管理、竞争情报
6	博士	无	用户行为与信息服务、信息管理
7	博士	无	竞争情报、信息管理与信息质量
8	博士	副教授	情报理论、知识管理与服务
9	博士	讲师	信息服务、图书馆服务
10	博士	讲师	信息管理与服务、信息资源共享
11	博士	副研究员	农业信息质量、信息资源共享
12	博士	教授	用户行为
13	博士	讲师	社区信息服务

（三）访谈实施

本次专家访谈研究基于预先设计好的访谈提纲，通过与专家面对面交流的方式进行（具体访谈提纲请见附录7）。

为有效获取专家的观点，在与访谈专家预约后，提前一周将包括访谈目的、访谈内容等内容的访谈提纲发给受访专家。

研究整体访谈是在2011年5月中旬至6月中旬进行的。具体访谈在各位受访专家的办公室或实验室内进行。访谈采用半结构化访谈形式，主要采取二对一的方式（其中一位人员负责对受访专家的访谈，另一位人员负责现场记录），每位的访谈时间在30分钟左右，对访谈全程进行录音记录。

在访谈过程中，首先请受访专家根据事先设计好的访谈调查提纲依次谈自己的认知与观点。随后，访谈者根据专家的谈话内容通过转换视角、变换提问方式和顺序、追问重要线索等方式进一步提出问题，进行自由交流。

二 访谈内容萃取与指标编码

本次研究同样采用内容分析技术对专家访谈进行信息处理。整个处理过程与前面所进行的实验研究内容分析过程基本相同，先采用语义内容分析法对访谈资料进行萃取，再编制指标编码表，最后进行萃取数据规范化处理。

研究团队中的 7 名研究生采用语义内容分析法对专家访谈全部 3 万余字的文字记录进行内容分析与萃取，共获得 2082 条基于用户体验与感知视角的信息质量影响因素数据。再由 3 名研究人员组成编码小组对以上萃取数据中原始指标进行提取与讨论，经过整合与规范，最终获得由 80 个影响因素指标构成的编码表（如表 5—13 所示），并对每个指标内涵进行界定。

表 5—13 **信息质量影响因素指标解释与描述（专家访谈）**

指标代码	指标名称	指标解释与描述
001	使用便捷性	网站系统提供的各项功能、途径的操作方便、快捷程度
002	信息完整性	所获信息内容广度方面涵盖范围、维度水平
003	界面清晰性	网站各级页面上的栏目、信息等的清楚、明晰程度
004	信息相关性	所获信息内容与用户需求吻合程度
005	检索路径清晰性	信息检索过程中过程、路径、步骤的明确、清楚程度
006	界面简洁性	网站各级界面整体设计与布局的简洁、明了程度
007	反馈及时性	网站对用户各类需求、意见反馈的及时、快速程度
008	系统交互性	网站系统与用户信息交流沟通的功能性、友好性等
009	信息适度性	所获信息数量的适量程度
010	导航清晰性	网站的各项导航功能的醒目、清晰、直观程度

续表

指标代码	指标名称	指标解释与描述
011	使用简易性	网站系统各项功能使用的简便、容易程度
012	信息适用性	所获信息内容为用户解决问题帮助程度
013	信息准确性	所获信息内容的准确程度
014	系统响应速度	网站系统对用户各项操作指令的反应速度
015	界面友好性	网站各级界面的设计与用户特点、使用习惯的符合程度
016	帮助易懂性	网站所提供各类使用问题解答容易理解与掌握程度
017	界面美观性	网站各级页面设计，色彩的美观、大方程度
018	信息可靠性	所获信息内容可靠、可信赖程度
019	服务延伸性	网站提供的各类相关服务、深度服务、后续服务等
020	信息易获取性	用户对所需要信息获取、下载、保存的方便、容易程度
021	检索便捷性	网站系统提供检索方式使用的简便、快捷程度
022	信息条理性	网站所提供各类信息的分类合理、排列序化程度
023	服务人性化	网站系统提供的各类服务与用户习惯、特点适应程度
024	交互友好性	网站系统提供的与用户信息交流、沟通方式是否符合用户习惯、用户的需要
025	交互实时性	网站与用户问题交流、意见反馈的实时程度
026	帮助适用性	网站系统提供各类帮助对用户解决问题的有效程度
027	导航易用性	网站所提供导航功能使用的简易、方便程度
028	导航准确性	网站所提供导航功能所指向的准确程度
029	设计个性化	用户可以根据个性化需求转换或使用不同的网站整体及各级界面设计
030	使用易学性	网站系统所提供的各类功能与检索方式的学习掌握容易程度
031	信息时效性	所获信息内容新颖性、及时性的评价
032	设计人性化	网站整体设计与用户使用习惯、特点的匹配程度
033	网站忠诚度	用户对网站的喜爱程度、再次利用的意愿
034	过程流畅性	用户利用网络获取信息过程顺畅、方便程度
035	检索结果准确性	利用网站提供的检索途径所获结果与用户检索提问匹配程度
036	信息标准化	通过网站系统获取信息表述形式符合规范、标准的程度
037	信息真实性	所获信息内容的真实程度
038	信息客观性	所获信息内容（观点、数据、评价等）的客观程度
039	交互简捷性	网站系统提供的与用户交流、沟通方式的方便易用程度

续表

指标代码	指标名称	指标解释与描述
040	信息简洁性	所获信息内容的简练、清晰、直观程度
041	服务友好性	网站系统提供各类服务时的态度、方式、主动性等水平
042	帮助针对性	网站提供的各类帮助功能与内容的针对性、具体化程度
043	信息权威性	对所获取信息内容的重要性、权威性评价
044	帮助简易性	网站提供的各类帮助功能、方法的使用容易、便捷程度
045	网站信任度	用户在自身经验的基础上对网站的信任程度
046	网站信誉度	机构、媒介与其他用户对网站的评价
047	信息易理解性	所获信息内容易于理解程度
048	信息全面性	所获信息内容涵盖范围、丰富程度
049	工具易用性	网站所提供的各类工具的使用方便程度
050	信息整合性	所获信息内容的综合、归纳整理、系统化整合程度
051	网站安全性	用户利用网站获取信息过程中个人信息等的安全性、自身系统安全性
052	功能完备性	网站系统各项功能的齐全、完备程度
053	网站专业性	网站系统设计、功能、页面等的专业性水平
054	信息可信性	对通过网站所获取的信息内容是否值得相信、能否加以利用程度的评价
055	信息详尽性	所获信息内容的深度、详细程度
056	信息形式多样性	对所获取信息内容展示形式、方式、类型等的评价
057	检索途径多元化	网站提供的检索途径、方式、字段的多样化程度
058	信息合法性	对通过网站所获信息内容及获取信息渠道合法性的评价
059	网站权威性	网站的威望、名气等水平
060	界面合理性	网站各级界面整体设计、布局等的合理程度
061	信息针对性	所获信息内容与具体问题、特定需求的关联程度
062	导航功能性	网站系统各类导航功能的便捷、效用与针对性程度
063	用户情感	用户在信息获取过程中个人的感情、情绪等心理状况
064	用户信息素养	用户的基本信息素质、经验、技巧等
065	用户偏好	用户对网站、检索方式等的个人喜好
066	服务费用	网站提供各类服务的费用水平
067	用户习惯	用户检索信息、利用信息等方面的习惯
068	用户知识背景	用户的知识基础、贮备、学识等

续表

指标代码	指标名称	指标解释与描述
069	检索功能性	网络系统的各类检索工具与手段的功能、性能等水平
070	设计专业性	网站系统内容、版式的设计专业程度
071	服务完备性	网站系统所提供的各类服务齐全、周到程度
072	用户需求	用户对信息内容、形式、检索过程等方面的需求
073	用户信息期望	用户对所获取信息内容结果、信息获取过程和网站信息服务的期望与要求
074	导航科学性	网站系统各级、各类导航设置是否具有科学性
075	帮助及时性	网站提供的各类帮助的及时程度
076	网站稳定性	网站系统稳定程度与网站提供信息的稳定程度
077	信息清晰性	所获信息内容的清晰、直观、明确程度
078	信息验证性	所获信息内容可被验证的程度
079	信息增值性	所获信息内容在质、量以及价值上的增值程度
080	服务可靠性	网站服务能在规定的条件下和时间区间完成用户所需要服务的能力

注：078、079、080为与实验研究比较专家访谈新增指标。

最后，依据影响要素指标编码表，研究人员对前期全部2082条萃取数据指标进行规范化处理，并采用1—10（1代表一致性最低、10代表一致性最高）对这2082条数据进行逐条一致性比照与赋值。完成后，对低于5的数据指标再由小组讨论确认。

三　专家访谈数据分析与讨论

（一）信度和效度检验

在内容分析信度检验中，我们同样采用比较常用的由计算萃取数据综合一致性程度和每位内容分析者萃取数据一致性程度（见表5—14）。可见，萃取数据综合一致性程度和每位内容分析者萃取数据一致性程度均高于0.70，因此，本次研究内容分析具有较高可信度。

表 5—14　　内容分析数据一致性检验（专家访谈）

综合一致性系数	各萃取者萃取数据一致性系数						
	01	02	03	04	05	06	07
7.67	7.92	7.36	8.02	8.08	7.76	7.89	7.33

在内容分析效度方面。与实验研究相同，首先，本次研究的信息质量影响因素编码表是在原始萃取数据基础上编制而成，这些数据来源于访谈专家的观点。其次，内容分析与编码过程严格遵守相关程序。在编码中，每个指标的抽取与确定均由编码小组共同讨论获得，进一步提高了内容分析效度。因此，本次研究内容分析具有较高的效度水平。

（二）访谈数据内容分析统计结果

依据影响因素指标编码表对萃取获得的 2082 条数据所做的一致性、规范化处理结果，各影响因素指标的频数统计及排序如表 5—15 所示。

表 5—15　　用户视角的信息质量影响因素指标频数统计（专家访谈）

指标代码	指标名称	频数	指标代码	指标名称	频数	指标代码	指标名称	频数
012	信息适用性	167	046	网站信誉度	24	070	设计专业性	7
072	用户需求	100	014	系统响应速度	24	033	网站忠诚度	7
063	用户情感	92	024	交互友好性	23	077	信息清晰性	7
013	信息准确性	91	003	界面清晰性	22	007	反馈及时性	5
004	信息相关性	87	008	系统交互性	22	055	信息详尽性	5
017	界面美观性	82	069	检索功能性	21	052	功能完备性	4
064	用户信息素养	78	023	服务人性化	20	025	交互实时性	4
031	信息时效性	70	032	设计人性化	20	051	网站安全性	4
068	用户知识背景	68	021	检索便捷性	19	045	网站信任度	4
037	信息真实性	60	035	检索结果准确性	19	066	服务费用	3
048	信息全面性	56	029	设计个性化	18	079	信息增值性	3
047	信息易理解性	56	010	导航清晰性	15	027	导航易用性	2
018	信息可靠性	52	011	使用简易性	17	041	服务友好性	2
059	网站权威性	50	078	信息验证性	17	005	检索路径清晰性	2
002	信息完整性	48	006	界面简洁性	15	030	使用易学性	2
073	用户信息期望	44	050	信息整合性	15	022	信息条理性	2

续表

指标代码	指标名称	频数	指标代码	指标名称	频数	指标代码	指标名称	频数
019	服务延伸性	43	071	服务完备性	14	044	帮助简易性	1
061	信息针对性	42	034	过程流畅性	13	016	帮助易懂性	1
020	信息易获取性	41	053	网站专业性	13	042	帮助针对性	1
054	信息可信性	40	043	信息权威性	13	074	导航科学性	1
060	界面合理性	38	056	信息形式多样性	13	080	服务可靠性	1
038	信息客观性	35	065	用户偏好	12	049	工具易用性	1
015	界面友好性	31	067	用户习惯	12	076	网站稳定性	1
040	信息简洁性	28	036	信息标准化	11	058	信息合法性	1
009	信息适度性	26	057	检索途径多元化	9	039	交互简捷性	1
001	使用便捷性	24	075	帮助及时性	8	028	导航准确性	1
062	导航功能性	24	026	帮助适用性	7	N	合计	2082

同时，为进一步分析专家对以上 80 个要素指标观点的一致性，我们对访谈中提及以上各影响因素的专家人次进行统计，如表 5—16 所示。

表 5—16 **基于用户视角的信息质量影响因素指标专家提及人次统计**

指标代码	指标名称	专家人数	指标代码	指标名称	专家人数	指标代码	指标名称	专家人数
073	用户信息期望	13	008	系统交互性	7	026	帮助适用性	3
063	用户情感	13	059	网站权威性	7	075	帮助及时性	3
004	信息相关性	13	023	服务人性化	7	043	信息权威性	2
072	用户需求	12	050	信息整合性	6	045	网站信任度	2
068	用户知识背景	11	002	信息完整性	6	030	使用易学性	2
012	信息适用性	11	054	信息可信性	6	025	交互实时性	2
064	用户信息素养	10	053	网站专业性	6	057	检索途径多元化	2
013	信息准确性	10	032	设计人性化	6	005	检索路径清晰性	2
009	信息适度性	10	006	界面简洁性	6	052	功能完备性	2
031	信息时效性	10	069	检索功能性	6	079	信息增值性	2
017	界面美观性	10	029	设计个性化	6	055	信息详尽性	1
037	信息真实性	9	067	用户习惯	5	022	信息条理性	1
047	信息易理解性	9	065	用户偏好	5	058	信息合法性	1

续表

指标代码	指标名称	专家人数	指标代码	指标名称	专家人数	指标代码	指标名称	专家人数
020	信息易获取性	9	014	系统响应速度	5	076	网站稳定性	1
048	信息全面性	9	001	使用便捷性	5	051	网站安全性	1
038	信息客观性	9	070	设计专业性	5	039	交互简捷性	1
003	界面清晰性	9	015	界面友好性	5	049	工具易用性	1
010	导航清晰性	9	056	信息形式多样性	4	041	服务友好性	1
062	导航功能性	9	077	信息清晰性	4	080	服务可靠性	1
061	信息针对性	8	036	信息标准化	4	066	服务费用	1
018	信息可靠性	8	046	网站信誉度	4	028	导航准确性	1
060	界面合理性	8	011	使用简易性	4	027	导航易用性	1
024	交互友好性	8	034	过程流畅性	4	074	导航科学性	1
035	检索结果准确性	8	019	服务延伸性	4	042	帮助针对性	1
021	检索便捷性	8	007	反馈及时性	4	016	帮助易懂性	1
071	服务完备性	8	078	信息验证性	3	044	帮助简易性	1
040	信息简洁性	7	033	网站忠诚度	3			

从表5—15、表5—16可见，网络环境中，专家对信息交互过程中基于用户视角的信息质量影响因素的认知与前面我们通过实验所获得的数据基本相同，但也存在一定差异。

首先，用户信息期望、用户情感、用户需求三个方面影响因素位于词频统计与提及人次统计的前列。用户知识背景、用户信息素养等指标也位于前列。由此可见，专家更关注用户自身因素在信息交互过程中对信息体验与感知的影响、其信息质量评价的影响。同时，从统计指标来看，有关信息产品自身特质方面因素的频次与提及次数均较高。虽然网络环境中的信息质量是一个综合性概念，既包括信息产品，还包括信息服务、网站系统、技术等诸方面因素，但其核心依然是信息产品质量，因此，专家将信息产品特质放在评价中的重要位置。

实验研究中，信息特性、系统与使用性能、交互界面等方面因素位于前列。表明与信息产品、系统、服务等具有更实在、更切实的体验与感知因素相比而言，用户在需求、期望、情感等方面的感知，则是一种相对主观、难以言表的影响因素，容易忽视或表述不清。而专家在访谈中则从用户群整体角度进行分析，并注意到需求、期望、情感等方面因素是信息交互过程中用户行为、用户体验的基础。因此，用户信息期望、用户情感、用户需求三个方面影响因素位于通过专家访谈获得的影响因素指标前列。

其次，与实验研究相比较，专家访谈指标新增了三个影响因素，即信息验证性、信息增值性、服务可靠性。这三个指标是值得关注的影响要素。网络环境中，随着数据与信息爆炸式增长、信息服务不断发展和用户日趋成熟，用户信息需求发生了较大变化，不再仅满足于获得基本性信息，而趋向于获得整合性、增值性信息，以满足自己工作、学习、生活之需要。在实验中，这三个因素并没有引起用户关注，但专家从前瞻性角度提出此方面指标，虽然频次不高，却值得我们在未来研究中进一步关注。

再次，与实验研究相比较，通过专家访谈所获取影响指标减少了12个，即帮助醒目性、阅读方便性、设计个性化、导航醒目性、服务便捷性等。同时，系统功能性指标（如导航功能性指标、帮助功能性指标等）的频次与提及人数均较低，与实验研究结果正好形成对比。一方面，这种差异是由专家与信息用户个体差异所决定的，专家具有较高的信息素养和信息获取技能，并对网站系统的各项功能比较熟悉。另一方面，该统计结果表明，在当前环境中，信息用户的信息素养差别不大，网站系统功能还不完善，从用户角度来看，这些指标依然是重要的影响因素，尤其是在交互过程中将直接影响用户的体能与感知。但随着用户成熟度的提升以及各类网站系统功能的发展和完善，交互功能日臻提升，用户对这方面因素的关注度将会逐渐降低。

最后，在通过专家访谈所获取的影响因素指标中，网站系统界面的各项指标（如界面美观性、界面清晰性、界面友好性等）、交互过程中的各项指标（如交互友好性等）均处于较为重要的位置。这与实验研究所获结果具有一致性。表明用户在利用网站搜索与浏览信息的同时还关注与网络系统的情感与心灵交互。一些网站提供的可供用户选择的个性化界面与设计，将优化与提升用户在美学、感观、情感方面的体验与感知。

第四节 基于用户体验与感知的信息质量影响因素模型构建

信息质量影响因素模型是全面、系统反映用户在信息获取、信息利用过程中对信息质量评价各方面影响因素的综合模型。虽然国内外学者对网络环境中基于用户视角的信息质量影响因素做了多角度的研究与分析，尚缺少从用户信息交互行为与体验视角对信息质量影响因素的系统、全面分析及完整体系构建的研究，尤其是尚未构建完整的影响因素指标体系模型。

一 假设模型提出

如前所述，由于尚缺少系统的研究与分析，本部分将在前期通过实验方法与专家访谈方法研究所获成果基础上，选取影响因素指标，并根据指标间的内在联系，构建基于用户体验与感知的信息质量影响因素假设模型。

（一）指标选取

以前期实验研究所获得的 89 条基于用户体验与感知的信息质量影响因素为基础，考虑其中有 23 个指标频数小于 10，虽然这些指标均来自于用户信息交互过程中的实际感受，具有一定指向性，但频数较低、代表性不强，故给予剔除。共获得信息交互过程中基于用户体验与感知的信息质量影响因素假设指标计 66 个。

在前期专家访谈内容分析所获得的 80 条用户视角信息质量影响因素基础上，为使假设指标更具代表性，同时也避免假设指标体系过于烦冗，我们结合统计频次与提及专家人数两方面角度，删除了提及专家人数小于 4 人的因素，共获取基于专家视角的信息质量影响因素假设指标计 44 个。

在以上两方面研究所获取指标基础上，综合考虑所获假设指标要素的代表性，研究小组对两组指标进行了进一步删减、整合与优化，最终获得基于用户视角的信息质量影响因素假设指标 72 项。

（二）假设模型提出

以上所获取的 72 个假设指标为基础，根据各指标要素的基本内涵与相关关系，我们提出基于网络用户体验与感知的信息质量影响因素假设体系模型，如表 5—17 所示。

二　问卷设计与数据收集

（一）问卷设计

以以上假设模型和构成指标因素为基础，研究小组经过充分讨论，设计形成调查问卷初稿。经过征询本领域专家与相关人员对调查问卷初稿的意见与建议，研究小组对调查问卷初稿进行了较大幅度的修改与完善，形成预调研问卷。

预调研样本主要取自天津师范大学相关专业硕士研究生，共回收有效问卷 48 份。根据利用 SPSS 18.0 软件对预调研数据的分析结果，我们删除了预调查问卷中呈非正态分布及负载荷系数小于 0.4 的指标问项。同时，参考调查对象实际感受与意见，对调查问卷中的若干问项进一步优化、修改与调整，最终形成本部分研究正式调查问卷（见附录 9）。

正式调查问卷由两部分构成。第一部分主要包括调查对象基本信息及网络利用情况问项；第二部分是对网络环境中基于用户体验与感知的信息质量影响因素的调查，包括正式问项 72 个，观测变量采用李科特 5 级量表，其中“1”表示没有影响，“5”表示影响很大。

（二）样本选取与数据采集

样本规模对研究结果的真实性、客观性具有重要影响。根据网络用户特点与实际情况，本次调查采用“方便抽样”与“目标式抽样”相结合的抽样方式，利用“问卷星”网站在线问卷调查系统发放回收调查问卷。在此过程中，设立在线 QQ 实时解答调查对象疑问并善意督促，以保证问卷的回收率和对各类偏差的有效控制。共回收问卷 200 份，其中有效问卷为 198 份，有效回收率为 99%，符合研究要求。

调查样本基本情况如表 5—18、表 5—19 所示。样本覆盖包括安徽、天津、北京、山西等 20 个省市，涵盖了我国大部分地区，并有一份样本来自于韩国。而从调查样本的性别、年龄、教育程度、职业、接触网络时间、日均上网时间等统计数据可见，调查对象具有较强的代表性。

表 5—17　**基于网络用户体验与感知的信息质量影响因素假设模型**

维度	影响因素指标	指标来源	维度	影响因素指标	指标来源
信息特征体验与感知	X1 信息相关性	实验、访谈		X37 使用便捷性	实验、访谈
	X2 信息完整性	实验、访谈		X38 使用简易性	实验、访谈
	X3 信息全面性	实验、访谈		X39 使用易学性	实验、访谈
	X4 信息适用性	实验、访谈		X40 阅读方便性	实验
	X5 信息易获取性	实验、访谈	感观心理体验与感知	X41 界面清晰性	实验、访谈
	X6 信息适度性	实验、访谈		X42 界面简洁性	实验、访谈
	X7 信息可靠性	实验、访谈		X43 界面友好性	实验、访谈
	X8 信息针对性	实验、访谈		X44 设计人性化	实验、访谈
	X9 信息准确性	实验、访谈		X45 界面美观性	实验、访谈
	X10 信息简洁性	实验、访谈		X46 界面合理性	实验、访谈
	X11 信息条理性	实验、访谈	过程服务体验与感知	X47 过程时效性	实验
	X12 信息详尽性	实验、访谈		X48 过程流畅性	实验、访谈
	X13 信息清晰性	实验、访谈		X49 过程简捷性	实验
	X14 信息时效性	实验、访谈		X50 交互实时性	实验、访谈
	X15 信息易理解性	实验、访谈		X51 交互简捷性	实验、访谈
	X16 信息整合性	实验、访谈		X52 交互友好性	实验、访谈
	X17 信息真实性	实验、访谈		X53 服务友好性	实验、访谈
	X18 信息客观性	实验、访谈		X54 服务个性化	实验、访谈
	X19 信息专业性	实验		X55 服务人性化	实验、访谈
	X20 信息可信性	实验、访谈		X56 服务公益性	实验、访谈
技术功能体验与感知	X21 检索便捷性	实验、访谈		X57 服务便捷性	实验
	X22 检索结果准确性	实验、访谈		X58 服务延伸性	实验、访谈
	X23 检索功能性	实验、访谈		X59 服务完备性	实验、访谈
	X24 检索途径多元化	实验、访谈		X60 反馈及时性	实验、访谈
	X25 检索路径清晰性	实验、访谈		X61 帮助易懂性	实验、访谈
	X26 网站信誉度	实验、访谈		X62 帮助针对性	实验、访谈
	X27 网站信任度	实验、访谈		X63 帮助适用性	实验、访谈
	X28 网站专业性	实验、访谈		X64 帮助简易性	实验、访谈
	X29 网站权威性	实验、访谈	用户个性与需求体验与感知	X65 帮助醒目性	实验、访谈
	X30 网站安全性	实验、访谈		X66 用户偏好	实验、访谈
	X31 功能延伸性	实验		X67 用户信息素养	实验、访谈
	X32 功能完备性	实验、访谈		X68 用户习惯	实验、访谈
	X33 导航清晰性	实验、访谈		X69 用户信息期望	实验、访谈
	X34 导航功能性	实验、访谈		X70 用户情感	实验、访谈
	X35 系统响应速度	实验、访谈		X71 用户知识背景	实验、访谈
	X36 系统交互性	实验、访谈		X72 用户需求	实验、访谈

表 5—18　　调查样本地理位置分布

序号	样本来源	人数	百分比	序号	样本来源	人数	百分比	序号	样本来源	人数	百分比
1	安徽	65	32.83%	9	江西	4	2.02%	17	海南	1	0.51%
2	天津	51	25.76%	10	陕西	3	1.52%	18	宁夏	1	0.51%
3	北京	17	8.59%	11	江苏	3	1.52%	19	吉林	1	0.51%
4	山西	13	6.57%	12	山东	2	1.01%	20	香港	1	0.51%
5	河北	10	5.05%	13	辽宁	2	1.01%	21	韩国	1	0.51%
6	广东	9	4.55%	14	河南	2	1.01%				
7	上海	5	2.53%	15	福建	2	1.01%				
8	黑龙江	4	2.02%	16	甘肃	1	0.51%	合计		198	100.00%

表 5—19　　调查对象基本情况统计

	基本情况	调查类别	人数	占比%	基本情况	调查类别	人数	占比%
调查样本基本情况	性别	男	88	44.4	教育程度	高中及以下	12	6.1
		女	110	55.6		大专	37	18.7
	年龄	15 岁及以下	0	0		大学本科	77	38.9
		16—20 岁	12	6.1		硕士研究生	63	31.8
		21—25 岁	59	29.8		博士研究生	9	4.5
		26—30 岁	48	24.2	职业	在校学生	63	31.8
		31—35 岁	46	23.2		企业/公司职员	50	25.3
		36—40 岁	15	7.6		党政机关公务人员	16	8.1
		41—45 岁	10	5.1		事业单位工作者	43	21.7
		46—50 岁	6	3.0		专业技术人员	16	8.1
		51 岁及以上	2	1.0		其他	10	5.1
网络使用情况	接触利用网络时间	1 年以下	0	0	日均上网时间	30 分钟以下	0	0
		1—2 年	5	2.5		30 分钟—1 小时	8	4.0
		3—4 年	20	10.1		1—2 小时	20	10.1
		5—7 年	54	27.3		2—3 小时	32	16.2
		8—10 年	59	29.8		3—4 小时	21	10.6
		11—15 年	58	29.3		4—5 小时	26	13.1
		15 年以上	2	1.0		5 小时以上	91	46.0

三 数据分析与讨论

（一）信度分析

运用 SPSS 18.0 软件，研究利用克朗巴哈 α 系数检验变量信度，以了解调查数据的可靠性与有效性，检验结果如表 5—20 所示。整体量表的克朗巴哈 α 系数值为 0.884，表明调查数据具有较高可信度，可以对数据进行进一步分析。

表 5—20 **变量的信度检验结果**

克朗巴哈 α	基于标准化项的克朗巴哈 α	项数
0.884	0.884	72

（二）因子分析

首先，运用 SPSS 18.0 软件分析所获数据的相关系数、KMO 和巴特利特球形检验，以检验数据是否适合进行因子分析。其中，数据相关性分析结果表明，所有 72 个变量的相关系数显著性水平均高于 0.5，说明变量间两两存在相关关系，具有统计意义。而数据取样适当性的 KMO 检验值为 0.958，大于 0.5，表明量表中各个项目间的相关程度无太大差异，可认为 198 个样本对于含有 72 个变量的量表是充分的，数据适用因子分析。巴特利特球体检验的近似卡方值（Approx. Chi – Square）为 14656.702，自由度（df）为 2556，检验的显著性水平（Sig.）为 0.000，小于 1%，再次表明调查数据适用因子分析。①

表 5—21 **KMO 和 Bartlett 检验结果**

Kaiser – Meyer – Olkin Measure of Sampling Adequacy		0.958
Bartlett's Test of Sphericity	Approx. Chi – Square（近似卡方值）	14656.702
	df（自由度）	2556
	sig.（显著性）	0.000

① 艾尔·比尔：《社会研究方法基础》，邱泽奇译，华夏出版社 2010 年第 4 版，第 170—190 页。

在因子分析中，研究采用主成分算法（Principle Component Analysis）和方差最大化正交旋转法（Varimax）进行公共因子提取。根据公共因子提取准则，以特征值（Eigenvalues）大于 1 为标准来截取数据，共萃取获得 6 个公共因子，结果显示这 6 个公共因子的累计方差解释度达到 70.436%，可以较好地代表原始变量信息。而在运用方差最大化正交旋转法（Varimax）所得到的因子载荷矩阵中，共有 21 个变量在 6 个公共因子上的载荷系数小于 0.45，予以删除，得到表 5—22 结果。

表 5—22　**观测变量因子分析载荷矩阵**

因子	变量	旋转后因子载荷系数						方差贡献率
		1	2	3	4	5	6	
因子 1	X7 信息可靠性	0.785	0.162	0.211	0.212	0.183	0.076	18.648%
	X9 信息准确性	0.757	0.150	0.153	0.226	0.222	0.121	
	X17 信息真实性	0.683	0.310	0.142	0.328	-0.015	0.074	
	X4 信息适用性	0.679	0.150	0.080	0.183	0.302	0.271	
	X18 信息客观性	0.664	0.411	0.240	0.033	0.142	0.074	
	X16 信息整合性	0.631	0.279	0.362	0.117	0.127	0.174	
	X2 信息完整性	0.609	0.200	0.279	0.208	0.250	0.333	
	X1 信息相关性	0.595	0.153	0.175	0.357	0.263	0.332	
	X13 信息清晰性	0.592	0.249	0.336	0.313	0.205	0.147	
	X8 信息针对性	0.591	0.204	0.060	0.402	0.182	0.252	
	X20 信息可信性	0.580	0.373	0.247	0.147	0.299	0.134	
	X11 信息条理性	0.578	0.262	0.377	0.181	0.300	0.005	
	X5 信息易获取性	0.558	0.045	0.143	0.281	0.356	0.380	
	X12 信息详尽性	0.556	0.279	0.264	0.382	0.200	0.130	
	X14 信息时效性	0.538	0.147	0.375	0.324	0.155	0.305	
	X3 信息全面性	0.495	0.203	0.296	0.206	0.236	0.398	
	X6 信息适度性	0.475	0.311	0.215	0.388	0.371	0.212	
因子 2	X64 帮助简易性	0.237	0.680	0.236	0.085	0.366	0.221	13.153%
	X63 帮助适用性	0.370	0.624	0.246	0.187	0.267	0.173	
	X62 帮助针对性	0.346	0.617	0.205	0.331	0.199	0.104	
	X61 帮助易懂性	0.336	0.610	0.184	0.361	0.243	0.241	
	X60 反馈及时性	0.350	0.606	0.330	0.276	0.216	0.084	
	X65 帮助醒目性	0.171	0.536	0.327	0.285	0.353	0.323	

续表

因子	变量	旋转后因子载荷系数						方差贡献率
		1	2	3	4	5	6	
因子 3	X45 界面美观性	0. 107	0. 260	0. 766	0. 124	0. 237	0. 133	12. 332%
	X46 界面合理性	0. 245	0. 206	0. 726	0. 141	0. 212	0. 275	
	X44 设计人性化	0. 291	0. 298	0. 690	0. 204	0. 170	0. 133	
	X43 界面友好性	0. 333	0. 123	0. 660	0. 262	0. 241	0. 225	
	X42 界面简洁性	0. 262	0. 201	0. 525	0. 418	0. 326	0. 209	
因子 4	X59 服务完备性	0. 210	0. 382	0. 219	0. 684	0. 084	0. 211	9. 877%
	X58 服务延伸性	0. 172	0. 385	0. 251	0. 664	0. 150	0. 163	
	X56 服务公益性	0. 430	0. 269	－0. 004	0. 630	0. 095	0. 192	
	X48 过程流畅性	0. 315	0. 236	0. 347	0. 616	0. 089	0. 257	
	X47 过程时效性	0. 354	0. 339	0. 280	0. 612	0. 208	0. 175	
	X57 服务便捷性	0. 395	0. 342	0. 270	0. 606	0. 054	0. 266	
	X49 过程简捷性	0. 290	0. 289	0. 198	0. 600	0. 347	0. 161	
	X54 服务个性化	0. 201	0. 471	0. 091	0. 579	0. 156	0. 329	
	X53 服务友好性	0. 355	0. 398	0. 111	0. 550	0. 235	0. 169	
	X55 服务人性化	0. 192	0. 095	0. 494	0. 533	0. 138	0. 381	
因子 5	X39 使用易学性	0. 312	0. 319	0. 250	0. 170	0. 634	0. 144	9. 214%
	X28 网站专业性	0. 255	0. 400	0. 347	0. 104	0. 579	0. 100	
	X37 使用便捷性	0. 372	0. 134	0. 244	0. 410	0. 565	0. 185	
	X34 导航功能性	0. 254	0. 274	0. 360	0. 382	0. 526	－0. 028	
	X24 检索途径多元化	0. 327	0. 451	0. 290	－0. 015	0. 503	0. 251	
	X31 功能延伸性	0. 172	0. 295	0. 320	0. 209	0. 493	0. 248	
	X35 系统响应速度	0. 324	0. 133	0. 385	0. 298	0. 490	0. 170	
	X29 网站权威性	0. 453	0. 401	0. 177	0. 047	0. 484	0. 207	
	X50 交互实时性	0. 407	0. 301	0. 318	0. 307	0. 475	0. 072	
	X21 检索便捷性	0. 334	0. 070	0. 239	0. 347	0. 464	0. 367	
因子 6	X66 用户偏好	0. 194	0. 220	0. 267	0. 200	0. 123	0. 728	7. 212%
	X68 用户习惯	0. 181	0. 348	0. 191	0. 248	0. 113	0. 697	
	X67 用户信息素养	0. 384	0. 233	0. 274	0. 065	0. 201	0. 590	

萃取方法：主成分分析法。旋转方法：含 Kaiser 正态化的 Varimax 法，α 转轴收敛于 5 次迭代。

（三）结果分析与讨论

以上因子分析结果部分验证了本部分研究所提出的基于网络用户体验与感知的信息质量影响因素假设模型，可仍有部分因子载荷结果与假设模型存在差异。

根据载荷矩阵，载荷到因子 1 上共计 17 个变量，它们涵盖了信息交互过程中用户对信息产品特征、内容等方面所体验与感知的相关影响因素，与假设模型中“信息特征体验感知维度”基本一致。但假设模型中的部分指标没有包括在内。通过对比分析可见，部分指标（如“信息简洁性”、“信息专业性”、“信息易理解性”等）是由于我们在提出假设时划分过细，指标间有一定的重复和交叉，可用保留下的指标整合与替代。而另一部分被删除指标（如“信息增值性”、“信息验证性”、“信息形式多样化”等）虽然代表了部分用户对影响信息质量因素的一种深层次或较高层次的认知与体验，但没有得到调查数据的支持，可这些指标值得在未来研究中进一步关注。

载荷到因子 2 上共有 6 个变量，均与用户对网站系统所提供的帮助和支持功能的体验与感知相关，同假设模型有一定差异。假设模型中，根据相关学者研究结论与我们前期实验、访谈结果，我们将用户在交互过程中对网站系统各类技术功能的体验与感知整合到一个维度中，此 6 个变量是作为“技术功能体验维度”中的二级影响维度。而在此分析结果中，这 6 个变量独立分离出来，表明用户在信息交互过程中对网站系统能否提供适用、及时的帮助与支持功能的体验与感知至关重要，直接影响信息质量评价。故可将因子 2 命名为“帮助支持体验感知维度”。

载荷到因子 3 上的变量共 5 个，这些变量均涉及用户对网站系统界面设计的体验与感知，与假设模型中“感观心理体验感知维度”有一定差异。假设模型包括两个维度，即“感观体验”和“安全体验”。在数据分析结果中，“感观体验”方面内容得到进一步验证，表明随着网络用户的逐渐成熟，用户在信息获取中不仅仅关注信息产品内容，他们在交互过程中的美感、友好性等体验成为影响信息质量评价的重要因素。然而，我们根据相关研究观点及本研究的前期研究成果所提出的，在当前网络条件下，用户对信息交互过程中安全性的相关体验与感知是影响信息质量的重要维度的这一方面假设并没有获得数据支持，其原因需要进一步探讨。

载荷到因子 4 上的变量共 10 个，均与用户在交互过程中对网站系统所提供的各类服务的体验与感知相关，同假设模型中“过程服务体验与感知维度”基本一致。但与假设模型相比较，分析结果更侧重于网站系统的服务品质层面。其中“服务交互性”、“服务个性化”、“服务人性化”等指标着重体现了在交互过程中用户对服务品质的更高诉求，表明在信息消费、信息服务等方面的体验成为影响用户满意度和信息质量的重要因素。

载荷到因子 5 上的 10 个变量主要涵盖用户在信息交互过程中对网站系统各类技术功能的体验与感知。此因子与假设模型有较大差异。此数据分析结果包括了我们在假设体系中各个方面的技术功能因素，将用户在与网站交互过程中对各主要方面（如使用、检索、导航等）技术功能的体验与感知因素涵盖在内，与假设模型相比更加概括、简约。表明用户在交互过程中对网站系统各项技术功能的体验与感知是一种概括的描述，重点集中在便捷、好用、反应速度等主要方面。可将因子 5 命名修正为“基本功能体验感知维度”。

载荷到因子 6 上的变量计 3 个，与假设模型中的“信息用户个性与需求维度”基本一致。但假设模型中的“用户需求”、“信息期望”、“用户情感”、“用户知识背景”等指标没有得到保留。通过分析发现，其原因可能在于这些指标均体现了用户的一些隐性的、间接性因素，而这些因素需要通过作用于保留下的因素而间接影响信息质量。可将因子 6 重新命名为“用户个性素养维度”。

根据以上分析与讨论结果，我们对所提出的假设模型进行修正与调整，得到基于网络用户体验与感知的信息质量影响因素体系模型（如表 5—23 所示）。

表 5—23　**基于网络用户体验与感知的信息质量影响因素体系模型**

维度	影响因素指标	备注
信息特征体验感知维度	信息清晰性、信息时效性、信息条理性、信息适度性、信息易获取性	信息外部特征体验
	信息可靠性、信息客观性、信息准确性、信息真实性、信息详尽性、信息完整性、信息全面性、信息整合性、信息适用性、信息相关性、信息针对性、信息可信性	信息内容特征体验
帮助支持体验感知维度	帮助简易性、帮助易懂性、帮助适用性、反馈及时性、帮助醒目性、帮助针对性	
感观心理体验感知维度	界面合理性、界面简洁性、界面美观性、界面友好性、设计人性化	
过程服务体验感知维度	服务便捷性、服务延伸性、服务个性化、服务人性化、服务公益性、服务友好性、服务完备性、过程流畅性、过程简捷性、过程时效性	
基本功能体验感知维度	使用易学性、网站专业性、功能延伸性、导航功能性、使用便捷性、交互实时性、网站权威性、检索便捷性、检索途径多元化、系统响应速度	
用户个性素养维度	用户信息素养、用户习惯、用户偏好	

注：在以上模型中，由于“信息特征体验感知维度”影响因素指标较多，根据假设模型及各指标间的关系，我们设置了二级维度，如备注所示。

四　信息用户个人特征与信息质量影响因素相关性分析

为进一步探讨信息用户个人特征（如性别、年龄、教育程度、职业、接触网络时间、日均上网时间）在影响因素各因子上的差异化水平，我们采用两独立样本 T 检验、单因素方差分析来进行研究。

两独立样本 T 检验（T－test）是指两个样本之间彼此独立、没有任何联系，各自接受相同的测量。检验目的是为了解两个样本之间是否有显著差异存在，其前提是两个样本应互相独立，且样本来源的两个总体应服从正态分布。方差分析是 R. A. Fister 发明的，用于两个及两个以上样本均数差别的显著性检验，其前提是各个水平下的总体服从方差相等的正态分布，因此，必须对方差分析的前提进行检验，方法是方差同质性检验（Homogeneity of variance test），其零假设是各水平下总体方差没有显著性差异。单因素方差分析（one－Way ANOVA），测试某一个控制变量的不同水平是否给观察变量造成了显著差异和变动。[①] 在检验中，任何因素的相伴概率小于显

① 余建英、何旭宏：《数据统计分析与 SPSS 应用》，人民邮电出版社 2003 年版，第 132—142 页。

著性水平 0.05 才被认为存在显著性差异。

（一）用户性别与各因子的独立样本 T 检验（T - test）

利用 SPSS 18.0 软件中的 Levene F 方法检验（方差齐性检验）对数据进行分析，因子分析所得到的六个因子值与调查样本性别的独立样本 T 检验结果如表 5—24 所示。

表 5—24　**用户性别与各因子值的 T 检验**

因子序号	主要因子	均值		H_{0w}假设	F	Sig.	t	df	Sig.（双侧）
		男	女						
1	信息特征体验与感知	-0.067	0.053	假设方差相等	0.114	0.736	-0.838	196	0.403
				假设方差不相等			-0.841	188.689	0.402
2	帮助支持体验与感知	-0.141	0.113	假设方差相等	3.740	0.055	-1.791	196	0.075
				假设方差不相等			-1.734	156.608	0.085
3	感观心理体验与感知	0.042	-0.034	假设方差相等	1.060	0.304	0.533	196	0.595
				假设方差不相等			0.519	162.939	0.604
4	过程服务体验与感知	-0.077	0.061	假设方差相等	0.444	0.506	-0.964	196	0.336
				假设方差不相等			-0.935	158.007	0.351
5	基本功能体验与感知	0.016	-0.013	假设方差相等	4.720	0.301	0.203	196	0.840
				假设方差不相等			0.195	150.541	0.845
6	用户个性素养体验与感知	0.113	-0.091	假设方差相等	0.432	0.512	1.429	196	0.155
				假设方差不相等			1.444	192.708	0.150

由表 5—24 输出结果可见，因子分析中所得到的六个因子中 F 的相伴概率 Sig. 的数值分别为 0.736、0.055、0.304、0.506、0.301、0.512（均大于显著性水平 0.05），不能拒绝方差相等的假设，可以认为男女信息用户对六大因子均值无显著差异。

而在“假设方差相等”时的 T 检验结果分别为 0.403、0.075、0.595、0.336、0.840、0.155，可知，信息用户性别对信息特征体验与感知、帮助支持体验与感知、感观心理体验与感知、过程服务体验与感知、用户个性体验与感知五个因子没有显著性差异（T 检验的显著性概率 $p > 0.05$）；而在基本功能体验与感知因子上表现出显著性差异（T检验的显著性概率 $p<0.05$），表明在这个因子上，男女信息用户存在认知上的差异，从该因子的均值（男为 -0.141、女为 0.113）可见，女性用户认识到系统帮助和支持的重要性，而男性用户在这个因子上的感知稍微弱一些。其原因可能是，在网站信息交互过程中，女性用户遇到获取信息困难时，更倾向于寻求系统提供的帮助或操作指南以解决问题，男性则倾向于靠自己摸索或寻求他人帮助以解决问题。

（二）用户年龄与各因子的方差分析（One - Way ANOVA）

根据调查样本构成，研究共将调查样本分为九个年龄段，其中15岁以下年龄段无用户参加调查，因此，我们仅对余下的八个不同年龄段的用户进行方差齐性检验，结果如表5—25所示。

表5—25　　不同年龄段的各因子值方差齐性检验

序号	主要因子	Levene 统计量	df1	df2	显著性
1	信息特征体验与感知	1.104	7	190	0.362
2	基本功能体验与感知	1.361	7	190	0.224
3	感观心理体验与感知	0.371	7	190	0.918
4	过程服务体验与感知	1.008	7	190	0.427
5	帮助支持体验与感知	1.126	7	190	0.348
6	用户个性素养体验与感知	1.081	7	190	0.377

由表5—25可知，六个因子的显著性概率分别为0.362、0.224、0.918、0.427、0.348、0.337（$p>0.05$），可以认为各个组总体方差是相等的，满足方差检验的前提条件。可以进行方差分析。

不同年龄段与各个因子的方差分析结果如表5—26所示。

从表5—26可以看出，方差检验的F值、Sig. 值均体现出信息用户在不同年龄段上对信息特征体验与感知、基本功能体验与感知、过程服务体验与感知、技术功能体验与感知、用户个性体验与感知五个因子没有显著性差异（$p>0.05$）。

表 5—26 **不同年龄段与各因子值方差分析（ANOVA）**

序号	主要因子	均值								F	Sig.
		16—20 岁	21—25 岁	26—30 岁	31—35 岁	36—40 岁	41—45 岁	46—50 岁	51 岁及以上		
1	信息特征体验与感知	-0.562	-0.031	0.136	0.057	-0.255	0.191	0.339	-0.358	1.025	0.415
2	基本功能体验与感知	-0.241	0.011	0.089	-0.217	0.292	0.062	0.485	0.015	0.849	0.548
3	感观心理体验与感知	-0.338	0.556	0.596	0.465	-0.269	-0.282	0.194	0.117	2.274	0.030
4	过程服务体验与感知	0.099	-0.079	0.092	-0.114	-0.037	0.143	0.408	0.460	0.439	0.877
5	帮助支持体验与感知	-0.363	-0.031	-0.001	0.021	-0.014	0.069	0.767	0.092	0.743	0.635
6	用户个性体验与感知	-0.247	0.031	-0.141	0.033	0.020	0.380	0.088	0.895	0.693	0.678

而在感观心理体验与感知因子上（$p < 0.05$），21—35 岁之间的信息用户体验与感知稍强些。这个统计结果表明，此年龄段信息用户是网络用户的主体构成，具有较为成熟的网络经验，是较为成熟的用户群体，因此，对信息交互过程中体验与感知的敏感度较高。他们不再仅仅满足于信息交互过程中基础性的体验，不再仅仅以获得信息为满足点，而是更希望能够通过与网站的交互过程带来一种视觉、听觉、触觉的享受，更希望通过信息交互过程获取一种心流体验，能够在交互过程中获得一种身心愉悦。这个分析结果也说明，在未来，随着各个年龄段用户的日趋成熟，他们在感观心理方面的体验与感知也将逐渐提高。

（三）用户教育程度与各因子的方差分析（One - Way ANOVA）

本次研究样本在教育程度上主要划分为 6 个层次。6 个层次教育程度信息用户的方差齐性检验结果如表 5—27 所示。

表 5—27　　6 组不同教育程度的各因子值方差齐性检验

序号	因子	Levene 统计量	df1	df2	显著性
1	信息特征体验与感知	0.750	5	192	0.587
2	基本功能体验与感知	2.035	5	192	0.076
3	感观心理体验与感知	1.092	5	192	0.366
4	过程服务体验与感知	7.887	5	192	0.101
5	帮助支持体验与感知	1.680	5	192	0.141
6	用户个性体验与感知	0.643	5	192	0.667

由表 5—27 可知，六个因子的显著性概率均大于 0.05，可以认为各个组总体方差是相等的，满足方差检验的前提条件，可以进行方差分析。

不同教育程度用户群体与各个因子间的方差分析如表 5—28 所示。

从表 5—28 可以看出，不同受教育程度的信息用户群体在基本功能体验与感知、帮助支持体验与感知、用户个性体验与感知三个因子上没有显著性差异（$p > 0.05$）。而在信息特征体验与感知、感观心理体验与感知、过程服务体验与感知三个因子上（$p < 0.05$）则存在显著性差异。

表 5—28　　不同教育程度用户群体与各因子间方差分析（ANOVA）

序号	主要因子	均值						F	Sig.
		高中及以下	大专	大学本科	硕士	博士	其他		
1	信息特征体验与感知	-0.735	-0.066	-0.070	0.194	0.561	-1.030	2.773	0.019
2	基本功能体验与感知	-0.091	0.015	-0.028	0.053	-0.052	-0.180	0.082	0.995
3	感观心理体验与感知	0.485	0.320	-0.268	-0.085	0.763	0.220	4.421	0.001
4	过程服务体验与感知	-0.297	0.109	-0.010	0.158	-0.993	-0.638	2.622	0.026
5	帮助支持体验与感知	-0.435	-0.101	0.011	0.124	0.079	-0.650	0.827	0.532
6	用户个性体验与感知	0.328	-0.020	0.211	-0.246	-0.227	-0.624	1.961	0.086

在信息特征体验与感知因子方面，用户受教育程度越高，对信息特征体验与感知的显著程度越高，具有博士学位的信息用户群体的感知度最高，这与他们信息需求密切相关，由于他们在学习、研究中需要更为准确、可靠、新颖的信息，因此对此方面信息影响因素的关注度较高。在感观心理

体验与感知因子、过程服务体验与感知因子方面，虽然不同层次用户间存在着显著性差异，但没有呈现出明显的规律性，其原因有待进一步研究。

(四) 用户职业与各因子的方差分析 (One – Way ANOVA)

根据调查对象样本构成，对6组不同职业信息用户群体进行方差齐性检验，其检验结果如表5—29所示。

表5—29 6组不同职业用户群体的各因子值方差齐性检验

因子	Levene 统计量	df1	df2	显著性
信息特征体验与感知	1.818	5	192	0.111
基本功能体验与感知	1.616	5	192	0.158
感观心理体验与感知	0.882	5	192	0.494
过程服务体验与感知	0.714	5	192	0.614
帮助支持体验与感知	0.503	5	192	0.774
用户个性体验与感知	0.145	5	192	0.981

由表5—29可知，六个因子的显著性概率均为 $p > 0.05$，可以认为各个组总体方差是相等的，满足方差检验的前提条件，可以进行方差分析。

不同职业信息用户群体与各个因子的方差分析结果见表5—30。

表5—30 6组不同职业用户群体与各因子值方差分析 (ANOVA)

序号	各因子	均值						F	Sig.
		在校学生	企业/公司职员	党政机关公务人员	事业单位工作者	专业技术人员	其他		
1	信息特征体验与感知	0.094	-0.075	-0.265	0.112	0.220	-0.628	1.459	0.205
2	基本功能体验与感知	0.009	0.034	-0.102	0.034	-0.034	-0.155	0.105	0.991
3	感观心理体验与感知	-0.232	0.128	-0.185	0.205	-0.016	0.263	1.470	0.201
4	过程服务体验与感知	0.064	0.026	-0.326	-0.062	0.319	-0.250	0.878	0.497
5	帮助支持体验与感知	-0.060	-0.086	0.194	0.092	0.079	-0.025	0.328	0.895
6	用户个性体验与感知	-0.098	0.142	-0.154	-0.192	0.322	0.463	1.495	0.193

从表5—30可以看出，不同职业信息用户群体在对信息特征体验与感知、基本功能体验与感知、感观心理体验与感知、过程服务体验与感知、帮助支持体验与感知、用户个性体验与感知六个因子上不存在显著性差异（p>0.05）。

（五）用户接触网络时间与各因子的方差分析（One－Way ANOVA）

我们将用户接触网络时间划分为7组，因本研究调查样本中接触网络时间为1年以下的时间段内无调查对象，故仅对6组不同接触网络时间的信息用户群进行方差齐性检验，检验结果如表5—31所示。

表5—31　**6组不同接触网络时间用户群体的各因子值方差齐性检验**

因子	Levene 统计量	df1	df2	显著性
信息特征体验与感知	1.348	5	192	0.246
基本功能体验与感知	3.059	5	192	0.101
感观心理体验与感知	0.630	5	192	0.677
过程服务体验与感知	0.507	5	192	0.771
帮助支持体验与感知	0.469	5	192	0.799
用户个性体验与感知	0.956	5	192	0.446

由表5—31可知，六个因子的显著性概率分别为0.246、0.101、0.677、0.771、0.799、0.446（p>0.05），可以认为各个组总体方差是相等的，满足方差检验的前提条件，能够进行方差分析。

不同接触网络时间用户群体与各个因子的方差分析结果如表5—32所示。

表5—32　**6组不同网络接触时间与各因子值方差分析（ANOVA）**

序号	各因子	均值						F	Sig.
		1—2年	3—4年	5—7年	8—10年	11—15年	>15年		
1	信息特征体验与感知	－1.867	－0.046	－0.008	0.024	0.148	0.342	4.101	0.001
2	基本功能体验与感知	－0.221	0.108	－0.036	0.152	－0.149	0.284	0.668	0.648

续表

序号	各因子	均值						F	Sig.
		1—2 年	3—4 年	5—7 年	8—10 年	11—15 年	>15 年		
3	感观心理体验与感知	0.471	-0.153	-0.050	0.121	-0.084	0.560	0.718	0.611
4	过程服务体验与感知	-0.367	-0.202	0.221	-0.030	-0.061	-0.373	0.935	0.459
5	帮助支持体验与感知	-0.031	-0.024	-0.060	0.043	0.005	0.539	0.177	0.971
6	用户个性体验与感知	-0.540	0.093	0.169	-0.020	-0.171	1.407	1.809	0.113

从表 5—32 可以看出，不同接触网络时间的信息用户在基本功能体验与感知、感观心理体验与感知、过程服务体验与感知、帮助支持体验与感知、用户个性体验与感知等五个因子上均没有显著性差异（$p > 0.05$）。而在信息特征体验与感知因子上则存在显著性差异（$p < 0.05$），其中接触网络时间为 15 年以上的信息用户感知最强，其次是接触网络时间为 10—15 年的信息用户。所呈现出的规律为，信息用户接触网络时间越长，对信息特征的体验与感知越强，原因可能是随着信息用户网络经验的增加，随着接触信息内容的增多，对信息的准确、可靠、完整等方面的要求就会越高。

（六）用户日均上网时间与各因子的方差分析（One - Way ANOVA）

我们在研究中，将用户群体按日均上网时间划分为 7 组，其中每天上网时间少于 30 分钟的组群没有用户参加调查，故仅对 6 组不同日均上网时间信息用户群进行方差齐性检验，检验结果如表 5—33 所示。

表 5—33　　**6 组不同日均上网时间的各因子值方差齐性检验**

因子	Levene 统计量	df1	df2	显著性
信息特征体验与感知	1.567	5	192	0.171
基本功能体验与感知	0.306	5	192	0.909
感观心理体验与感知	1.541	5	192	0.179
过程服务体验与感知	0.558	5	192	0.732
帮助支持体验与感知	0.763	5	192	0.578
用户个性体验与感知	0.744	5	192	0.591

由表5—33可知，六个因子的显著性概率分别为0.171、0.909、0.179、0.732、0.578、0.591（$p>0.05$），可以认为各个组总体方差是相等的，满足方差检验的前提条件，可以进行方差分析。

不同日均上网时间用户群体与各个因子的方差分析结果如表5—34所示。

表5—34　6组不同日均上网时间与各因子值方差分析（ANOVA）

序号	各因子	均值						F	Sig.
		0.5—1小时	1—2小时	2—3小时	3—4小时	4—5小时	5小时以上		
1	信息特征体验与感知	-0.174	-0.547	0.263	0.266	-0.131	0.019	2.141	0.062
2	基本功能体验与感知	-0.166	0.015	-0.050	0.046	0.073	-0.003	0.095	0.993
3	感观心理体验与感知	-0.559	0.171	0.031	0.137	0.129	-0.068	0.870	0.503
4	过程服务体验与感知	0.374	-0.059	0.234	-0.077	-0.032	-0.075	0.715	0.613
5	帮助支持体验与感知	-0.682	-0.365	-0.356	-0.009	0.106	0.237	3.363	0.006
6	用户个性体验与感知	0.116	-0.343	0.162	-0.229	0.111	0.029	0.960	0.443

从表5—34可以看出，不同日均上网时间的信息用户在信息特征体验与感知、基本功能体验与感知、感观心理体验与感知、过程服务体验与感知、用户个性体验与感知五个因子上均没有显著性差异（$p>0.05$）。而在帮助支持体验与感知因子上则存在显著性差异（$p<0.05$），日均上网时间为5小时以上的信息用户感知最强，其次为4—5小时之间的信息用户，呈现信息用户日均上网时间越长对网站技术功能的体验与感知度越高的规律。究其原因，随着用户日均上网时间的增长，网站系统的各项功能对其获取信息、信息体验感知的影响越大，故显著度比较高。

第五节　本章结论

在本章中，我们运用实验研究法、专家访谈法和问卷调查法，从用户视角和专家视角对信息交互过程中用户体验与感知的信息质量影响因素进行研究，获取了基于用户视角的影响信息质量的关键要素，获得了影响不同类型（学术型、商务型、政务型）网站信息质量的主要要素，构建形成基于用户体验与感知的信息质量影响因素指标体系模型，并对用户个体特征与信息质量影响要素间的内在联系进行了系统分析与讨论。

通过分析与讨论可以得出以下结论：

第一，基于体验与感知视角的信息质量影响因素贯穿于网络用户信息获取和交互过程始终，既包括用户对信息产品内在价值与外部特征的感知，又包括对网站设计、各项技术功能和服务品质等方面的体验与感知，还包括在此过程中对自身因素的感知。这些因素既与网络用户的视、听、触等感官体验密切相关，又与用户情感、心理等因素联系密切，综合作用并影响用户对信息质量的评价。由此可见，网络环境中的信息质量影响体系是一个由多维角度、多指标因素构成的综合体系。

第二，通过所构建的信息质量影响因素体系模型可见，网络用户对信息质量的评价不仅仅局限于理性层面，更多的感性因素也影响和制约着最终评价结果。网络环境中，信息效用价值依然是信息质量的核心构成，但用户在信息交互过程中的认知、动机、情感、观感等心理因素对信息质量的影响度越来越高，通过信息交互过程对网络系统的技术功能及界面设计、信息特征、服务水平等方面的主观体验与感知是影响信息质量的重要因素。同时，用户的偏好、习惯、素养等也影响对信息质量的评价。只有在交互过程中动态、持续地跟踪与把握信息用户的心理与情感变化，及时、主动地通过技术、内容、服务等方面的调整来优化用户的体验与感知，提升与用户间的紧密度，才能达到提高信息质量的目的。这充分体现与反映了网络用户的特点和切实需求。

第三，研究表明，用户在交互过程中体验与感知的信息质量影响因素具有明显层次性。从分类指标统计可见，每类中的高频指标均是用户在交互过程中对网络系统及信息特征等方面共同的、一致性的体验与感知，是信息质量的基本影响因素。而其他指标则来自于交互过程中用户对满足其较高层次、个性化需求与期望的体验与感知，成为影响信息质量的深层次因素。信息质量影响因素的层次性将为通过优化用户体验与感知而提升信息质量提供可行路径。

第四，由研究可见，网络用户的信息质量评价并不是一种结果式的评价，是伴随用户信息检索与信息交互而进行的一个渐进过程。网络环境条件下，信息交互过程中基于用户体验与感知的信息质量各影响因素动态发展并持续进行着自适应调节。我们通过实验数据与访谈内容发现，信息交互过程中，用户前期的感知会影响其后续体验。同时，后期的感观心理将对其前期的体验与感知产生调节作用。而这种自适应调节直接影响信息质量。一方面，用户对信息产品效用价值的感知是一个渐进过程。另一方面，随着信息交互过程中用户地位、角色的变化，与用户角色认知密切相关的用户对网站设计、功能、服务的体验感知既影响其价值感知，又影响其对信息质量及综合满意度的评价。只有随时洞悉与把握信息交互过程中用户体验与感知，通过改进与优化产品、系统与服务中的用户体验，对用户体验渠道进行扩充，在网站系统与用户间建立一种有机联系，不断促成新的用户体验与感知，激发用户的创造性，才能有效克服网站资源建设与服务的盲目性、主观性，增强建设的针对性与服务的主动性。

第五，网络环境中，信息内容、系统基本功能等方面指标是基于用户体验与感知视角的各类型网站信息质量的共性、基本影响因素，是各类网站在优化用户体验与感知而提升信息质量中的基础性工作。但是，用户在利用学术型、商务型、政务型网站获取信息过程中，用户体验与感知到的信息质量影响因素具有较大差异性。本研究在验证相关成果基础上进一步发现，信息特征与内容是用户对学术型网站的首要感知，安全性是用户对商务型网站的重点感知，而用户对政务型网站的关注焦点在交互性上。

虽然通过实证研究获得了以上几方面有价值的结论，但我们的研究结论还存在如下方面的局限，值得进一步研究与思考。

首先，通过研究我们也发现，与已有研究相比较，学者们在相关研究中所提出的用户的部分情感、心理、价值评价等潜在或隐性因素没有得到验证。我们所构建的体系模型主要是以可描述、可感知、可评价的显性指标为主，而那些感性的、内隐的因素更多的是通过显性指标直接或间接影响理性层面的因素。在对各影响因素进行系统化研究基础上，提升了各维度具体指标可操作性与可测度性，这将为通过优化用户体验与感知而提升信息质量提供可资借鉴的思路和具有指导性的工具。

其次，用户在信息交互中的体验与感知是一种主观因素，具有很大的不确定性与偶然性特点。同时，个体差异决定了个体用户的真实体验与感知无法完全揭示与有效把握。因此，我们所获得的模型仅是在大样本调查基础上的网络用户具有共性体验与感知的基本模型，随着网络用户类型日趋多样化、复杂化，具体到某类具体用户群体、具体个体用户所体验与感知的信息质量影响因素，还需在此模型基础上进行有针对性的分析与研究，尤其是针对具体类型用户群体的深入研究值得进一步关注。

再次，随着信息技术发展与网络的普及，网络逐步成为人们生活中的重要构成部分，网络用户亦日渐成熟，用户体验趋于丰富化与深入化，网站类型及其所提供的信息产品、信息服务日趋丰富化、多元化。我们在假设模型中所提出的部分指标虽然具有一定前瞻性、指向性，但并没有得到数据支持。因此，根据网络用户的成熟度，结合具体环境、具体情境进行相关指标要素的针对性研究是未来需要进一步关注的问题。同时，在不同类型网站中，用户体验与感知的信息质量影响因素具有哪些共性与差别，这些共性与差异化体现在哪些方面，也是值得我们进一步关注与深入探讨的问题。

第六章

基于用户视角的信息质量综合评价体系构建研究

网络环境中，信息质量是一个由多维角度、多指标因素构成的综合体系，它涵盖了从用户需求与期望到信息获取，再到最终获取信息价值收益全过程的信息客观价值属性和用户主观价值感知。能否从用户视角对信息质量进行全面、系统、综合的评价，将直接影响信息质量评价结果的信度与效度，影响信息用户与服务机构间的互信关系。

在对基于用户视角信息质量进行全面审视的基础上，我们运用实验、访谈、调查等研究方法对网络环境中用户信息需求和期望与信息质量的内在关系、信息交互过程中基于用户体验与感知的信息质量影响因素做了系统的研究，获得了网络环境中用户信息需求和期望的各项指标，构建形成基于网络用户体验与感知的信息质量影响因素体系模型。

本章将从用户信息需求、用户期望与用户信息体验和感知的内在关系出发，提出信息质量综合评价体系框架。然后，基于前期研究所获取的各项指标体系，构建基于用户视角的信息质量综合评价体系假设模型，运用调查研究方法对其进行验证，以期获得全面、系统的信息质量综合评价体系。

第一节　基于用户视角的信息质量综合评价体系框架

一　用户信息需求和期望、信息体验和感知与信息质量关系分析

（一）用户信息需求、信息期望与信息体验和感知的内在联系

信息需求是用户对信息内容、信息载体和信息服务的一种期待状

态。它源自人们在从事各项实践活动过程中为解决所遇到的各种问题而产生的对信息的不足感和求足感。网络环境中，信息用户的情感需求、对个性化服务的需求及对过程互动性的需求越来越高。与此同时，用户不但可以充分表达自身需求，进行展现独特个性的创造性信息消费，还可以主动参与到信息构建之中，从中获得更大的成就感和满足感。

而信息期望是用户信息需求取向的一种直接表现，是用户在其需求和经验基础上，在信息获取和利用的交互过程中对系统功能、服务水平和信息产品的一种主观判断与预期。网络环境中，用户信息期望贯穿于信息交互过程（信息获取与利用过程）的始终。

正如前文所述，用户信息需求是信息期望的原始驱动力，信息期望则是用户信息需求取向的一种直接表现，是用户对需求所表现出来的一种期望或渴望水平。[①] 而用户在信息搜索与信息获取过程中，用户信息需求会转换成信息期望，用户目标与期望存在于用户活动之中。

用户信息体验是用户在获取与利用信息产品（服务）过程中建立起来的一种纯主观的心理感受。它涵盖用户在信息交互行为中的感受、对产品的理解、目标完成程度以及对产品与系统环境的适应性等诸多方面。而信息过程中的用户感知是用户通过与网站系统的交互行为，在对网站系统的产品、服务、结构、设计、功能、技术等形成的综合印象基础上所构成的认知信息，是一种综合感知特性。

用户信息体验与信息感知是一类主观变量，两者通常交织与融合在一起，相伴发生，难以进行严格的划分。但是，用户信息体验更多是用户在交互过程中的一种序列感觉与认知。而用户信息感知则是以用户体验为基础，对系列化的体验所形成的一种具有综合性、整体性的认知。

网络环境中，围绕着用户信息获取与信息交互过程，用户的信息需求、信息期望与用户在信息交互过程中的体验和感知间存在着密切的内在联系，如图 6—1 所示。

---

① 杜慧敏：《读者需求期望差距弥补和研究》，《情报探索》2008 年第 10 期，第 35 页。

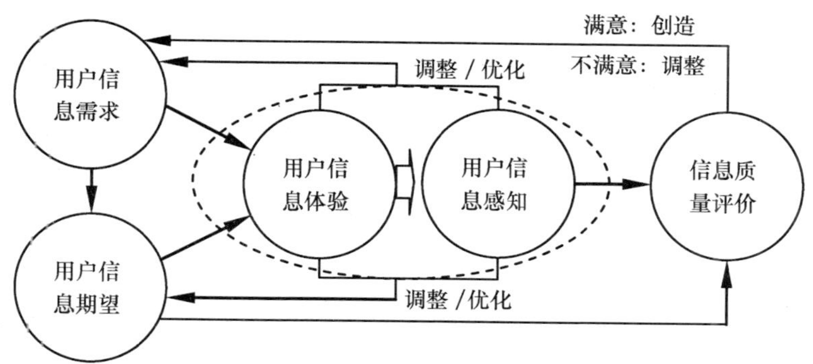

图 6—1　用户信息需求、信息期望与信息体验和感知关系

由图 6—1 可见，网络环境中信息交互过程是用户与系统、用户与服务者间的一种行为互动、信息交换和感知反馈过程。信息交互过程中，用户的信息需求、信息期望、信息体验与信息感知间是以顺序发展为主要脉络，贯穿于用户信息行为的始终。在顺序发展过程主脉络中，随着交互的深入和用户信息反馈的持续，最终形成一个以信息交互为主要特征、良性循环的用户信息搜寻与利用系统。用户信息需求与期望、信息体验与感知相互影响、动态作用，呈螺旋上升态势。

具体而言，信息需求实质是一种客观需求，是由用户、社会和自然因素所决定的，但需求主体（即用户）存在着对客观信息需求的主观认识、体验和表达问题。[①] 在用户信息获取与利用过程中，其信息需求首先转换为一种信息期望，共同影响用户信息行为与信息交互过程，是用户信息体验与感知的基础。

网络环境中的信息交互既是用户情感体验过程，又是用户信息消费过程，在很大程度上是一种信息消费过程。用户的最终价值评判基本上是在此过程中形成的，主要取决于用户对交互过程和交互结果的体验与感知。在此过程中，用户的认知、情感、意向等心理因素决定其信息行为方式与信息消费特点，用户因信息体验而获得的心理感受是用户信息感知与信息期望比较的结果。作为一种客观存在的心理认知，用户通过

---

① 胡昌平等：《信息资源管理原理》，武汉大学出版社 2008 年版，第 107 页。

交互过程中的体验来满足个人心理需求。每一次体验，其实都在一定程度上反映了信息用户认可的价值、情感、经历；每一次信息获取与利用，从开始产生需求到通过交互获得产品，都是一次体验之旅，而这些体验与感知，不仅能够满足用户信息需求与期望，使之产生一种满足感，而且将会强化或改变用户原有的需求、期望，进而强化或改变用户信息行为和习惯。

作为一个开放环境，互联网将信息的接收、生产和传递有机地结合在一起。用户信息获取方式的变化与交互的方便性，改变了信息生产者和信息用户间的界限，双向动态的信息交流渗透于整个信息活动之中。网络的快速信息传送速度、检索工具多途径检索方式与交互功能的提升，使得用户的信息搜索能够及时、迅速获得反馈，可以实时与信息提供者进行交互。使得用户的信息体验与感知直接影响用户信息需求与期望，信息用户不再单纯满足于信息产品的功能效用和使用价值，更加关注在信息获取与交互过程中所获得的在信息交流、信息服务方面的满足。

信息交互过程中，用户信息获取与交流并不是信息交互的终点，用户通过信息交流过程中意识到自身认知结构和信息的匮乏，并随着交互进程的发展反过来调整自己的需求或产生新的需求。这个过程是随着信息用户认知结构的变化而循环往复进行的，是随着信息交互与体验程度的深入而发生变化的，呈现出一种“自我为主”的自组织过程，又是一种动态发展过程。

从用户需求与期望的渐进满足过程、从过程中用户的心理与感知角度、从过程中用户对信息价值认知与判断视角逐层深入的剖析弥补与拓展了基于用户视角信息质量内涵的广度与深度，为信息质量管理提供新的思路与更加全面的视角。同时，基于用户体验的信息质量概念模型全面反映了 Web2.0 环境中信息质量的构成维度及其间关系，基于此模型基础上的信息质量管理将有助于通过改进与优化产品、系统与服务中的用户体验，在产品与用户间建立一种有机联系，在满足用户信息需求与期望的基础上，促成新的用户体验与感知，激发用户的创造性。最终达成一种螺旋上升的良性态势。

（二）用户信息需求和期望、信息体验和感知与信息质量的内在联系

信息质量是用户在信息获取与利用过程中，通过与信息系统交互的体验与感知对信息系统及信息效用和价值的总体性评价。既包括用户通过体验与感知对信息内容特征、功能和价值的评价，又包括用户体验、感知的信息服务、系统交互效果与其期望值的衡量比较结果。

网络环境条件下，用户信息需求与期望、信息行为、信息体验与感知间存在着内在的、深层的递进关系。其中，用户信息需求与期望是产生信息行为的原动力，用户体验与用户感知是理解用户信息行为的基础和分析与把握用户进一步行为的依据，也是影响用户最终信息服务满意度与信息质量评价的关键因素。

首先，信息需求是信息期望的前因变量，信息期望是用户信息需求取向的一种直接表现，信息需求对信息期望的正向影响直接影响到用户的信息质量评价。在信息交互过程中，用户会将理想中的信息质量和服务水平作为一种标准或参照系来与实际交互过程中获得的信息和服务进行比较，从而做出对信息质量和信息服务的评价。

用户信息需求与信息期望对信息质量的影响具有两面性。一方面，用户信息需求越迫切，对信息缺失的满足渴望就会越强烈，既而产生的信息期望就会越高，对信息质量的标准也会相应提升。在此状态下，会产生两种可能的结果，一种结果是在其需求与期望得到充分满足的情况下，其信息质量评价较高；而另一种结果就是在不能得到充分满足的情况下，用户产生一种强烈的不满足情绪，进而做出一个有失公允的较差信息质量评价。另一方面，在用户信息需求与信息期望较低或模糊状态下，通过交互过程中的体验与感知，在基本需求与期望得到满足时，最终会产生一种相对较高的信息质量评价结果。

其次，信息质量作为一个整体性、综合性概念，不仅取决于信息产品与信息系统的客观属性，还取决于用户在交互中的期望与主观体验感知。网络环境中，虽然信息产品特性与价值依然是影响信息质量的关键因素，但用户在信息交互过程中的认知、情感、意向等心理因素直接决定其信息行为和信息消费。在此过程中，用户的信息需求、信息期望呈

现出渐次满足以及发展变化态势。用户因信息体验而获得的心理感受将对用户对系统和服务的态度、用户对信息质量的评价以及用户的满意度等诸方面产生关键性的影响。[①]

同时，网络环境中，用户的信息交互过程又是一个具有创新性、内隐性和自我建构性的学习过程。在此过程中，用户的体验，用户通过与系统、产品、服务接触、互动的信息行为的“真实的瞬间”感知而产生的心理感受，以及所实现知识搜索、知识发现、知识挖掘等目标都将影响用户的信息满意度和对信息质量的评价。用户能够利用智能性的、交互性的知识获取和处理系统，随时根据体验与感受对所接收的定制式、交互式服务进行有效反馈，对其信息行为进行调整，实现知识搜索、知识发现、知识挖掘等目标，并在体验过程中完成对信息质量的评价。

再次，网络环境中，用户的信息期望、信息体验与信息质量评价间彼此相互作用、相互影响。只有提升用户信息期望与体验感知间的匹配度，才有利于提高用户的信息质量评价水平。对信息用户而言，信息质量是其对交互过程中自己信息需求和信息期望的满足程度的体验与感知。信息用户认为，自己通过体验与感知的信息质量是对信息质量的有效认知。因此，用户在交互过程中通过体验和感知与其需求和期望的比较而获得的信息质量认知能够在一定程度上取代用户对信息内容质量的完全客观评价。

二　基于用户视角的信息质量综合评价框架

以网络环境中用户视角的信息质量概念模型（见图 3—11）为基础，根据上述用户信息需求、信息期望、信息体验和感知与信息质量间的内在关系，可以构建形成基于用户视角的信息质量综合评价基本框架，如图 6—2 所示。

---

① 韩永青：《用户信息消费的 TPB 模型及分析》，《图书情报工作》2008 年第 52 卷第 4 期，第 32—34、92 页。

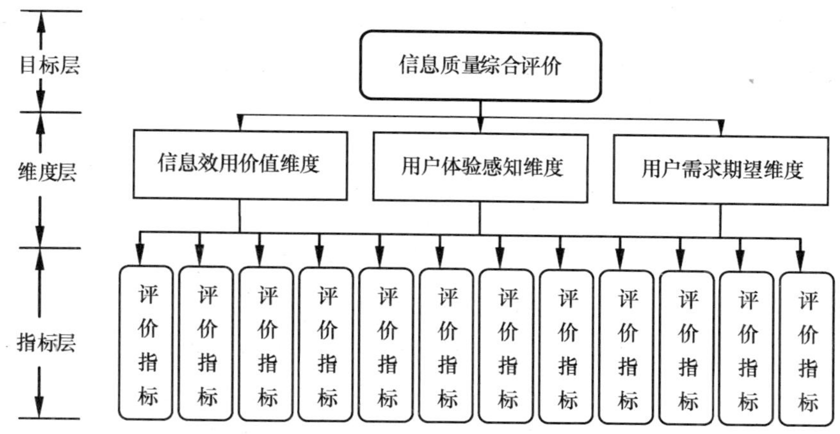

图 6—2 基于用户视角的信息质量综合评价基本框架

用户视角信息质量综合评价基本框架由目标层、维度层和指标层构成。目标层是评价体系所要达到的最终目标——信息质量全面、综合评价；维度层是以网络环境中用户视角的信息质量概念模型为基础，综合考虑用户信息需求、信息期望、信息体验和感知与信息质量的内在关系而选取的信息质量评价视角；指标层则是依据以上诸项维度细化而得到的具有可获得性、可操作性的具体评价指标。

在用户视角信息质量综合评价基本框架三个层次中，维度层是核心层次，是决定评价效果的关键部分。主要由信息效用价值维度、用户体验感知维度和用户需求期望评价维度所构成。

其中，信息效用价值维度是指信息产品能够满足用户信息需求、给用户带来价值收益的功能或效用属性，包括内部属性和外部特征，是从用户对信息“能否帮助用户有效完成任务，给用户带来价值”属性的角度选取的评价维度，是用户通过信息交互行为获得的对信息内容特征、功能、功效价值等信息质量客观评价指标。

用户体验感知维度是用户在利用信息系统（网站）获取信息过程中，通过信息交互行为与体验，从系统技术功能、交互性能和各项服务功能等方面对信息质量的主观感知与评价。具体体现在系统（网站）的可靠性、响应速度、功能质量、界面友好性、反馈途径、个性化功能、服务改进效率等层面，是从系统与交互过程“能否帮助用户高效完成任务”、“能否使用户身心愉悦地完成任务”属性的体验角度选取的评价维度。

用户需求期望维度是从信息用户对信息产品价值属性、系统功能、信息服务水平等需求与预期角度选取的维度。用户信息需求与期望是客观存在的，既包括对信息产品的期望，又包括对网络服务、网络功能及获取过程的期望；既有对信息产品效用价值的期望，又有与信息用户的视、听、触等感官因素密切相关的期望，是一个由多维角度构成的综合体系。用户通过交互过程对信息内容、系统性能和信息服务的体验和感知，与其期望质量间的比较结果将是用户信息感知质量的重要来源，并影响到对信息质量的最终认知。

基于用户视角的信息质量综合评价基本框架的三个评价维度，从信息交互行为中用户心理反应特点及发展递进规律角度，从用户信息向知识转化基本规律角度，全面反映了用户视角的信息质量评价的不同层次，虽然各有侧重，其间却具有较强的内在联系。

网络环境中，信息效用价值维度是信息质量评价的基础。用户在信息交互与利用过程中，虽然受对产品、系统和过程的技术性能、情感体验等主观评价的影响，却依然是以对信息价值属性客观评价的要素指标为主。用户体验感知维度是交互过程中用户对系统、网络的体验及情感共鸣，虽然带有较强的主观色彩与过程特征，但是用户满意的过程体验能够在一定程度上弥补结果体验的不足。同时，用户需求期望维度虽然是用户视角信息质量综合评价基本框架的重要构成部分，但在用户信息获取与检验过程中，通常要通过与交互过程中用户信息行为获得的体验与感受之间的比较而对信息质量产生影响，同时又与用户的信息体验与感知维度中的各个要素交织融合在一起。

第二节　基于用户视角的信息质量综合评价体系假设模型

如前所述，由于国内外没有现成的模型可资借鉴，同时尚缺少系统的研究与分析。我们将按如下思路提出并构建基于用户视角的信息质量综合评价体系假设模型：首先抽取相关评价指标形成指标样本库，然后根据相关研究与指标间的内在联系，构建形成评价体系假设模型。

一　假设模型指标选取

假设模型指标选取的基本思路为：以前期通过调查方法、实验方法与专家访谈方法所获得的网络环境中用户信息期望维度构成模型、基于用户体验与感知的信息质量影响因素模型为基础，利用研究所获得的相关指标要素，抽取形成假设模型指标样本库，对指标样本库进行整合与规范，在一定选取指标的原则指导下，获取基于用户视角的信息质量综合评价体系假设模型构成指标。

（一）假设模型指标样本库构建

在前期网络环境中用户信息期望维度构成模型的研究中，我们利用问卷调查与统计分析方法，共获得用户信息期望维度指标 16 个，主要涵盖信息表达与服务期望、信息获取与过程期望、信息内容期望三个方面。

在前期通过实验方法的基于用户体验与感知的信息质量影响因素的研究中，共获得 89 个影响要素指标，考虑有 23 个指标频数小于 10，虽然这些指标均来自于用户信息交互过程，具有一定指向性，但频数较低、代表性不强，故给予剔除。共获得信息交互过程中基于用户体验与感知视角的信息质量影响因素假设指标计 66 个，主要包括技术功能体验与感知角度、感观心理体验与感知角度、过程服务体验与感知角度、信息特征体验与感知角度、信息用户个性与需求角度等指标。

在前期通过专家访谈法的基于用户视角的信息质量影响因素的研究中，共获得 80 个影响因素指标，结合统计频次与提及专家人次两方面，删除了提及专家人次小于 4 的指标，共获取基于专家视角的信息质量影响因素假设指标计 52 个。

将以上三个方面所获取的指标组合成基于用户视角的信息质量综合评价体系假设模型指标库，共计 134 个指标要素（详见附录 10）。

（二）假设指标规范与整合

基于用户视角的信息质量评价研究，其最终目的是为了实际的评价与应用。因此，在尽量做到选取指标既能够全面、系统地从不同层次、不同侧面对信息质量做出有效衡量的同时，又要尽可能简约，易于理解、易于获得，以方便实际应用。

在以上134个指标要素样本库中，我们发现，通过用户信息期望维度构成模型中获得的指标和通过实验与访谈的基于用户体验与感知的信息质量影响因素模型中获取的指标在指标名称上存在一定差异。但如前所述，用户需求期望维度虽然是用户视角信息质量综合评价基本框架的重要构成部分，然而在用户信息获取与利用过程中，一般要通过与用户在交互过程中所获得的体验与感知的比较而对信息质量产生影响，与用户信息体验与感知维度中的部分要素交织融合在一起。基于此，我们将用户信息需求与期望要素整合到用户信息体验与感知要素之中。

同时，在所获指标中，有部分指标是信息用户素养与背景性要素指标（如用户习惯、用户信息素养、用户知识背景等），虽然这些因素对信息质量评价具有一定影响，但并不适于作为信息质量评价指标，更无法对其进行有效衡量与测定，经过研究团队讨论，将这些指标予以删除。

经过以上指标的整合与删减，共获得基于用户视角的信息质量综合评价体系假设模型构成指标72项，如表6—1所示。

表6—1　**基于用户视角的信息质量综合评价体系假设模型构成指标**

指标代码	指标名称	来源	指标代码	指标名称	来源	指标代码	指标名称	来源
1	帮助简易性	1	9	服务便捷性	1	17	功能完备性	1
2	帮助适用性	1	10	服务多样化	3	18	功能延伸性	1
3	帮助醒目性	1	11	服务费用	1	19	过程简捷性	1
4	帮助易懂性	1	12	服务个性化	1、2、3	20	过程流畅性	1、2、3
5	帮助针对性	1	13	服务人性化	1、2	21	过程时效性	1
6	导航功能性	1、2	14	服务完备性	2	22	检索便捷性	1、2、3
7	导航清晰性	1、2	15	服务延伸性	12	23	检索功能性	1、2
8	反馈及时性	12	16	服务友好性	1	24	检索结果准确性	1、2

续表

指标代码	指标名称	来源	指标代码	指标名称	来源	指标代码	指标名称	来源
25	检索路径清晰性	1、3	41	网站权威性	1、2	57	信息适用性	1、2
26	检索途径多元化	1	42	网站信任度	1	58	信息条理性	1
27	交互简捷性	1	43	网站信誉度	1、2	59	信息完整性	1、2、3
28	交互实时性	1、2	44	网站专业性	1、2	60	信息形式多样性	2
29	交互友好性	2	45	系统功效性	3	61	信息相关性	1、2
30	界面合理性	1、2	46	系统交互性	1、2、3	62	信息详尽性	1
31	界面简洁性	1、2、3	47	系统响应速度	1、2	63	信息易获取性	1、2
32	界面美观性	1、2	48	信息标准化	2	64	信息易理解性	1、2、3
33	界面清晰性	1、2	49	信息简洁性	1、2	65	信息针对性	1、2、3
34	界面友好性	1、2	50	信息可靠性	1、2、3	66	信息真实性	1、2、3
35	设计人性化	1、2	51	信息可信性	2	67	信息整合性	1、2
36	设计专业性	2	52	信息客观性	1、2	68	信息专业性	1
37	使用便捷性	1、2	53	信息清晰性	1、2	69	信息准确性	1、2、3
38	使用简易性	1、2	54	信息全面性	1、2	70	用户偏好满足度	1、2
39	使用易学性	1	55	信息时效性	1、2、3	71	用户情感满足度	2
40	网站安全性	1、3	56	信息适度性	1、2	72	阅读方便性	1

注：在来源中，1 代表来自实验研究，2 代表来自专家访谈，3 代表来自用户信息期望维度构成模型。

二　基于用户视角的信息质量综合评价体系假设模型提出

在以上所获取的 72 个假设指标基础上，依据基于用户视角的信息质量综合评价基本框架，综合考虑信息质量概念模型，本着反映用户真实体验、理解用户真正动机、关注用户价值目标的宗旨，以明确性、相互独立、可理解性、可操作性、可获得性为基本原则，根据各指标要素的基本内涵与相关关系，我们提出网络环境中基于用户视角的信息质量综合评价体系假设模型，如表 6—2 所示。

表 6—2　**网络环境中基于用户视角的信息质量综合评价体系假设模型**

维度	评价要素指标
信息价值属性维度（计 22 个要素）	信息简洁性、信息清晰性、信息时效性、信息条理性、信息易获取性 信息标准化、信息可靠性、信息完整性、信息专业性、信息形式多样化 信息针对性、信息客观性、信息详尽性、信息真实性、信息易理解性 信息全面性、信息准确性、信息适度性、信息整合性、信息相关性 信息适用性、信息可信性、
系统技术功能维度（计 21 个要素）	导航功能性、导航清晰性、帮助简易性、帮助适用性、检索路径清晰性 帮助醒目性、帮助针对性、检索功能性、检索便捷性、检索结果准确性 系统功效性、功能完备性、帮助易懂性、功能延伸性、检索途径多元化 使用易学性、系统交互性、使用便捷性、使用简易性、系统响应速度 阅读方便性
服务交互品质维度（计 16 个要素）	服务多性化、服务人性化、服务友好性、服务个性化、服务便捷性 服务延伸性、服务完备性、反馈及时性、交互实时性、交互简捷性 交互友好性、过程时效性、过程简捷性、过程流畅性、服务费用 用户偏好满足度
感观心理体验维度（计 13 个要素）	界面美观性、界面合理性、界面简洁性、界面清晰性、网站信誉性 界面友好性、网站安全性、设计人性化、设计专业性、网站权威性 网站专业性、网站信任度、用户情感满足度

第三节　基于用户视角的信息质量综合评价体系模型构建

一　研究方法与研究设计

在本部分研究中，主要采用问卷调查来搜集获取研究数据，并运用探索性因子分析进行数据的统计与分析，最终对所提出的基于用户视角的信息质量综合评价体系假设模型进行检验与修正。

本部分研究的调查问卷，主要以前文所提出的网络环境中基于用户视角的信息质量综合评价体系假设模型为依据，将假设模型中的指标要素转换成调查问卷中的调查问项，形成调查问卷初稿。在征询本领域专家与学者的意见与建议基础上，研究团队对调查问卷初稿进行了多次较大幅度的修改与完善，形成预调查问卷。

为检验调查问卷的有效性，我们在正式调查之前，在研究团队所在的学校进行了预调研。预调研样本取自天津师范大学若干专业的本科生和硕士研究生，共回收问卷 60 份。利用 SPSS 18.0 对预调研数据进行分析，删除呈非正态分布及负载荷系数小于 0.45 的指标问项（即用户偏好满足度、用户情感满足度、系统功效性三个指标）。并根据调查对象实际感受与意见，对问卷中部分内容的表述进一步优化、修改与调整，并增加相关概念界定，最终形成正式调查问卷。

正式调查问卷由两部分、75 个问项构成。第一部分是为网络环境中基于用户视角的信息质量综合评价体系构成调研内容，共计 71 个问项（其中，封闭式问题 69 个，主要为评价体系指标问项；开放式问题 2 个），此部分是调查问卷的主体部分。其中的变量测量均采用李科特 5 分量表，用 1—5 表示同意程度，“1” 表示完全不同意，“5” 表示完全同意；第二部分是调查对象的基本信息问项，共计 4 项（具体调查问卷请见附录 6）。

二　样本选取与数据采集

根据信息用户的特点与实际情况，本次研究调查利用“问卷星”网站在线问卷调查系统和电子邮件两种途径发放和回收调查问卷，同时辅以印刷形式。在此调查过程中，为保证问卷的回收率和对各类偏差的有效控制，研究小组设立在线 QQ，实时解答调查对象疑问并善意督促。

正式调查时间为 2012 年 10 月初开始、2012 年 12 月底截止，为期两个月，共回收问卷 468 份，其中有效问卷为 428 份，有效率为 91.45%，符合预定样本规模。

三　描述性统计分析

（一）样本的描述性分析

在本次调查的有效样本中，男、女占比分别为 56.31%（241 位）、43.69%（187 位），分别来自于 27 个省、市、自治区，涵盖了我国大部分地区。调查样本的性别、年龄、教育程度、职业等统计数据如表6—3所示。

表 6—3 **调查样本基本情况统计**

基本情况	调查类别	人数	占比（%）	基本情况	调查类别	人数	占比（%）
性别	男	241	56.31	教育程度	高中及以下	36	8.4
	女	187	43.69		大专	85	19.9
年龄	15 岁及以下	0	0		大学本科	174	40.7
	16—20 岁	23	5.4		硕士研究生	108	25.2
	21—25 岁	87	20.3		博士研究生	25	5.8
	26—30 岁	111	25.9	职业	在校学生	125	29.2
	31—35 岁	117	27.3		企业/公司职员	89	20.8
	36—40 岁	36	8.4		党政机关公务人员	52	12.1
	41—45 岁	23	5.4		事业单位工作者	57	13.3
	46—50 岁	21	4.9		专业技术人员	69	16.1
	51 岁及以上	10	2.3		其他	36	8.4

由表 6—3 可见，本次调查样本与中国互联网络信息中心（CNNIC）发布的第 31 次《中国互联网络发展状况统计报告》中的网络用户结构基本一致，[①] 调查样本具有一定代表性，能够较好地代表我国信息用户整体结构，符合研究预期。

（二）观测变量的描述性分析

为更好地了解调查对象对信息质量综合评价指标体系各指标要素的重视程度，利用 SPSS 18.0 对各个研究变量进行描述统计处理，得到各变量的平均值、标准差等统计数值，如表 6—4 所示。

由表 6—4 统计数据可见，在本次调查所包括的 69 个指标中，平均值大于 4 的问项共计 39 项，其中平均值最大的指标为“信息准确性”（4.28）与“导航清晰性”（4.28），与前文的研究结果基本相一致，体现出网络用户信息需求的主要特点。对这 39 项指标进一步分析可发现，反映“信息内容价值属性”的指标占有相当部分比重（共计 13 个指标），且这部分指标的标准差也较小。这表明，网络环境中虽然信息交

① 中国互联网络信息中心（CNNIC）：《中国互联网络发展状况统计报告（31 次）》，2013 年 2 月 18 日（http：//www. cnnic. net. cn/hlwfzyj/hlwxzbg/hlwtjbg/201301/t20130115_ 38508. htm）。

互过程中用户体验与感知的因素会影响到信息质量评价，但“信息内容价值属性”依然是用户信息质量评价的重要维度。

表 6—4　　观测变量的描述性统计分析

要素指标	均值	标准差	方差	偏度	要素指标	均值	标准差	方差	偏度
帮助简易性	4.02	0.643	0.413	-1.078	信息时效性	4.07	0.863	0.745	-0.940
信息适度性	3.68	1.214	1.474	-0.126	检索结果准确性	4.27	0.632	0.399	-1.081
网站权威性	3.86	1.061	1.126	-0.862	过程流畅性	3.88	0982	0.964	-0.734
信息清晰性	4.01	0.845	0.714	-0.998	导航清晰性	4.28	0.765	0.585	-1.043
服务费用	3.78	1.237	1.530	0.146	信息标准化	3.52	1.208	1.459	0.216
导航功能性	4.02	0.732	0.536	-1.081	信息客观性	4.01	0.845	0.714	-0.962
使用简易性	4.24	0.411	0.169	-1.291	网站专业性	3.87	1.007	1.014	-0.759
帮助醒目性	4.03	0.821	0.674	-0.936	过程时效性	3.88	1.061	1.126	-0.771
信息条理性	3.57	1.086	1.179	-0.633	信息真实性	4.15	0.585	0.342	-1.102
系统响应速度	4.18	0.521	0.271	-1.002	界面清晰性	4.12	0.678	0.460	-0.949
交互实时性	4.01	0.836	0.699	-0.768	系统交互性	3.99	0.936	0.876	-0.768
信息整合性	3.82	1.029	1.059	-0.275	网站安全性	4.08	0.729	0.531	-0.875
功能完备性	4.05	0.961	0.924	-0.825	检索途径多元化	4.01	0.961	0.924	-0.852
设计人性化	4.09	0.886	0.785	-0.796	服务多样化	4.09	0.872	0.760	-0.928
信息相关性	4.35	0.645	0.416	-1.293	网站信任度	4.19	0.653	0.426	-1.081
信息可信性	4.12	0.532	0.283	-1.102	界面合理性	3.82	1.032	1.065	-0.454
反馈及时性	4.16	0.621	0.386	-1.117	服务便捷性	4.21	0.724	0.524	-1.014
服务个性化	3.98	1.066	1.136	-0.821	帮助适用性	4.03	0.692	0.479	-0.927
界面美观性	4.00	0.878	0.771	-0.932	使用易学性	4.14	0.771	0.594	-1.082
交互友好性	3.91	1.065	1.134	-0.886	检索功能性	3.78	1.164	1.355	-0.216
信息全面性	4.22	0.726	0.527	-0.982	信息易理解性	4.10	0.761	0.579	-1.059
网站信誉度	3.78	1.152	1.327	-0.762	信息适用性	3.82	1.120	1.254	-0.302
阅读方便性	3.66	1.261	1.590	-0.262	帮助针对性	3.96	0.964	0.929	-0.901
信息简洁性	3.92	1.033	1.067	-0.921	信息可靠性	4.01	0.633	0.401	-0.892
服务延伸性	3.82	1.201	1.442	-0.776	服务完备性	3.86	1.012	1.024	-0.792
设计专业性	3.71	1.078	1.162	-0.521	信息针对性	3.86	1.126	1.268	-0.663
功能延伸性	3.74	1.081	1.169	-0.684	界面简洁性	4.04	0.881	0.776	-0.985
信息准确性	4.28	0.426	0.181	-1.158	信息完整性	4.20	0.626	0.392	-1.158
信息易获取性	4.04	0.879	0.773	-0.952	服务友好性	4.15	0.579	0.335	-0.859

续表

要素指标	均值	标准差	方差	偏度	要素指标	均值	标准差	方差	偏度
交互简捷性	3.62	0.819	0.671	-0.729	信息专业性	3.72	1.019	1.038	-0.729
服务人性化	3.72	1.119	1.252	-0.232	检索便捷性	4.17	0.635	0.403	-1.132
过程简捷性	3.84	1.035	1.071	-0.892	信息形式多样性	3.62	1.101	1.212	-0.268
帮助易懂性	4.09	0.983	0.966	-1.101	界面友好性	4.18	0.961	0.924	-1.020
检索路径清晰性	3.88	0.732	0.536	-0.927	信息详尽性	4.06	0.841	0.707	-0.927
使用便捷性	4.00	0.621	0.386	-1.007					

而各变量的标准差与方差统计显示，虽然大部分指标的标准差和方差均小于1，但其中仍有24个指标的标准差（方差）大于1，表明用户对这些质量评价指标的认知存在较大差异。对这24个指标进行分析可以发现，其中大部分指标来自于交互过程中用户对系统功能、网站界面、服务品质等方面的体验与感知。可见，网络环境中，用户对具有主观性的信息质量评价指标的认知还是存在较大差异。

四　数据分析与模型检验

将利用探索性因子分析方法对所获得的数据进行统计分析，以检验所提出网络环境中基于用户视角的信息质量综合评价体系假设模型并对其进行修正，从而构建最终综合评价体系模型。

（一）信度和效度检验

运用SPSS 18.0软件，本研究利用克朗巴哈α系数检验变量的信度，以检验调查问卷的可靠性与有效性，检验结果如表6—5所示。可见整体量表的克朗巴哈α系数值为0.904（大于0.7），表明问卷具有较高可信度，可以对数据进行进一步分析。

表6—5　**变量的信度检验结果**

克朗巴哈α	基于标准化项的克朗巴哈α	项数
0.904	0.904	69

在内容效度方面，本调查问卷中的所有问项均来自于前期实证研究所获得的结果，最大程度保证了量表能够反映所要测量的内容，提高了其内容效度。在量表设计开发中，严格遵循规范的设计原则，广泛听取有关专家意见，通过预调研，修改形成正式调查问卷，保证了问卷的科学有效性；同时，在问卷发放与填写中，通过沟通、善意督促和解答疑问，确保被调查对象对问项的准确理解，保证数据真实有效。

（二）适用性分析

我们利用 KMO 样本测度和巴特利特球体检验对所获数据进行了因子分析适合性的评估，如表 6—6 所示。

表 6—6　**KMO 与巴特利特检验**

Kaiser – Meyer – Olkin Measure of Sampling Adequacy		0. 866
Bartlett's Test of Sphericity	Approx. Chi – Square（近似卡方值）	12368. 612
	df（自由度）	2016
	Sig. （显著性）	0. 000

本次调查数据取样适当性的 KMO 检验值为 0. 866，大于 0. 5，表明量表中各个项目间的相关程度无太大差异，可认为 428 个样本对于含有 69 个变量的量表是充分的，数据适合做因子分析。

巴特利特球体检验的近似卡方值（Approx. Chi – Square）为 12368. 612，自由度（df）为 2016，检验的显著性水平（Sig.）为 0. 000，小于 1%，再次表明调查数据适合做因子分析。

（三）主成分分析

在探索性因子分析中，公共因子提取的方法采用主成分分析法（Principle Component Analysis）。以特征值大于 1 为标准来截取数据，公共因子提取数量不限定，使提取出的公共因子至少可以解释一个变量。并采用方差最大化正交旋转（Varimax），根据旋转后的因子载荷矩阵进行公共因子确定和变量归并与整合。

根据公共因子提取准则，以特征值（Eigenvalues）大于 1 为标准来截取数据，共萃取7个公共因子，结果显示这7个公共因子的累计方差解释度达81.218%，可以较好地代表原始变量信息，如表6—7所示。

表6—7　　**总方差解释**

公共因子	Initial Eigenvalues			Extraction Sums of Squared Loadings			Rotation Sums of Squared Loadings		
	Total	% of Variance	Cumulative %	Total	% of Variance	Cumulative %	Total	% of Variance	Cumulative %
1	13.262	15.265	15.265	13.262	15.265	15.265	11.872	14.134	14.134
2	13.160	14.986	30.251	13.160	14.986	30.251	10.718	12.986	27.120
3	12.876	14.862	45.113	12.876	14.862	45.113	10.493	13.626	40.746
4	9.821	10.829	55.942	9.821	10.829	55.942	7.316	12.262	53.005
5	9.002	9.973	65.915	9.002	9.973	65.915	7.176	9.683	63.871
6	7.632	8.015	73.930	7.632	8.015	73.930	6.308	9.821	72.692
7	6.521	7.288	81.218	6.521	7.288	81.218	6.193	8.526	81.218

提取方法：主成分分析法。

同时，由表6—8可以看出，变量的共同度最低为71.6%，最高达到92.9%，所有变量的共同度都在70%以上，具有较高共同度，表明所提取的公共因子可以较好地反映与代表所有变量信息。

采用方差最大化正交旋转（Varimax）得到旋转后的因子载荷矩阵，从旋转因子载荷矩阵结果可以显示所提取的7个公共因子与其所载荷变量的对应关系，结果显示这7个公共因子的克朗巴哈α系数均在0.85以上，表明各因子所包含的观测变量具有较高的一致性和可靠性。根据因子载荷结果，69个变量中有6个变量（即信息条理性、信息标准化、信息形式多样化、信息适用性、检索功能性、阅读方便性）的最高载荷系数较低，均小于0.45，小于应有的载荷系数要求，虽然它们的共同度都较高，但在进行公共因子归并时，将其予以剔除。

根据旋转因子载荷矩阵进行公共因子确定、变量归并与整合，得到表6—9观测变量探索性因子分析结果。

表 6—8 **变量共同度**

变量	初始值	共同度	变量	初始值	共同度
VAR01	1.000	.915	VAR36	1.000	.867
VAR02	1.000	.720	VAR37	1.000	.913
VAR03	1.000	.849	VAR38	1.000	.842
VAR04	1.000	.916	VAR39	1.000	.892
VAR05	1.000	.790	VAR40	1.000	.716
VAR06	1.000	.868	VAR41	1.000	.870
VAR07	1.000	.923	VAR42	1.000	.818
VAR08	1.000	.885	VAR43	1.000	.856
VAR09	1.000	.791	VAR44	1.000	.929
VAR10	1.000	.913	VAR45	1.000	.916
VAR11	1.000	.880	VAR46	1.000	.860
VAR12	1.000	.762	VAR47	1.000	.887
VAR13	1.000	.869	VAR48	1.000	.879
VAR14	1.000	.892	VAR49	1.000	.863
VAR15	1.000	.924	VAR50	1.000	.904
VAR16	1.000	.907	VAR51	1.000	.845
VAR17	1.000	.926	VAR52	1.000	.901
VAR18	1.000	.905	VAR53	1.000	.881
VAR19	1.000	.889	VAR54	1.000	.896
VAR20	1.000	.841	VAR55	1.000	.769
VAR21	1.000	.909	VAR56	1.000	.900
VAR22	1.000	.843	VAR57	1.000	.731
VAR23	1.000	.717	VAR58	1.000	.872
VAR24	1.000	.882	VAR59	1.000	.881
VAR25	1.000	.836	VAR60	1.000	.782
VAR26	1.000	.775	VAR61	1.000	.801
VAR27	1.000	.815	VAR62	1.000	.880
VAR28	1.000	.921	VAR63	1.000	.913
VAR29	1.000	.876	VAR64	1.000	.902
VAR30	1.000	.736	VAR65	1.000	.778
VAR31	1.000	.792	VAR66	1.000	.904
VAR32	1.000	.816	VAR67	1.000	.716
VAR33	1.000	.872	VAR68	1.000	.897
VAR34	1.000	.793	VAR69	1.000	.887
VAR35	1.000	.899			

提取方法：主成分分析法。

表 6—9 **观测变量探索性因子分析结果**

指标要素		公共因子						
		1	2	3	4	5	6	7
28	信息准确性	0.889						
44	信息真实性	0.851						
69	信息详尽性	0.838						
41	信息客观性	0.836						
16	信息可信性	0.816						
21	信息全面性	0.782						
59	信息可靠性	0.767						
63	信息完整性	0.760						
61	信息针对性	0.738						
56	信息易理解性	0.665						
15	信息相关性	0.636						
65	信息专业性	0.567						
12	信息整合性	0.520						
13	功能完备性		0.870					
35	使用便捷性		0.869					
33	帮助易懂性		0.862					
6	导航功能性		0.841					
54	使用易学性		0.813					
39	导航清晰性		0.789					
46	系统交互性		0.776					
1	帮助简易性		0.751					
8	帮助醒目性		0.732					
53	帮助适用性		0.678					
27	功能延伸性		0.598					
58	帮助针对性		0.577					
47	网站安全性			0.817				
68	界面友好性			0.702				
19	界面美观性			0.669				
50	网站信任度			0.656				
62	界面简洁性			0.624				
14	设计人性化			0.620				
51	界面合理性			0.573				
42	网站专业性			0.542				

续表

指标要素		公共因子						
		1	2	3	4	5	6	7
22	网站信誉性			0.528				
3	网站权威性			0.521				
45	界面清晰性			0.513				
26	设计专业性			0.512				
64	服务友好性				0.893			
18	服务个性化				0.827			
52	服务便捷性				0.749			
5	服务费用				0.689			
31	服务人性化				0.681			
49	服务多性化				0.679			
60	服务完备性				0.678			
25	服务延伸性				0.562			
37	检索结果准确性					0.803		
66	检索便捷性					0.762		
34	检索路径清晰性					0.735		
10	系统响应速度					0.726		
32	过程简捷性					0.604		
48	检索途径多元化					0.590		
7	使用简易性					0.517		
20	交互友好性						0.710	
38	过程流畅性						0.690	
11	交互实时性						0.675	
43	过程时效性						0.653	
30	交互简捷性						0.643	
17	反馈及时性						0.569	
36	信息时效性							0.717
29	信息易获取性							0.710
2	信息适度性							0.653
4	信息清晰性							0.648
24	信息简洁性							0.539
	Cronbach α	0.936	0.910	0.902	0.891	0.916	0.891	0.908

（四）模型修正与分析

以上因子分析结果部分验证了我们所提出的网络环境中基于用户视角的信息质量综合评价体系假设模型，但仍有部分因子的载荷结果与假设模型存在差异。

由载荷矩阵结果可见，载荷到因子 1 上的变量共计 13 个。与假设模型相比，载荷到该因子上的指标仅是假设模型中“信息价值属性维度”中的部分指标。这些指标侧重于“信息内容特征”，涵盖了信息内容中能够满足用户信息需求、给用户带来价值收益的功能或效用属性方面的评价要素，既包括信息内容中部分客观质量指标，又包括用户通过交互过程所体验和感知的、与其需求和期望相比较而获得的信息内容效用价值的主观认知质量指标。网络环境下，信息内容本身的价值与效用是用户查找检索信息的最初动机。这一维度构成要素的满足程度对最终信息质量评价有很大影响。

载荷到因子 2 上的变量共 12 个。与假设模型对比分析可见，载荷到该因子上的指标仅是假设模型中“系统技术功能维度”中的部分指标。由这部分指标的基本内涵可见，这些指标以“系统基本功能性能”所含指标为主，是用户在利用信息系统（网站）获取信息过程中对系统基本性能、延伸与附加功能的体验评价，包括基本功能、导航、帮助等方面。

载荷到因子 3 上的变量共 12 个，这些变量均涉及用户通过信息交互过程而获得的网站系统界面设计的体验与感知角度的信息质量评价要素，与假设模型中“感观心理体验维度”基本一致。主要包括用户在交互过程中基于美感、友好性等体验而得到的信息质量评价因素，以及对网站安全性相关体验与感知角度的信息质量评价要素。这两方面均是以用户体验与感知为基础的一种带有极强感情和主观色彩的评价要素。

载荷到因子 4 上的变量共 8 个，均与用户在交互过程中对网站系统所提供的各类服务的体验与感知相关，仅包括假设模型中“服务交互品质维度”中的部分指标。但与假设模型相比较，此因子所包括的指标更侧重于网站系统的服务品质层面。

载荷到因子 5 上的 7 个变量均为用户从信息获取过程中感知的网站系统检索功能角度的信息质量评价指标。作为用户信息获取过程中最为关键的环节，检索功能是影响用户信息满意的重要方面。在假设模型中，“过程简捷性”是“服务交互品质维度”中的指标，而统计结果却将其载荷到与检索功能评价相关的因子上，究其原因，可能是用户在信息交互过程中将“检索过程简捷性”与整个交互过程的简捷性融合为一种体验，进而将其作为检索功能角度信息质量评价的一个方面。

载荷到因子 6 上的变量计 6 个，包括假设模型中“服务交互品质维度”中的部分指标，侧重于用户在信息获取与利用过程中的网站系统交互性品质层面的评价，是用户通过交互过程所体验和感知的、与其需求和期望相比较而获得的对系统交互性能的主观认知评价指标。

载荷到因子 7 上的变量计 5 个，与假设模型相比，载荷到该因子上的指标仅是假设模型中“信息价值属性维度”中的部分指标，这些指标侧重于“信息外部特征”的信息质量评价要素。

基于以上分析与讨论结果，考虑到实际所获取的公共因子情况，结合前面的信息质量概念模型与假设评价体系，我们对所提出的假设模型进行进一步修正与调整，得到基于用户视角的信息质量综合评价体系模型，如图 6—3 所示。

由图 6—3 可见，在经过修正的基于用户视角的信息质量综合评价体系模型中，除了保留假设模型的基本一级维度外，我们根据因子分析结果和具体公共因子内涵，在“信息价值属性维度”、“系统技术功能维度”和“服务交互品质维度”三个维度中各增设二级维度。与假设模型相比较，修正后的信息质量综合评价体系模型更加简约、层次更清晰、以更强的逻辑性来反映指标体系的内在关系。

在假设模型中，没有将信息价值属性内在结构做出清晰的划分与界定，仅将评价信息产品特征与属性的指标作为一个统一维度。而因子分析结果则将其内在结构做了较为清晰的划分，由分析结果可见，网络环境中，信息产品的内在价值属性依然是用户信息质量评价的核心与关键要素，是用户视角信息质量综合评价体系的基础。信息产品外部特征的评价要素则反映了网络环境中用户的需求特点及对信息的基本要求。

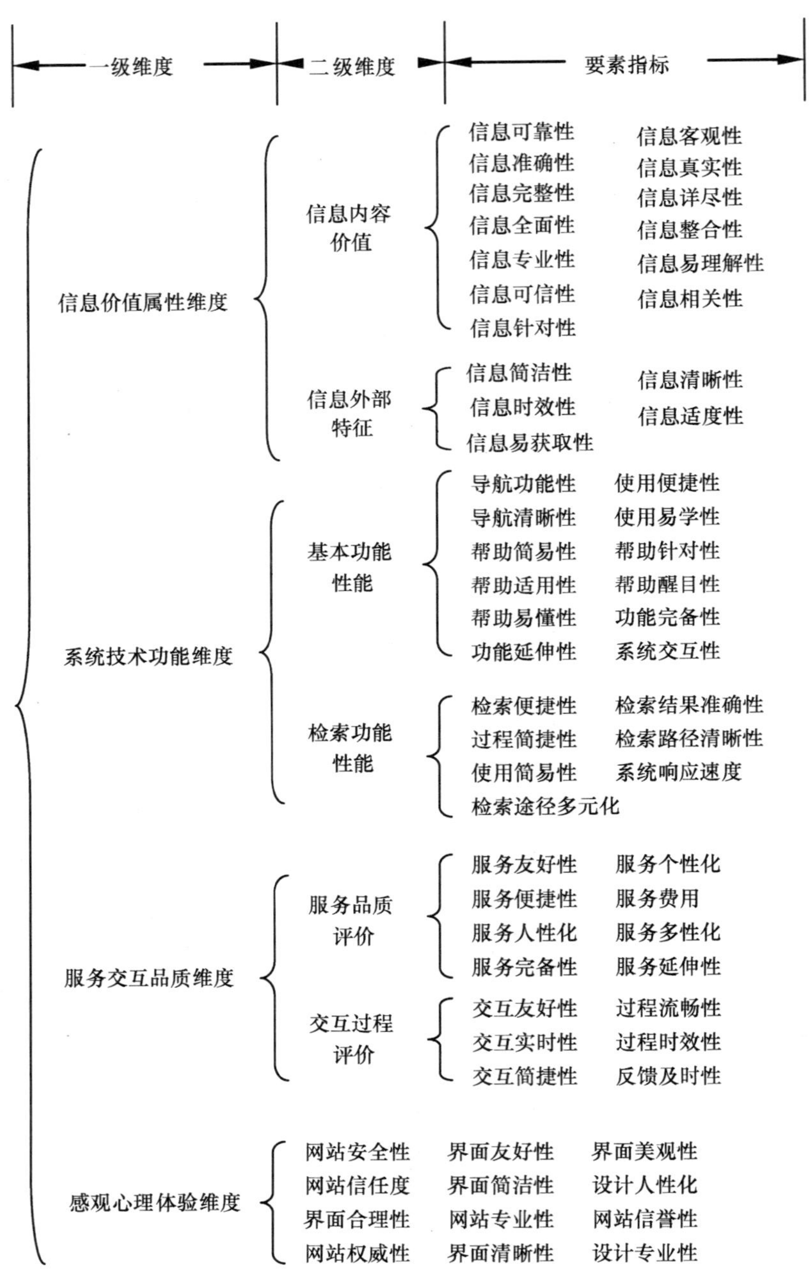

图 6—3　网络环境中基于用户视角的信息质量综合评价体系模型

与假设模型相比，修正模型中将“系统技术功能维度”中的评价指标细分为两个维度层面。根据具体指标内涵，我们分别将其定义为“基本功能性能”、“检索功能性能”两个子维度。从因子载荷结果可见，将“检索功能性能”的相关指标要素独立成一个子维度，反映出在基于用户视角的信息质量评价中，检索功能依然是用户信息获取过程中的关键环节，对信息质量具有直接影响。

修正模型将“服务交互品质维度”划分为两个子维度。根据因子载荷结果，这两个子维度分别从单向、双向角度对服务品质要素进行了划分。其中，“服务品质”子维度主要是从网站系统为用户提供服务角度来对信息质量进行评价，而“交互过程”子维度则包含从用户与网站系统双向交互品质的角度的信息质量评价要素。

假设模型中，我们没有对“过程”属性做出清晰界定，过于粗糙与含混，均将其归入到“服务交互评价维度”中。而通过因子分析的因子载荷结果可见，“过程简捷性”被归入从系统检索功能角度的信息质量评价因子中。以此结果为切入点，再对假设体系中与“过程”属性相关的指标要素进行分析可以发现，“过程”属性可从两个方面进行理解，一方面是用户在信息获取过程中对检索过程属性的理解，一方面是用户在与网站系统交互中对交互过程属性的理解与体验。这两个方面反映出用户基于过程角度的信息质量评价的不同侧重。

五　综合评价指标释义

经过修正所获得的基于用户视角的信息质量综合评价体系模型全面地反映了信息质量的各个方面，涵盖了从量与质两个角度选取的质量评价指标，具有实际、可执行、可衡量、直观性等特征。这些指标彼此联系、有机融合，能够从信息用户角度对信息质量做出全面、系统、综合的衡量评价。

为更好地理解基于用户视角的信息质量综合评价体系模型，把握体系中每个评价指标要素的基本内涵，使之更易理解，更具有操作性，根据评价模型中各要素所属维度及内在联系，同时，结合前期研究成果（如前面的信息质量影响因素指标体系研究），我们对各评价指标要素重新进行解释与描述，如表6—10所示。

表 6—10　　　**基于用户视角的信息质量综合评价体系指标释义**

评价维度		评价指标名称	指标解释与描述
信息价值属性维度	信息内容价值	信息准确性	所获信息内容的准确程度
		信息真实性	所获信息内容的真实程度
		信息详尽性	所获信息内容的深度、详细程度
		信息客观性	所获信息内容（观点、数据、评价等）的客观程度
		信息可信性	对通过网站所获取的信息内容是否值得相信、能否加以利用程度的评价
		信息全面性	所获信息内容涵盖范围、丰富程度
		信息可靠性	所获信息内容可靠、可信赖程度
		信息完整性	所获信息内容广度方面涵盖范围、维度水平
		信息针对性	所获信息内容与具体问题、特定需求的关联程度
		信息易理解性	所获信息内容易于理解程度
		信息相关性	所获信息内容与用户需求吻合程度
		信息专业性	所获信息内容的专业程度
		信息整合性	所获信息内容的综合、归纳整理、系统化整合程度
	信息外部特征	信息时效性	所获信息内容新颖性、及时性的评价
		信息易获取性	用户对所需要信息获取、下载、保存的方便、容易程度
		信息适度性	所获信息数量的适量程度
		信息清晰性	所获信息内容的清晰、直观、明确程度
		信息简洁性	所获信息内容的简练、清晰、直观程度
系统技术功能维度	基本功能性能	功能完备性	网站系统各项功能的齐全、完备程度
		使用便捷性	网站系统提供的各项功能、途径的操作方便、快捷程度
		帮助易懂性	网站所提供各类使用问题解答容易理解与掌握程度
		导航功能性	网站系统各类导航功能的便捷、效用与针对性程度
		使用易学性	网站系统所提供的各类功能与检索方式的学习掌握容易程度
		导航清晰性	网站的各项导航功能的醒目、清晰、直观程度
		系统交互性	网站系统与用户信息交流沟通的功能性、友好性等
		帮助简易性	网站提供的各类帮助功能、方法的使用容易、便捷程度
		帮助醒目性	网站系统提供的各类帮助功能、工具设置的清晰、醒目程度
		帮助适用性	网站系统提供各类帮助对用户解决问题的有效程度
		功能延伸性	网络系统所提供的各类延伸、附加功能、手段与途径
		帮助针对性	网站提供的各类帮助功能与内容的针对性、具体化程度
	检索功能性能	检索结果准确性	利用网站提供的检索途径所获结果与用户检索提问匹配程度
		检索便捷性	网站系统提供检索方式使用的简便、快捷程度
		检索路径清晰性	信息检索过程中过程、路径、步骤的明确、清楚程度
		系统响应速度	网站系统对用户各项操作指令的反应速度
		过程简捷性	用户利用网络系统获取所需信息流程的简捷、方便程度
		检索途径多元化	网站提供的检索途径、方式、字段的多样化程度
		使用简易性	网站系统各项功能使用的简便、容易程度

续表

评价维度		评价指标名称	指标解释与描述
服务交互品质维度	服务品质评价	服务友好性	网站系统提供各类服务时的态度、方式、主动性等水平
		服务个性化	网站针对不同类型用户特点与需求提供的个性、特色服务水平
		服务便捷性	用户利用网站系统提供服务的方便、简捷程度
		服务费用	网站提供各类服务的费用水平
		服务人性化	网站系统提供的各类服务与用户习惯、特点适应程度
		服务多性化	网站系统提供的各类服务方式、类型多样化程度
		服务完备性	网站系统所提供的各类服务齐全、周到程度
		服务延伸性	网站提供的各类相关服务、深度服务、后续服务等
	交互过程评价	交互友好性	网站系统提供的与用户信息交流、沟通方式是否符合用户习惯、用户的需要
		过程流畅性	用户利用网络获取信息过程顺畅、方便程度
		交互实时性	网站与用户问题交流、意见反馈的实时程度
		过程时效性	用户利用网站系统获取信息过程的时间与检索结果效用比
		交互简捷性	网站系统提供的与用户交流、沟通方式的方便易用程度
		反馈及时性	网站对用户各类需求、意见反馈的及时、快速程度
感观心理体验维度		网站安全性	用户利用网站获取信息过程中个人信息等的安全性、自身系统安全性
		界面友好性	网站各级界面的设计与用户特点、使用习惯的符合程度
		界面美观性	网站各级页面设计、色彩的美观、大方程度
		网站信任度	用户在自身经验的基础上对网站的信任程度
		界面简洁性	网站各级界面整体设计与布局的简洁、明了程度
		设计人性化	网站整体设计与用户使用习惯、特点的匹配程度
		界面合理性	网站各级界面整体设计、布局等的合理程度
		网站专业性	网站系统设计、功能、页面等的专业性水平
		网站信誉性	机构、媒介与其他用户对网站的口碑、评价
		网站权威性	指网站的威望、名气等水平
		界面清晰性	网站各级页面上的栏目、信息等的清楚、明晰程度
		设计专业性	网站系统内容、版式的设计专业程度

第四节　本章结论

在本章中，以用户信息需求、用户期望与用户信息体验和感知的内在关系为基础，我们构建了信息质量综合评价体系框架，并依据前期研究结果，提出基于用户视角的信息质量综合评价体系假设模型，并运用调查研究方法对其进行验证与修正，获得信息质量综合评价体系。

首先，在基于用户视角的信息质量综合评价基本框架模型中，目标层是评价体系所要达到的最终目标——信息质量全面、综合评价，维度层是根据用户视角选取的信息质量评价视角，指标层则是依据各评价维度细化所获得的可操作性的具体评价指标。此基本框架模型从信息交互行为中用户心理反应特点及发展递进规律角度，从用户信息向知识转化基本规律角度全面反映用户视角的信息质量评价不同层次，虽然各具侧重，其间却具有较强的内在联系。

其次，基于用户视角的信息质量评价体系模型是一个由多维角度、多指标因素构成的综合体系，既包括信息产品价值特征属性核心维度，又包括用户在信息交互过程中从网站各项技术功能、交互过程及服务品质、交互界面及网站设计等体验与感知角度的信息质量评价维度。这几方面的维度既反映了信息质量评价中理性层面的考量，也反映了感性层面因素在其中的重要作用。较为全面、系统地反映与涵盖了基于用户视角信息质量概念的基本内涵。

再次，由基于用户视角的信息质量综合评价体系模型及其具体构成维度与指标可见，信息产品的固有属性与效用价值依然是信息质量评价的基础，是决定信息质量的核心。与此同时，用户在信息交互过程中的认知、动机、情感、观感等心理感知与通过信息交互过程对网络系统的技术功能及界面设计、信息特征、服务水平等主观体验指标则成为用户信息质量评价的重要因素。这些指标基本涵盖了量与质两个角度，具有实际的、可执行、可衡量、直观性等特征。这些指标彼此联系、有机融合，能够从信息用户角度对信息质量做出全面、系统、综合的衡量评价。

然而，我们也发现：网络环境中，信息质量评价是一项综合性的系统工作。将用户行为体验与认知心理引入到信息质量评价中，对探索网络环境中的信息质量评价具有一定的建设性。从所构建的体系模型中可见，评价指标主要是以可描述、可感知、可评价的显性指标为主，还包括一些感性的、内隐的评价要素指标。虽然我们已经对这些指标的基本内涵进行了描述与界定，但在实际信息质量评价工作中，如何获取这些感性、内隐指标，如何对这些指标进行度量，将有待进一步研究。

同时，在本章所构建的基于用户视角的信息质量综合评价指标体系虽然是经过大样本调查的实证研究结果，具有一定的科学性与代表性。但这个模型仅是一个基于用户视角的信息质量综合评价基本模型，并没有反映出不同类型网站、不同类型信息的信息质量评价的差异性。随着信息技术的快速发展与用户对信息需求的日益多元化，信息类型、网站类型将日趋多样化，具体到某具体信息类型、具体网站类型的信息质量评价，还需在此模型基础上进行有针对性的进一步分析与研究。

第七章

网络环境中用户体验与感知优化和信息质量提升策略研究

本书中，我们在全面、系统地阐释用户视角的信息质量内涵及概念模型的基础上，通过对网络条件下用户信息需求和期望与信息质量内在关系、基于用户体验与感知的信息质量影响因素的研究，构建形成基于用户视角的信息质量综合评价体系。

网络环境中，信息质量研究的最终目的是通过对其评价维度与内在影响因素的客观了解，结合用户信息需求、信息期望的实际情况与发展变化规律，通过不断优化用户的信息体验与感知，全面均衡地提升其整体评价水平，真正有效地将其结果应用于网络信息资源建设与服务工作实践中，为各类网络信息生产者与服务者围绕以用户为出发点的信息产品开发、传递与表达方式、信息服务模式等提供一种有力的导向性工具和有价值的参考与指导。

本章主要从网络环境中信息质量综合提升动力分析入手，系统分析信息质量提升动力建设结构、提升路径，构筑基于用户视角的信息质量综合提升动力模型。以动力模型为基础，通过对网络环境中用户体验与感知的优化、信息价值属性提升、网络系统功能提升的研究，详细阐述了用户体验与感知优化、信息质量综合提升的有效途径与策略。

第一节　基于用户视角的信息质量综合提升动力模型

一　信息质量提升动力与路径分析

（一）信息质量提升中的反馈机制

从历史与发展角度看，信息质量基本内涵的认知是一个循序渐进的过程。只有全方位认识与理解信息质量内涵，只有基于用户视角全面把握信息产品客观属性和交互过程中用户的主观感知，才能够缩小存在于用户真正能够理解的信息与认为应该理解的数据之间、存在于信息客观效用价值与用户实际获得与实现的信息价值之间持续增大的差距与鸿沟，才能从用户视角对信息质量进行全面、有效评价。

网络条件下，信息质量是一个由多维角度、多指标因素构成的综合体系，具有丰富内涵，是用户在信息获取与利用过程中，通过与信息系统交互的体验和感知而对所获信息内容客观价值属性、系统功能和服务性能的主观特性、信息需求或期望满足程度的一种全面、综合评价。其最终表现形式与衡量评价标准是信息价值贡献度的提升。

信息作为一种特殊类型商品，用户信息获取与利用过程的实质就是信息消费过程。它既包含用户购买与使用商品的基本特征，又体现用户购买与消费服务过程的基本特质。如前所述，网络环境中，信息获取与利用过程是用户参与性极强的过程，交互成为用户信息行为过程中的一个重要变量，扮演着越来越重要的角色，对信息质量产生较大影响。

事物在不断发展与演化。现实世界的复杂性表明，事物演化中存在两种力量：一种是推动与促进力量，称之为正反馈；另一种是阻滞的力量，称之为负反馈。

信息质量作为一个复杂有机体，其提升与发展也是在正负反馈的共同作用下完成的。网络环境中，用户信息获取与交互过程和用户信息质量评价过程有机整合在一起，共包括四个环节，如图 7—1 所示。

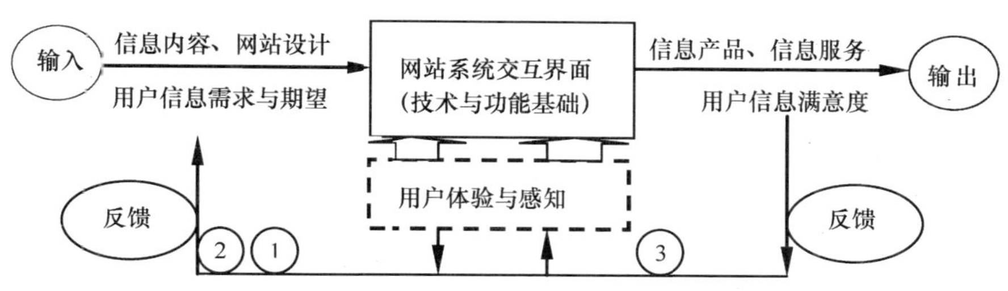

图 7—1　信息质量提升反馈机制系统模型

由以上反馈机制系统模型可见，信息质量提升反馈系统由四部分构成：

第一部分是“输入”部分，主要包括两方面输入。一方面是信息生产者与服务者的信息资源建议、网站系统设计等内容；另一方面是用户在信息搜集获取前的信息需求和信息期望。

第二部分是“输出”部分，主要包括两方面输出。一方面是用户通过信息搜集与交互过程所获取的信息产品和信息服务，一方面是用户的服务满意度和信息质量评价。

第三部分是“交互”部分，主要是用户在信息获取过程中通过界面与网站系统所持续进行的交互行为，并在此过程中获取体验与感知。

第四部分是“反馈”部分，主要包括三个方面反馈。第一方面反馈是从输出端到输入端的反馈，是针对网络信息内容、网站设计与功能的反馈和用户信息需求与期望的自我调整与提升，这是主反馈之一。第二方面是从交互过程到输入端的反馈，主要是用户通过交互过程的体验与感知对自己信息需求与期望的调整与优化，同时也部分影响信息资源和网站设计、网络功能的输入，这也是主反馈之一。第三方面反馈是输出端到交互过程中的反馈，这部分反馈是一种次要反馈，但也一定程度上对交互过程产生影响。其中，在第一、第二方面反馈中，对用户信息需求与信息期望影响将从正、反两个方向对信息质量全面提升产生影响，尤其是当用户的信息需求与信息期望通过反馈得到不恰当的调整与提升时，将负面影响信息质量的综合评价与提升。

（二）信息质量提升动力系统与路径分析

在本书第六章中，我们对用户信息需求和期望、信息体验和感知与信息质量关系做了深入分析（见图6—1）。由分析结果可知，互联网交互本质决定了网络环境中的信息质量是一个有机的、具有生命力的、不断成长的复杂“动态系统”，它不是各评价要素的简单堆砌与集合，而是由各种影响因素相互联系、相互补充、有机结合而成的复杂体系，多种动力因素共同推动信息质量的良性循环与螺旋上升。

信息质量是由多种力量协同作用的综合体。在交互过程中，信息质量各影响因素间彼此协同、相互作用，共同推动其不断提升与发展。但信息质量的提升动力和路径轨迹与其内在结构、螺旋上升态势密切相关，在很大程度上是由其内在结构所决定的。

作为决定信息质量的关键力量和信息质量的评价基础，信息产品固有属性与效用价值提升是信息质量提升的核心动力。与此同时，用户在信息交互过程中的认知、动机、情感、观感等心理感知和通过信息交互过程对网络系统的技术功能及界面设计、信息特征、服务水平等方面的主观体验不但影响到最终信息质量评价结果，同时也会对信息内容客观属性质量认知产生影响。因此，可以将这些因素作为信息质量提升的外部动力。

基于以上分析，根据动力学原理，信息质量综合提升动力系统主要由外动力与内动力共同构成，如图 7—2 所示。

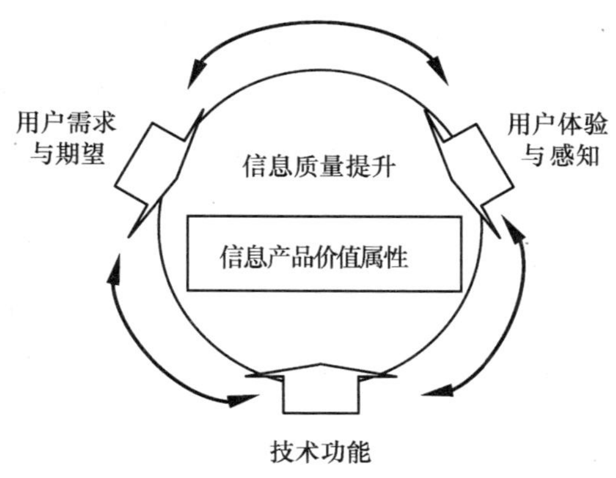

图 7—2　基于用户视角的信息质量综合提升动力结构

在信息质量综合提升动力系统中，内动力是信息质量综合提升的主导力量。基于信息资源固有属性，内动力主要来自于信息产品的价值属性和外部特征。如前所述，信息内容是用户信息价值的核心来源，信息产品的客观属性与特征是信息质量的重要评价维度。网络环境中，信息产品内在价值属性依然是用户信息质量评价的核心与关键，而信息产品特征属性则是用户对信息产品的基本需求。因此，内动力是引导信息质量提升的决定力量，探索信息质量综合提升的内动力是推动信息质量螺旋上升与可持续发展的关键所在。

外动力是信息质量综合提升的推动与支持力量，主要来自于信息质量基础性条件的提升和交互过程中用户体验与感知的优化。一方面，网络条件下，信息产品与服务均是以一定的技术和功能为基础的，信息质量提升有赖于基础性条件的不断提升。另一方面，信息质量的本质是一种用户的主观体验与感知，是用户通过交互过程获得的对信息产品、系统、服务的体验和感知与用户信息需求、信息期望的比较结果。只有通过优化交互过程中用户的体验与感知，才能真正提升用户主观评价水准，全面提升信息质量。

在综合提升动力结构中，信息产品价值属性提升是其“心脏”，是信息质量提升系统的核心；是其“灵魂”，是信息质量提升系统内在结构的最高层面，是最终信息质量的结晶与升华所在。网站系统技术功能提升是“硬件”，是信息质量系统的基础层面；是其“骨骼”，是信息质量提升的重要支撑，是其不可或缺的构成要件。而用户信息体验与感知的优化则是“血液”，是信息质量提升系统中的动态因素，发挥着“承上启下”的作用。一方面，用户信息体验与感知是信息质量体系的核心构件，其自身优化将有效促进信息质量提升；另一方面，用户信息体验与感知又在信息交互过程中影响着用户对信息产品价值属性、系统技术功能属性的认知。由此，以上几个方面的有机整合与相互作用、相互转化，构成了动态发展的信息质量综合提升系统。

由此可见，在信息质量综合发展与提升过程中，除了考虑信息产品的客观属性与价值属性外，还须考虑交互过程中用户体验与感知的发展与变化，全面衡量这些因素对信息质量内在因素的影响。只有及时了解用户信息需求与信息期望的发展变化，有效地优化用户信息体验与感知，提升网络与信息系统的基本技术与功能水平，才能推动信息质量综合水平的提升，才能有效提高用户的信息满意度。

二　信息质量综合提升动力模型

由以上信息质量综合提升反馈模型与提升动力结构分析可见，信息质量的综合提升与全面发展是在内动力与外动力的共同作用下，因循一定发展路径持续、动态进行的。在这个持续发展过程中，通过分析外动力与内动力在信息质量综合提升中的不同作用与影响，可以构建基于用户视角的信息质量综合提升动力模型（见图 7—3）。

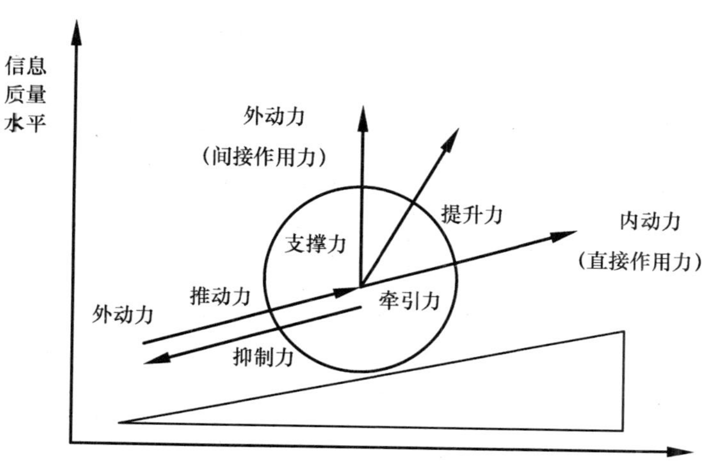

图 7—3　基于用户视角的信息质量综合提升动力模型

在这个模型中，内动力是信息质量提升的关键作用力，通过直接作用力的牵引而发挥作用。外动力是信息质量综合提升的推动力、提升力、支撑力，同时也是一种抑制力。只有内外动力间相互配合、相互作用、相互协调，才能共同促进信息质量的全面提升与发展。

结合前文的信息质量综合提升动力结构分析，在提升动力模型中，各种力量在信息质量综合提升中的功能与价值具体体现在如下两个方面：

一方面，内动力在信息质量提升中发挥着至关重要的作用，是信息质量提升的动力源泉。如前所述，作为内动力的基本构成，信息价值属性是用户信息质量评价的核心与关键，在信息质量提升中发挥着牵引作用，信息质量的每一次提升与每一次飞跃，都离不开信息价值与特性提升的直接作用。作为“动力机车”，牵引着信息质量由低层次向高层次爬升。作为信息质量提升的“内核”，缺少了信息产品内容质量与外部特性质量的提升，信息质量综合提升只能是一纸空谈。

另一方面，在信息质量综合提升过程中，外动力包括正向的推动力、提升力、支撑力，同时包括反向的抑制力。具体到构成因素，主要是网站系统技术功能的提升和用户体验与感知的优化，这两个方面承担了全部外部提升动力。

网站系统技术水平与功能性能在信息质量综合提升过程中发挥着重要支撑作用，其性能与评价的提升将有力地支持信息质量的提升。网站系统是用户信息获取与利用的基础性平台，也是用户信息交互平台，同时又是用户信息体验与感知的平台。因此，此平台的技术水平与功能性能直接影响到用户的信息获取与利用，直接影响到用户的体验与感知，进而间接影响用户的信息质量评价结果。网站系统技术水平与性能的提高将对信息质量综合水平的提升起到重要支撑作用。

用户信息体验与感知对信息质量综合提升发挥着推动、提升的作用。信息质量是一个复杂的有机体，是用户对交互过程中自己信息需求和信息期望满足程度的主观体验与感知。因此，作为信息质量重要构成维度，用户信息体验与感知的优化将有助于直接提升用户的信息质量综合评价水平。用户在此方面的信息体验与感知主要体现在服务交互品质和感观心理两个方面，是用户直接的体验与感知。与此同时，虽然信息价值与特性、网站系统技术与功能是一种客观属性，但由于信息的不对称性及用户认知能力的差异化，用户对这两个方面的评判是基于其在信息交互过程中的主观体验与感知，用户体验和感知与其需求和期望的比较能够在一定程度上取代对信息价值与特性、网站系统技术与功能客观属性的评价。优化交互过程中用户对信息价值与特性、网站系统技术与功能方面的体验与感知，必将有助于推动信息质量综合提升。

同时，用户信息体验与感知反向的阻滞作用也不容忽视。一方面，通过用户信息体验与感知的不当反馈，将可能降低用户信息需求与期望的理性程度，而提升用户需求与感知的比较差距，从而影响到最终的信息质量评价，对信息质量提升起到阻滞作用。另一方面，作为一种主观因素，用户对信息价值与特性、网站系统技术与功能的体验与感知必然存在一定偏差，进而阻碍信息质量提升。

信息质量就如同斜坡上的圆球，不进则退，不是仅仅维持静态的稳定，而是需要持续向前滚动，不断发展与提升。信息质量这种存在状态，既需要有较大的推动力、牵引力、支撑力，更需要有强大的提升力。在信息质量综合提升过程中，根据信息质量的持续性特质与内在发展逻辑，因循着信息质量的内在衍生逻辑，以信息价值提升与创造为主要脉络，在各种力量共同作用下，内动力与外动力之间协同互助，在均衡、和谐的条件下，才能形成良性发展态势。

网络环境中，信息质量综合提升呈现持续性、积累性的线性发展特点，由低水平向高水准逐级演化，螺旋上升。在信息提升过程中，在较低水平层面，提升速度相对较快，而在较高层面提升与演化中，演化的速度将变慢，难度增大。随着环境的发展与用户信息需求的变化，信息质量综合提升必须采取一种“动态发展观”。以信息价值与属性的提升为基础，以网站系统技术水平与功能性能提升为依托，在此基础上，重点优化用户信息体验与感知，通过不断提高用户在交互过程中对服务交互品质的体验，不断优化与提升用户的感观心理感知，持续夯实和培育积极用户信息需求与期望，整合与提升各方力量，最终实现提升的循序衔接，把信息质量综合、全面地提升从一次次突破转化为一种稳定的、持续的过程。

第二节　网络环境中用户信息体验与感知优化策略

如前所述，用户信息体验的本质是网站系统以信息产品为导向，以信息服务为舞台，以满足用户信息需求、信息意图为目的，最终创造出以用户价值提升为终极目标的一种身心愉悦的活动。信息交互过程中用户的体验与感知，不仅直接影响用户满意度和对网站的忠诚度，而且对信息质量综合评价同样具有重要影响。一方面，通过优化用户信息体验与感知，可以直接提升用户的信息质量综合评价水平；另一方面，通过优化交互过程中用户在信息价值与特性、网站系统技术与功能等方面的体验与感知，将有力推动信息质量综合提升。因此，对网络环境中用户信息体验与感知的优化，不但要考虑用户体验与感知的直接影响因素，更要有效提升其间接影响因素，通过全面系统的优化，最终达到提升用户满意度与信息质量的目的。

一 用户的网站服务交互品质体验与感知优化策略

网络环境中，用户与网站系统的交互过程是一种信息服务和用户的信息消费体验过程，除具有无形性、不可存储性、差异性、生产和消费同时性等服务一般性特点外，还具有与用户接触层面深、知识密集程度高等特征。在此交互与服务过程中，用户的满意或不满发生在真实瞬间（moments of truth），亦即用户与服务交互接触的每一刻。[①] 在此过程中，交互与服务品质直接影响用户对服务过程和最终产品的评价，并将对信息质量的评价以及用户的满意度等诸方面产生关键性的影响。[②]

（一）基于网站交互品质的用户体验与感知优化策略

网络环境中，用户角色发生了质的改变，由“被动接受者”转变成为“主动参与者”，从“被动的功能利用者”转向“主动的功能体验者”。用户不再仅是信息的需求者，而成为信息的提供者。交互在用户角度的转换中扮演着关键角色。

交互是建立用户与信息服务链接的有效手段，也是信息与信息服务传递目标得以实现的主要途径。作为互联网的基本属性，交互性是网站服务的基础，用户的交互体验是用户在信息获取过程中对网站内容、服务和功能的最直接感知。

网络的交互式信息服务是以用户需求为导向、以技术为平台、以信息资源为基础、以交互媒介为手段，其最终目标是满足用户的个性化需求。网站能否提供即时、同步、在线互动与交互的体验与感知成为影响用户满意的深层因素。虽然用户对网站系统交互品质的体验与感知与用户内在的、心理的和每个人不同的动机、已有体验、气质等各种隐含因素密切相关，[③] 但可以通过改善与优化系统或服务的交互机制来增进用户对它的体验。

用户与网站交互过程的主要要素包括工具、手段与方式三个方面。

---

① Evans J. R., Lindsay W. M.:《质量管理与质量控制》，焦叔斌译，中国人民大学出版社2010年第7版，第114页。

② Taylor S. & Todd P., “L. Assessing IT Usage the Role of Prior Experience”, *Management Information Systems Quarterly*, Vol. 19, No. 4, 1995, pp. 561－570.

③ 邓胜利：《基于用户体验的交互式信息服务》，武汉大学出版社2008年版，第139—140页。

其中，交互工具是交互过程的基础，交互手段是交互过程的媒介，交互方式是交互过程的核心，三个方面有机融合在一起，共同构成网站信息服务的交互平台。

1. 优化用户信息交互流程

交互简捷性和过程流畅性是网络环境中用户体验与感知的基本构成要素。当用户信息行为网络化后，信息资源、信息系统和信息检索获取都将回归为用户信息过程中的工具。[①] 网站系统所提供的交互工具的便捷性直接影响与决定用户的交互行为及其体验。而这种便捷性在很大程度上取决于交互工具是否能够有效嵌入和支持用户信息交互行为流程。

提升网站交互工具的性能与有效设置是提高交互过程流畅性的基础。交互工具应该是简便且易于掌握的。在网站交互设计与交互实施中，需要结合网站类型并针对目标用户群特点而设计并提供交互工具。同时，网站所设置与提供的交互工具应该是一种用户可触及但又内隐式的工具。提高工具的可触及性不但可以方便用户的使用，易于用户学习与掌握，还可以有效提高用户的交互效率与准确度。而工具的内隐性则是工具有效嵌入的具体体现，提高工具的内隐性可以使交互过程趋于流畅，进而提升用户的体验与感知。

优化用户与网站信息交互的流程与步骤。由前文相关研究成果可见，在商务型和政务型网站中，用户通过与网络系统交互而进行的信息获取与利用，其间所经历步骤的多少、过程环节的繁简程度等均直接影响用户体验与感知。成为决定电子商务交易成败、决定用户对电子政务绩效评价的重要因素。因此，可以通过路径优化、过程整合等方式，降低与减少用户与系统的交互步骤和环节，将复杂的交互过程环节交由后台完成，降低用户交互操作复杂程度，提升用户在交互流程中的体验与感知水平。

2. 提升用户信息交互手段的品质

网络环境中，在与网站系统的交互过程中，用户在交互实时性、过程时效性、反馈及时性等方面的感知是用户的直观体验与感知，直接关

---

① 李桂华：《信息服务设计与管理》，清华大学出版社、北京交通大学出版社 2009 年版，第 143 页。

系其满意度和对信息质量的综合评价。

随着以 Web2.0 为主要特征的网络环境的发展与变化，以 Dlicker、Craigslist、Linkedin、Tribes、人人网、开心网等网站为代表，以 Blog、Tag、SNS、RSS、Wiki 等应用为核心，依据六度分割、XML、AJAX 等新理论和技术实现的新一代互联网模式，[①] 将网络构筑成一个由人员、活动、志趣、目标、信息技术等综合组成的人机系统，把“用户”的作用与地位提高到前所未有的高度。一对一、一对多、可协同的多种交互式传播，将具有更高层次的互动性并将深化使用者的体验。[②]

在交互过程中吸收、借鉴这些新兴技术与元素，将“实时交互”、“共同建设”、“用户参与”、“高性能搜索”等具有 Web2.0 特征的技术与功能融入与应用到商务型、政务型和学术型网站之中，将是有效提升用户对交互品质体验与感知的主要思路。这些技术与功能的本质特征是信息分享（如图 7—4 所示），不但可以提升用户基本交互的实时性与时效性。还能够通过多样化的交互服务和应用、海量的微内容以及黏性的用户群，极大地激发用户的信息交流和信息分享行为，通过分享实现创新性信息与知识交互的时效性。

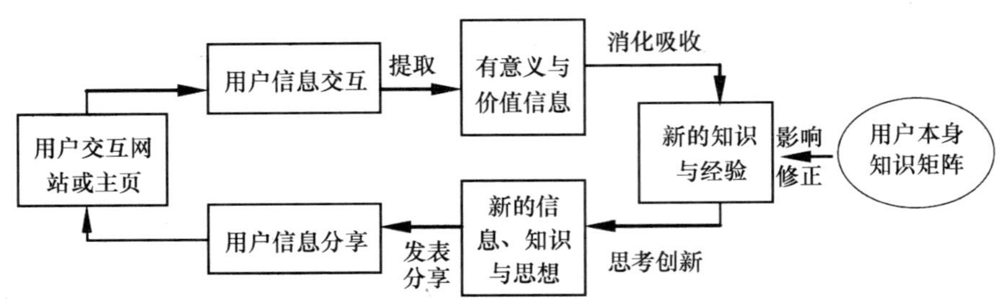

图 7—4 基于 Web2.0 模式的用户信息交互分享模型

资料来源：根据邓胜利、鲍唯、肖备《基于 SNS 的用户交互学习研究》，《情报资料工作》2011 年第 2 期，第 31—35 页修改。

① 邓胜利：《基于用户体验的交互式信息服务》，武汉大学出版社 2008 年版，第 213—215 页。

② Abram S. Web2.0, Library2.0, and Librarian 2.0: preparing for the 2.0 world, [2012—12—22]. http://www.imakenews.com/sirsi/e_article000505688.cfm.

当然，现在一些网站（主要以商务型网站与娱乐型网站为主）已经做了很多很好的尝试，有相当部分此类网站融入了基于 Web2. 0 的交互模式与元素，特别是采用协同作业任务类的社会性软件与技术，得到用户的好评并取得了宝贵的经验。然而，大部分网站，尤其是国内学术型网站和政务型网站在此方面还较弱，有待进一步发展与完善。

提高交互速度、交互的时效是提升网站交互品质的关键，也是优化用户体验与感知的重要手段。随着网络的发展，用户已经实现从简单的以文字信息获取为主的需求向以交互服务为主的需求的转变。在此过程中，网站交互技术与功能的改善和创新不仅是提升交互手段品质的一种主要途径，借助这些技术与功能，也是实现用户与系统的有效交互和交流、提升用户体验与感知的重要渠道。利用交互平台即时、快速地解决用户问题，利用特定信息领域的自动问答方式等参与方式，将有效提升交互服务与反馈的质量。

3. 改善用户信息交互方式

用户信息行为是用户在认知思维支配下对外部条件作出反应，由环境、信息内容、行为功能、对象、时间等要素构成。其中，用户内在环境（主要是指用户心理、习惯、认知方式等）是关键要素。①

网络环境中，交互友好性是用户信息体验与感知的重要变量。作为一个特定的、狭义的概念，在这里，交互友好性主要体现在网站系统所提供的与用户信息交流模型、沟通方式的主观操作的复杂程度，与用户习惯、用户信息心理和用户信息需要的匹配程度。

一方面，信息服务要重视用户在信息利用过程中的知识结构和认知能力，即信息的接受状态。强调网站在信息传递模式和信息系统设计中，理解与把握用户信息需求，实现双方在认知层面而非物理层面上交互的重要性。因此，应降低用户主观操作的复杂性，尽可能减少用户学习和适应的过程，增强交互活动的可行性和易行性，使用户能够自然、本能地利用交互工具获取各种信息目标，以提升用户体验与感知效果。

---

① Taylor S. & Todd P. L . , "Assessing IT Usage the Role of Prior Experience", *Management Information Systems Quarterly*, Vol. 19, No. 4, 1995, pp. 561 – 570.

另一方面，可用性是衡量网站性能的一个综合指标和重要约束条件。网站交互可用性的基础是符合并满足用户的信息行为习惯。在现实中，用户的行为习惯是根深蒂固的，因此，需要重视并把握人机交互中的用户信息行为习惯和信息需求，在尽可能广泛地了解与获取各类直接或潜在用户信息行为习惯特征的基础上，尽量提升网站交互内容、方式和对象的多样性，以符合各类用户的信息行为习惯并满足各类用户需求。与此同时，在交互过程中，逐层或逐步设计一些交互方式、交互功能来引导用户的信息行为，也是优化用户交互体验与感知的重要途径。

最后，在以 Web2.0 模式为主要代表的网络环境中，双向交互方式有效融合了虚拟现实和人工智能，不仅鼓励用户依个人信息需求与系统进行内容交流、建构知识，更强调网站系统能根据用户的反应而调整交互内容，针对不同的反应给予不同的建议。因此，网站系统可以设置主动式交互功能，通过对与用户的各种不同形式的交互轨迹与交流途径的追踪，掌握与判断用户信息需求与学习的变化状况，主动调整与提供有针对性的交互内容，并及时提供智能性服务，将有效提高用户交互的满意度。

（二）基于网站服务品质提升的用户体验与感知优化策略

用户信息体验、感知与用户交互过程相伴而生，以用户信息交互过程为基础，以身心愉悦地获取与利用信息为目的。信息服务传递则是将信息服务和产品与用户连接起来的一种机制，信息服务传递过程由三个基本要素构成，即信息服务的可接近性、供需双方的相互作用、用户参与情况。[①] 在此交互过程中，用户对网站基本服务过程、水平、态度等的体验与感知直接影响用户对信息价值与特性、网站系统技术与功能等客观属性的评价，影响用户满意度和对信息质量的综合评价。

1. 提升以服务基本属性为主导的网站服务品质

如前所述，网站服务作为连接用户与网站系统之间的桥梁与纽带，

---

① 李桂华：《信息服务设计与管理》，清华大学出版社、北京交通大学出版社 2009 年版，第 169 页。

网站服务品质是由用户对在接受信息服务过程中的感知和对信息服务效果的综合评价结果，以及对其服务的期望的比较结果所决定的，[①] 是用户对网站系统最直接的体验与感知，体现在用户最终满足或满意程度方面。

可用性是信息服务领域对信息服务系统可接近性的一种认识，虽然通常用在对网站设计与系统功能等方面的评价，但也可用来衡量与评价网站服务基本属性。具体包括网站信息服务便捷性、服务多样化、服务完备性、服务可获得性、服务友好性、服务情感的亲切性等方面。[②] 只有持续改善与优化信息服务的可用性，才能有效改善信息交互过程中用户的体验，为用户创造更多的感知价值。同时，服务基本属性品质提升也是网站服务得以进一步升华的基础和保证。

首先，基于网站交互性能提高网站服务的可获得性。由于信息用户的分散性、信息需求多样性与动态性，网站传统的线性信息服务模式已经难以适应信息用户的这种变化。以标准化、规范化为基本前提，以用户服务为中心，在现代化、集成化信息技术框架上，整合各种技术与各类服务资源，利用新工具、新技术、新方式建立分布式协同网络信息服务模式，合理构造信息服务平台，为用户提供便捷、多样、完备的网站服务。如目前部分数字博物馆通过智能技术、虚拟现实技术等，将各项服务方式进行有效整合与集中运用，发展成为动态和智能交互的用户体验环境，这为其他类型网络提升其交互性与可用性提供了有益的思路，如图 7—5 所示。

其次，优化网站信息服务流程，将信息系统、完整、多层次、多角度地传递给用户，满足不同类型、不同层次用户的需求。与协同网络信息服务相比较，分布式协同网络信息服务其本质是一种信息服务的横向整合，而网站信息服务流程整合则是一种信息服务的纵向优化。这种纵向优化一方面是通过提高用户与网站交互过程的自动化水平和执行过程

---

① 颜端武、王曰芬：《信息获取与用户服务》，科学出版社 2010 年版，第 254—255 页。

② Greene S.，Marchionini G.，Plaisant C. & Shneiderman B.，"Previews and Overviews in Digital Libraries: Designing Surrogates Tosupport Visual Information-seeking"，*Journal of the American Society for Information Science*，Vol. 51，No. 3，2000，pp. 380 – 393.

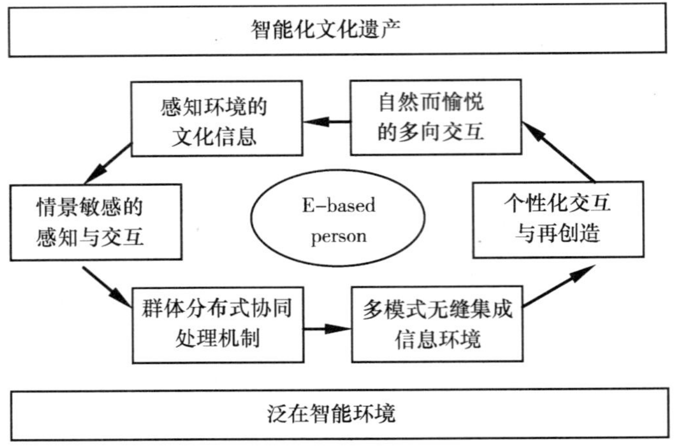

图 7—5　E－Museum 的智能空间

资料来源：张晓林：《建立面向变化和可持续创新的发展管理机制》，《中国图书馆学报》2006 年第 1 期，第 13—17 页。

得以实现，另一方面则是通过基于技术水平的网站信息服务环节与流程优化得以提升。在此方面，我们的前期研究以及国内外相关研究已经证实，商务型网站取得了较为丰富的经验，一些大型商务网站通过对本网站内分散的、层次复杂的信息服务方式和基于不同方式的信息服务流程的优化组合，形成外显化的、规范化的服务平台，有效地增强了网站服务的灵活性，为信息用户充分利用网站信息资源进行商务活动提供了多种选择途径和通道，极大地方便了用户的信息获取与利用。

再次，改进与优化网站系统各类服务方式和手段，提升服务的友好性。网络环境中，网站系统服务是通过其所提供的各项功能实现的。用户对网站各项功能的性能、展示方式、表达方式等的体验与感知，是用户对网站服务态度、服务品质的直观感受。因此，通过对用户交互过程中系统各项功能、交互方式、信息传递方式等方面友好性的提升，才能有效改善信息交互过程中用户的体验，为用户创造更多的感知价值，是网站服务水平得以进一步升华的基础和保证。

2. 提供基于个性化与人性化的系统化网络服务

在泛在信息社会中，网络如同空气和水一样，自然而深刻地融入了人们的日常生活及工作之中。伴随着信息资源海量化增长、信息渠道多元化拓展、信息载体多样化呈现、信息传播扁平化发展，用户对信息产品和服务的个性化与人性化要求越来越高。

网络环境中，用户信息需求的满足是一个持续的动态过程。

第一，在以交互为基础的信息服务中融入人性化理念。网站在服务过程中，需要根据用户提出的具体要求，将用户看作需要关怀的对象，从用户理解和认同的方式出发，通过对用户个性、偏好及使用习惯的分析，构建形成“以用户为中心”、培养个性、引导需求的服务模式，主动为用户提供其可能需要的信息和服务。同时，在服务中需要注意保护用户的个人隐私，尊重用户人格。

第二，构建以个性化为突出特色的系统化网络服务模式。网络环境中，个性化服务强调信息的针对性，即为特定的信息提供相适应的特定服务。既要针对用户需求提供贴切的信息服务，还要根据用户不同的个性和需求动因，面向用户深层心理需求，主动搜集个体可能感兴趣的信息，采取不同的服务策略、提供不同的服务内容，通过各种交互手段与服务方式的多样化、系统化集成来实现信息服务的时效性、针对性、精准性等个性化目标，完美地满足用户的个性化需求。具体而言，大数据环境中，网站可以基于大数据分析结果精准把握用户个性化需求，将个性化服务对象从过去的个别重点类型用户扩展到各类型用户、用户个体，通过信息服务的系统化、整合化，动态地变换信息提供方式、手段与途径，使用户能够通过多样化的选择来满足其个性的服务需求。

第三，提供有助于实现用户与网站信息资源建设及服务互动的服务方式。个性化服务要求与用户进行充分的互动，在交互的过程中了解用户的真实意图。① 用户参与服务的过程和参与服务的程度会极大影响用户对个性化服务整体质量的感受。一方面，网站可通过提供充分支持用户习惯和行为的服务方式，为用户信息获取与利用提供便利；另一方面，还可通过用户互动式服务，让用户在信息获取与利用过程中及时调

---

① 胡昌平、向菲、周永红等：《面向用户的信息资源整合与服务》，武汉大学出版社 2007 年版，第 137—151 页。

整自己的思维方式和评估准则，判断网站各项功能和系统的执行效率及效果，选择最优的检索工具、最适合的检索过程以及检索表达方式来提升自己的信息检索和利用效果，实现获取目标。

第四，应用新的理念和技术提升网站服务的人性化水平。在系统化网络服务中，为有效提高用户个性化体验与感知效果，可以以拉取模式、非智能化推送模式和智能化推送模式等服务模式为基础，[①] 以网络定制服务、互动服务、传播服务和个性化咨询服务等为具体服务方式，增设书签功能、资源定制和分类、智能代理功能等网站系统功能，通过动态组合变化以适应和支持用户信息交互行为、信息利用活动，从服务内容到服务风格均力图采用符合用户需求的新的理念，体现个性化，提升服务的灵活性。

3. 丰富服务内容，提供主动性延伸服务

近些年来，随着互联网的发展，网站类型呈现出多样化、专业化的特点。与此同时，各类型网站的服务内容与服务方式却日渐呈现重复化、一致性、趋同化等特点。然而，随着用户成熟度的提升，随着用户需求的动态变化网站不再仅是被动地满足用户需求，而是应主动感知用户场景的变化并进行信息交互。各种类型网站如何通过对用户个性化需求的分析，丰富服务内容，提供主动性、差别化的延伸与增值服务，将是提升用户体验与感知的有效途径。

首先，提供多种类型、各种方式的主动推送服务。随着推送技术（Push Technology）的日趋成熟与不断发展，网站除根据用户兴趣寻找与其相匹配的信息，或者对兴趣相近的用户群推荐或浏览过的信息进行搜索过滤后，将针对性的信息资源通过一定渠道定期地、自动地推送给用户外，还可以在用户信息交互过程中实时推送给用户，以提高用户获取有价值信息资源的效率。这类主动推送服务成为一些大型商务型、学术型网站的特色服务方式之一。它改变了传统的“人找信息”模式，转变为“信息找人”服务模式。[②]

---

① 王妙娅：《商业网站面向我国公众的个性化信息服务方式》，《情报科学》2005 年第 2 期，第 287—291 页。

② 邱均平：《数字资源建设与管理》，科学出版社 2010 年版，第 255 页。

其次，提升个性化定制服务水平。个性化定制服务是网站主动推送服务模式的一种典型类型，是通过与用户的直接或间接沟通，了解和推测用户的信息需求，针对每一个用户，从服务内容到服务风格都力图符合用户需求的一种信息服务方式。①

个性化定制服务是基于用户信息活动过程，动态、渐进、适应地进行信息资源、信息服务整合的服务模式。在个性化定制服务过程中，不再保持固定式、结构式的服务内容与服务方式，而是根据用户以往的网站访问记录和当前的交互信息，动态组合信息服务内容与服务方式，以适应和支持用户信息交互利用活动，随需聚合，如图 7—6 所示。

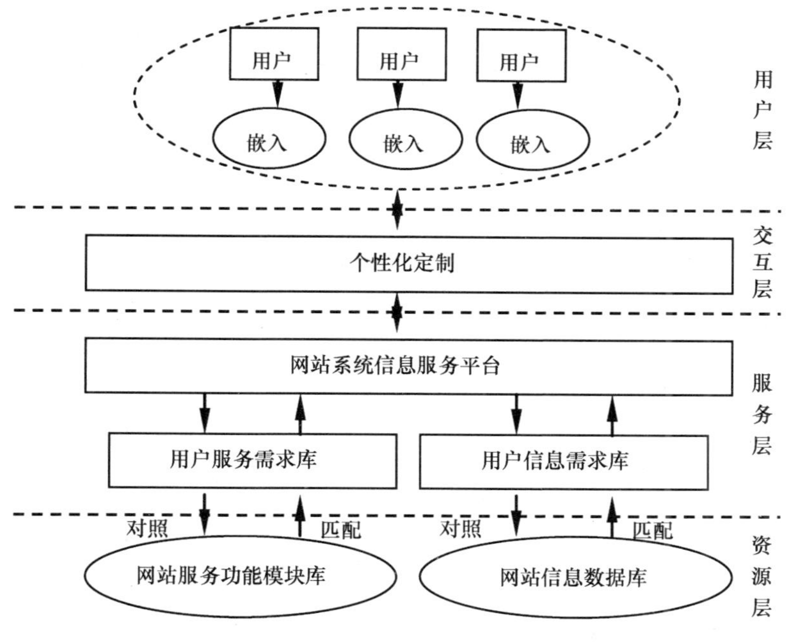

图 7—6　基于网站的用户个性化定制服务系统模型

资料来源：根据郭海明《数字图书馆信息服务模式的演变》，《四川图书馆学报》2004 年第 6 期，第 19—24 页修改。

① 胡昌平、向菲、周永红等：《面向用户的信息资源整合与服务》，武汉大学出版社 2007 年版，第 140—142 页。

在交互过程中，网站可以通过提供个性化内容定制、个性化信息检索定制、个性化界面定制、个性化服务推荐功能等具有不同服务功能的应用程序和实用工具等来实现个性化定制服务。当然，在实时互动、延时互动和合作互动三种典型类型的互动模式中，延时互动模式的个性化服务发展较快。但随着 I－servicer 技术和 Web2.0 模式的发展，实时互动、合作互动模式的个性化定制服务也得到越来越快的发展，有效提升与优化了用户的体验与感知。

再次，建立知识库服务，满足用户自主学习需求。自我学习能力作为用户一种掌握元认知技能的要求，将有助于提高用户信息获取与利用的效率和效果。这种自主学习是用户通过网站所提供的帮助、导航、交互式咨询等功能，在信息获取与利用过程中进行自主学习，及时调整检索策略，提升信息检索与利用效率与效果的学习方式。而这种学习是以网站系统化、完备性的知识库建设为基础的。由此，这种基于知识库服务的自主学习是以知识库系统软件为支持，用户能够在与网站交互过程中，根据信息获取结果的反馈性信息，善于发现各种信息获取方法的异同点，迅速调整信息获取的策略，并注意提高迁移性学习及应用的能力。[①] 随着技术发展与服务方式的改善，用户通过与网站交互所获取的自主性学习服务，不再仅是获得问题和答案的简单堆砌或者罗列的信息，而是经过加工标引后的结构化信息，是经过精心选择和组织的有参考价值的信息产品，是从信息资源中提炼出的特定领域的专门化知识。

4. 改善与提升服务可靠性，提高用户信任度

网络环境中，用户与用户间以及用户与信息服务机构间不再是紧密契约型关系，已经发展成为具有多维复杂结构的社会网络关系。网络平台将互不相识的双方联系在一起，用户在满足自身信息需求的同时，也在进行一次真实和虚拟之间的社会互动。[②] 作为网站系统服务质量的重要构建因素，信任及信任程度是用户与网站间交互关系的重

① 党跃武：《将知识服务进行到底：基于知识交流的知识服务》，《图书情报工作》2006 年第 50 卷第 4 期，第 19—22 页。

② 邓胜利：《交互式信息服务中的用户体验分析》，《图书馆论坛》2008 年第 28 卷第 2 期，第 88—91 页。

要变量。用户对信息服务机构的信任将直接影响到用户与网络间的内在关系，并将影响用户对所获取信息价值度的认知。

在网络信息服务中，用户的信任包括对信息服务机构的信任、对服务系统环境的信任和对其所提供信息的信任。由于信息服务环境的非主观性，加之网络沟通技术的广泛应用和开放的技术基础所带来的安全风险，使得制度信任变得尤为重要。与此同时，用户忠诚是通过建立信任、与用户交流以及有效地管理与用户之间的交互作用和关系而构筑起来的，这要求有正确的方法。[①] 因此，网络环境中，虽然用户与网站交互过程中的信任主要来自于网站的功能设计、来自于网站系统技术功能与支持，但网站服务方式、服务的可靠性、服务质量均将影响到用户对网站的信任和信任度。

具体而言，在技术与功能支持下，通过网站个性化服务、人性化服务、多样化服务、延伸性服务等，提升服务的友好性、完备性，提升用户在交互过程中对网站及其服务安全性的体验和感知，提高用户的信任感与信任度。同时，在交互过程中，提供用户与网站、用户与用户间的交流、沟通渠道，提高交互实时性、反馈及时性等性能，将更进一步提升用户与网站间的合作与信任程度，提升用户的体验与感知度。

二　用户的感观心理体验与感知优化策略

网络环境中，用户的信息交互与信息获取过程高度体现了用户个体对情报学视域内信息的认知过程。尽管情绪的体验不像认知体验那样被主体自觉地意识到，但是情绪（或情感）对个体认知过程的影响却是实实在在存在的，并在一定程度上影响用户信息交互的效果和信息获取的质量与效率。

网络环境中，虽然信息效用价值依然是信息质量的核心构成，但用户在信息交互过程中的认知、动机、情感、观感等心理因素，对网络系统的技术功能及界面设计、信息特征、服务水平等方面的主观体验与感

---

① Evans J. R., Lindsay W. M.:《质量管理与质量控制》，焦叔斌译，中国人民大学出版社2010年第7版，第114页。

知成为影响用户满意度和信息质量的深层次因素。因此，网站信息服务不仅要满足用户的信息与功能需求，更要在交互过程中为用户提供情感、心理等多方面的体验和感受。在设计中要越来越重视对信息服务附加值的开发，努力把使用价值、文化价值和审美价值融为一体，优化与提升交互过程中的用户信息体验与感知。

信息服务传递的目的是建立用户与信息价值间的链接。而实现这一目的的主要指征是可接近性，也被称为“可用性”，是用户对信息服务系统、信息服务领域可接近性的一种认识。

按照国际标准化组织的相关定义，可用性是指“产品在特定使用环境下为特定用户用于特定用途时所具有的效益（effectiveness）、效率（efficiency）和用户主观满意度（satisfaction）”。其中，效率是指用户完成特定任务和达到特定目标时的正确和完整程度；效率是指用户完成的正确和完整程度与所使用资源（如时间）之间的比率；满意度是指用户在使用新产品过程中所感受到的满意和接受程度。[①]

美国著名心理学家 Norman D. A. 指出，实用性和可用性固然重要，如果没有乐趣和快乐、兴奋和喜悦、焦虑和生气、害怕和愤怒，那么我们的生活将是不完整的。[②] 因此，可用性目标是用户体验目标的基础，离开了这个目标，交互式产品将是无源之水。反之，如果没有达到用户体验目标，这样的产品将会使人感到乏味。网站可用性目标与用户体验目标之间的关系如图 7—7 所示。

由此可见，可用性需要通过用户的活动和心理来反映，是通过用户操作各种任务去评价的。它不仅涉及界面设计，也涉及整个系统的技术水平。但信息服务传递设计是网站可用性的基础，既包括服务效能可用性设计，又包括用户体验设计。在本节中，我们仅讨论基于用户体验设计的用户体验与感知优化策略。

---

① 李桂华：《信息服务设计与管理》，清华大学出版社、北京交通大学出版社 2009 年版，第 154—160 页。

② 唐纳德 · A. 诺曼：《情感化设计：我们为何喜欢或讨厌日常用品》，付秋芳、程进三译，电子工业出版社 2005 年版，第 68—88 页。

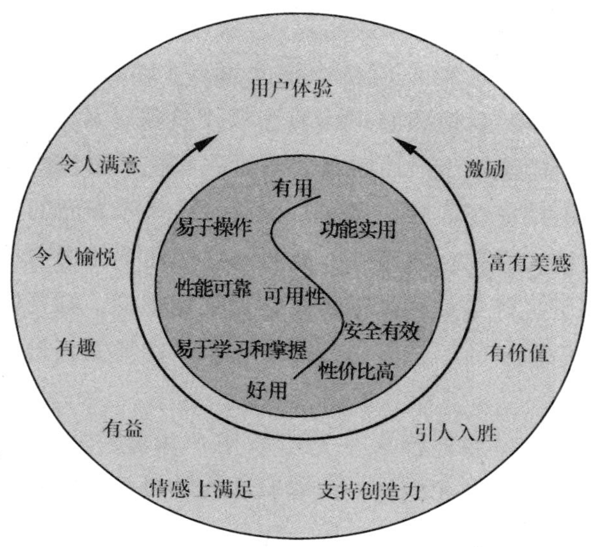

图 7—7 可用性目标与用户体验目标之间的关系

资料来源：李世国：《体验与挑战——产品交互设计》，江苏美术出版社 2008 年版，第 15—18 页。

（一）基于网站设计的用户体验与感知优化策略

一个网站的核心是它的功能和内容，网站可用性的最高境界是在实现网站基本功能基础上，用户能够在获得所需信息的同时获得良好的体验与心理感知，达到对网站的最大满意度，即实现最高的用户体验度。网站设计直接决定网站功能、网站内容的组织形式和展现方式，而用户情感上的亲切性也与信息系统的整体设计密切相关，设计良好的网站不仅能够方便用户的操作与信息获取，并在很大程度上影响着用户价值感知水平。

一方面，网站可用性的基础是符合用户的信息行为习惯并满足用户的信息需求。只有在尽可能广泛地了解与获取各类直接或潜在用户信息行为习惯和信息需求基础上，根据网站主要用户群体的行为习惯特点和需求进行网站开发设计，才能有效提升网站可用性，进而达到优化用户体验与感知的目的。具体而言，以目标用户群体分析为基础，从整体上对网站组织结构、内容架构、功能体系、沟通与交互方式等进行系统设计，尽量符合各类用户的信息行为习惯并满足各类用户需求。

另一方面，在网站设计中突出层次性，以丰富与提升用户体验。如前所述，网络环境中的用户信息体验分为三个阶段，主要包括三个层面，即技术功能体验、情感心理体验和效用价值体验。在网站设计中，不仅要把握用户的基本、显性需求，还要深入挖掘用户的深层次、潜在需求，综合考虑用户在视听、操作、浏览、心理等方面的感知，通过技术、功能、结构、内容、界面等方面的优化设计，让用户在交互过程中产生难忘的经历，得到一种由感官体验、交互体验、浏览体验、情感体验、信任体验等构成的综合体验，在心理上、精神上获得更深层次的愉悦和满足。

第三方面，网站专业性水平是影响用户体验、心理的重要间接因素。网站的本质就是形式构建，内容、功能、表现是网站构成的三个基本要素。在网站设计与建设过程中，无论是基于充分吸引用户注意力的考虑，还是基于让用户产生视觉的愉悦感的考虑，均应以用户对网站专业性的体验与感知为基础。随着网络用户日趋成熟，无论是网站系统架构、功能、结构等方面，还是系统内容、页面版式、色彩搭配等方面，用户在交互过程中对其专业程度自有评判，而用户在此方面的体验将间接影响到用户其他类型的体验与感知，并影响用户的最终满意度。

（二）基于网站界面优化的用户体验与感知提升策略

作为网站的构成部分，网站界面是用户与网站的第一接触面，是用户与网站交互的纽带与桥梁。人类 80% 的信息摄入是通过视觉来实现的。随着交互技术的不断发展，用户视觉上的体验也变得越来越丰富。

Laurel 指出，交互的界面是一种艺术模仿形式——拟态，并将交互界面与戏剧表演进行比较，认为表演的目的是引起观众感性和理性的交融。因此，交互界面也必须从感性和理性两方面致力于用户满意目标任务的解决。[①]

由此可见，网站仅有内容是不够的，形式也同样扮演着重要角色。网站界面直面于用户，直接影响用户的体验与感知，并将第一时间影响

① Medin D. L. , Lynch E. B. & Sokmon K. O. , "Are There Kinds of Concepts", *Annual Review of Psychology*, Vol. 51, 2000, pp. 121 - 147.

用户的满意度水平。通过优化信息结构设计，为用户提供一个清晰的、可理解的交互界面，并将信息交互与信息构建理念有机融合，可以不断为用户提供一个清晰、明朗的信息世界。

基于以上分析，网络环境中，网站界面设计与优化是影响交互过程中用户体验与感知的重要因素。人机交互或界面设计不仅是一门科学，更是一门艺术，在为用户提供功能性服务、传递增值信息之外，更要强调用户的感性认识。

第一，基于目标用户群的特点，创建网站自己的风格。风格是对网站整体形象给用户综合感受的一种抽象，这个“整体形象”是对包括网站的 CI（标志、色彩、字体、标语）、版面布局、浏览方式、交互性、文字、语气、内容价值、存在意义、站点荣誉等等诸多因素的综合体现。网站风格直接决定用户对网站的认知，影响用户的体验与感知，影响用户对网站的信任度和对所获取信息价值的判断。在网站设计与建设过程中，一方面，网站风格要与目标用户群的特点、风格相一致，是基于目标用户分析基础上的综合与抽象。另一方面，要保持网站风格的整体一致性。网站中每个页面应使用同一种设计风格和同一类图标，同时保持网页在字体、主体文本、排列风格、标题、背景效果以及特殊图像效果等方面的一致性。但是，网站风格的一致性并不意味着刻板和一成不变，在不同栏目下使用不同风格，或者定期改变主页上的图像，或者更改主页的式样，这会给用户带来新鲜的感觉，有助于提升用户的体验与感知。

第二，在保持网站风格一致性的前提下，提高网站的艺术性与美感。现代交互式产品的显示方式已经不仅仅只限制于屏幕上的精心设计、色彩丰富的图标或是动态的视频，更应以一种更具艺术性、美观性的方式来呈现，赋予视觉元素以“生命感”。从网站界面设计来看，界面的美观程度、多媒体运用水平在很大程度上影响着用户心情与使用意愿。由此，包括布局、色彩、链接、图像、画面、字体、多媒体等因素在内，网站设计要体现其间的整体性、一致性、和谐性，既要迎合目标用户群的喜好、口味，又要具有一定的独特性、艺术性，只有这样的网站页面，才能更好地赋予其“生命感”，更好地满足用户的感观、审美之需求，提升用户的体验与感知。

第三，优化界面设计，提升用户的信任度与安全感。网站作为一个结构复杂的体系，它的成功与否受各种外显的和内隐的因素影响。而网站界面同时还扮演着另外一方面重要角色，即用户信任度的主要来源。荷兰学者 Egger 在其所提出的 MoTEC（Model of Trust for E - commerce）模型中指出，界面属性作为一个关键变量在用户信任中发挥着关键作用[①]（如图 7—8 所示）。

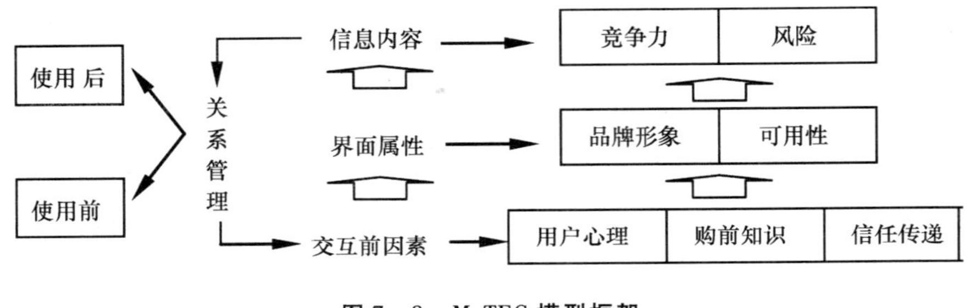

图 7—8 MoTEC 模型框架

资料来源：Egger F. N.，Affective Design of E-Commerce User Interfaces：How to Maximize Perceived Trustworthiness，Proceedings of The International Conference on Affective Human Factors Design，London：Asean Academic Press，2001.

具体而言，网站界面属性维度包括品牌形象和可用性两个方面。其中，品牌形象可以通过网站视觉设计得以体现和传达，一个具有吸引力的网站会给用户传递积极的品牌影响，从而提升用户对该网站的信任感。而可用性也具有增强用户信任度的作用。一个简洁、清晰、一贯的界面不仅能让用户感到满意和舒适，还能让用户感受到这个网站的可信赖性。[②] 因此，不能以简单的视角看待网站界面设计，而应该既要考虑为用户提供合

① Egger F. N.，Affective Design of E-Commerce User Interfaces：How to Maximize Perceived Trustworthiness，Proceedings of The International Conference on Affective Human Factors Design，London：Asean Academic Press，2001.

② Egger F. N.，"Trust Me，I'm an Online Vendor：Towards a Model of Model of Trust for E-Commerce System Design"，In：G. Szwillus & T. Turner（Eds.）：CHI2000 Extended Abstracts：Conference on Human Factors in Computing Systems，The Hague（NL）：ACM Press，2000，Vol. 4，pp. 101 - 102.

理信息安排，又要考虑用户的情感、美感和信任需求。反复考量、评估、权衡，有效提高网络的品牌影响、提升用户的可用性，以达到用户所希望的互联网能够带给他安全的、创造实实在在价值之最终目标。

三　基于信息需求与期望培育的用户体验与感知优化策略

用户信息获取与利用根本上就是一项认知活动。用户是信息获取过程的主体，信息交互与获取过程是用户信息需求与期望、知识能力及认知结构的具体体现。在此过程中，用户能够进行自适应学习，能够依据环境变化及时调整需求与期望，适应新的情况与问题，从而产生新的认知行为。

信息意识是用户个体对“目的性”信息的一种敏锐感受力，贯穿于用户信息交互与信息获取过程始终。在此过程中，用户信息意识强度与用户信息需求、期望密切相关，既影响用户个体对信息需求的自我感悟，又影响用户的信息获取、分析、判断和吸收，并对用户的创新自觉程度有一定影响。与此同时，用户在交互过程中的体验与感知反作用于用户意识、用户需求，促使用户随着交互过程的深入而逐步调整与转变其需求，进而影响到用户的期望、心理与行为。

（一）分析并调控用户信息需求

前面研究证实，网络条件下，用户信息需求作为重要的潜在变量，与用户信息期望间具有正向关系，对用户期望、用户感知差异等内在因素的影响贯穿于用户信息交互整个过程，是信息期望的原始驱动力。随着用户信息需求的逐步提高，用户对信息产品和服务的期望也随之而提高，进而影响其信息价值和信息服务水平的评价标准，并影响信息质量的评价。一方面，只有了解与把握用户信息需求，基于此来提供信息产品与服务，才能真正从用户视角出发，满足用户需求。另一方面，在尽量满足用户需求的同时，需要通过有效手段将用户的期望限制于合理、理性的范围内，达到一个合理水平。

1. 系统分析与把握用户信息需求类型与层次，通过提供针对性的信息产品与服务，提升用户体验与感知

网络环境中，用户需求呈现多样化与层次性特点。既包括现实需求，

又包括潜在需求；既包括价值需求，又包括心理需求、情感需求等。依据质量特性的实现程度和用户的感受，日本学者狩野纪昭在用户需求细分的基础上构建形成 KANO 模型，如图 7—9 所示。

以 KANO 模型为基础，网络环境中用户信息需求可以划分为基本型需求、期望型需求和魅力型需求三种类型。其中，基本型需求、期望型需求是用户主要信息需求，是用户信息交互过程中体验与感知的主要影响因素。魅力型需求则是不会被用户过分期望的需求，并不是“必需”的信息产品属性或信息服务行为，但魅力型需求一旦得到满足，用户将会得到超乎预期的体验与感知。但如果不提供的话，也不会使人产生不满。魅力型需求是网站信息服务追求的最高境界，能够给用户带来惊喜和愉悦。

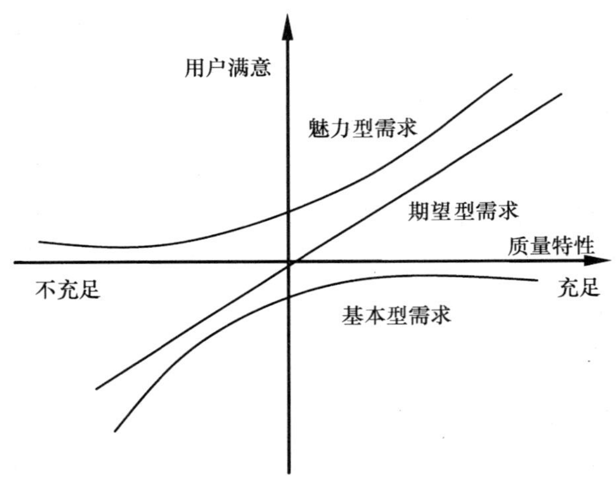

图 7—9 狩野纪昭的 KANO 模型

资料来源：Martin Löfgren，Lars Witell，“KANO's Theory of Attractive Quality and Packaging”，*Quality Management Journal*，Vol. 12，No. 3，2005，pp. 7 – 20.

网络环境中，用户受到需求多样性、知识局限性等诸多因素的综合影响，有时难以明确判断、清晰表述自己的信息需求。由此，需要同用户间保持密切接触，对目标用户群体的信息需求类型与层次进行系统分析与准确把握，并在完全满足用户基本型需求的前提下，尽量满足期望型需求，以优化用户的体验与感知。同时，通过激发、引导、挖掘用户的潜在信息需求，提供超越用户现实需求的信息产品和信息服务，满足其魅力型需求，进一步提升用户的体验与感知。

2. 恰当运用反馈机制，引导与培养用户合理信息需求

网络环境中，用户信息需求日益个性化、专门化和精细化。由于受到认知能力、知识局限性等诸多因素的综合影响，用户信息需求有时会处于盲目状态，难以对自己的每一个信息需求和信息消费行为做出合理判断。这种不合理的信息需求会对其信息期望、在交互过程中信息体验与感知产生负向影响。与此同时，用户信息获取与利用呈现循环往复、螺旋上升状态，而交互过程中用户的体验与感知也会同时反作用于用户需求，用户每一次不合理的信息满足均可能进一步强化用户的不合理信息需求，形成恶性循环态势。

一方面，在随时了解与把握用户信息需求的类型与层次的前提下，通过建立畅通的用户沟通机制，运用适当的方式与方法引导与调整用户所形成的不理性、不合理信息需求，使之重归正常状态。

另一方面，随时洞悉与把握信息交互过程中用户体验与感知、用户信息满足对用户信息需求产生的不合理影响，随时对用户的信息获取与利用进行跟踪，掌握用户信息需求在形式与内容上的变化动态，通过与用户的有效沟通与引导，使用户对体验及满足有一个正确认知，避免对其信息需求产生负向影响。这将有利于用户信息需求的合理化，使之处于螺旋上升的良性态势。

第三方面，网站环境中的信息交互过程既是用户信息获取过程，也是用户学习过程。可以利用通畅的信息交流与有效的信息反馈渠道，形成一个完整的“学习机制”，培养用户的合理信息需求。

（二）引导与培育用户合理信息期望

信息期望不仅是用户对信息质量和信息管理的一种预期，也是用户对信息内容、信息获取过程、信息表达形式和信息服务等方面的渴望程度。用户信息需求与信息期望密切相关，具有正向关系。信息需求是信息期望的基础，而信息期望是信息需求直接表现，也是影响交互过程中用户行为、用户体验与感知的直接变量。

网络环境条件下，信息交互过程中用户的体验与感知是用户满意度

与用户信息质量评价的重要构成维度，取决于用户体验与感知和用户信息期望间的差距，如图 7—10 所示。

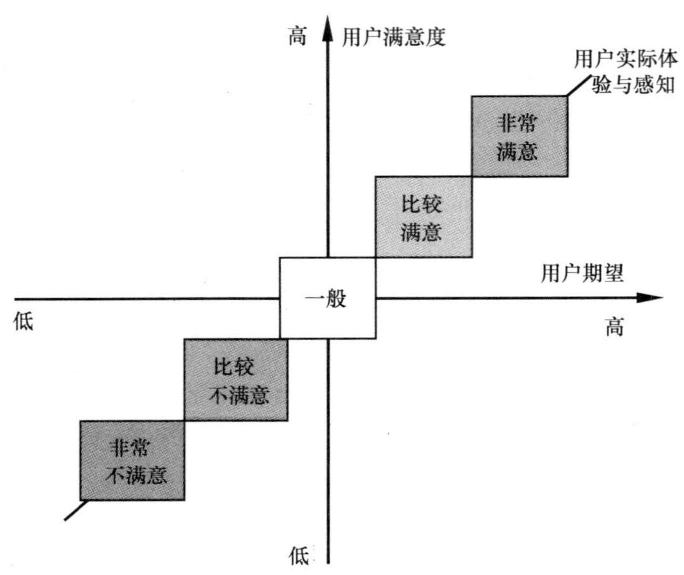

图 7—10 用户期望与用户满意度关系模型

由图 7—10 可见，首先，用户信息期望直接影响用户体验与感知，用户过高的信息期望将拉大与用户实际体验间的差距；其次，过高的用户期望会对交互过程中的用户心理产生影响，并影响到用户实际体验与感知；再次，信息交互过程中用户基于体验与感知的动态发展，持续进行着自适应调节。在前期的实验与访谈研究中发现，用户于交互过程所获得的体验与感知，会对用户信息期望产生调节作用。

1. 将用户信息期望控制在合理的范围之内

将用户信息期望控制和设定在一个相对合理的水平，更容易使用户的实际体验感知达到或超过用户的信息期望，有效提高用户的满意度。

一方面，通过有效引导，促使用户合理设定信息预期。这里的所谓“合理”，并不是指有意识地去降低用户期望，而是将其预期设定在一个基本的理性范围之内。以此为基础，网络服务者通过加强与信息用户的沟通，并以此来实现用户的合理期望。

另一方面，科学划分，设定不同类别用户群体的合理信息期望。网络环境中，对同样的信息内容和信息服务，不同信息用户的期望值存在差异性，并非每类信息或每种服务对每位信息用户均具有价值。因此，在网站目标用户群体构成科学分析基础上，对不同类型、不同层次用户群的信息期望进行合理设定。网络服务者通过渐次满足不同类型、不同层次用户群的信息期望，将有效优化用户群整体的体验与感知。

2. 恰当运用反馈机制，引导与培养用户合理信息需求

随时洞悉与把握信息交互过程中用户体验与感知、用户信息满足对用户信息期望的影响。通过与用户的有效沟通与引导，使用户对体验及满足有一个正确的认知，避免对其信息期望产生负向影响，避免用户将偶然的、非正常的体验与感知误认为是基本体验因素和当然因素，这将有利于提升用户的综合满意度。

第三节　网络环境中信息价值属性提升策略

信息质量的每一次提升与飞跃，均离不开信息价值与特性的直接牵引。作为信息质量综合提升的内在动力，信息内容的价值属性是用户信息价值的核心来源，是用户信息质量评价的核心与关键。信息内容的价值属性由多个指标与要素构成，每个要素指标均直接作用与影响最终信息质量。与此同时，这些要素指标彼此协同、相互作用，共同推动信息质量的不断提升与发展。

而信息产品外在属性与特征是信息产品的综合构成部分，是用户对信息产品的基本需求，影响用户的信息使用价值，是影响信息价值发挥的关键力量，是构成信息质量评价的重要维度。

一　信息内容价值属性提升策略

（一）网站信息内容基本价值属性提升

网络环境中，虽然信息获取速度与效率、用户体验与感知、网站服务水平等成为考量用户满意与信息质量的重要维度，但网站所提供的信

息的准确性、真实性、详尽性、客观性、可信性、可靠性、针对性、易理解性等是用户对信息质量的最基本要求，也是用户在信息质量综合评价中的基本指标。

针对这些信息质量评价中的基本指标要素，网站除了采用一般信息机构、信息生产者的常规方法与手段来提升以上各项指标水平之外，还需要根据自身网站类型特点和目标用户群体需求特点，采取相应手段提高用户对网站信息质量较为关注的相关指标，以有效提高基于用户视角的信息质量综合评价水平。

1. 建立完善的信息内容审核机制

前期研究已经证实，信息的准确、真实、可信与可靠是网络环境中用户最为关注的要素指标。随着各种类型网站大量出现，信息传播速度越来越快、信息处理效率越来越高，而网络信息的准确性、真实性、可靠（安全性）程度却越来越低、越来越差。如何提高所提供信息的真实性、准确性成为许多网站全面提升其信息质量的着力点。

建立完善、严格的网站信息内容审核机制是提升信息准确性、真实性、可信性、可靠性的根本保证。无论是学术型网站、商务型网站，还是政务型网站，在确保信息采集者、发布者所提供信息质量的前提下，信息内容审核是必要的程序与手段。尤其在网站服务类型、服务方式日益丰富的条件下，除了严格审核网站自有信息内容质量外，还需对网站通过转载、链接等方式和手段所传播的信息内容质量进行严格审核，全面提升网站信息内容的准确与可靠程度。

2. 创建具有网站特色的栏目，提供针对性强的信息产品

网络环境中，随着网站同质化程度越来越高，用户对信息产品的针对性、专业性等方面价值属性的要求也越来越高，对网站要求也越来越高。虽然网站依靠提供具有较高准确性、可靠性的信息可以提升用户的满意度与信息质量评价水平，但网络如何根据其目标用户群的特殊性需求，提供具有针对性、专业性的信息产品和信息服务，成为各类网站提高综合信息质量、提升用户满意度需要进一步关注的问题。

在此条件下，网站要根据自身类型特点，对目标用户群体的信息需求内容与需求特点进行全面系统分析，在此基础上策划与创建具有自身

类型特点的栏目内容，提供有针对性的信息内容，做好网站内容优化，突出网站优势，争取做到“人无我有，人有我全，人全我精，人精我专”。只有这样，才能有效提高信息质量水平。

3. 设立交互平台，鼓励用户参与并贡献信息内容

用户主动参与并贡献信息是网站内容构建的最高境界。这也是Web2.0环境中优化网站信息内容质量、提升信息价值的重要途径。

Web2.0环境中，随着网络交互性的增强，用户越来越多地参与到网站信息内容的建设中，体现出较高的主动性。然而，随着交互程度不断增加，信息发布权发生了较大变化，信息内容基本质量也随之而降低。但是，一些网站的成功经验也给网站信息内容质量提升提供了有价值的参考，如维基百科（Wiki）、百度百科等。同时，网络信息交流与信息传播中的规范、严格的审核机制也可成为检验、评估信息准确性、真实性、可靠性的重要手段与方法。在此条件下，网站可以考虑设立与增加相应的交互平台、交互手段，激发用户信息共享、参与网站信息内容建议的热情，刺激用户不断发布更多有价值的信息，并采取一定措施、机制提升用户发布与分享信息的准确性、真实性、可靠性。

（二）基于信息构建优化的信息价值提升策略

美国著名建筑师沃尔曼曾说过，“过去我曾认为，只要能够以适当的形式获取信息，一切就都万事大吉了。但是，随着通信社会的到来，每个人需要的信息具有各不相同的层次，并且他们都喜欢利用不同的方式得到这些信息。其中有些人喜欢得到口头的解释，有些人喜欢阅读，另外一些人则喜欢根据样例学习”。[①]

与信息准确性、真实性、可靠性等方面基本需要相比，网站环境中，在信息倍速增长背景下，用户对信息的全面性、完整性、相关性等方面的要求越来越高，这些指标要素成为信息价值评估与信息质量评价的重要指标。

信息构建是一项对信息有效组织和利用的信息集成系统工程。虽然

① 沃尔曼：《信息饥渴：信息的选取、表达与透析》，李银胜等译，电子工业出版社2001年版，第163页。

以客户为中心的信息集成和系统集成是信息构建的关键服务，但其目标是寻求网络信息处理和网络信息需求的统一，通过搭建基于网络的信息组织与信息用户的直通桥梁，构建形成网络信息资源管理体系，以增强网络信息资源的条理性、可近性、可视性、易读性、易得性和易用性，最大限度地增强信息可访问性和信息可理解性。[①] 近些年来，随着网络信息资源的快速发展，需要在信息构建理论中加入信息质量管理相关内容，进一步完善信息构建理论体系，为有效提升网络信息资源建设和信息服务质量提供理论和方法支持。

无论从载体、形式、技术手段等哪一个角度来观察，信息都是多元的、复杂的。因此，信息构建效果取决于信息组织后有效信息量的大小，而有效信息量的大小又与信息组织的有序程度密切相关。[②] 为有效提升用户对信息全面性、完整性、相关性等方面需求的满足度，需要在网站信息建设中引用与应用信息构建理论与方法，有效组织网站信息、设计导航系统、标签系统、索引和检索系统以及内容布局，通过优化信息之间、知识元之间、分类导航之间的交叉链接，构建形成节点丰富、交织纵横的信息网络系统。既建立网站自身的组织、标引、导航和检索系统，又建立与用户体验和认知相关的用户信息服务系统，并实现两个系统的内在统一。最终形成一个条理清晰、逻辑缜密、主题鲜明、主次关系明晰的信息集成结构体系，以提升用户获取信息的全面性、完整性和相关性。

以上我们重点阐述了借助信息构建提升用户获取信息的全面性、完整性、相关性等问题。然而，信息表达作为信息构建的重要内容，是决定信息集合能否被用户理解的关键因素。因此，在网站信息构建中，需要着重强调信息表达和展示，其目的在于向用户提供清晰和可理解的信息。同时，还需要进一步协调信息资源、信息空间和用户三者的关系，为其提供合理科学的信息资源空间。

---

① 周晓英：《信息构建的基本原理研究》，《图书情报工作》2004 年第 48 卷第 6 期，第 5—7 页。

② 孙丽、田才：《基于用户体验的网站信息构建模型》，《情报科学》2010 年第 28 卷第 6 期，第 907—910 页。

而更高层次的信息构建是基于用户体验的构建，其核心是用户体验，二者之间的关系如图 7—11 所示。

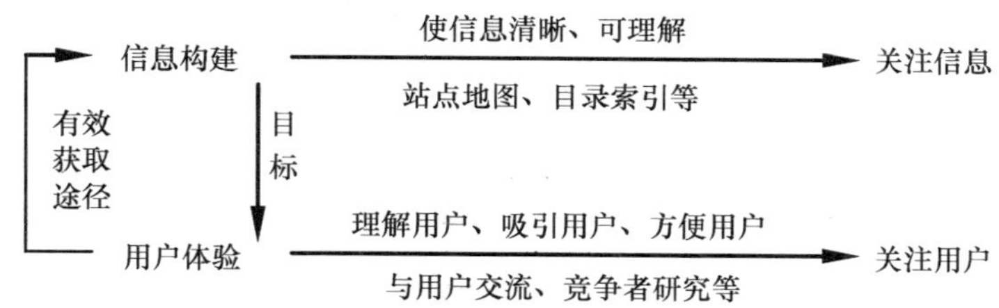

图 7—11　信息构建与用户体验之间的关系

资料来源：胡昌平、邓胜利：《基于用户体验的网站信息构建要素与模型分析》，《情报科学》2006 年第 24 卷第 3 期，第 321—325 页。

由图 7—11 可见，在此层面的信息构建理论其实质是一种基于“用户真实体验”的网站信息设计理念，可称其为基于用户体验的信息构建。① 在此信息构建过程中，信息生产与设计者需要充分了解用户基本情况，根据用户使用网站信息的需求、观点、行为、感受、习惯、经验及体验情况等，将其反映到网站信息组织、设计与表达中，并使用户能在与网站的交互过程中轻松、方便、愉悦、满意地找到自己所需信息。基于用户体验的信息构建的意义不仅在于对信息内容的把握，而是强调帮助用户在信息获取过程中形成较满意的体验。②

（三）提高信息整合程度，提升信息价值增值

网络环境中，信息泛滥而情报贫乏，信息分布日益呈现颗粒化特点。而用户获取信息渠道越来越多样，用户信息需求则呈现出多元化、个性化、综合化和整合化等特点。网站系统能否在为信息用户提供多功能、集成化信息服务的同时，为其提供经过深度整合的增值信息，将成为用户信息质量评价的核心指标。

---

① 王晓艳、胡昌平：《基于用户体验的信息构建》，《情报科学》2006 年第 24 卷第 8 期，第 1235—1238 页。

② 胡昌平、邓胜利：《基于用户体验的网站信息构建要素与模型分析》，《情报科学》2006 年第 24 卷第 3 期，第 321—325 页。

信息资源整合是根据用户需要，对各个相对独立的信息资源系统中的数据对象、功能结构进行融合、类聚和重组，重新组合为一个新的有机整体，形成一个功能更好、效率更高的信息资源体系，从而保证信息资源得到更好利用。[①]

由此，网站在致力于提升其信息真实性、准确性、可靠性的同时，需要根据其类型特点与目标用户群信息需求特点，在对信息资源合理建构、优化配置前提下，对分散的异构信息资源进行横向与纵向的深度整合，实现基于新的信息交互与共享平台的信息服务拓展，这将是提升网站信息价值增值、提高信息质量的新思路。

对学术型网站来讲，用户一方面需要从浩繁的信息集合体中检索与获取能解决科研问题的准确、真实信息，满足其基本信息需求。另一方面，则更希望能够获得对所获信息融合重组的知识或解决问题的方案。因此，网站可以通过采用多种技术工具实现知识关联网络化，实现跨学科领域的相互沟通和相互渗透，发挥资源共享的整体功能的同时，还可采用智能化手段挖掘蕴藏于大量显性信息中的隐性知识，通过全文文献的智能化聚类，得到专业细化、专向课题的知识，并与各种数据库的全文进行链接，构成内容广泛的知识网络，为用户提供最方便的知识获取途径，[②] 为用户提供全方位、多层次、多视角的知识化服务。

对政务型网站而言，政府部门作为最大的信息生产者之一，政务信息获取与利用具有极高的社会价值。随着“政府信息公开”、“阳光政府”的展开，社会公众越来越多地利用政务型网站来获取信息，用户对政府信息的需求量越来越大。但政府机关各部门、各单位在信息生产、发布中处于单独作战、各自为政的状态，数据信息缺乏标准化，异构程度非常高。通过前期研究可知，用户对政务型信息质量满意度很低。因此，政务型网站应在制定统一数据信息采集、存贮、发布标准前提下，在本部门内部和不同部门间建构信息资源整合整体构架，扩大信息共享范围，实现各部门信息资源共享。采用多种技术工具、智能化手

---

① 马文峰：《数字资源整合研究》，《中国图书馆学报》2002 年第 4 期，第 64—67 页。

② 沈涌：《数字信息资源整合策略与服务共享模式研究》，硕士学位论文，吉林大学，2009 年，第 145—148 页。

段将处于“信息孤岛”状态的各类信息资源加以整合，通过智能化聚类、专业化细分等提高信息整合程度。实现网上办事、与民互动，尽可能向社会公众提供经过整合的有价值信息。

在商务型网站方面。随着商务型网站类型的增多，用户利用商务型网站的目的也日渐多样化。他们不再仅局限于信息搜索与获取，更广泛地应用商务网站从事商务交易等活动。因此，商务型网站应该结合其网站类型特点，具体分析目标用户群在网站使用过程中的切实信息需求内容和特点，有针对性地进行信息整合。对于信息提供型商务网站，可以吸收、借鉴学术型网站已经取得的经验，综合考虑商务信息时效性、涉密性等特点，有效整合来自于多方面的信息资源，为用户提供其所需要的具有整体性和关联性的信息。而对以从事电子商务活动为主导的商务网站来讲，除了保证在交易过程中向用户提供全方位的准确信息之外，还需考虑如何有效整合各方面信息资源，使之直接融入用户商务交易全过程，通过持续交互为用户交易全过程提供问题解决、商务决策的信息支持。

二　信息外部特征属性优化策略

信息内容属性是信息价值的来源，是满足用户信息需求最直接的要素。但在通常情况下，信息内容属性需要借助信息外部特征加以传达与表现，信息外部特征直接影响到信息内容价值的发挥。

由第六章所构建的网络环境中基于用户视角的信息质量综合评价体系模型可见，信息内容价值属性是用户信息质量评价中的关键维度，但信息的时效性、易获取性、适度性、清晰性、简洁性等外部特征指标则是影响信息质量的重要因素。因此，各类型网站在信息资源建设与信息提供过程中致力于优化信息外部特征，将有效提升用户的信息质量评价结果和满意度。

首先，随着技术的发展和环境的变化，用户对各类网站提供信息的及时性、易获取性要求越来越高。一方面，网络信息提供者应及时采集与获取最新数据信息，借助各类先进的信息、通信技术，利用网站的各类信息传播途径，准确、及时、快速地将信息提供给各类用户。另一方面，各类网站在高效化处理信息，为用户提供及时信息的同时，需要考虑能否积极采用新的信息组织方法提高信息组织的规范性、合理性，并加强对新的信息体的接收、吸纳与兼容，通过适当的方式提供给用户。

其次，根据网站用户群特点、优化信息的呈现与表达方式。网络信息生产者与提供者在信息表达时，不应仅注意如何将信息内容传送出去，还要重视信息的呈现方式。网络环境中，清晰、简洁的信息不但能够节约用户信息利用时间，还可提升用户信息接收与理解的效果，提高用户的利用效率。因此，在网站的信息组织与信息建设中，需要采用适当的技术和手段，有效提高信息的整合程度和精炼程度，同时，可考虑多种信息表达方式的综合，灵活运用，这样能够清晰、简洁、直观地表达与传递信息的内在价值，提升用户满意度。

再次，有效提升信息的适度性和适用性。与传统信息环境用户信息需求不同，网络条件下，由于时间、精力所限，信息用户在信息的全面性、完整性、整合性要求基础上，更注意网站所提供信息的适度性和适用性。一方面，与信息内容的针对性密切相关，用户要求所提供信息能够直接为解决问题提供支持；另一方面，则与信息数量相关，用户不再单纯追求获取的信息数量，而是希望能够获得在其时间、精力许可范围内的适量信息。在此条件下，网络信息提供者在信息构建过程中，可以采用社会化聚合方式，根据用户的网络信息搜寻历史记录或网站日志，有针对性地组织、整合与精简信息内容，提供给用户针对性更强的信息。

第四节　基于用户体验视角的网站系统功能提升策略

网站系统是用户信息获取与利用的基础性平台，也是用户信息交互平台，同时又是用户信息体验与感知的平台。网站系统的“可用性”或“系统的可接近性”是以技术与功能为依托的。此平台的技术水平与功能直接影响用户的信息获取与利用，直接影响用户的体验与感知，进而间接影响用户的信息质量评价结果。因此，网站系统功能是信息质量提升的重要支撑基础和外动力，提升网站系统技术水平与功能，将对信息质量综合水平提高起到重要的支撑作用。

一　提升用户对网站系统功能全面体验水平

信息获取质量是指用户在利用信息系统（网站）获取信息过程中，通过持续的信息获取行为而对系统性能和交互反映的信息质量评价。

网站作为一种信息交互平台，是互联网与用户间连接的节点，是实现信息生产者、提供者与用户之间的交流媒体和交流渠道，其系统功能是网站作为互联网链接节点核心功能的基础。网站系统功能的性能水平直接关系到用户信息产品与服务获取的有效性，直接影响用户的信息体验。交互过程中，用户对网站系统的可靠性、响应速度、功能质量、系统交互性、功能延伸性、系统响应速度、过程简捷性、使用简易性、使用便捷性、反馈途径、个性化功能、服务改进效率等系统性能和服务水平感知将影响用户对信息获取质量的评价。

首先，网站系统的基本功能是满足用户从了解信息到最终获取信息等的一般性信息服务的基础。因此，网站应以用户能够方便快速地找到自己需要的信息服务功能、并用最简单的操作方法来完成所有的操作为基本出发点，开发智能后台管理程序，增加网络各类新的服务功能，一方面实现各类基本功能的简捷化与集成化；另一方面实现各项服务功能的智能化、自动化，能够有效引导、协助用户完成信息交互、信息获取工作。

其次，在网络系统功能设计中，综合考虑用户深层需求和用户体验的相关内容，在网站组织系统、导航系统、标识系统和检索系统的设计中实现个性化、特点化功能的延伸和服务功能的拓展，进一步有效提高网站各项功能水平，提升用户交互过程中的体验与感知效果。与此同时，通过对用户的网站使用记录的系统分析，了解与衡量用户使用过程中是否经常误操作、这些误操作影响是否严重、用户如何自行纠正这些错误等，据此在网站系统中设置相应智能协助功能。

再次，网络环境中，交互程度和用户成熟度的提升、用户角色的转换，网站在尽可能提供多种类型服务功能，满足用户基本信息获取与利用需求的基础上，针对网站主要目标用户群特点，重点分析用户与系统间的任务分配问题，明确哪些任务应由用户自己独立完成，哪些任务需要网站通过相应的功能来实现，这对网站服务功能的完善与优化至关重要。只有在用户与系统间合理任务分配基础上，以用户为中心进行系统功能设计，才能有效激发用户参与度与成熟感，在增强用户对网站认可的同时，可以优化与提升其体验与感知水平。

二　基于用户特点的导航功能优化

网络的导航功能，是通过各种标志和路径显示，让用户能够清晰定位自己浏览的信息位置和可进一步获得的信息内容的一种功能设置。导航是提升网站可用性的首要手段。导航功能作为网站环境中网站信息服务的一种独特语言，可以为用户提供最好的浏览帮助途径，提供从一个信息展示空间到另一个信息展示空间的自然过渡途径。①

网络环境中，导航的功能性、清晰性、易使用性等因素不仅影响交互过程中用户的体验与感知，还可有效推进网站的环境与内容建设，增进网站与用户间的协调，优化用户信息的交互、检索与利用流程，提高用户信息获取效率，提升信息质量。

1. 合理安排导航功能，优化导航路径

如何有效结合用户特点、需求和期望，合理安排信息要素，引导用户方便、快速地利用网站是网站设计者首要考虑的问题。由此，网站设计者应根据网站目标用户群的特点，以其主要需求为导向，综合考虑网站特点与内容，合理安排设计网站的导航功能。在此过程中，一方面考虑用户能否比较直观地发现导航功能；另一方面考虑导航的易用性、易学性，并尽量清楚显示用户的浏览路径，提供回退路径；再一方面要考虑导航路径的优化与步骤的逻辑性。具体而言，网站设计者可考虑采用主节点（首页）、导游线路、历史记录、书签、导游图等方式，以优化并简化用户的行为路径。

2. 提升网站导航类型多样化与智能化

正确的、多类型的网站导航功能便于用户的理解和使用，有助于用

---

① 李桂华：《信息服务设计与管理》，清华大学出版社、北京交通大学出版社 2009 年版，第 155—158 页。

户对网站形成正确的空间感和方向感，让用户不管来到网站的哪一层网页，都可以很清楚自己所在的位置，减少用户记忆负担。因此，在网站功能设计与提供中，要以全局导航为基础，辅之以辅助导航、站点地图等。尤其是结构复杂的网站，网站地图可以将网站内深层链接关系以一个扁平的页面呈现出来，有助于用户快速了解网站的内容与结构全局。

网站还可在基本静态导航功能的基础上，结合网站类型特点，适当增加非线性导航、任意性导航、索引性导航等静态导航功能。同时，可以根据不同用户、不同服务类型，适当增加动态性的导航功能，如时间性导航、判断性导航、测试性导航等功能。

3. 提升网站导航系统专业性

网站导航系统专业性与网站类型密切相关。在此方面，国内外学术型网站取得了较多的成功经验，从多个角度有效地满足用户对学术信息、科研资料等的需求。政务型网站在导航功能设置中，可吸收与借鉴较为成熟的学术型网站导航功能服务经验。如中国知网（CNKI）根据资源类型设计提供的期刊导航、基金导航、作者单位导航、内容分类导航、博士学位授予单位导航、硕士学位授予单位导航、会议主办单位导航、会议论文集导航、报纸导航、出版社导航等；根据服务设计了检索首页、学术论坛、资源介绍、学术导航、意见建议、操作指南等导航功能，为政务型网站的导航设计提供了一个有益的思路。政务型网站可以从信息资源、类型、政务职能部门类型、办事类型等多个角度，结合政务型网站的专业性特点，多角度设置导航功能，从专业角度有效满足社会公众对政务型网站信息不同层次、不同用途的需求。而对商务型网站在导航功能设计中可以考虑用户类型的多样性和用户成熟度的差异，适当采用隐喻方式进行导航功能设计，确保用户能够很好地理解导航标签，并提供个性化导航功能，从专业性角度提高导航的可用性，提高用户体验与感知效果。

三 多视角提升站内检索功能

网络环境中，用户与网站系统的信息交互与信息获取过程的核心工作就是信息检索。随着网站内容的增长，站内结构也越来越复杂，用户很难有效把握站内内容结构全貌，很难准确定位信息位置和查找所需信息。网站系统是否提供适当的检索工具或检索功能、检索过程是否便捷、检索路径是否清晰、检索结果是否准确等均会影响用户交互结果和信息获取效果。

站内搜索引擎是网站为方便用户对站内信息获取、提升站内信息检索效率而设置的功能。基于自身类型特点和目标用户群体信息获取特点，网络在提供基本信息检索工具与功能的基础上，可以从以下几方面提升站内检索工具或功能的效能，提高用户检索效率与效果。

（1）在网站内设置多种类型、多种方式的搜索工具，提供用户多途径检索。一方面，基于对常用搜索引擎功能和特点的分析，选择并设置合适的多类型搜索引擎。如学术型网站可提供目录搜索引擎、全文搜索引擎和元搜索引擎等站内专业检索工具，满足科研人员在搜索方式、搜索范围和时间范围等方面的需求，提升科研人员信息获取效率与效果。另一方面，可以通过改进或增设站内个性化搜索引擎或检索功能，提升用户检索体验与感知效果。

（2）利用最新检索技术，优化站内搜索引擎或检索工具的性能。网站设计者可以吸收与借鉴垂直搜索引擎优势，利用面向领域的主题爬行技术优化站内搜索引擎功能；① 也可采用智能搜索引擎技术，将机器学习方法应用于文本信息的自动搜集、抽取与分类等处理过程之中，提升站内搜索引擎的处理速度，最终达到搜索深度深、采集精度高和抓取速度快等目标。同时，还广泛采用其他最新信息检索技术与模式来优化和提升站内检索工具性能。

（3）增设站内推荐系统。推荐系统与分类目录和搜索引擎的目标一致，是帮助用户更快地了解与获取网站内有用信息的一种有效工具。与搜索引擎不同，站内推荐系统不需要用户提供明确需求，它会根据用户利用本网站信息搜索的历史行为数据，自动建立用户的需求和兴趣模型，并据此自动从网站内海量信息中（尤其是新增信息中）搜索符合

---

① 陈竹敏：《面向垂直搜索引擎的主题爬行技术研究》，硕士学位论文，山东大学，2008年，第62—86页。

个体用户需求和兴趣的信息，并主动推送给个体用户。所以，从这个角度来讲，搜索引擎和推荐系统本质上是互补的两种工具，推荐系统是通过挖掘并满足用户潜在的或不清晰的信息需求，拓展用户访问宽度，增加用户访问深度，提高用户体验和黏性，提高用户的信息质量评价水平。

(4) 结合网站特点，设置集成化的检索入口、集成化的检索工具。网络所提供的信息资源呈爆炸式增长，普通的检索方法已不能满足用户的个性化、集成化的信息检索需求。集成检索是通过对内容庞杂、结构多样的信息资源进行完整的挖掘、获取、整合、处理，形成统一的检索结果，并按用户定制的方式呈现给用户。① 集成检索对象包括了非结构化数据、半结构化数据、结构化数据和多媒体数据。这样，数量庞大、内容复杂的信息资源经过集成检索系统可以以统一的、集成化的方式呈现给用户，将有效节约用户的检索时间，方便用户的信息利用，提升用户满意度。

(5) 优化检索结果表达方式。信息检索结果的表示与表达是网站检索功能的重要构成部分。通过优化站内检索服务解决方案，为用户提供智能动态摘要、独有的网页快照，提供多种检索结果排序方式等，以此来丰富和优化信息检索结果的表达与展示，方便用户对检索结果的浏览查看，提高用户的检索效果满意度。

四　基于用户需求的帮助功能拓展

伴随着以 Web 2.0 为代表的信息技术的发展，信息交互过程中用户的主导者和参与者地位逐渐确立，用户在很大程度上已经能够主导自己的信息搜索与利用行为。虽然如此，由于用户对网站系统的认识和操作能力存在差异，由于用户的知识结构、经验累积、熟练程度存在差异，用户在交互过程中遇到利用障碍、搜索问题在所难免，需要网站提供有效“帮助”。因此，基于用户需求提升网站帮助功能的简易性、适应

① 胡昌平、向菲、周永红等：《面向用户的信息资源整合与服务》，武汉大学出版社 2007 年版，第 310—312 页。

性、针对性等，成为交互过程中影响用户体验与感知效果的重要因素。

首先，优化与改善网站现有帮助功能。无论是何种类型网站均设有站内帮助功能。为有效提升交互过程中用户的体验与感知，提高帮助功能的针对性和有效性，在现有网站帮助功能基础上，根据不同层次用户的不同需求，可考虑从如下方面提升与优化现有功能。提供快速参考功能，满足部分用户快速解决问题需求；提供完全解释功能，满足部分有经验的或好奇的用户对系统命令深入认识与了解之需；提供教程帮助功能，主要面向新用户提供 step - by - step 指导。

其次，提供交互式帮助服务，建议快速响应机制。在线客服是许多商务型网站采用的一种实时服务方式。各种类型网站可在其帮助功能设置中，吸收与借鉴商务型网站在线客服的方式与经验，利用 Web2. 0 进行帮助功能服务方式的创新，提升其快速响应能力。如利用即时通信软件 QQ、MSN 等提供即时帮助服务；增设网页会话在线帮助系统，提高用户的良好体验度；提供 iChat 和 eShare 等新型聊天服务，通过向用户提供私人聊天室方式来完成帮助与指导等。

再次，在条件允许情况下，增设智能化帮助模式，提升个性化服务水平。智能化帮助是一种动态的具有自学习能力的帮助模式，是以系统运行积累的用户经验为基础，通过对用户问题的机器分析、问题答案的自动匹配等智能化的操作，完成复杂系统的用户经验知识共享，实现单元级的知识管理，完成用户帮助功能的智能化。具体智能化帮助模型如图 7—12 所示。

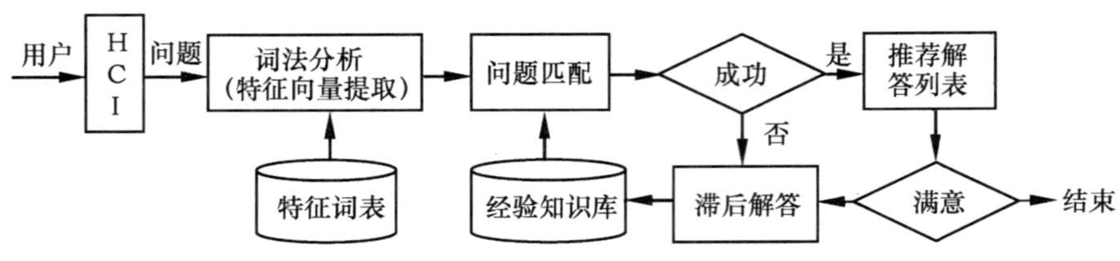

图 7—12　网络环境中网站智能化帮助模型

资料来源：张鸿飞：《Web 应用中帮助功能的设计与实现》，硕士学位论文，山东大学，2006 年，第 27—33 页。

在智能化帮助模式下，可以提供给用户个性化的帮助，还能够改变大多数网站基于菜单命令的帮助模式，实现向以任务为主导的帮助功能转变，满足用户任务导向的提问习惯。

五　全面提升网站系统安全性

网站作为信息交流平台，用户可以利用此平台完成网站浏览、商务交易、文件下载、查阅信息、看电视、发短信等行为，满足其信息需求和期望。在此过程中，网络应用服务的安全性直接关系到网站用户的利益。尤其是当前网络大环境中，计算机病毒、黑客、软件炸弹、信息垃圾、存储设备故障等，对用户利用网站信息服务中的切身利益产生了极大影响，网络环境安全性成为用户的关注焦点。因此，网站如何全面、有效提升其安全性，帮助用户规避各种风险，保护网站自身安全性，将成为影响用户体验与感知、提升用户综合满意度的重要途径。

一方面，建立系统化安全防护功能体系是提升网站安全的基础。网络应月服务安全可以分为网络与应用平台安全、应用服务提供安全、信息传递加工安全以及信息内容安全四个层面。基于这四个层面，网站应分别从信息发送者、信息接收者、平台提供者、通道提供者以及业务监管者角度构建系统化安全防护功能体系，提升信息在采集、加工、传递、存储和应用等过程中的完整性、机密性、可用性、可控性和不可否认性。

另一方面，在以上安全防护功能体系基础上，网站可以在相应技术支持下设置相应的让用户能够直接认识、感知到的安全防护制度与措施。在安全方面，网站须向用户展示安全保障方面的必要信息，包括安全条款、软硬件安全保障措施以及可信赖的第三方保证等；在隐私方面，网站须提供隐私政策以承诺对用户隐私的保护，并且能让用户有足够的自由度来控制个人信息的披露范围和程度。

第五节　本章结论

在本章研究中，基于网络环境中网站信息质量综合评价体系框架，我们分析了信息质量综合提升的动力系统，构建形成信息质量综合提升动力模型。在此基础上，从用户信息体验与感知优化、信息价值属性提升、网站系统功能提升三个方面对网络环境中用户信息体验与感知的优化和信息质量综合提升策略进行了全面、系统的分析与讨论。

通过以上分析与讨论，可以得出以下结论：

首先，网络环境中基于用户视角的网站信息综合质量提升与全面发展是各影响因素彼此协同、相互作用、共同推动的一个综合动力系统。网络环境中，网络信息质量提升动力和路径轨迹与其内在结构、螺旋上升态势密切相关，在很大程度上是由其内在结构所决定的。其中，信息产品价值属性提升既是“心脏”，是信息质量提升系统中的核心层面，又是其“灵魂”，是信息质量提升系统内在结构的最高层面；网站系统技术功能提升是“硬件”，是信息质量系统的基础层面，是信息质量提升的重要支撑基础，是其不可或缺的构成要件；而用户信息体验与感知的优化则是“血液”，是信息质量提升系统中的动态因素，发挥着“承上启下”的作用。这三个方面的有机整合与相互作用、相互转化，构成了动态发展的信息质量综合提升系统。

其次，信息交互过程中用户的体验与感知不仅直接影响用户满意度和对网站的忠诚度，对信息质量综合评价同样具有重要影响。一方面，基于用户心理，通过网站交互品质、感观心理等方面的优化，可以提升交互过程中用户对信息价值与特性、网站系统技术与功能方面的体验与感知。另一方面，通过引导与培育用户合理信息期望、分析并调控用户信息需求等，可以间接优化用户体验与感知。由此可见，网络环境条件下，在用户信息体验与感知的优化过程中，不但要考虑用户体验与感知的直接影响因素，更要有效调动与发挥其间接影响因素的作用。只有通过全面系统的优化，才能最终达到提升用户满意度与信息质量之目的。

再次，信息内容价值属性提升和信息产品外在属性与特征优化协同发展、相互协调是有效提升信息综合质量的核心与关键。作为信息质量综合提升的内在动力，一方面，需要着眼于信息内容基本属性质量的提高，通过信息构建、信息整合等方式提升信息内在价值，满足用户核心需求。另一方面，在网站信息资源建设与信息提供过程中，需要致力于优化信息外部特征，满足用户关键性需求。在信息质量综合提升过程中，二者之间只有相互平衡、协同发展，才能最终形成有效的拉动效应，推动信息质量螺旋上升与可持续发展。

最后，提升网站系统的“可用性”是信息质量综合提升的基础。网站系统是用户信息获取与利用、信息交互的基础性平台，从平台整体功能水平到导航、检索、帮助等功能的优化与提升，直接影响到用户的信息获取与利用，直接影响到用户的体验与感知，进而间接影响用户的信息质量评价结果。由此，全面提升网站系统的“可用性”、“可接近性”将对信息质量综合水平提升起到重要的支撑作用。

第八章

结　论

围绕网络环境中信息质量这个中心主题，经过系统的、多角度的分析与阐述，本书在研究中得出一系列有价值的结论。同时也发现了值得进一步探讨、尚待进一步研究的问题。

本章将首先归纳与概括研究的主要结论和主要贡献，在此基础上，讨论研究的局限性，并提出未来研究的方向。

第一节　研究的主要结论

大数据时代，数据与信息呈现爆炸式增长，信息质量越来越受到社会各界的广泛关注。网络条件下，随着信息用户角色与地位的质的改变，用户在交互过程中的体验与感知成为影响用户满意度和信息质量评价的重要因素。基于以上背景，本研究以用户视角下的信息质量为主题，围绕网络环境中用户体验与感知优化和信息质量全面提升展开研究。

在研究中，以相关文献资料和理论成果为支持，我们将网络环境中信息质量内涵的系统阐释作为研究基础，因循信息交互过程中基于用户视角的信息质量影响因素剖析这一条研究主线，综合运用演绎推理、文献分析、实验研究、专家访谈和实证研究等研究方法，重点对网络环境中用户信息需求与期望、信息体验与感知和信息质量内在关系、信息交互过程中的信息质量影响因素、信息质量综合评价指标体系与有效提升途径等方面展开研究与探讨，获得一些有价值的研究结论。

第一，网络环境中基于用户视角的信息质量是一个综合性概念。通过研究发现，基于用户视角的信息质量内涵有了新的拓展，覆盖用户信息交互全过程，呈现出多维度、多层次特点。既包括信息产品的客观属性和价值属性，又包括交互过程中用户对信息内容和服务体验与感知的主观因素。主要由信息内容质量、交互质量、期望质量和感知质量等维度构成。其中，内容质量是核心，期望质量是基础，交互质量和感知质量是关键影响变量，四个维度彼此间相互影响、相互作用，构成基于用户视角的信息质量概念整体。

第二，网络环境中，用户信息需求与期望影响信息质量综合评价。实证研究表明，作为重要潜在变量，网络用户的信息需求和期望与信息质量间具有显著正向影响关系。网络环境中，用户信息期望既包括对信息产品效用价值的期望，又包括交互过程中与用户视、听、触等感官因素和安全心理密切相关的期望，贯穿于信息获取与利用过程始终。它不但作用于用户的体验与感知，还直接影响到最终的信息质量水平。

第三，信息交互过程中，基于用户体验与感知的信息质量影响因素指标体系是由多层次、多因素构成的复杂体系。多种方法综合研究表明，信息质量影响因素既包括用户在交互过程中对信息产品内在价值和外部特征的感知因素，用户对网站交互界面、各项系统功能和服务品质等的体验因素，还包括在此过程中对自身因素的感知等。这些要素指标共同构成基于用户体验与感知的信息质量影响因素体系。研究结果同样表明，不同类型网站信息质量影响因素间具有一定差异性。因此，只有持续、全面地跟踪与把握交互过程中用户信息心理与情感变化，通过内容、技术设计、服务设计等方面的主动调整来优化用户体验与感知，增强网站与用户间的紧密度，才能达到综合提升信息质量水平之目的。

第四，实证研究表明，基于用户视角的信息质量综合评价体系模型是由客观测度和主观测度两方面指标所构成的多维综合体系。该评价体系反映出对网络信息质量评价既要从理性层面考量，又要全面结合感性层面因素。其中，信息产品固有属性与效用价值是信息质量评价的基础，而交互过程中用户认知、动机、情感、观感等方面心理感知和对技术功能及界面设计、信息特征、服务水平等方面主观体验则是信息质量评价的重要维度。该体系是在用户与网站资源建设机构间搭建的桥梁和纽带，能够从信息用户角度对网络信息质量做出全面、系统、综合的衡量与评价。

第五，网络环境中，信息质量综合提升是直接作用力与间接作用力均衡作用的结果。而交互过程中，用户信息体验与感知优化的最终目的是提升用户满意度，在信息质量综合提升系统中发挥着“承上启下”的推动作用。基于网络信息质量的全面评价结果，根据信息质量提升综合动力系统的内在机理，积极有效地利用外部动力，全面、均衡地发展直接和间接作用力构成要素水平，并在其间达成一种动态、和谐与均衡的状态，才能促进网络信息质量的综合提升与发展。

第二节　研究的主要贡献

目前，国内外学者在用户信息体验与感知领域、信息质量领域做了许多有价值的研究。可在网络环境中用户信息期望、信息体验与感知和信息质量关系研究方面，在从交互视角的基于用户体验和感知的信息质量衡量与评价方面的研究还处于刚刚起步阶段，研究成果较少。在本书中，我们运用实验研究等多种研究方法，对用户信息期望、用户体验与感知和信息质量内在关系的研究、对交互过程中基于用户体验与感知的信息质量影响因素与评价体系的研究所获成果，为全面研究网络环境中用户信息体验与感知的优化、为基于用户视角的信息质量综合提升内在机理和有效策略的深入探讨提供可资借鉴的视角。

研究的贡献主要体现在以下几个方面：

第一，系统剖析了网络环境中信息质量概念的基本内涵。

基于网络环境中用户信息需求与期望、信息交互、用户信息体验与感知等研究成果，以信息质量管理理论作为研究基础，本研究从交互过程中用户体验与感知视角，对网络环境中信息质量内涵做了全面剖析，并构建形成信息质量概念模型，突出体现网络环境中信息质量的多维度、综合性、整体性特点，突破了以往基于数据质量的信息质量研究和单纯以用户需求为视角的研究框架，是从新的视角对信息质量的诠释，为网络环境中的信息质量研究提供了新的研究思路和切入点。

第二，构建形成交互过程中基于用户体验与感知的信息质量影响因素体系模型。

本研究运用实验研究、专家访谈、问卷调查等研究方法，在内容分析与数据调查的基础上构建形成的信息质量影响因素体系模型，全面、系统地涵盖了网络条件下用户在与网站交互全过程所有体验与感知到的信息质量影响因素，突破了现有研究的分段式、截面式局限。研究结果将有助于网络信息提供者、信息服务者对用户行为过程的全面衡量与客观评价，并可据此来改善交互环境、优化交互过程和提升服务水平，以有效达到优化用户体验与感知、提升用户满意度与信息质量评价水平之目的。

第三，建立基于用户视角的信息质量综合评价指标体系。

本研究运用规范实证方法，构建形成的网络环境中基于用户视角的信息质量综合评价模型与指标体系，从多维角度、多属性层面涵盖了信息产品与系统功能的客观指标、用户体验与感知的主观指标，丰富与完善了现有研究成果，并提高了模型的实用性与可操作性。该评价模型与指标体系可用来全面、客观地衡量与评价网站信息质量水平，为网站资源建设者与服务者发现与了解其信息产品、网站设计、交互服务的优点与不足，为从用户视角为其提供优质的信息产品与信息服务提供可资利用的评价工具。

第四，阐明符合现实并着眼于未来的用户信息体验与感知优化策略和信息质量综合提升路径。

以前期研究成果为基础，在全面剖析网络环境中信息质量综合提升动力系统后，本研究根据网络环境的现实特点与用户需求未来发展变化趋势，阐明了基于交互视角的网站系统优化、基于用户信息体验与感知的信息质量综合提升的有效途径和具体策略。这些路径与策略来源于前期的实证研究成果，具有一定的现实性，并着眼于用户未来需求变化和发展，具有一定前瞻性。

第三节 研究局限与未来研究方向

本书基于网络环境中用户信息交互过程，围绕用户视角下的信息质量这一主题展开研究。虽然在研究中尽最大可能地广泛吸收与借鉴国内外相关领域研究成果，采用规范的研究方法、遵循科学的研究流程。但是，由于研究条件以及研究团队能力所限，由于国内外相关研究成果较少，研究中尚存在一些局限性和不足之处。这些局限及不足主要体现在以下几方面：

在具体内容方面：

首先，本研究所进行的基于用户体验与感知的信息质量影响因素与综合评价体系研究，所提出的用户体验与感知优化和信息质量综合提升路径与策略，均只限于网络环境条件，是基于用户与网站系统交互过程的研究。而没有继续对网络环境下用户行为与信息质量做更进一步全面研究。

其次，虽然在本研究的相关部分，我们针对不同类型网站进行了针对性研究，但大部分研究还是停留在对各类网站用户的共性研究、对各类网站信息质量的共性研究，而没有继续针对具体类型网站在这些方面做进一步深入研究。

再次，虽然本研究所构建的基于网络用户视角的信息质量综合评价体系来自于规范的实证研究，所提出的用户体验与感知优化和信息质量综合提升策略也是来自于前期的实验、专家访谈和实证研究结果，但在评价体系、优化与提升策略的适用性与可行性方面，则没有做进一步验证性分析与研究。

在研究方法方面：

我们在研究中运用了多种研究方法，并力争在研究过程中严格遵循规范的研究流程，以期获得有价值的研究结果，但在研究过程中，依然存在一些局限与不足。

一方面，我们研究中多次采用实证研究方法，用来对网络环境中用户信息需求与信息期望构成、用户信息期望与信息质量内在关系、信息交互过程中基于用户体验与感知的信息质量影响因素指标体系构建等进行研究。可是由于没有现成研究成果可资借鉴，也没有规范的研究量表可资利用，在各类量表的设计中，尽管我们严格遵照量表开发程序，但仍然可能存在不足之处；同时受我国信息用户整体素养与成熟水平所限，在问卷调查中，虽然我们的调查样本基本与中国网络用户群体结构构成框一致，但仍略显不足。

另一方面，我们采用实验方法对信息交互过程中基于用户体验与感知的信息质量影响因素进行研究。在研究中，尽管我们吸收与借鉴了行为研究领域相关实验方法与流程，但由于条件及研究工具所限，实验设计和实验内容仍略显单薄，对于一些相关性的研究，如基于眼动、用户网站浏览轨迹等内容的研究没能够进行。

针对上述研究局限，在未来研究中，我们认为值得进一步深入探讨的内容可以概括为如下几个方面：

首先，进行有针对性的深入研究。如前所述，本研究构建完成的网络环境中基于用户视角的信息质量综合评价体系是一种基于共性的研究结论。由于网站类型不同、网站目标用户群体不同，其对交互过程中的体验与感知存在着一定差异，对信息质量评价也存在一定差异。为使信息质量的研究更具实用性、指导性，在研究条件允许的情况下，可以选取不同类型、不同用户群体进行有针对性的研究，以便进一步验证本研究相关结论在不同类型网站、不同用户群中的普遍适用性与差异性。通过进一步的实证研究，可以在本研究成果基础上做出更有力的推论，提高研究的外部效度，提升研究结果的实用价值与指导作用。

其次，针对本研究结果的进一步验证性研究。在本研究所获成果基础上，选取若干具体的、典型的不同类型网站，采用实证研究方法，通过大样本调查，以获取真实的基于用户视角的信息质量评价结果。一方面，可以对本研究成果的可行性、适用性做进一步验证；另一方面，能够根据所获数据，对各类型网站信息质量做出总体性评价，发现所存在的问题，并提出有针对性的对策。

再次，在条件成熟的情况下，可将更具特色的研究方法（如眼动实验法、关键行为事件访谈法、用户浏览轨迹研究等）引入到本课题的进一步研究中，在现有研究发现基础上，对其进行进一步深入研究。

最后，进行基于用户视角的信息质量的跟踪研究。可以在未来相当长的一段时间内，对某一个具体网站样本进行持续的跟踪研究，分析交互过程中用户信息体验与感知的演变规律，分析信息质量评价水平变化规律及与相关变量间的动态关系，其结论将会更有价值。

参考文献

外文部分

1. Abram S. Web2. 0, Library2. 0, and Librarian 2. 0: preparing for the 2. 0 world. [2012—12—22] . http: //www. imakenews. com/sirsi/e_article000505688. cfm.

2. Adams D. A. et al. , "Perceived Usefulness, Ease of Use, and Usage of Information Technology: A Replication", *Management Information Systems Quarterly*, Vol. 16, No. 2, 1992.

3. Agosto D. E. & Hughes-Hassell S. , "People, Places and Questions: An Investigation of the Everyday Lifeinformation-Seeking Behaviors of Urban Young Adults", *Library & Information Science Research*, Vol. 27, 2005.

4. Anastasios T. et al. , "How Users Access Web Pages for Information Seeking", *Journal of the American Society for Information Science*, Vol. 56, No. 4, 2005.

5. Anderson E. W. & Sullivan M. W. , "The Antecedents and Consequences of Customer Satisfaction for Firms", *Marketing Science*, Vol. 12, No. 2, 1993.

6. Arhippainen L. , Capturing User Experience for Product Design [2009—08—16] . http: //www. msh-alpes. prd. fr/ADAMOS/material/arhippa2. pdf.

7. Atkinson M. et al. , "Individual Characteristics Sociated with World Wide Web Use: An Empirical Study of Playfulness and Motivation", *Data*

Base for Advances in Information Systems, Vol. 28, No. 2, 1997.

8. Belkin N. J. , "Cases, Scripts, and Information Seeking Strategies: on the Design of Interactive Information Retrieval Systems", *Expert Systems With Applications*, 1995.

9. Belkin N. J. , "Anomalous States of Knowledge as a Basic for Information Retrieval", *Canadian Journal of Information Science-Revue Canadienne Des Sciences Del Information*, Vol. 5, 1980.

10. Bonnie Wai-Yi Cheuk, Dervin B. , A Qualitative Sense-making Study of the Information Seeking Situations Faced by Professional in Three Workplace Contexts, [2012—03—22] . http: // www. cios. org/ getfile/Cheuk_ V9N23499

11. Bovee M. , Srivastava R. P. , Mak B. , "A Conceptual Framework and Belief-function Approach to Assessing Overall Information Quality", *International Journal of Intelligent Systems*, Vol. 18, No. 1, 2003.

12. Brien J. O. , *Introduction to Information Systems in Business Management*, 6th Edition, Boston: Irwin, 1991.

13. Brookes B. C. , "Foundation of Information Science: Part Ⅰ, Philosophical Aspects", *Journal of Information Science*, Vol. 2, No. 3, 1980.

14. Cai S. H. & Jun M. J. , "Internet Users' Perceptions of Online Service Quality: A Comparison of Online Buyers and Information Searchers", *Managing Service Quality*, Vol. 13, No. 6, 2003.

15. Carlos A. Velasco et al. , "Universal Access to Information Services: The Need for User Information and Its Relationship to Device Profiles", *Universal Access in the Information Society*, Vol. 3, No. 1, 2004.

16. Case D. O. , *Looking for Information: A Survey of Research on Information Seeking, Needs and Behavior*, 2nd ed. Amsterdam, NL: Academic Press, 2007.

17. Chaomai Chen, Mary Czerwinski, Robert Macredie, "Individual Differences in Virtualenvironments-Introduction and Overview", *Journal of the American Society for Information Science*, Vol. 51, No. 6, 2000.

18. Chennells R. , Foster J. , "An Assessment of User Requirements in the Area of Networked Information Systems", *JANET Network Information Services Project Initial Study*, No. 2, 1989.

19. Choo C. W. Closing the Cognitive Gaps: How People Process Information, [2011—10—08] . http: //choo. fis. utoronto. ca/FIS/ResPub/FThis/default. html.

20. Choo C. W. , Brian D. & Don T. , Information on Seeking on the Web: An Integrated Model of Browsing and Searching, Paper Sented the Annual Meeting of the 62nd American Society for Infromation Science (ASIS). Washington D. C. 1999, 4.

21. Coiera, Towards Quality Management of Medical Information on the Internet: Evaluation, Label Lint, and Filtering of Information, BMJ, 1998, 317.

22. Cronin J. J. & S. A. Taylor, "Measuring Service Quality: A Reexamination and Extension", *Journal of Marketing*, Vol. 56, No. 6, 1992.

23. Cronin, J. J. et al. , "Assessing the Effects of Quality, Value and Customer Satisfaction on Consumer Behavioral Intentions in Service Environments", *Journal of Retailing*, Vol. 76, No. 2, 2000.

24. Crosby P. B. , "Quality Without Tears", *The Art of Hassle Free Management*, New York : McGraw Hill Inc. , 1995.

25. Cullen R. & Hougnton C. , "Democracy Online: An Assessment of New Zealand Government Web Site", *Government Information Quality*, Vol. 17, No. 3, 2000.

26. Dam V. N, Evers V. & Arts F. A. , "Cultural User Experience Issues in e-Government: Designing for a Muti-cultural Society, Lecture Notes in Computer Science", *Springer Press*, 2005.

27. Daniel C. Esty, "Governing by Number: The Promise of Datd-Driven Policymaking in the Information Age", *Reece Rushing*, 2007, 4.

28. David Nicholas, Paul Huntington, Hamid R. Jamali & Tom Dobrowolski, "Characterising Andevaluating Information Seeking Behaviour in a

Digital Environment: Spotlight on the 'bouncer'", *Information Processing & Management*, Vol. 43, No. 4, 2007.

29. Dedeke A. A., "Conceptual Framework for Developing Quality Measures for Information Systems", *The 5th International Conference on Information Quality*, 2000.

30. Deming, E. W., *Out of the Crisis*, Boston: MIT Press, 1995.

31. Deng S. L., "The Advancement of the Study on Foreign User Experience", *Library and Information Service*, Vol. 52, No. 3, 2008.

32. Dervin B., "On Studying Information Seeking Methodologicaly: The Implications of Connecting Metatheory to Method", *Information Procesing and Management*, Vol. 35, No. 6, 1999.

33. Dervin B., "Sense-making Theory and Practice: An Overview of User Interests in Knowledge Seeking and Use", *Journal of Knowledge Management*, Vol. 2, No. 12, 1998.

34. Dervin, B. & Nilan, M., Information Needs and Users, In M. E. Williams, "Annual Review of Information Science and Technology", *White Plains*, NY: Knowledge Industry Pub., 1986.

35. Dewey J., *Art as Experience*, Perigee Press, 2005.

36. Dhaval Vyas, Gerrit C. & Van der Veer, APEC: A Framework for Designing Experience, [2010—12—15]. http://www.inflsce.cornell.edu/place/15_DVyas2005.pdf.

37. Donald A. Norman, *Emotional Design: Why Do We Love (or Hate) Everyday Things*, New York: BasicBooks, 2004.

38. Donald. O. Caase, "Looking for Information: A Survey of Research on Information Seeking, Need and Behavior", *San Diego*, CA: Academic Press, 2002.

39. Egger F. N., "Trust me, I'm an Online Vendor: Towards a Model of Model of Trust for E-Commerce System Design", In: G. Szwillus & T. Turner (Eds.): CHI2000 Extended Abstracts: Conference on Human Factors in Computing Systems, The Hague (NL): ACM Press, 2000.

40. Egger F. N. , "Affective Design of E-Commerce User Interfaces: How to Maximize Perceived Trustworthiness", *Proceedings of The International Conference on Affective Human Factors Design*, London: Asean Academic Press, 2001.

41. English, L. P. , "Total Information Quality Management: A Complete Methodology for IQ Management", *D. M. Review*, No. 9, 2003.

42. English, L. P. , "Information Quality and Regulation: A Management Perspective", *Studies in Communication Sciences*, No. 4, 2004.

43. Eppler M. J. & Helfert M. A. , "Classification and Analysis of Data Quality Costs", *Proceedings of the* 9th *International Conference on Information Quality*, USA: MIT, 2004.

44. Eppler M. J. , Helfert M. A. & Gasser Urs, "Information Quality: Organizational, Technological, and Legal Perspectives", *Studies in Communication Sciences*, No. 4, 2004.

45. Eppler M. J. , *Management Information Quality: Increasing the Valve of Information in Knowledge-intensive Products and Processes*, Heidelberg: Springer, 2006.

46. Eppler M. J. , "The Concept of Information Quality: An Interdisciplinary Evaluation of Recentinformation Quality Frameworks", *Studies in Communication Sciences*, No. 1, 2001.

47. Fidel R. , Green M. , "The Many Face of Accessibility: Engineers' Perception of Information Sources", *Information Processing & Management*, No. 40, 2004.

48. Fisher C. W. & Kingma B. R. , "Criticality of Data Quality as Exemplified in Two Disasters", *Information and Management*, Vol. 39, No. 2, 2001.

49. Fogg B. J. , Cathy Soohoo & David Danielson. How do People Evaluate a Web Site's Credibility? Results from a Large Study, [2011—11—19]. http: //www. consumerwebwatch. org/dynamic/web-credibility-reports-evaluate-abstract. cfm.

50. Forlizzi J. , Ford S. , *The Building Blocks of Experience: An Early Framework for Interaction Designers*, Proc. ACM SIGCHI'00 Conf. ACM. 2000.

51. Fornell C. , Michael D. J. , Anderson E. W. , et al. , "The American Customer Satisfaction Index: Nature Purpose and Findings", *Journal of Marketing*, Vol. 60, No. 2, 1996.

52. Fosrythe, S. M. & Shi, B. , "Consumer Patronage and Risk Perceptions in Internet Shopping", *Journal of Business Research*, Vol. 56, No. 11, 2003.

53. Foster A. & Foster P. , "Business Information in the End-user Age: Business Information Resources Survey", *Business Information Review*, Vol. 19, No. 1, 2002.

54. Garrett J. J. , Talking About the Elements of User Experience, [2011—10—11] . http: //webword. com/interviews/king. html.

55. Garrett J. J. , *The Elements of User Experience: User-Centered Design for the Web*, New York: AIGA New Riders Publishing, 2003.

56. Gerkes M. , Information Quality Paradox of The Web, [2011—02—16] . http: // izumw. izum. si/ ~ max/paper. htm.

57. Greene S. , Marchionini G. , Plaisant C. & Shneiderman B. , "Previews and Overviews in Digital Libraries: Designing Surrogates to Support Visual Information-Seeking", *Journal of the American Society for Information Science*, Vol. 51, No. 3, 2000.

58. Griffiths J. R. , "Evaluation of the JISC Information Environment: Student Perceptions of Services", *Information Research*, Vol. 8, No. 4, 2003.

59. Gronroos C. , "An Applied Service Marketing Theory", *Journal of Marketing*, No. 7, 1982.

60. Harris R. , Evaluating Internet Research Sources, [2012—05—02] . http: // www. virtualsalt. com/8evaluit. html.

61. Hassenzahl M. , "The Quality of Interactive Products: Hedonic

Needs, Emotions and Experience", Ghaoui C., *Encyclopedia of Human Computer Interaction*, Calgary, AB: Idea Group Reference Press, 2005.

62. Helfert M., "Managing and Measuring Data Quality in Data Warehousing", *Proceedings of the World Multi conference on Systemics, Cybernetics and Informatics*, Florida: Orlando, 2001.

63. Hersh W. R., Gorman P. N., Sacherek L. S., "Applicability and Quality of Informationfor Answering Clinical Questions on the Web", *The Journal of the American Medical Association*, Vol. 280, No. 15, 1998.

64. Hewins Elizabeth T., "Information Need and Use Studies, Washing D. C. Annual Review of Information Science and Technology", *Information Today*, Vol. 25, 1990.

65. Huang K. T., Lee Y. W., Wang R. Y., *Quality Information and Knowledge Management*, Boston: Prentice Hall, 1999.

66. Ingwersen P., *Information Retrieval Interaction*, London: Taylor Graham Publishing, 1992.

67. James Meler, Morville's Facets of User Experience Refined, [2012—5—18]. http://jamesmelzer.com/bearings/? p=56.

68. James Testa, Current Web Content: Developing Web Site Selection Indicator, [2011—09—18]. http://www.isinet.coom/hot/essays /23. html

69. Jansen B. J., What do They Search for on the Web and How are They Searching: A Study of a Large Sample of EXCITE Searchers, [2010—10—25]. http://InformationR.net/ir/4—2/paper53.html.

70. Jarvenpaa S. L. & Todd P. A., "Consumer Reactions to Electronic Shopping on the World Wide Web", *International Journal of Electronic Commerce*, Vol. 1, No. 2, 1997.

71. Jiang Y. L., "Quality Evaluation of Orthodontic Information on the World Wide Web", *American Journal of Orthodontics and Dentofacial Orthopedics*, Vol. 118, No. 1, 2000.

72. John P. Eakins, Pam Briggs & Bryan Burford, *Image Retrival Interfaces: A User Perspective*, Berlin/Heidelberg: Springer, 2004.

73. Kahn B. , Strong D. M. & Wang R. , "Information Quality Benchmarks: Products and Service Performance", *Communication of the ACM*, Vol. 45, No. 4, 2002.

74. Katerattanakul P. & Siau K. , "Measuring Information Quality of Web Sites: Development of an Instruments", *Proceedings of the* 20th *International Conference on Information Systems*, Charlotte, North Carolina, USA, 1999.

75. Kim P. , Eng T. R. , Peering J. M. , et al. , "Published Criteria for Evaluating Health Related Web Sites", *BMJ*, Vol. 13, No. 18, 1999.

76. Kihlstrom L. , "C. Evaluating Pharmacy Benefit Management Information on the Internet: Purpose, Structure, Technology, and Content", *Manag Care Interface*, Vol. 14, No. 5, 2001.

77. Kolbe R. & Burnett M. , "An Examination of Applications with Directives for Improving Research Reliability and Objectivity", *Journal of Consumer Research*, No. 18, 1991.

78. Kuhlthau C. C. , Accommodating the User's Information Search Process: Challenges for Information Retrievalsystem Designers, [2011—09—18] . http: // www. asis. org/Bulletin/Feb—99/kuhlthau. html.

79. Kuhlthau C. C. , Information Search Process: A Search for Meaning Rather than Answers, [2011—09—18] . http: // www. scils. rutgers. edu/-kuhlthau/Search% 20Process. html.

80. Kuniavsky M. , Observing the User Experience: A Practitioner's Guide to User Research, Morgan Kaufman: Elsevier Science & Technology Books Press, 2003.

81. Ladhari R. , "Alternative Measures of Service Quality: A Review", *Managing Service Quality*, Vol. 18, No. 1, 2008.

82. Latif Al-Hakim, *Information Quality Management: Theory and Applications*, London: IDEA Group Publishing, 2006.

83. Lawrence R. Frey, Carl H. Botan & Gary L. Kreps, *Investigating Communication: An Introduction to Research Methods*, N. J. : Prentice

Hall, 2000.

84. Lee G. G. & Lin H. F. , "Customer Perceptions of E-service Quality in Online Shopping", *International Journal of Retail and Distribution Management*, Vol. 33, No. 2, 2005.

85. Lee S. P. Kwok R. C. & Huynh M. Q. , "The Contribution of Commitment Value in Internet Commerce: An Empirical Investigation", *Journal of the Association for Information Systems*, No. 4, 2003.

86. Lewis, R. C. & Booms B. H. , The Marketing Aspects of Service Quality, in Emerging Perspectives on Services Marketing, In L. Berry, G. Shostack & G. Upah (Eds), Chicago: American Marketing, 1983.

87. Lin C. S. & Wu S. , "Exploring the Impact of Online Service Quality on Portal Site Usage", *Proceedings of the* 35th *Hawaii International Conference on System Sciences*, Hawaii, USA, 2002.

88. Lin Fu et al. , *Collaborative Querying for Enhanced Information Retrieval*, Berlin/Heidlberg: Springer, 2004.

89. Lin J. , Lu H. , "Towards an Understanding of The Behavioral Internation to Use a Web Site", *International Jounrnal of Information Management*, No. 20, 2000.

90. Mahlke S. , *Factors Influencing the Experience of Website Usage*, In CHI extended abstracts, New York: ACM Press, 2002.

91. Mahlke S. , Studying Affect and Emotions as Important Parts of the Use Experience, [2011—10—11]. http://www.zmms.tuberlin.com/resources/ papers/position.pdf.

92. Mahlke S. , Make It all about the User, [2011—10—11]. http:// www.hesketh.com/publications/make _ it _ all _ about _ the _ user.html.

93. Mahlke S. , "Cognitive Components of Emotion", In Davidson R. J. , Goldsmith H. & Scherer K. R. , *Handbook of the Affective Sciences*, New York: Oxford University Press, 2004.

94. Martin Löfgren , Lars Witell, "KANO's Theory of Attractive Quality

and Packaging", *Quality Management Journal*, Vol. 12, No. 3, 2005.

95. Medin D. L., Lynch E. B., Sokmon K. O., "Are There Kinds of Concepts", *Annual Review of Psychology*, No. 51, 2000.

96. Michael Gertz M. Tamer Ozsu, Gunter Saake, Kai-Uwe Sattler, "Report on Dagstuhl Seminar Data Quality on the Web", *SIGMOD Recort*, Vol. 33, No. 1, 2004.

97. Mohammed R. A., *Internet Marketing: Building Advantage in the Networked Economy*, McGraw-Hill Press, 2002.

98. Morville P., User Experience Design, [2011—10—11]. http://semanticstudios.com/publications/semantics/000029/php.

99. Mouzhi G. & Markus Helfert, "A Review of Information Quality", *Proceedings of the IET China-Ireland International Conference on Information and Communications Technologies*, No. 2, 2007.

100. Natalie Kupferberg & Hartel Lynda Jones, "Evaluation of Five Full-text Drug Databases by Pharmacy Students, Faculty and Librarians: Do the Groups Agree?", *Journal of the Medical Library Association*, Vol. 92, No. 1, 2004.

101. Naumann F. & Rolker C. Assessment Methods for Information Quality Criteria, [2010—01—22]. http://mitiq.mit.edu/iciq/iqdownload.aspx? ICIQYear=2000&File=AssessmentMethods4IQCriteria.pdf.

102. Nielsen J. Ten usability heuristics [2011—08—22]. http://www.useit.com/papers/heuristic/heuristic_ list.html.

103. Nik van Dam, Vanessa Evers, Floors Arts, Cultural User Experience Issues in E-governmetnt: Designing for a Multi-cultural Society, Accepted for publication in Peter van den Besselaar & Toru Ishida, Digital Cities3: local information and communication infrastructures, Leture Notes in Computer Science, 2003.

104. Norman D. A., *Emotional design: Why We Love (or hate) Everyday Things*, New York: Basic Books, 2004.

105. Oliver Richard, "A Cognitive Model of Antecedents and Conse-

quences of Satisfaction Decisions", *Journal of Marketing Research*, Vol. 17, No. 4, 1980.

106. Oliver Richard, "Effect of Expectation and Disconfirmation on Postexposure Product Evaluations: An Alternative Interpretation", *Journal of Applied Psychology*, Vol. 62, No. 4, 1977.

107. Orr K., "Data Quality and System Theory", *Communication of the ACM*, Vol. 41, No. 2, 1998.

108. Pickard A. J. & Dixon P., "Measuring Electronic Information Resource Use: Towards a Transferable Quality Framework for Measuring Value", *The Journal of Information and Knowledge Management Systems*, Vol. 34, No. 3, 2004.

109. Pine Ⅱ B. J. & Gilmore J. H., "Welcome to the Experience Economy", *Havard Business Review*, No. 7 – 8, 1998.

110. Pipino L., Lee Y. W. & Wang R Y., "Data Quality Assessment", *Communications of the ACM*, Vol. 45, No. 4, 2002.

111. Redmond T. C., "Data: An Unfolding Quality Disaster", *D. M. Review*, No. 8, 2004.

112. Rubinoff R., How to Quantify the User Experience, [2011—10—11]. http://www.sitepoint.com/print/quantify-user-experience.html.

113. Rusch-Faja D. & Siebeky U., Evaluation of Usage and Acceptance of Electronic Journals: Results of an Electronic Survey of Max Planck Society Researchers Including Usage Statistics from Elsevier, Springer and Academic Press, D-Lib Magazine, Vol. 5, No. 10, 1995.

114. Saracevic T., "Modeling Interaction in Information Retrieval (TR): A Review and Proposal", *Proceedings of the 59th ASIS Annual Meeting 1996*, Medford: Information Today, 1996.

115. Sascha Mahlke, Cognitive Components of Emotion, In Davidson R. J., Goldsmith H. & Scherer K. R. Handbook of the Affective Sciences, New York: Oxford University Press, 2004.

116. Saškarada, Andy Koronios & Jing Gao, "Towards a Capability Ma-

turity Model for Information Quality Management: A TDQM Approach", *ICIQ*, 2006.

117. Savchenko S., "Automating Objective Data Quality Assessment", *Proceedings of the Eighth International Conference on Information Quality*, 2003.

118. Sayers H. M., "Desktop Virtual Environments: A Study of Navigation and Age", *Interacting with Computers*, No. 16, 2004.

119. Shirlee-ann Knight & Janice Burn, "Developing a Framework for Assessing", Information Quality on the World Wide Web, *Informing Science Journal*, No. 8, 2005.

120. Silverstein C. et al., Analysis of a very Large AltaVista Query log, [2010—12—2]. http: //citeseer. nj. nec. com/70663. html

121. Simon H. A. Herbert A. Simon, "Designing Organizations for an Information-Rich World, Martin Greenberger", ed. *Computers, Communications, and the Public Interest*, Baltimore: The Johns Hopkins University Press, 1971.

122. Smith A. G., "Applying Evaluation Criteria to New Zealand Government Websites", *International Journal of Information Management*, Vol. 21, No. 2, 2001.

123. Spink A. & Jack Xu, Selected Results from a Large Study of Web Searching: the Excite Study, [2010—11—07]. http: // information. net/ir/6—l/paper90. html.

124. Spink A., Searching Heterogeneous Collections on the Web: Behavior of Excite Users, [2010—12—15]. http: //informationR. net/ir/4—2/paper53. html

125. Spink A. Wilson & T. Ellis D., "Modeling Users' Successive Searches in Digital Environments", *D-Lib Magazine*, Vol. 24, No. 2, 1998.

126. Strong D. M., Lee Y. W. & Wang R. Y., "Data Quality in Context", *Communications of the ACM*, Vol. 40, No. 5, 1997.

127. Sun Jun, Xu Zhe, "The Utility Additive Method and Its Usage for

Studying Consumer Behavior", *Journal of Science and Systems Engineering*, Vol. 11, No. 2, 2002.

128. Swan R. M., *Perceived Performance and Disconfirmation of Expectations as Measures of Customer Satisfaction with Information Services in the Academic Library*, Tallahassee: Florida State University, 1998.

129. Sward D. & MacArthur G., "Making User Experience a Business Strategy, In E. Law et al. (eds.)", *Proceedings of the Workshop on Towards a UX Manifesto*, UK: Lancaster, 2007.

130. Taylor R. S., "Question-Negotiation and Information Seeking in Libraries", *College & Research Libraries*, Vol. 29, No. 3, 1968.

131. Taylor R. S., "Information Use Environments, Dervin B. & Voigt M. J. Progress in Communication Science", *Norwood*, N. J.: Ablex, 1991.

132. Taylor S. & Todd P. L., "Assessing IT Usage the Role of Prior Experience", *Management Information Systems Quarterly*, Vol. 19, No. 4, 1995.

133. Thomas Baekdal, The Battle Between Usability and User-Experience, [2012—10—02]. http://www.baekdal.com/articles/usability/usabilty-vs-user-experience-battle/.

134. Torres L. Pina V. & Acerete B., "E-government Developments Ondelivering Public Services Among EU Cities", *Government Information Quarterly*, Vol. 22, No. 2, 2005.

135. Turkle S., *Life on the Screen: Identity in the Age of the Internet*, New York: Simon & Schuster, 1995.

136. Wang P., Hawk W. B. et al., "Users Interaction with World Wide Web Resources: Anexploratory Study Using a Holistic Approach", *Information Proceeding & Management*, Vol. 36, No. 2, 2000.

137. Wang R. Y., Lee Y. W. & Ziad M., *Data Quality*, Heidelberg: Springer, 2001.

138. Wang R. Y. & Strong D. M., "Beyond Accuracy: What Data Quality Means to Data Consumers", *Journal of Management Information Sys-*

tems, Vol. 12, No. 4, 1996.

139. Wilson T. , Ellis D, Ford N. , et al. , Uncertainty in Information Seeking: A Research Project in the Department of Information Studies, [2011—06—18] . http: //infornationr . net/tdw/publ/unis/report. html.

140. Wilson T. D. , "On Userstudies and Information Needs", *Journal of Documentation*, Vol. 37, No. 1, 1981.

141. Wilson T. D. , "Human Information Behavior", *Information Science*, Vol. 3, No. 2, 2000.

142. Woodruff R. , "Customer Value: The Next Source for Competitive Advantage", *Journal of Academy of Marketing Science*, Vol. 25, No. 2, 1997.

143. Wu Hea, Sanda Erdelezb, Feng-Kwei Wang, Chi-Ren Shyu, "The Effects of Conceptual Description and Search Practice on Users' Mental Models and Information Seeking in a Case-based Reasoning Retrieval System", *Information Processing and Management*, No. 44, 2008.

144. Yang Z. L. , Cai S. H. , Zhang Z. et al. , "Development and Validation of an Instrument to Measure User Perceived Service Quality of Information Presenting We Portals", *Information & Management*, No. 42, 2005.

145. Yilmaz M. R. , "An Information-expectation Framework for Decisions Under Uncertainty", *Journal of Multi-Criteria Decision Analysis*, No. 1, 1992.

146. Yoo B. & Donthu N. , "Developing a Scale to Measure the Perceived Quality of Internet Shopping site (SITEQUAL)", *Quarterly Journal of Electronic Commerce*, Vol. 52, No. 1, 2001.

中文部分

1. Evans J. R. , Lindsay W. M. :《质量管理与质量控制》, 焦叔斌译, 中国人民大学出版社 2010 年版。

2. Joinson A. N. :《网络行为心理学: 虚拟世界与真实生活》, 任衍具、魏玲译，商务印书馆 2010 年版。

3. Norman D. A.：《情感化设计：我们为何喜欢或讨厌日常用品》，付秋芳、程进三译，电子工业出版社 2005 年版。

4. Nicholas Negroponte：《数字化生存》，胡泳等译，海南出版社 1997 年版。

5. Simon H. A.：《管理行为》，詹正茂译，机械工业出版社 2004 年版。

6. Tullis T. & Albert B. ：《用户体验度量》，周荣刚等译，机械工业出版社 2009 年版。

7. Walman F. D.：《信息饥渴：信息的选取、表达与透析》，李银胜等译，电子工业出版社 2001 年版。

8. 艾尔·比尔：《社会研究方法基础》，邱泽奇译，华夏出版社 2010 年版。

9. 毕强、杨文祥：《网络信息资源开发与利用》，北京科学出版社 2002 年版。

10. 蔡宝珠：《浅析信息质量问题与控制》，《理论探讨》2002 年第 3 期。

11. 蔡坚学、邱菀华：《信息质量检验的熵模型》，《系统工程》2004 年第 22 卷第 3 期。

12. 蔡永明、魏均平：《网络环境下基于用户信息需求的多元化服务模式探讨》，《兰台世界》2009 年第 7 期。

13. 曹孟谊、吴建明、孟秀玲：《国外信息质量评估指标体系研究》，《军事运筹与系统工程》2004 年第 18 卷第 4 期。

14. 曹庆娟：《基于用户体验的政府网站用户满意度研究》，《情报科学》2009 年第 27 卷第 10 期。

15. 曹瑞昌、吴建明：《信息质量及其评价指标体系》，《情报探索》2002 年第 4 期。

16. 曹双喜、邓小昭：《网络用户信息行为研究述略》，《情报杂志》2006 年第 2 期。

17. 查先进、陈明红：《信息资源质量评估研究》，《中国图书馆学报》2010 年第 36 卷第 3 期。

18. 柴雅凌、李学堃：《信息用户满意研究：信息用户满意度指标与测评》，《情报科学》2004 年第 22 卷第 1 期。

19. 陈成鑫：《E-science 环境下用户信息需求与信息服务研究》，《情报科学》2009 年第 27 卷第 1 期。

20. 陈远、罗琳、沈祥兴：《信息系统中的数据质量问题研究》，《中国图书馆学报》2004 年第 30 卷第 1 期。

21. 陈竹敏：《面向垂直搜索引擎的主题爬行技术研究》，硕士学位论文，山东大学，2008 年。

22. 程鹏、高丹、李刚：《情报心理学》，湖北人民出版社 2004 年版。

23. 初景利：《用户满意论》，《情报资料工作》1999 年第 4 期。

24. 党跃武：《将知识服务进行到底：基于知识交流的知识服务》，《图书情报工作》2006 年第 50 卷第 4 期。

25. 邓胜利、鲍唯、肖备：《基于 SNS 的用户交互学习研究》，《情报资料工作》2011 年第 2 期。

26. 邓胜利、张敏：《基于用户体验的交互式信息服务模型构建》，《中国图书馆学报》2009 年第 35 卷第 1 期。

27. 邓胜利：《国外用户体验研究进展》，《图书情报工作》2008 年第 52 卷第 3 期。

28. 邓胜利：《基于用户体验的交互式信息服务》，武汉大学出版社 2008 年版。

29. 邓胜利：《交互式信息服务的用户认知因素及其对策分析》，《图书情报工作》2008 年第 52 卷第 11 期。

30. 邓胜利：《交互式信息服务中的用户体验分析》，《图书馆论坛》2008 年第 28 卷第 2 期。

31. 邓卫华：《农村微型企业创业：信息需求与信息支持研究》，博士学位论文，华中农业大学，2010 年。

32. 邓小昭：《试析因特网用户的信息交互行为》，《情报资料工作》2003 年第 5 期。

33. 邓小昭：《因特网用户信息检索与浏览行为研究》，《情报学报》2003 年第 22 卷第 6 期。

34. 邓小昭：《因特网用户信息需求与满足研究》，博士学位论文，武汉大学，2002 年。

35. 邓小昭等：《网络信息用户行为研究》，科学出版社 2010 年版。

36. 邓云发：《基于用户需求的信息可信度研究》，博士学位论文，西南交通大学，2006 年。

37. 丁宇：《网络信息用户需求的特点与利用特征及规律浅析》，《情报理论与实践》2003 年第 5 期。

38. 董小英、张本波：《中国学术界用户对互联网信息的利用及其评价》，《图书情报工作》2002 年第 46 卷第 10 期。

39. 杜慧敏：《读者需求期望差距弥补和研究》，《情报探索》2008 年第 10 期。

40. 段红：《用户心理分析与信息服务工作》，《晋图学刊》2005 年第 1 期。

41. 范晓虹：《关于信息服务质量评估的几个问题》，《图书情报知识》1999 年第 3 期。

42. 费显政、刘熠：《个体心理因素与顾客感知服务质量》，《经济管理》2003 年第 18 期。

43. 甘利人、马彪、李岳蒙：《我国四大数据库网站用户满意度评价研究》，《情报学报》2004 年第 23 卷第 5 期。

44. 高智勇、高建民、王侃昌、陈富民、刘军强：《基于信息结构要素的信息质量定义与内涵分析》，《计算机集成制造系统》2006 年第 12 卷第 10 期。

45. 郭海明：《数字图书馆信息服务模式的演变》，《四川图书馆学报》2004 年第 6 期。

46. 郭延吉：《信息服务质量评估初探》，《图书情报工作》2004 年第 48 卷第 6 期。

47. 韩永青：《用户信息消费的 TPB 模型及分析》，《图书情报工作》2008 年第 52 卷第 4 期。

48. 侯文君、吕菲、高歌：《三维虚拟环境中用户交互行为及用户体验研究》，《机电产品开发与创新》2007 年第 20 卷第 3 期。

49. 胡昌平、邓胜利：《基于用户体验的网站信息构建要素与模型分析》，《情报科学》2006 年第 24 卷第 3 期。

50. 胡昌平、邓胜利：《基于用户体验的信息资源整合分析》，《情报学报》2006 年第 25 卷第 2 期。

51. 胡昌平、乔欢：《信息服务与用户》，武汉大学出版社 2001 年版。

52. 胡昌平、向菲、周永红等：《面向用户的信息资源整合与服务》，武汉大学出版社 2007 年版。

53. 胡昌平：《论网络化环境下的用户信息需求》，《情报科学》1998 年第 16 卷第 1 期。

54. 胡昌平：《用户需求导向下的数字化信息服务发展》，博士学位论文，西南大学，2011 年。

55. 胡昌平等：《信息资源管理原理》，武汉大学出版社 2008 年版。

56. 胡鹏：《信息质量管理精要》，2010 年 8 月 18 日（http：//www. amteam. org/ShowArticle. aspx？ id＝452349）。

57. 黄慕萱：《成人读者之资讯寻求行为》，《台北市图书馆馆讯》2001 年第 19 卷第 20 期。

58. 黄如花：《网络信息组织：模式与评价》，北京图书馆出版社 2003 年版。

59. 贾君枝：《信息资源战略管理理论与实践》，科学出版社 2007 年版。

60. 姜永常：《基于用户体验的知识构建：Web2. 0 环境下对知识构建原理的再认识》，《情报学报》2010 年第 29 卷第 5 期。

61. 鞠英杰：《网络信息质量评估》，《现代情报》2005 年第 3 期。

62. 李桂华：《信息服务设计与管理》，清华大学出版社、北京交通大学出版社 2009 年版。

63. 李桂华、曾庆苗：《基于日志的青少年信息需求规律及结构研究》，《情报学报》2010 年第 29 卷第 2 期。

64. 李贺、沈旺、国佳：《数字图书馆用户信息选择行为研究》，《情报学报》2011年第30卷第6期。

65. 李菁、赖茂生：《信息空间构建相关问题探讨：用户体验和系统可用性》，《情报理论与实践》2003年第1期。

66. 李君君、孙建军：《网站质量、用户感知及技术采纳行为的实证研究》，《情报学报》2011年第30卷第3期。

67. 李莉、甘利人、谢兆霞：《基于感知质量的科技文献数据库网站信息用户满意模型研究》，《情报学报》2009年第28卷第4期。

68. 李世国：《体验与挑战——产品交互设计》，江苏美术出版社2008年版。

69. 李小青：《基于用户心理研究的用户体验设计》，《情报科学》2010年第28卷第5期。

70. 李阳晖、吴红梅、赖全萍：《用户体验与数字图书馆个性化服务之间的关系分析》，《图书情报工作》2009年第53卷第11期。

71. 李仪凡：《互联网用户体验结构模型：以Flow理论挖掘网站功能、社会属性作用机制》，博士学位论文，复旦大学，2009年。

72. 李荫榕、张亮：《社会信息化对人的主体性影响的二重效应》，《自然辩证法研究》2000年第2期。

73. 李月琳、张向民：《用户个体差异对数字图书馆可用性评价的影响》，《情报学报》2011年第30卷第9期。

74. 刘冰、卢爽：《基于用户体验的信息质量综合评价体系研究》，《图书情报工作》2011年第55卷第22期。

75. 刘冰、张耀辉、卢爽等：《信息交互过程中信息质量影响因素实验研究：基于用户体验与感知视角》，《情报学报》2012年第31卷第6期。

76. 刘冰、张放、张耀辉等：《基于用户体验与感知的三种类型网站信息质量影响因素比较实证研究》，《情报学报》2012年第31卷第12期。

77. 刘冰：《基于用户体验视角的信息质量反思与阐释》，《图书情报工作》2012年第56卷第6期。

78. 刘学平：《读者期望的二维框架管理及其实现》，《情报科学》2010年第28卷第6期。

79. 刘雁书、方平：《网络信息质量评价指标体系及可获取性研究》，《情报杂志》2002年第6期。

80. 刘渊、邓红军、金献幸：《政府门户网站服务质量与内外部用户再使用意愿研究：以杭州市政府门户网站为例》，《情报学报》2008年第27卷第6期。

81. 刘渊、易凌志：《政府门户网站信息服务与用户价值感知：以"中国浙江"政府门户网站及其用户服务为例》，《情报学报》2009年第28卷第3期。

82. 刘永：《信息构建与信息质量》，《档案管理》2005年第1期。

83. 卢火淼：《政府门户网站政民互动功能绩效评估指标体系设计研究》，《电子政务》2011年第7期。

84. 陆伟、万维雅：《基于认知观点的信息检索交互模型》，《中国图书馆学报》2005年第31卷第2期。

85. 马文峰：《数字资源整合研究》，《中国图书馆学报》2002年第28卷第4期。

86. 马小闵、龚国伟：《信息质量评估研究》，《情报杂志》2006年第5期。

87. 聂鑫：《面向用户的信息服务方式》，《情报科学》2005年第23卷第4期。

88. 欧阳波、贺赟：《用户研究和用户体验设计》，《江苏大学学报（自然科学版）》2006年第27卷第5期。

89. 潘旭伟、李娜、周莉等：《情境感知的自适应个性化信息服务体系框架研究》，《情报学报》2011年第30卷第5期。

90. 裴雷：《信息检索过程中的用户交互行为及其影响因素》，《图书情报工作》2007年第51卷第8期。

91. 钱俊：《信息行为分析中的认知研究》，硕士学位论文，北京航空航天大学，2010年。

92. 乔欢：《信息行为学》，北京师范大学出版社2010年版。

93. 秦银、李彬彬、李世国：《产品体验中的用户期望研究》，《包装工程》2010 年第 5 期。

94. 邱皓政、林碧芳：《结构方程模型的原理与应用》，中国轻工业出版社 2009 年版。

95. 邱均平：《数字资源建设与管理》，科学出版社 2010 年版。

96. 沈旺：《数字图书馆用户激励研究》，硕士学位论文，吉林大学，2011 年。

97. 沈涌：《数字信息资源整合策略与服务共享模式研究》，硕士学位论文，吉林大学，2009 年。

98. 史飞：《人机交互环境下学术搜索功能学习的心智模型动态改变研究：以大学生用户为例》，硕士学位论文，南京理工大学，2012 年。

99. 史丽萍、唐书林、刘强等：《基于随机游走模型的质量信息传递的焓变机制研究》，《情报学报》2012 年第 31 卷第 11 期。

100. 宋昊：《公共使用视角的电子政府门户网站服务品质与满意度研究：以杭州为例》，硕士学位论文，浙江大学，2005 年。

101. 宋家顺：《基于结构方程模型的 3G 时代电信行业顾客保留及其决定因素研究》，硕士学位论文，华南理工大学，2011 年。

102. 宋立荣、李经思：《从数据质量到信息质量的发展》，《情报科学》2010 年第 28 卷第 2 期。

103. 宋立荣、李经思：《基于网络共享的农业科技信息质量维度分析》，《图书情报工作》2009 年第 53 卷第 22 期。

104. 宋立荣、褚军亮：《网络信息环境下信息质量管理的初步认识》，《现代情报》2009 年第 9 期。

105. 宋立荣：《农业科技信息共享中信息质量管理研究》，中国农业科学技术出版社 2009 年版。

106. 宋立荣：《网络信息共享环境下信息质量约束的理论思考》，《情报科学》2010 年第 28 卷第 4 期。

107. 苏强、梁冰：《信息质量及其评价指标》，《计算机应用系统》2000 年第 7 期。

108. 苏秦、刘野逸、曹鹏：《基于服务交互的 B2C 电子商务服务质量研究》，《情报学报》2009 年第 28 卷第 5 期。

109. 苏颖、于明、张伯鹏：《一种衡量中小制造企业管理信息质量的方法》，《计算机集成制造系统》2004 年第 10 卷第 2 期。

110. 孙丽、田才：《基于用户体验的网站信息构建模型》，《情报科学》2010 年第 28 卷第 6 期。

111. 孙林山：《我国信息用户需求和信息行为分析研究综述》，《图书馆论坛》2006 年第 10 期。

112. 谭英：《网络环境下的潜在情报需求分析》，《图书情报工作》2003 年第 47 卷第 12 期。

113. 谭征宇：《面向用户感知信息的产品概念设计技术研究》，硕士学位论文，浙江大学，2007 年。

114. 涂子沛：《大数据：正在到来的数据革命，以及它如何改变政府、商业与我们的生活》，广西师范大学出版社 2012 年版。

115. 王超湘：《现代图书馆理念论纲》，燕山出版社 2005 年版。

116. 王侃昌、高建民、高智勇等：《企业信息质量研究现状及研究趋势分析》，《中国制作业信息化》2006 年第 35 卷第 5 期。

117. 王镠璞：《基于用户体验的互联网搜索引擎医学信息检索可用性评估研究》，硕士学位论文，吉林大学，2010 年。

118. 王曼茹：《面向用户体验的数字图书馆信息可视化研究》，《图书馆学刊》2009 年第 9 期。

119. 王妙娅：《商业网站面向我国公众的个性化信息服务方式》，《情报科学》2005 年第 2 期。

120. 王晓艳、胡昌平：《基于用户体验的信息构建》，《情报科学》2006 年第 24 卷第 8 期。

121. 王知津、徐芳：《论信息服务十大走向》，《中国图书馆学报》2009 年第 35 卷第 1 期。

122. 王志梅等：《网络环境下用户信息需求研究》，《图书情报工作》2004 年第 22 卷第 7 期。

123. 吴鹏、张佩佩、甘利人：《网站用户信息获取中的心智模型研究》，《情报学报》2011 年第 30 卷第 9 期。

124. 吴胜、张智光、周早弘等:《对信息质量评价复杂性的研究》,《图书馆学刊》2008 年第 4 期。

125. 吴元升:《基于结构方程的社区信息化服务满意度模型研究》,《情报杂志》2011 年第 9 期。

126. 夏立新、叶飞:《行为学角度的政务门户知识组织与整合研究》,《情报学报》2011 年第 30 卷第 3 期。

127. 肖海鹏:《基于用户体验的高校门户网站设计》, 《硅谷》2011 年第 20 期。

128. 谢坤生:《进入 21 世纪的农业信息用户研究》,《情报学报》1999 年第 18 卷第 1 期。

129. 熊化宇:《网络信息组织的质量控制研究》,硕士学位论文,湘潭大学,2005 年。

130. 徐纲红:《信息用户服务质量:层次性期望与满足》,《图书馆杂志》2004 年第 23 卷第 1 期。

131. 徐娇扬:《论用户信息需求的表达》,《图书馆论坛》2009 年第 1 期。

132. 颜端武、王曰芬:《信息获取与用户服务》,科学出版社 2010 年版。

133. 杨艾祥:《下一站:用户体验》,中国发展出版社 2010 年版。

134. 姚海燕、邓小昭:《网络用户信息行为研究概述》,《情报探索》2010 年第 2 期。

135. 殷感谢、陈国青:《电子政务与政府信息化建设:政府网站比较研究》,《管理论坛》2002 年第 2 期。

136. 余建英、何旭宏:《数据统计分析与 SPSS 应用》,人民邮电出版社 2003 年版。

137. 袁红、吴明明:《用户信息需求的马太效应及实证分析》,《情报科学》2011 年第 29 卷第 5 期。

138. 岳剑波:《信息管理基础》,清华大学出版社 1999 年版。

139. 曾晓娟:《农业图书馆用户需求与服务研究》,《图书馆学研究》2004 年第 3 期。

140. 张鸿飞:《Web 应用中帮助功能的设计与实现》，硕士学位论文，山东大学，2006 年。

141. 张慧:《基于用户体验的 Web 3D 网站质量评估模型研究》，硕士学位论文，华南理工大学，2012 年。

142. 张辑哲:《论信息形态与信息质量（下）——论信息的质与量及其意义》,《档案学通讯》2006 年第 3 期。

143. 张文璋:《实用统计分析方法与 SPSS 应用》，厦门大学出版社 2004 年版。

144. 张晓林:《建立面向变化和可持续创新的发展管理机制》,《中国图书馆学报》2006 年第 32 卷第 1 期。

145. 张玉利:《管理学》，南开大学出版社 2004 年版。

146. 郑德俊:《网络环境下信息用户需求满足分析》,《情报杂志》2004 年第 8 期。

147. 中国互联网络信息中心（CNNIC）:《中国互联网络发展状况统计报告（31 次）》，2013 年 2 月 18 日（http: //www. cnnic. net. cn/hlwfzyj/hlwxzbg/hlwtjbg/201301/t20130115_ 38508. htm）。

148. 周波兰:《图书馆读者服务质量感知和期望剖析》，《情报探索》2011 年第 8 期。

149. 周晓英:《信息构建的基本原理研究》，《图书情报工作》2004 年第 48 卷第 6 期。

150. 周毅:《用户信息需要与信息质量控制》,《情报理论与实践》1999 年第 22 期。

151. 朱婕、靖继鹏:《网络环境下信息需求及其实现的技术规定性层面》,《情报科学》2004 年第 24 卷第 1 期。

152. 朱婕:《网络环境下个体信息获取行为研究》，博士学位论文，吉林大学，2007 年。

153. 朱庆华:《网络信息资源评价研究综述》，载中国国防科学技术信息学会《情报学进展》第 8 卷《2008—2009 年度评论》，国防工业出版社 2010 年版。

附录 1

网络用户信息需求与信息期望现状调查问卷

尊敬的专家、朋友，您好！

• 本问卷是为完成国家哲学社会科学基金项目“优化用户体验与感知和建立信息质量综合评价指标研究（10BTQ007）”而专门设计的。您作为网络用户，我们非常需要您给我们的研究以大力支持和帮助。本调查问卷需占用您 20—30 分钟的宝贵时间。

• 填写方式：请您将相关问项后的“□”打钩，或在“__________”上填入文字。

• 保密承诺：本调查问卷所收集到的所有信息（尤其是您所填写的个人信息）将都被用于学术研究，您的回答将完全匿名，同时我们对您所答问卷负有保密责任。

• 时间安排：为了研究的顺利进行，请您在 2011 年 6 月 25 日前将问卷提交给我们。

• 提交方式：请将填写完整的问卷发送至：songmanli105@126.com

您的意见对我们的研究工作极为重要，为此，请您在百忙中填写本调查问卷，不胜感谢！如果您需要本次调查的综合分析结果，请与我们联系。

天津师范大学管理学院信息质量评价研究课题组

2011 年 6 月

一　个人基本情况

Q1 您的性别为　　男 □　　女 □

Q2 您的年龄是

①15岁及以下 □　②16—20岁 □　③21—25岁 □
④25—30岁 □　⑤31—35岁 □　⑥36—40岁 □
⑦41—45岁 □　⑧46—50岁 □　⑨51岁及以上 □

Q3 您的教育程度为

①高中及以下 □　②大专 □
③大学本科 □　④硕士 □
⑤博士 □　⑥其他 ________

Q4 您的职业为

①在校学生 □　②企业/公司职员 □
③党政机关公务人员 □　④事业单位工作者 □
⑤专业技术人员 □　⑥其他 ________

Q5 您接触网络的时间为

①1年以下 □　②1—2年 □
③3—4年 □　④5—7年 □
⑤8—10年 □　⑥11—15年 □
⑦15年以上 □

Q6 您平均每天利用网络的时间为

①30分钟以下 □　②30分钟—1小时 □
③1—2小时 □　④2—3小时 □
⑤3—4小时 □　⑥4—5小时 □
⑦5小时以上 □

二　用户信息期望构成与内容调查

网络环境中，您的信息需求与期望是否具有如下情况？您是否同意以下论断？请根据您的情况做出选择（请您注意，本部分为单选题）。

	非常不同意	不同意	一般	同意	完全赞同
Q7 网络环境中，希望所获得的信息是清晰、准确的	□	□	□	□	□
Q8 网络环境中，希望所获得的信息内容是详尽、丰富的	□	□	□	□	□
Q9 网络环境中，希望所获得的信息内容是真实、可靠的	□	□	□	□	□

Q10 网络环境中，希望所获取的信息内容是客观的且有针对性的（个性化的）

□ □ □ □ □

Q11 网络环境中，希望所获取的信息是易于理解的

□ □ □ □ □

Q12 网络环境中，希望所获取的信息是分类合理的

□ □ □ □ □

Q13 网络环境中，希望所获得的信息的表达形式是多样化的

□ □ □ □ □

Q14 网络环境中，希望所获得的信息是及时、具有时效性的

□ □ □ □ □

Q15 网络环境中，希望信息的检索过程是方便、简易的

□ □ □ □ □

Q16 网络环境中，希望信息获取中网站或系统操作过程是简便且易学的

□ □ □ □ □

Q17 在信息获取与利用过程中，希望系统或网站提供多种信息沟通渠道或方式（包括在线服务与交互式接口）

□ □ □ □ □

Q18 在信息获取与利用过程中，希望系统或网站提供更多延伸信息及服务（如相关性信息等）

□ □ □ □ □

Q19 在信息获取与利用过程中，希望系统或网站提供实时的信息交流

□ □ □ □ □

Q20 在信息获取与利用过程中，希望系统或网站的利用过程是安全的（包括个人信息的安全、获取信息文档的安全、个人电脑的安全等）

□ □ □ □ □

Q21 在信息获取与利用过程中，希望网站能够提供站内搜索引擎，并能正确筛选出我所需要的信息

□ □ □ □ □

Q22 在信息获取与利用过程中，希望网站所提供导航是清晰、直观的

□ □ □ □ □

Q23 在信息获取与利用过程中，希望网站所提供链接是准确、畅通的

□ □ □ □ □

Q24 在信息获取与利用过程中，希望网站所提供链接是安全、可靠的

□ □ □ □ □

Q25 在信息获取与利用过程中，希望网站或系统所提供帮助是通俗、易懂的

□ □ □ □ □

Q26 在信息获取与利用过程中，希望网站或系统的访问与信息的读取是通畅的

□ □ □ □ □

Q27 在信息获取与利用过程中，希望网站或系统及时利用最新技术提供服务

□ □ □ □ □

Q28 在信息获取与利用过程中，希望网站或系统随用户需求变化及时优化信息服务方式

□ □ □ □ □

Q29 在信息获取与利用过程中，希望能够根据用户个性化需求提供定制服务

□ □ □ □ □

Q30 在信息获取与利用过程中，希望网站或系统能够提供个性化页面设置功能

□ □ □ □ □

Q31 在信息获取与利用过程中，希望网站的界面及布局设计是合理的、符合用户习惯的

□ □ □ □ □

Q32 在信息获取与利用过程中，希望网站界面色彩搭配具有较高的审美水准

□ □ □ □ □

Q33 网络环境中，您还有什么信息需求与信息期望？

____

____

三 信息需求与信息期望认知情况调查

网络环境中，您对信息需求与期望是如何理解与认知的？您是否同意以下论断？请根据您的情况做出选择（请您注意，本部分为单选题）。

非常不同意 不同意 一般 同意 完全赞同

Q34 信息需求包括对信息内容、信息获取过程、信息服务等诸方面的要求

□ □ □ □ □

Q35 信息期望是对信息质量或信息管理的一种预期和希望

□ □ □ □ □

Q36 信息期望是对信息内容、信息获取过程、信息服务等诸方面的期望或渴望程度

□ □ □ □ □

Q37 用户的信息需求与信息期望是密切相关的，通常会融为一体

□ □ □ □ □

Q38 用户的信息需求是影响信息期望的主要因素

□ □ □ □ □

Q39 用户的信息需求越多，信息期望就会越高

□ □ □ □ □

Q40 网络环境中，您的信息需求和信息期望是由模糊而逐渐清晰、明确的

□ □ □ □ □

Q41 网络环境中，您的信息需求与期望是随时间而不断变化的

□ □ □ □ □

Q42 网络环境中，您的信息需求与期望是独特的、个性化的

□ □ □ □ □

Q43 网络环境中，不同用户的信息需求与期望是有差异的

□ □ □ □ □

Q44 网络环境中，您的信息需求与期望是多元化的、多层面的

□ □ □ □ □

Q45 网络环境中，您需要对不明白的信息内容或信息表达进行询问、咨询

□ □ □ □ □

Q46 网络环境中，您需要和信息的提供者、服务者或其他用户进行信息等的交流与沟通

□ □ □ □ □

Q47 您对我们的研究还有什么意见或建议？

____

____

____

____

____

您已经完成本问卷，请您再次检查您的回答，以保证您所回答问卷的有效性。

再次感谢您的帮助和支持！谢谢！

附录2

网络环境下基于用户体验与感知的信息质量影响因素实验说明与实验任务

实验说明

请在开始进行实验前认真阅读本说明。

◎ 请根据任务书中的每一项具体任务进行实验操作，并请认真阅读任务书的每一项任务；

◎ 请你尽自己最大努力完成每一项任务；

◎ 在完成每一项任务过程中，可以对每一个环节自己的感觉直接进行语言评论；

◎ 在完成每一项任务过程中，尽可能不要询问实验指导人员；

◎ 整体任务没有完成时间限制，但请尽快完成。

实验任务

任务1：请分别从这三个数据库（CNKI、万方、维普）中查询2010年刊发的以“地震防御”为主题方面的科普性文章资料，从中选择2—3篇能够帮助你从中有效获取地震发生时需要注意事项信息的文章资料。

任务2：请分别从携程网（http：//www. ctrip. com）和快乐旅行网（http：//www. quickyou. com）查询5月初（1—3日任一天）从天津滨海机场出发到广州白云机场的所有航班，从中选择出你想要预订航班的网站及具体的航班，以方便“五一”期间你的美妙广州之旅。

任务3：如果你的身份证丢失了或想换取二代身份证，请在“天津警务网”（http：//www.e110.info）查询办理手续、办理流程和所需携带材料信息，以方便你能够在去相关部门的办理中可以尽快办理完成。

请注意：以上是你在本次实验中的基本信息搜索与获取任务。在完成这三项任务过程中，请根据实际情况，进行和完成下面各项活动和任务。

（1）如果你在信息获取过程中对各网站所提供的检索方式、网站界面等不满意，注意网站是否提供了相应的功能设置来满足你对这些方面的需求，并尝试选择使用。

（2）如果你在信息搜索与获取过程中遇到困难、问题或有疑问，请尝试利用网站上提供的各种相应功能或途径进行解决与咨询。

（3）如果你对网站提供的各项功能与服务有建议，或希望网站能够给你提供进一步的信息或服务，请尝试用网站提供的各种途径进行操作。

附录3

网络环境下基于用户体验与感知的信息质量影响因素实验访谈提纲

实验后访谈提纲

1．请你对刚才所完成的每一项任务（即每一项信息获取任务）中所获取的信息质量进行综合评价。

2．你刚才在完成以上信息搜索与获取任务过程中，所体验与感知到的哪些因素会影响你对信息质量的评价？（请详细、具体描述）

3．你刚才在信息搜索与获取过程中，是否遇到困难或有疑问？你是如何解决的？你通过使用网站所提供的这些解决问题的方式（或途径、功能）有何感受？是否会影响你对信息质量的评价？有哪些方面的影响？

4. 你在刚才完成任务过程中，是否通过适当的途径向网站提出了意见与建议？有什么样的感受？是否会影响你对信息质量的评价？有哪些方面的影响？

5. 如果让你对以上几个方面提出更好的建议，你觉得网站可以通过改进与优化哪些功能、途径、服务来提升你对信息质量的评价？

附录 4

网络环境中基于用户体验与感知的信息质量影响因素实验对象基本情况表

预实验

编号	性别	年龄	学历	专业	上网年限	实验时间	实验任务结果		
							任务一	任务二	任务三
001	女	22	本	市场营销	4	2011.3.28	基本完成	基本完成	基本完成
002	男	22	本	档案管理	5	2011.3.28	基本完成	圆满完成	基本完成
003	女	23	硕	情报学	9	2011.3.28	圆满完成	圆满完成	基本完成

正式实验

编号	性别	年龄	学历	专业	上网年限	实验时间	实验任务结果		
							任务一	任务二	任务三
001	男	21	本	档案管理	3	2011.4.14	基本完成	圆满完成	基本完成
002	女	20	本	市场营销	2	2011.4.18	基本完成	圆满完成	基本完成
003	女	21	本	市场营销	6	2011.4.18	基本完成	圆满完成	基本完成
004	女	22	本	小学教育	3	2011.4.19	基本完成	圆满完成	基本完成
005	男	24	本	小学教育	3	2011.4.19	圆满完成	圆满完成	基本完成
006	女	20	本	市场营销	10	2011.4.19	圆满完成	圆满完成	基本完成
007	男	19	本	信息管理	2	2011.4.19	圆满完成	圆满完成	基本完成
008	男	24	硕	国际政治	10	2011.4.20	基本完成	圆满完成	基本完成
009	女	26	硕	艺术设计	10	2011.4.20	基本完成	圆满完成	基本完成
010	男	21	本	小学教育	6	2011.4.21	基本完成	基本完成	基本完成
011	女	21	本	物流管理	9	2011.4.21	基本完成	基本完成	基本完成
012	女	23	硕	管理科学	5	2011.4.22	圆满完成	基本完成	基本完成

续表

编号	性别	年龄	学历	专业	上网年限	实验时间	实验任务结果		
							任务一	任务二	任务三
013	女	26	硕	企业管理	7	2011.4.22	基本完成	基本完成	基本完成
014	男	20	本	信息管理	11	2011.4.22	基本完成	基本完成	基本完成
015	女	20	本	工商管理	5	2011.4.22	基本完成	圆满完成	基本完成
016	男	19	本	信息管理	5	2011.4.26	基本完成	圆满完成	基本完成
017	男	22	本	信息管理	6	2011.4.26	基本完成	圆满完成	基本完成
018	女	24	本	信息管理	4	2011.4.26	基本完成	圆满完成	基本完成
019	女	20	本	信息管理	3	2011.4.26	基本完成	圆满完成	基本完成
020	女	21	本	档案管理	10	2011.4.27	基本完成	圆满完成	基本完成
021	男	20	本	档案管理	7	2011.4.27	圆满完成	圆满完成	基本完成
022	女	22	本	信息管理	9	2011.5.6	圆满完成	基本完成	基本完成
023	女	20	本	信息管理	6	2011.5.6	基本完成	基本完成	基本完成
024	女	22	本	市场营销	5	2011.5.6	基本完成	圆满完成	基本完成
025	女	23	本	市场营销	10	2011.5.6	基本完成	基本完成	基本完成

附录 5

网络环境下基于用户体验与感知的信息质量影响因素实验记录表

被试人员基本信息

姓名		编号		年龄		性别	
专业		年级		上网年限		联系方式	

实验基本信息记录

实验时间		实验地点	
参与实验人员			
实验记录整理人员			

实验结果记录

任务	结果	被测试人员评价
第一项任务		
第二项任务		
第三项任务		

实验过程与录音记录

实验过程访谈文字记录	备注

附录6

网络环境下基于用户体验与感知的信息质量影响因素实验与访谈内容萃取表

实验任务	关键体验与感知语句	影响指标	规范化指标	指标代码	对比度	登录编码
实验前访谈						
任务一						
任务二						
任务三						

附录 7

网络环境下基于用户体验与感知的信息质量影响因素专家访谈提纲

尊敬的各位专家，您好！

● 本访谈是为完成国家哲学社会科学基金项目“优化用户体验与感知和建立信息质量综合评价指标研究（10BTQ007）”而专门设计的。您作为图书情报领域的专家，我们非常需要您给我们的研究以大力支持和帮助。本访谈需占用您 30—50 分钟的宝贵时间。

● 保密承诺：本访谈所获取的所有信息将都被用于学术研究，您的谈话内容将在以后研究成果中完全以匿名形式出现，同时我们对您的谈话内容负有保密责任。

● 时间安排：为了保证访谈的顺利进行，我们将提前与您联系，以便在您方便时进行。

您的意见对我们的研究工作极为重要，为此，非常感谢您在百忙之中抽空参与本项目的访谈。如果您需要本项目研究的综合分析结果，请与我们联系。

天津师范大学管理学院信息质量研究课题组

2011 年 5 月

访谈内容：

◎ 请您谈一下，您对信息质量是如何理解的？

◎ 您认为应该从哪些维度对信息质量进行评价？具体应该包括哪

些指标？

◎ 您认为用户在信息检索、信息获取过程中，通过与信息系统（网站）的交互而获得的体验与感受是否会影响到对信息质量的评价？（如果您认为会影响，您认为在上述过程中，用户体验与感知到的哪些因素会影响到对信息质量的评价？请您具体阐述与描述。）

◎ 您认为用户的信息需求与信息期望会影响用户对信息质量的评价吗？（如果您认为会影响，您认为用户的信息需求与信息期望会对信息质量评价产生什么样的影响？用户信息需求与信息期望的哪些因素会影响到对信息质量的评价？请您具体阐述与描述。）

◎ 整体任务没有完成时间限制，但请尽快完成。

附录 8

《网络环境下基于用户体验与感知的信息质量影响因素》专家访谈记录表

专家基本信息

姓名		编号		学位		职称	
研究方向						联系方式	

访谈基本信息记录

访谈时间		访谈地点	
参与访谈人员			
记录整理人员			

实验过程与录音记录

实验过程访谈文字记录	备注

附录9

《网络环境下基于用户体验与感知的信息质量影响因素》调查问卷

尊敬的各位信息用户，您好：

非常感谢您能够支持我们的研究工作，将占用您20—30分钟宝贵时间来回答本问卷。此次问卷是为完成国家社会科学基金项目“优化用户体验与感知和建立信息质量综合评价指标研究（10BTQ007）”中相关内容研究而专门设计的。

您只需要在问题答案相应的方格或□内填写“√”即可。请您根据自己的实际情况和真实感受回答所提问题，您所填写的问卷的各项数据只作为科学研究之用，我们将对问卷中涉及您私人问题的内容进行保密。

再次感谢您的支持与合作！顺祝学习/工作愉快！

《优化用户体验与感知和建立信息质量综合评价指标研究》课题组

一　个人基本情况

Q1. 您的性别为　　男 □　　女 □

Q2. 您的年龄是

①15岁及以下 □　②16—20岁 □　③21—25岁 □

④26—30岁 □　⑤31—35岁 □　⑥36—40岁 □

⑦41—45岁 □　⑧46—50岁 □　⑨51岁及以上 □

Q3. 您的教育程度为

①高中及以下 □　②大专 □

③大学本科 □ ④硕士 □
⑤博士 □ ⑥其他 ____________

Q4. 您的职业为

①在校学生 □ ②企业/公司职员 □
③党政机关公务人员 □ ④事业单位工作者 □
⑤专业技术人员 □ ⑥其他 ____________

Q5. 您接触网络的时间为

①1年以下 □ ②1—2年 □ ③3—4年 □
④5—7年 □ ⑤8—10年 □ ⑥11—15年 □
⑦15年以上 □

Q6. 您平均每天利用网络的时间为

①30分钟以下 □ ②30分钟—1小时 □ ③1—2小时 □
④2—3小时 □ ⑤3—4小时 □ ⑥4—5小时 □
⑦5小时以上 □

二 基于用户体验与感知的信息质量影响因素调查

网络环境中，信息质量是用户在信息获取与利用的过程中，通过与网站系统的交互体验与感知而对信息效用与信息价值的总体评价。具体而言，信息质量就是用户在与信息系统（网站）的交互过程中，通过体验和感知而对获得的信息内容固有特性（明示的、隐含的或必须履行的）、系统功能和服务性能的主观特性以及信息需求或期望满足程度的一种综合评价。

用户体验就是用户使用网站（信息系统）过程中对网站（信息系统）内容、功能、设计、过程、服务等方面所产生的感知和情感反应。是在此过程中用户所做、所想、所感而产生的本能、行为与心理的综合反映。主要包括情感、信仰、喜好、认知印象、生理和心理反应、行为和成就等各个方面。

用户感知是用户在信息交互过程中对网站（信息系统）内容、功能、设计、过程、服务等方面所获得的直接的、个人的直观感受和认知。

序号	信息特征体验与感知角度 （根据您的网络信息获取实践经验，在您与网站信息交互过程中，以下每个方面是否将对信息质量产生影响，请您考虑并选择）	没有影响	影响较小	影响一般	影响较大	影响很大
1	您对所获信息内容与您信息需求相关程度的体验与感知					
2	您对所获信息内容在完整方面的体验与感知					
3	您对所获信息内容在全面方面的体验与感知					
4	您对所获信息内容能够帮助您解决问题的体验与感知					
5	您对所需信息内容的容易获取，方便下载、保存的体验与感知					
6	您对所获信息数量的适中程度的体验与感知					
7	您对所获信息内容可靠程度的体验与感知					
8	您对所获信息内容对您所要查询的具体问题针对性方面的体验与感知					
9	您对所获信息内容准确程度的体验与感知					
10	您对所获信息内容精练、简洁方面的体验与感知					
11	您对所获信息分类是否合理、排列是否有序方面的体验与感知					
12	您对所获信息内容详细、详尽程度的体验与感知					
13	您对所获信息内容清晰、直观、明确方面的体验与感知					
14	您对所获信息内容的新颖性、及时性的体验与感知					
15	您对所获信息内容易于理解程度的体验与感知					
16	您对所获信息内容条理化、序化、系统化方面的体验与感知					
17	您对所获信息内容真实性程度的体验与感知					
18	您对所获信息内容客观性程度的体验与感知					
19	您对所获信息内容专业性程度的体验与感知					
20	您对所获信息内容可以相信、依赖、利用程度的体验与感知					

续表

序号	技术功能体验与感知角度 （根据您的网络信息获取实践经验，在您与网站信息交互过程中，以下每个方面是否将对信息质量产生影响，请您考虑并选择）	没有影响	影响较小	影响一般	影响较大	影响很大
21	您对网站（系统）检索方式简便性、快捷性的体验与感知					
22	您对通过网站（系统）获取检索结果准确程度的体验与感知					
23	您对网站（系统）提供的各类检索工具与手段在性能方面的体验与感知					
24	您对网站（系统）检索途径与方式多样化的体验与感知					
25	您对网站（系统）提供的检索过程与步骤的明确、清晰程度的体验与感知					
26	您对网站（系统）信誉或声誉的体验与感知					
27	基于自身经验，您在信息交互中对网站信任程度的体验与感知					
28	您对网站（系统）设计、功能、页面等的专业化水平的体验与感知					
29	您对网站（系统）权威方面的体验与感知					
30	您对网站（系统）安全方面的体验与感知					
31	您对网站（系统）各类附加功能、手段与途径的体验与感知					
32	您对网站（系统）各项功能的齐全性、完备性的体验与感知					
33	您对网站（系统）导航功能的醒目、清晰、直观的体验与感知					
34	您对网站（系统）导航功能的针对性、使用便捷性的体验与感知					
35	您对网站（系统）对您的各项操作指令反应速度的体验与感知					
36	您对网站（系统）各项沟通、交流功能与方式的体验与感知					
37	您对网站（系统）各项功能操作的方便性、快捷性的体验与感知					
38	您对网站（系统）各项功能使用容易程度的体验与感知					
39	您对网站（系统）各项功能容易学习与掌握程度的体验与感知					
40	您对通过网站（系统）获得的各类信息阅读、利用方便程度的体验与感知					

续表

序号	感观心理体验与感知角度 （根据您的网络信息获取实践经验，在与网站信息交互过程中，以下每个方面是否将对信息质量产生影响，请您考虑并选择）	没有影响	影响较小	影响一般	影响较大	影响很大
41	您对网站各级界面、栏目的清楚、明晰程度的体验与感知					
42	您对网站各级界面整体设计与布局的简洁、明了的体验与感知					
43	您对网站各级界面友好性的体验与感知					
44	您对网站整体设计是否符合您的视觉、使用习惯的体验与感知					
45	您对网站各级界面色彩与搭配的美观、大方的体验与感知					
46	您对网站各级界面整体设计与布局的合理性的体验与感知					

序号	过程服务体验与感知角度 （根据您的网络信息获取实践经验，在您与网站信息交互过程中，以下每个方面是否将对信息质量产生影响，请您考虑并选择）	没有影响	影响较小	影响一般	影响较大	影响很大
47	您在信息获取与交互过程的时间与结果效用比方面的体验与感知					
48	您对信息获取过程的顺畅性、方便性的体验与感知					
49	您对信息获取的流程简单程度的体验与感知					
50	您对与网站信息交流、沟通、反馈的同步性、实时性的体验与感知					
51	您对与网站交流、沟通的方式的方便、容易程度的体验与感知					
52	您对网站与您交流、沟通的友好性的体验与感知					
53	您对网站服务的态度、方式及主动性方面的体验与感知					
54	您对网站（系统）所提供个性、特色服务的体验与感知					
55	您对网站（系统）能否提供符合您的特点、习惯的服务的体验与感知					
56	您对网站（系统）是否需要付费、费用价格方面的体验与感知					

续表

序号	过程服务体验与感知角度 （根据您的网络信息获取实践经验，在您与网站信息交互过程中，以下每个方面是否将对信息质量产生影响，请您考虑并选择）	没有影响	影响较小	影响一般	影响较大	影响很大
57	您对网站（系统）提供服务的方便性、简捷性的体验与感知					
58	您对网站（系统）提供各类相关服务、深度服务、后续服务的体验与感知					
59	您对网站（系统）提供的服务齐全、周到的体验与感知					
60	您对网站（系统）响应用户需求与反馈意见及时、快速的体验与感知					
61	您对网站（系统）提供的各种帮助容易理解、掌握程度的体验与感知					
62	您对网站（系统）提供的各类帮助有助于用户解决问题的体验与感知					
63	您对网站（系统）提供各类帮助是否具体、有针对性的体验与感知					
64	您对网站（系统）提供的各类帮助功能、方法是否容易使用的体验与感知					
65	您对网站（系统）提供的各类帮助与工具是否醒目、清晰的体验与感知					

序号	信息用户个性与需求角度 （根据您的网络信息获取实践经验，在与网站信息交互过程中，以下每个方面是否将对信息质量产生影响，请您考虑并选择）	没有影响	影响较小	影响一般	影响较大	影响很大
66	您对网站（系统）、检索方式的个人喜好					
67	您的信息意识、能力、经验、检索技巧等					
68	您在检索信息、利用信息等方面的习惯					
69	您对网站（系统）的信息服务、信息获取过程、信息内容等方面的期望					
70	您的个人情感、情绪等心理状况					
71	您的个人知识基础、储备、学识等					
72	您对信息内容、信息形式、信息检索过程方面的要求					

73. 除了上述因素外，您认为在信息交互过程中还有哪些因素会影响您对信息质量的评价？

____

74. 您对网站、信息系统或信息产品的信息质量的整体满意度如何？

1）非常满意 □　2）满意 □　3）一般 □　4）不太满意 □　5）非常不满意 □

附录10

基于用户视角的信息质量综合评价体系假设模型指标样本

指标代码	指标名称	频数	指标代码	指标名称	频数	指标代码	指标名称	频数
以下是通过实验方法的基于用户体验与感知的信息质量影响因素的研究中获得假设指标								
001	信息相关性	357	023	信息简洁性	51	045	信息整合性	28
002	导航清晰性	334	024	检索结果准确性	45	046	服务人性化	27
003	信息完整性	307	025	系统交互性	45	047	服务费用	26
004	使用便捷性	271	026	信息条理性	44	048	交互简捷性	25
005	界面清晰性	250	027	信息详尽性	44	049	帮助针对性	23
006	信息全面性	214	028	功能完备性	41	050	导航功能性	20
007	信息适用性	203	029	信息清晰性	38	051	过程流畅性	20
008	信息易获取性	180	030	用户偏好	36	052	过程简捷性	19
009	网站信誉度	178	031	过程时效性	35	053	帮助适用性	19
010	检索便捷性	178	032	检索功能性	32	054	帮助简易性	18
011	界面简洁性	153	033	交互实时性	31	055	检索途径多元化	17
012	界面友好性	139	034	反馈及时性	31	056	使用易学性	17
013	信息适度性	131	035	用户信息素养	30	057	服务便捷性	16
014	信息可靠性	123	036	用户习惯	29	058	信息真实性	16
015	网站信任度	108	037	阅读方便性	28	059	检索路径清晰性	14
016	设计人性化	103	038	信息时效性	27	060	帮助醒目性	13
017	界面美观性	92	039	界面合理性	26	061	信息客观性	13
018	服务友好性	87	040	信息易理解性	25	062	信息专业性	12
019	信息针对性	86	041	帮助易懂性	23	063	用户需求	11
020	信息准确性	79	042	网站专业性	20	064	服务延伸性	10

续表

指标代码	指标名称	频数	指标代码	指标名称	频数	指标代码	指标名称	频数
021	使用简易性	74	043	服务个性化	20	065	功能延伸性	10
022	系统响应速度	71	044	网站权威性	19	066	网站安全性	10
以下是通过专家访谈方法的基于用户视角的信息质量影响因素的研究中获得假设指标								
001	用户信息期望	13	019	导航功能性	9	037	检索功能性	6
002	用户情感	13	020	信息针对性	8	038	服务个性化	6
003	信息相关性	13	021	信息可靠性	8	039	用户习惯	5
004	用户需求	12	022	界面合理性	8	040	用户偏好	5
005	用户知识背景	11	023	交互友好性	8	041	系统响应速度	5
006	信息适用性	11	024	检索结果准确性	8	042	使用便捷性	5
007	用户信息素养	10	025	检索便捷性	8	043	设计专业性	5
008	信息准确性	10	026	服务完备性	8	044	界面友好性	5
009	信息适度性	10	027	信息简洁性	7	045	信息形式多样性	4
010	信息时效性	10	028	系统交互性	7	046	信息清晰性	4
011	界面美观性	10	029	网站权威性	7	047	信息标准化	4
012	信息真实性	9	030	服务人性化	7	048	网站信誉度	4
013	信息易理解性	9	031	信息整合性	6	049	使用简易性	4
014	信息易获取性	9	032	信息完整性	6	050	过程流畅性	4
015	信息全面性	9	033	信息可信性	6	051	服务延伸性	4
016	信息客观性	9	034	网站专业性	6	052	反馈及时性	4
017	界面清晰性	9	035	设计人性化	6			
018	导航清晰性	9	036	界面简洁性	6			
以下是通过网络环境中用户信息期望维度构成模型中获得假设指标								
001	过程交互性期望		007	过程流畅性期望		013	检索简捷性期望	
002	服务个性化期望		008	过程清晰性期望		014	系统功效性期望	
003	界面感观性期望		009	信息时效性期望		015	信息针对性期望	
004	服务多样化期望		010	信息真实可靠性期望		016	信息可理解性期望	
005	网站技术性期望		011	信息完整性期望				
006	网站安全性期望		012	信息准确性期望				

附录 11

基于用户视角的网络信息质量综合评价指标体系构建研究调查问卷

尊敬的各位信息用户，您好：

• 本问卷是为完成国家哲学社会科学基金项目“优化用户体验与感知和建立信息质量综合评价指标研究（10BTQ007）”而专门设计的。您作为网络用户，我们非常需要您给我们的研究以大力支持和帮助。本调查问卷需占用您 20—30 分钟的宝贵时间。

• 填写方式：请您在相关问项后的“□”上打钩，或在“__________”上填入文字。

• 保密承诺：本调查问卷所收集到的所有信息（尤其是你所填写的个人信息）将都被用于学术研究，您的回答将完全匿名，同时我们对您所答问卷负有保密责任。

• 时间安排：为了研究的顺利进行，请您在　　年　　月　　日前将问卷提交给我们。

• 提交方式：

请将填写完整的问卷发送至：

您的意见对我们的研究工作极为重要，为此，请您在百忙中拨冗填写本调查问卷，不胜感谢！如果您需要本次调查的综合分析结果，请与我们联系。

天津师范大学管理学院
“优化用户体验与感知和建立信息质量综合评价指标研究”课题组
2012 年 9 月

当您利用网络获取信息时，您是否注意到，您在信息获取过程中（尤其是通过一定途径、手段与网站的交互过程中）的体验与感受会影响到您对信息质量的评价，与此同时，您对信息质量的理解可能也正在发生变化。这也正是我们研究的重点。

相关概念：

信息质量： 用户与网站交互过程中，通过体验和感知而获得的对信息内容固有特性（明示的、隐含的或必须履行的）、系统功能和服务性能的主观特性以及信息需求或期望满足程度的一种综合评价。

用户体验： 用户使用网站过程中建立起的一种心理感受，是用户所做、所想、所感而产生的本能、行为与心理的综合反映。主要包括用户在与网站交互过程中对网站内容、功能、设计、过程、服务等方面的直接心理体验与情感反应。

用户感知： 用户在信息交互过程中对网站（信息系统）内容、功能、设计、过程、服务等方面所获得的直接的、个人的直观感受和认知。

以下各项指标是我们研究小组通过实证方法所获得的，是用户与网站交互过程中通过体验与感知所获得的信息质量影响因素指标，是实验者对信息质量真实的体验与感知。您作为网站信息用户，请根据您在利用网站信息交互与获取过程中的个人体验与感知（一定是根据您体验与感知的主观判断），对以下指标在信息质量评价上的重要程度作出评价（请单选）。

其中：1—非常不重要；2—不重要；3——般；4—重要；5—非常重要

评价指标		1	2	3	4	5	评价指标		1	2	3	4	5
1	帮助简易性						11	交互实时性					
2	信息适度性						12	信息整合性					
3	网站权威性						13	功能完备性					
4	信息清晰性						14	设计人性化					
5	服务费用						15	信息相关性					
6	导航功能性						16	信息可信性					
7	使用简易性						17	反馈及时性					
8	帮助醒目性						18	服务个性化					
9	信息条理性						19	界面美观性					
10	系统响应速度						20	交互友好性					

其中：1—非常不重要；2—不重要；3——般；4—重要；5—非常重要

评价指标		1	2	3	4	5	评价指标		1	2	3	4	5
21	信息全面性						31	服务人性化					
22	网站信誉度						32	过程简捷性					
23	阅读方便性						33	帮助易懂性					
24	信息简洁性						34	检索路径清晰性					
25	服务延伸性						35	使用便捷性					
26	设计专业性						36	信息时效性					
27	功能延伸性						37	检索结果准确性					
28	信息准确性						38	过程流畅性					
29	信息易获取性						39	导航清晰性					
30	交互简捷性						40	信息标准化					

其中：1—非常不重要；2—不重要；3——般；4—重要；5—非常重要

评价指标		1	2	3	4	5	评价指标		1	2	3	4	5
41	信息客观性						51	界面合理性					
42	网站专业性						52	服务便捷性					
43	过程时效性						53	帮助适用性					
44	信息真实性						54	使用易学性					
45	界面清晰性						55	检索功能性					
46	系统交互性						56	信息易理解性					
47	网站安全性						57	信息适用性					
48	检索途径多元化						58	帮助针对性					
49	服务多样化						59	信息可靠性					
50	网站信任度						60	服务完备性					

其中：1—非常不重要；2—不重要；3——般；4—重要；5—非常重要

评价指标		1	2	3	4	5	评价指标		1	2	3	4	5
61	信息针对性						66	检索便捷性					
62	界面简洁性						67	信息形式多样性					
63	信息完整性						68	界面友好性					
64	服务友好性						69	信息详尽性					
65	信息专业性												

★除了上述指标外，您认为还有哪些指标对信息质量评价产生影响？

____

★您对网站、信息系统或信息产品的信息质量的整体满意度如何？

非常满意 □　满意 □　一般 □　不太满意 □

非常不满意 □

个人基本情况

Q1. 您的性别为　男 □　女 □

Q2. 您的年龄是

①15 岁及以下 □　②16—20 岁 □　③21—25 岁 □

④26—30 岁 □　⑤31—35 岁 □　⑥36—40 岁 □

⑦41—45 岁 □　⑧46—50 岁 □　⑨51 岁及以上 □

Q3. 您的教育程度为

①高中及以下 □　②大专 □

③大学本科 □　④硕士研究生 □

⑤博士研究生 □　⑥其他__________

Q4. 您的职业为

①在校学生 □　②企业/公司职员 □

③党政机关公务人员 □　④事业单位工作者 □

⑤专业技术人员 □　⑥其他__________

您已经完成本问卷，请您再次检查您的回答，以保证您所回答问卷的有效性。

再次感谢您的帮助和支持！谢谢！

附录 12

国内外主要信息质量评价体系研究的构成指标要素表

评价指标 主要研究者		可解释性	表达简明	清晰度	兼容性	针对性	透明性	易读性	一致性	相关性	易用性
研究者											
Lesca H. et al.	1995						★		★	★	
Eisenberg et al.	2000					★					
Ballou D. P. et al.	1985/2003								★		
O'Reilly III, C. A.	1982									★	
Cappiello C. et al.	2004								★		
Amicis F. D. et al.	2006									★	
Wang R. Y.	1996		★	★					★	★	
Jeong	1998							★			
Li Rao et al.	2005									★	
Pilkonis M. H.	2004								★		
Rasdorf et al.	2003			★	★					★	★
Su et al.	2002										★
Sen	2001									★	
Chang	2001	★							★	★	★
Shirlee - ann Knight	2005									★	
Naumann & Rolker	2000	★							★	★	
曹琪昌、吴建明	2002	★							★	★	
苏强、梁冰	2000										
中国科学院	2000								★	★	
曹孟谊等	2004								★	★	
岳剑波	1999					★					
宋立荣、李经思	2009	★							★	★	

续表

评价指标 主要研究者		可用性	连贯性	重要性	功能先进	时效性	价值性	确实度	利用率	可解释性	增值性
研究者											
Lesca H. et al.	1995										
Eisenberg et al.	2000										
Ballou D. P. et al.	1985/2003										
O'Reilly III, C. A.	1982										
Cappiello C. et al.	2004										
Amicis F. D. et al.	2006										
Wang R. Y.	1996										★
Jeong	1998										★
Li Rao et al.	2005					★					★
Pilkonis M. H.	2004						★				★
Rasdorf et al.	2003						★				
Su et al.	2002						★				
Sen	2001			★			★				
Chang	2001										
Shirlee - ann Knight	2005										★
Naumann & Rolker	2000					★					
曹琪昌、吴建明	2002									★	
苏强、梁冰	2000										
中国科学院	2000					★				★	★
曹孟谊等	2004		★			★		★			
岳剑波	1999		★								
宋立荣、李经思	2009	★								★	

续表

评价指标 / 主要研究者		适度性	美学性	新颖性	简洁性	实用性	可验证性	名誉性	可追溯性	经济性
研究者										
Lesca H. et al.	1995									
Eisenberg et al.	2000			★						
Ballou D. P. et al.	1985/2003									
O'Reilly III, C. A.	1982									
Cappiello C. et al.	2004									
Amicis F. D. et al.	2006									
Wang R. Y.	1996									
Jeong	1998									
Li Rao et al.	2005		★							
Pilkonis M. H.	2004									
Rasdorf et al.	2003									
Su et al.	2002									
Sen	2001									
Chang	2001									
Shirlee - ann Knight	2005	★			★	★		★		
Naumann & Rolker	2000	★			★	★	★	★	★	★
曹琪昌、吴建明	2002	★			★	★				
苏强、梁冰	2000					★				
中国科学院	2000				★			★		
曹孟谊等	2004				★	★				
岳剑波	1999									★
宋立荣、李经思	2009	★								

后　记

本书是在我所主持的国家社会科学基金项目“网络环境中用户体验与感知优化和信息质量综合评价指标体系构建研究”基础上完成的。本书围绕网络环境中用户视角下的信息质量综合评价这一主题，综合运用实验研究、专家访谈、问卷调查等多种研究方法，对用户信息期望、用户体验与感知和信息质量内在关系，对交互过程中用户视角下的信息质量影响因素与评价体系展开研究。在此基础上，提出了网络环境中用户信息体验与感知的优化策略，系统分析了基于用户视角的信息质量综合提升机制。一方面，本书着眼于网络环境中用户信息心理和信息行为研究，力图丰富与深化用户信息行为理论体系；另一方面，本书着力于全面诠释信息质量内涵，力图完善与拓展信息质量理论研究的广度和深度。

本书得以完成，要衷心感谢南开大学王知津教授和武汉大学陈传夫教授！感谢二位恩师对我多年的悉心栽培。在三年南开大学攻读博士学位期间，王知津教授给予我的不仅仅是知识，恩师宽容豁达的处世风格、从容乐观的生活态度、雄厚的人文底蕴、敏锐的洞察力、活跃的思维、谦逊的品格、严谨踏实的治学态度对我的为人、处事、治学产生了深远影响，使我受益终身。而在武汉大学从事博士后研究工作期间，陈传夫教授真正学者的良知和对学生的责任感、优良的学术品格和高尚的人格、立德树人的学者风范让我领悟到“学高为师、身正为范”的真谛，成为同样作为教师的我的工作与学习之典范；陈老师高屋建瓴的学术思想、国际化的学术视野、前沿精髓的学术造诣、深厚渊博的学术见地给我以莫大的启迪、激励着我在信息资源管理这一领域探索追求。

感谢一直给予我提携与帮助的各位学界前辈和老师。多年来，我有幸聆听德高望重、和蔼可亲的彭斐章先生，学富五车、平易近人的马费成先生、邱均平先生等的教诲，让我领略到大师的风采与品格；我有幸得到柯平教授一直的悉心指导和不断鼓励，让我在科研道路上不断前行；我有幸与肖希明教授、李纲老师、陆伟教授、司莉教授、王晓光教授等进行交流，得到他们的帮助与指导。在此，向各位前辈和各位老师致以由衷的感谢！

对家人的感谢是无以言表的！多年以来，父母、岳父母一直给予我和家庭无私的帮助；正是我的爱妻常文英女士对我的理解和支持、默默而无私的付出，才使我能够保质保量地完成一项又一项科研工作；我的女儿刘一凡一直是我的骄傲，而我一直是她的榜样，这给了我莫大的动力，激励我不断学习、进步！

本书得以完成，还要感谢全国哲学社会科学规划办公室及图书馆、情报与文献学学科规划评审组各位专家的大力支持；感谢天津师范大学管理学院、社科处各位领导和老师的支持与帮助；感谢中国社会科学出版社重大项目出版中心主任王茵博士的辛勤付出；感谢我的研究生卢爽、张耀辉、宋漫莉、邵青、刘婷等在研究中所付出的辛勤劳动。

在本书著述过程中，参考与借鉴了大量中外文文献资料，主要参考文献已集中列于本书之后。在此，向所有参考文献的作者表示诚挚的谢意！有的专家和学者虽然在文中没有提及，但他们的研究成果同样给了我许多启发，在此也向他们致以由衷的感谢！

网络环境中基于用户视角的信息质量评价研究是一个较新的研究领域，限于本人的学识、能力与水平，有些问题的研究还有待进一步深入与拓展。对于书中疏漏和不足之处，敬请各位专家、学者及同仁不吝赐教并批评指正。

刘　冰